珞珈哲学

第二辑

武汉大学哲学学院　编

WUHAN UNIVERSITY PRESS
武汉大学出版社

图书在版编目(CIP)数据

珞珈哲学.第二辑/武汉大学哲学学院编.—武汉:武汉大学出版社,2023.12
ISBN 978-7-307-24094-0

Ⅰ.珞… Ⅱ.武… Ⅲ.哲学—文集 Ⅳ.B-53

中国国家版本馆 CIP 数据核字(2023)第 205663 号

责任编辑:沈继侠　　责任校对:汪欣怡　　版式设计:韩闻锦

出版发行:**武汉大学出版社**　(430072　武昌　珞珈山)
(电子邮箱:cbs22@ whu.edu.cn 网址:www.wdp.com.cn)
印刷:湖北云景数字印刷有限公司
开本:787×1092　1/16　印张:15.25　字数:362 千字　插页:2
版次:2023 年 12 月第 1 版　2023 年 12 月第 1 次印刷
ISBN 978-7-307-24094-0　定价:58.00 元

《珞珈哲学》（第二辑）编委会

序　言

黉门春风植桃李，珞珈山下好读书。作为武汉大学哲学学院主办、武汉大学哲学学院研究生会承办的研究生学术出版物，《珞珈哲学》创办的每一步都源自学院领导的大力支持，承载着广大师生的热切期盼，见证了编委会成员的共同努力。2021年，《珞珈哲学》首届编委会正式成立；2022年，备受师生关注的《珞珈哲学》第一辑在庆祝武汉大学哲学学院百年华诞之际问世；2023年，接续奋斗而成的《珞珈哲学》第二辑在庆祝武汉大学建校130周年之际付梓。我们欣喜地看到，《珞珈哲学》在与新青年共进、与新时代共进的道路上，步伐更加坚实有力，主旨更加明确清晰。

“交流珞珈哲思、汇聚青年学识”，这既是《珞珈哲学》创办之始的初心，也是这一学术出版物为莘莘学子锻炼科研创新能力、提供学术交流平台的使命。《珞珈哲学》既从新时代青年中来——经由一批优秀的哲学专业研究生征稿、审稿、编稿，也必然走向新时代青年中去——面向热爱哲学的同学们以形成具有珞珈学风的青年学术共同体。为此，《珞珈哲学》的编者、作者、读者和众多关注者，都是这一青年学术共同体的重要力量。站在主编的立场上，我希望能通过主编《珞珈哲学》第一辑、第二辑的实践经验，与同学们共同思考如何做好哲学学科的科研创新。

第一，夯实专业基础是科研创新的必要前提。“合抱之木，生于毫末；九层之台，起于累土。”任何有意义的科研创新都不是空中楼阁，而是像“合抱之木”“九层之台”一样，奠基于研究者日积月累的专业学习。对于哲学专业的同学们而言，夯实专业基础既要有“厚度”也要有“深度”。一方面，我们阅读文献要有足够的厚度。比如，马克思主义哲学专业的学生，不仅要读马克思主义哲学经典著作、重要文本和前沿文献，也要学习中国哲学、西方哲学等专业的相关内容，甚至还要了解人文社科领域和自然科学领域的一些重点论题与热点知识。学科划分不应成为我们学习研究的壁垒，而应当作为我们开启多元视角进行跨学科研究的一把钥匙。只有文献阅读量达到相当的厚度时，才能厚积薄发地运用哲学理论，“胸藏万汇凭吞吐，笔有千钧任翕张”。另一方面，我们写作论文要有一定的深度。一篇优秀的哲学论文应具有足够的学理性：它可以是理论研究，围绕一个或数个哲学问题展开严谨论证；可以是历史研究，梳理哲学史上某一学派或某些学者的哲学论点及其历史演进；可以是比较研究，比较数个哲学家所用概念或论题之异同从而得出独特思考；也可以是多种研究形式的结合或创新。归根结底，哲学论文写作的深度，不是“故作高深”，而是“深”在足够的文本支撑，“深”在严谨的逻辑论证，也“深”在创新的哲学思考。

第二，增强问题意识是科研创新的不竭动力。习近平总书记在党的二十大报告中强调：“问题是时代的声音，回答并指导解决问题是理论的根本任务。”在哲学研究中，新理念源自发现问题，新思路用于分析问题，新方法旨在解决问题。既然问题对于哲学学科的科研创新至关重要，那么如何判断拟研究的问题是“真问题”而非“伪问题”？这就要求我们聚焦某一问题做好丰富的课题史研究综述，既要虚心学习其他学者的优秀成果，也要审慎辨别不同观点，不唯上、不唯书、只唯实。在这一过程中不难发现，“伪问题”往往表现为脱离文本随意杜撰、脱离现实不符实际、脱离学界已有共识等特征；与此相较，“真问题”则真正立足文本、把握现实、具有充分课题史论证基础。更进一步，我们如何通过“真问题”实现创新，即如何增强问题意识以提高自身科研创新能力呢？中国马克思主义哲学给出了答案——“有的放矢”。毛泽东在《改造我们的学习》中提出应当“有的放矢”，用马克思列宁主义之“矢”射向中国革命和东方革命之“的”，并以此深刻批判了“无的放矢”的主观主义态度。哲学研究所讲求的“有的放矢”，就是树立问题意识的集中体现：一是考察历史，从理论史和哲学史的流变中把握哲学问题的历史逻辑；二是明确概念，用合理清晰的定义和严谨有序的论证剖析哲学问题的理论逻辑；三是联系现实，将理论与实际相结合来阐明哲学问题的实践逻辑。由此，增强“有的放矢”的问题意识，既有利于我们坚定正确学术立场，避免落入新型教条主义与狭隘经验主义的陷阱，也有利于我们形成科研创新成果，通过青年视角的哲学理论把握当代中国哲学社会科学的时代发展脉搏。

第三，恪守学术规范是科研创新的根本保障。习近平总书记2016年在哲学社会科学工作座谈会上的讲话指出：“广大哲学社会科学工作者要树立良好学术道德，自觉遵守学术规范，讲究博学、审问、慎思、明辨、笃行，崇尚‘士以弘道’的价值追求，真正把做人、做事、做学问统一起来。”为学之道与为人之道相通。一方面，为学须立志。青年学子应坚守学术志向，对哲学研究常怀敬畏之心。偶有同学笑言，做哲学研究犹如“坐冷板凳”。辩证地看，研究哲学虽然不太可能为我们带来荣华名利，但这一过程可能让我们学会更好地认识自己、解释世界以至改变世界。试问：有什么比“认识你自己”更让苏格拉底快乐呢？有什么比“我思故我在”更让笛卡儿自豪的呢？有什么比“全世界无产者联合起来”更让马克思振奋呢？真正的哲学是时代精神的精华，只有对哲学研究葆有一颗敬畏之心，坚定“板凳要坐十年冷，文章不写一句空”的学术志向，才能与时代同频共振、以哲思凝练时代精神。另一方面，为学必以诚。青年学子要遵守学术诚信、严守学术底线，认真对待每一字每一句。严守学术底线，就是要守住我们作为哲学研究者的“生命线”：不违背真理、不歪曲事实、不抄袭剽窃、不人云亦云。即使经过个人独立思考创作的内容在理论上显得不够成熟，也可以堂堂正正地不断追求学术上的进步。写作字斟句酌，就是要正确掌握哲学研究的“笔杆子”，避免使用晦涩难懂的语言和佶屈聱牙的词句，尽量尝试用平实的语言、简明的概念表达观点。由此，立志为学、为学以诚，守住“生命线”，握紧“笔杆子”，哲学专业青年学子在科研创新的奋斗之路上就有了前进的志气、骨气与底气。

中国第一个马克思主义哲学家李大钊曾言：“凡事都要脚踏实地去作，不驰于空想，不骛于虚声，而惟以求真的态度作踏实的工夫。”希望关于哲学学科的科研创新所作的这些思考，不是“空想”或“虚声”，而能够切实地让热爱哲学的青年学子有所裨益——通过夯实专业基础、增强问题意识、恪守学术规范不断推进科研实践基础上的理论创新。

《珞珈哲学》期待广大新时代青年的哲学声音，也真诚祝愿每一位热爱哲学的新时代青年都能成长为“爱智、求真、向善、致美”的哲学人。

《珞珈哲学》主编 黄丹阳

2023 年 12 月于珞珈山

教 师 寄 语

希望《珞珈哲学》秉持“爱智、求真、向善、致美”的院训，不断追求卓越，打造属于武汉大学研究生共同体的学术品牌！

——武汉大学哲学学院院长　李佃来教授

树立精品意识，把《珞珈哲学》办成具有一定影响的研究生学术创新平台。

——武汉大学哲学学院副院长　黄超研究员

做哲学，不仅意味着阅读哲学经典和哲学史，还意味着广泛地了解当代的学术前沿，以敏锐的问题意识、合理的论证方式、晓畅的表达方式，回应那些重大的理论问题和现实问题。愿《珞珈哲学》发展成一个为学子们提供开放交流、对等对话、学术争鸣的高水平出版物！

——武汉大学哲学学院副院长　李志教授

希望《珞珈哲学》进一步增强问题意识，弘扬创新精神，研究真问题，创造新知识，贡献新智慧！

——马克思主义哲学教研室　赵士发教授

“宁详毋略，宁下毋高，宁拙毋巧，宁近毋远。”

——中国哲学（国学）教研室　文碧芳教授

做学问，既是思想的训练，也是人生的一种修炼。“富贵不能淫，贫贱不能移，威武不能屈”，坚守思想的纯洁性。在追求和探索超越者的道路上不断超越自身。

——外国哲学教研室　郝长墀教授

君子致广大而尽精微。哲学之思，追求全面、普遍、深刻而严谨，哲学之文，当同样在拷问时代与人生之时，追求融贯、完善与精微。愿与《珞珈哲学》的各位学子共勉！

——美学教研室　贺念副教授

哲学是一门激发思维、追求智慧的学问。《珞珈哲学》的创办为各位学子提供了一个优良的思想交流平台，望同学们以无畏的精神探索、以开放的心态思考、以学术的方式写作，为中国未来的哲学事业铸就更大的辉煌！

——宗教学教研室　翟志宏教授

哲学院里筑平台
珞珈山下聚英才
爱智求真重论证
向善致美展情怀

《珞珈哲学》的创办为武汉大学及全国青年哲学人才提供了一个很好的交流平台与发表园地。祝愿《珞珈哲学》越办越好!

——伦理学与政治哲学教研室　陈江进教授

文以载道，道栽于文。这口哲学终归珞珈。

——逻辑学教研室　杜珊珊副教授

祝《珞珈哲学》成长为学子们表达思想、交流学术的有力平台!

——科学技术哲学教研室　叶茹副教授

祝愿《珞珈哲学》办得像马克思主编的《莱茵报》、陈独秀主编的《新青年》、毛泽东主编的《湘江评论》那样充满活力。

——马克思主义哲学教研室　赵凯荣教授

目　录

马克思主义哲学

中国哲学

外国哲学

美学

哲观时代

马克思主义哲学

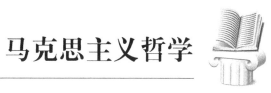

马克思的“第三阶级”概念及其哲学价值

● 史云龙*
（武汉大学 哲学学院）

【摘　要】

“第三阶级”概念是马克思根据“工资、资本利润、地租”三大概念得出的，指向以“地租”为收入来源的，区别于资产者和无产者的第三个利益集团。这个概念同时具备政治经济学和哲学上的双重属性。因而，在讨论“第三阶级”概念的消灭问题时，就一定会包括：政治经济学上的“第三阶级”概念对象群体的消亡问题和哲学上人们所谈论的“第三阶级”的“阶级运动”与“阶级”话语的消亡问题。“消亡问题”探讨的前置条件是需要完成对“第三阶级”概念来源及其表述上的厘清和补充。“第三阶级”概念的对象群体，依照生产资料占有与收入来源分析，除了传统的“土地贵族”群体，还应当包括土地流转变卖后，“旧地主”式的、非生产的、投机的“土地金融资本家”。对这一群体的补充说明，表明了“消亡问题”在政治经济学上还不是一个既成事实；而他们“阶级活动”的隐蔽性和独立性，又揭示出了哲学上在“自在的、自为的”两个运动阶段之后，“阶级”还有“自我的”主体性演化趋势。马克思辩证法的一大贡献就在于超越了黑格尔的封闭性，指出了否定和消灭的价值。然而在当代，这种政治经济学式的“阶级话语”和这种辩证法本身，也正在理性和主体性的扩张中，逐渐失去宏观叙事和总体性问题的现实批判性，取而代之以一种多元而空洞的身份对立于“文化景观”。资本主义社会还没能迎来“阶级”的消灭，却马上就要迎来“阶级概念”的消灭。而这一次，马克思主义者不能再容许整个“阶级”叙事的消灭，而应当拿起“批判的武器”对准“武器的批判”。

【关键词】

第三阶级；土地所有制；马克思主义阶级理论；阶级运动

通常人们在现代日常语境下使用“阶级”一词时，主要将其视作一种泛化的政治身份和社会身份。即便在“资产阶级”与“无产阶级”概念中还能从“产”中看出一些关于所有制和经济的范畴，这些范畴也已经被降低在了最为世俗的“贫富”问题中去讨论。虽然作为政治身份和社会身份的“阶级”概念仍可以从现代性中去讨论“阶级意识”的问题，但是如果越过经济范畴和定义去研究“阶级”概念，却也颠倒了其本身在历史上

* 作者简介：史云龙，武汉大学哲学学院马克思主义哲学专业硕士研究生，主要研究方向为马克思主义哲学基础理论。

“自在到自为”的发展演绎，违背了马克思一般到具体的政治经济学研究方法，更不会引出“第三阶级”概念在马克思阶级理论研究中的重要地位。

然而“第三阶级”的概念并不是一个马克思认可并惯常使用的概念，尽管马克思本人反复地在政治经济学的考察中，构架出“工资、资本的利润、地租”或“资本、土地所有制、雇佣劳动”三大阶级的考察思路并反复批判“第三阶级”概念指代的土地贵族的反动性，但他本人始终未能给出令人满意的“阶级”和“第三阶级”定义。今天令人熟知的“阶级”概念定义来源于列宁在1919年《伟大的创举》中给出的“所谓阶级，就是这样一些大的集团，这些集团在历史上一定社会生产体系中所处的地位不同对生产资料的关系（这种关系大部分是在法律上明文规定了的）不同，在社会劳动组织中所起的作用不同，因而领得自己所支配的那份社会财富的方式和多寡也不同”。① 阶级概念的定义本质上是一组由社会生产中生产资料的占有关系和社会生产地位而划分出的不同“集团”。进一步地说，从生产资料占有衍生出的“收入来源”看，“第三阶级”概念对象群体就是马克思在《1844年经济学哲学手稿》中提出的“地租”关系的受益群体；从生产资料占有衍生出的“生产关系”来看，“第三阶级”概念就对应马克思在《〈政治经济学批判〉序言》中所指出的“土地所有制”的占有集团。

当然仅从“地租”和“土地所有制”中是否足以完整准确地定义“第三阶级”的概念是存疑的。恩格斯在1888年《共产党宣言》英文版中给“资产者和有产者”加上了有关“资产阶级”（Bürgertum）和“无产阶级”（Proletariat）的注②，但是却没有给出任何关于“土地贵族”（Landaristokratie）或者“容克地主阶级”（Juncker）的定义解释。归根结底在于，马克思关于“地主”和“第三阶级”概念消亡的预言正在动摇。因为按照马克思的市场竞争和价格规律推演，当土地成为商品，旧时代的封建残余被新资本家吞并只是时间问题。但事实上这样的情形并没有成为现实。马克思自身在《资本论》第二卷结尾处对“阶级”概念的重新思考，也使得“第三阶级”概念的问题需要被进一步厘清。

本文旨在从马克思“阶级”概念的文献史梳理中，发掘“第三阶级”概念考察的来源，并回答其范畴在马克思文本中的实际边界和限制；再以“第三阶级”概念的对象为例，从政治经济学探寻“第三阶级”概念的消灭问题及其背后影响；最后在马克思对“第三阶级”概念消灭问题研究中的唯物辩证法研究方法予以总结，并对“阶级的历史运动与消灭”问题列举一些思考。

一、“第三阶级”概念的来源及范畴边界

“阶级”概念和话语在当代学界的运用中，已与马克思首创“阶级”这一概念时有了很大区别。具体来说，在辨析范畴边界的标准时并不完全遵循马克思政治经济学式的生产资料分析；在解释阶级成因的研究侧重点上，从其成员的生产生活转向了文化和社会学研

① 列宁：《论马克思恩格斯及马克思主义》，人民出版社1973年版，第376页。

② 《马克思恩格斯全集》（第4卷），人民出版社1958年版，第465页。

究。以“第三阶级”的概念及其范畴边界为例，有学者认为，第三阶级是否在经济基础之上形成了相应的生产关系和阶级意识，作为一个阶级进行政治和社会活动更为重要。① 并以此批评“中间阶级”和“过渡阶级”的理论是伪命题。更早的理论，则将“第三阶级”和“阶级”概念本身的产生视作一种自然发展的概念，并与马克思的唯物史观的理论相联系；② 国外的学者对马克思阶级概念及其范畴的界定，采取了不同程度上的补充，一部分学者认为生产关系不能机械地决定“阶级”意识，因而阶级也不是完全由生产关系来界定的；③ 一部分学者主张阶级斗争熄灭论，试图说明阶级意识的衰退和无产阶级的改良化；④ 即使是在马克思纯粹的生产资料和经济范畴定义下的“第三阶级”概念，还会进一步面临马克思自身文本中，按“收入来源”还是“社会分配”来界定的问题。同时，“第三阶级”概念由于经不同哲学家转手和翻译等问题，与大量的其他概念混用的现象，如“等级”“三级会议”“第四等级”“三大阶级”“地主阶级”，等等，急需从文献梳理中予以厘清。

马克思对社会阶级的考察，经历了一个从政治历史和法权向经济生产关系过渡、最后转向反思质疑的过程。

马克思 1843 年起在克罗茨纳赫大量研读了历史学著作，用 23 本历史和国家学理论著作的摘录形成了五个笔记本，其中第二笔记和第四笔记中摘录了大量关于“法国历史”和“法国大革命”的内容，以研究阶级问题和阶级特权的起源问题，并把阶级问题同各阶级所具有的不同形式的财产和所有权做了着重的标注。这些摘录文献紧接着就成为《黑格尔法哲学批判》及其《导言》的重要参考资料。

在这里，马克思很快发现了封建等级制中建立在经济关系上的政治特权，并逐渐意识到对现代社会阶级的认识，不能仅仅停留在政治和法权关系的考察上，而应该进一步深入经济关系中，尤其是作为生产要素的土地中来。例如他在第二笔记本的索引上有这样几个标题：

1）三级会议。赋税。第 2 页，第 3 页。第三等级。第 8 页。

4）贵族。最为中间集团的贵族。第 44 页，封建制度的结构。革命前三个等级的状况：封建私有权利。

7）所有制及其结果。私有财产的巴托罗牟之夜。市民等级（参见第一条）在自治共

---

① 参见糜海波：《如何正确认识马克思阶级概念的当代演变》，载《中共福建省委党校（福建行政学院）学报》2020 年第 6 期，第 3~4 页。

② 参见张光显、伍精忠：《前资本主义社会的社会等级》，载《哲学研究》1982 年第 11 期，第 18 页；参见俞凤：《马克思主义“阶级意识”概念的时空演变——从马克思、恩格斯到卢卡奇的“阶级意识”观》，载《中共福建省委党校（福建行政学院）学报》2020 年第 6 期，第 4 页。

③ 参见 E. P. Thompson, *The Making of The English Working Class*, London: Harmondsworth, 1968, pp. 9-10；参见何秉盖、姜辉著：《阶级结构与第三条道路》，社会科学文献出版社 2005 年版，第 53 页。

④ 参见［美］马尔库塞著：《理性和革命：黑格尔和社会理论的兴起》，重庆出版社 1993 年版，第 213 页；参见［法］雷蒙·阿隆著：《阶级斗争——工业社会新讲》，译林出版社 2003 年版，第 238 页。

同体中特权的地位。①

再如在摘录巴伊尔著作时，集中摘录的原文部分："马克思对巴伊尔的观点没有做出任何政治性评述，只是摘记下了原文，这些原文表达了巴伊尔的如下思想：'封建制度的基础是封建地产制，一切等级都是建立在这种地产制之上的。'"②

到了巴黎笔记和巴黎手稿时期，受恩格斯《国民经济学大纲》的影响，马克思开始补足关于国民经济学的著作摘录。马克思利用黑格尔法哲学中的市民社会分析和国民经济学的著作，从传统的"神职、领主、市民等级"三等级论中归纳出了以"工资、资本利润和地租"为收入来源的新的阶级理论。尽管两种等级理论中，都有土地的生产要素，但是受到国民经济学家亚当·斯密等人的影响，马克思对地主和地租，持一种否定和批判的态度并认为其是"不劳而获""非生产"和"必定会消灭的"。从他在《1844年经济学哲学手稿》中的摘录就可以反映这一点：

地租作为地租已经被推翻了，因为现代国民经济学与断言土地所有者是惟一真正的生产者的重农学派相反，证明土地所有者本身倒是惟一的完全不生产的食利者。据说，农业是资本家的事情，资本家只要有希望从农业得到通常的利润，他就会这样使用自己的资本。③

此时，关于早期马克思的"第三阶级"概念及其对象，可以给出两个结论：一是，它从前是一个以掌握土地所有权并以此部分获得政治特权的"等级"，在土地商品化的进程中逐渐走向衰落，并成为新的资本主义社会形态中的一个过渡"阶级"；二是它代表一种不生产的落后势力，即将被掌握工业和资本的农业资本家或者说土地农场主整合取代。上述的两个结论使得马克思很快就在《1844年经济学哲学手稿》中得出了国民经济学给出的"三大阶级"的未来：

因此，最终的结果是资本家和土地所有者之间的差别消失，以致在居民中大体上只剩下两个阶级：工人阶级和资本家阶级。地产买卖，地产转化为商品，意味着旧贵族的彻底没落和金钱贵族的最后形成。④

之后马克思在1848年创作《共产党宣言》时，进一步强化了这样的观点。同时他在阐述当时的阶级斗争和状况分析时，已经非常自然地将以"旧贵族"面貌出现的"第三

① 王旭东、姜海波著：《马克思〈克罗茨纳赫笔记〉研究读本》，中央编译出版社2016年版，第122页。

② 王旭东、姜海波著：《马克思〈克罗茨纳赫笔记〉研究读本》，中央编译出版社2016年版，第86~87页。

③ 《马克思恩格斯全集》（第3卷），人民出版社2002年版，第351页。

④ 《马克思恩格斯全集》（第3卷），人民出版社2002年版，第260页。

阶级”，作为历史的过去式来陈述。全篇的“资产者与无产者”“无产者与共产党”“社会主义和共产主义的文献”三大章中，仅在“反动的社会主义”子章中的“封建的社会主义”中能简单地找到对于“第三阶级”和土地所有者现状的陈述。尽管《共产党宣言》是一部无产者面向未来革命斗争的纲领，但同当时欧洲土地兼并仍在进行的现状而言，“第三阶级”的土地所有者仍是一股不可忽视的政治与经济力量。

直到 1859 年马克思开始撰写《〈政治经济学批判〉序言》时，才再次提及了“三大阶级”的概念：“我考察资产阶级经济制度是按照以下的次序：资本、土地所有制、雇佣劳动…在前三项下，我研究现代资产阶级社会分成的三大阶级的经济生活条件。”① 但在这个序言乃至于后面的正文中，对于“第三阶级”也提及甚少，只是在此处回顾了马克思对资本主义社会的政治经济学考察顺序。

在这一影响下，马克思在《资本论》的写作中，已经将土地所有者和地租的收入归为了资本家两大生产部类的生产资料成本中。并由于其“非生产性”，这部分群体和众多官僚等级、服务从业者一起归入了资本家的附属等级中。从“剩余价值”的创造来看，固然是这样，但是从“剩余价值”的消费上，就又变成了另一回事。在马克思找不到新的阶级来消费资产阶级创造的源源不断的“剩余价值”时，他晚年对于自身的阶级理论又做出一次回顾。在《资本论》第三卷的结尾处，他给出了一个开放式的讨论：“不过从这个观点来看，例如，医生和官吏似乎也形成两个阶级，因为他们属于两个不同的社会集团，其中每个集团的成员的收入都来自同一源泉。对于社会分工在工人、资本家和土地所有者中间造成的利益和地位的无止境的划分，——例如，土地所有者分成葡萄园所有者，耕地所有者，森林所有者，矿山所有者，渔场所有者，——似乎同样也可以这样说。”② 马克思的这种反思和提问使他回到了 1843 年的问题起点，是否应该以收入来划分等级，第三阶级是否又应该以“地主”的固有历史等级来加以限定，还是对这种生产要素本身做更加深入细致的政治经济学考察？比如职业和产业类型上的考察？

纵观马克思对“第三阶级”概念及群体的整个考察可以看出，马克思揭示了“第三阶级”对象同土地间的必然联系。但是在“第三阶级”对象的前景和未来中，并没有给出完全的解答。这个特殊的阶级面临的是法权的消灭？还是生产资料占有和政治特权的消灭？还是人口和政治上的消灭？似乎马克思主要回答的是“现状”的消灭，但对于是否还会有人重新利用并掌握这一生产资料的后续发展，停留在了资本家掌握土地的可能性上。然而，当然可能会出现其他占有土地而不从事生产的集体和组织。从经济生产上看，马克思在土地这一生产要素的特殊性上，被国民经济学家束缚了思路。土地的本质首先是一种空间，是人生产生活实践的必要场所。马克思延续了国民经济学家关于土地的肥力和农业生产上的讨论，而忽略了土地这一生产要素会在农业之外，在城市化进程和日益紧张的人地矛盾中可能会集中体现为一种紧俏的居住和生产需求，并卷入核心的价格竞争中。这种情况使得纯粹的土地关系不再只表现为旧势力中的落魄贵族与“土地农场主”的地租关系，获利阶级还可以是取得一定原始资本积累后不愿再从事剩余价值再生产，而是将

① 《马克思恩格斯全集》（第 13 卷），人民出版社 1962 年版，第 7 页。

② 《马克思恩格斯全集》（第 46 卷），人民出版社 2003 年版，第 1002 页。

再投入用来规避风险的资产阶级。这反映出，资产阶级与“土地食利者”的转化可能是双向的。“第三阶级”概念的对象并没有因为土地贵族的消灭而被消灭，相反有着其他的政治经济学意义。

以上完成了对马克思“第三阶级”概念来源的梳理，概括来说，马克思的“第三阶级”概念是一个从土地生产资料私有制等经济范畴出发，依托地租、领主和土地特权等政治范畴，主要指代对象为旧土地贵族，或其衰落的“过渡阶级”的集团概念。

同时，需要将“第三阶级”同以下概念相区分：

“第三阶级”不是“等级”。“阶级”与“等级”概念，在马克思和恩格斯的早期著作文本中曾多次被互相替换使用。但恩格斯后来曾补充：“历史意义上的封建国家的等级，这些等级有一定严格限定的特权，资产阶级革命消灭了等级及其特权，资产阶级社会只有阶级。”① 尽管从具体的人群上看，“第三阶级”对象就是从前的土地贵族，但是“第三阶级”概念强调的是在进入资本主义社会后，土地贵族普遍由于土地的商业化和价格竞争，从政治特权的享有者走向一般土地生产资料持有者的境地。

“第三阶级”不是国民经济学的“三大阶级”的一部分。尽管马克思关于资本主义社会生产资料占有和收入来源等方式归纳的思路延续了国民经济学的古典经济学分析，李嘉图甚至也已经在《政治经济学及赋税原理》中提出了：“劳动、机械、资本联合使用在土地上面，所生产的一切土地生产物，分归社会上三个阶级，即地主、资本家，与劳动者。”② 但是国民经济学家的阶级分析是一种基于总资本的分配关系分析，李嘉图即使在上述研究中已经发现了地价与资本家利润，地价与劳动力价格的负相关（矛盾）关系，也并未指出土地所有者走向消灭的可能性。因而国民经济学的“三大阶级”也始终是一种并列关系，只是一种“等级”关系下的经济考察。

二、“第三阶级”群体是否被消灭及该概念背后的政治经济学影响

相较于古典的“等级理论”而言，马克思“第三阶级”概念不只是一个哲学上的表述，而且因其深入资本主义社会内部的政治经济学考察，从而是一个具有社会历史性的，有实证意义的政治经济学概念。从而，马克思考察“阶级”并不是由哲学的理性目的论出发，做一番“概念”的辩证法式的展开和自我演绎，然后再去寻找社会历史中的对应群体进行解释。而恰恰是颠倒过来，其将社会历史下的政治经济学变动，以辩证法的形式作出哲学的解读。因而马克思的“第三阶级”群体问题才是一个现实关照的问题，而马克思唯物史观哲学下的“第三阶级”概念，才与众不同地会出现“消灭”的问题，而不是出现黑格尔式的某种扬弃和新生。这种“消亡”直接反映的是，在社会历史中作为“第三阶级”的旧土地贵族群体走向了消亡，作为旧式的土地生产资料私有制和地租经济走向了消亡，基于土地所有制的领主政治特权走向了消亡。因而，本文验证马克思的

---

① 《马克思恩格斯全集》（第4卷），人民出版社1958年版，第197页。

② ［英］大卫·李嘉图著：《政治经济学及赋税原理》，郭大力等译，译林出版社2011年版，第15页。

“第三阶级”群体是否如他所预言地被消灭，同样首先是进入政治经济学上的考察，而后是哲学上的考察。而本章将首先对“第三阶级”的对象群体的所有制、法权确立和生产关系等方面的依存问题进行考察，考察马克思所处的时代，“第三阶级”群体是否滑入了其他的阶级并失去了其赖以生存的经济基础。而对这个问题的解答，决定了是否需要基于国民经济学家和马克思的表述，对“第三阶级”的概念，加上其他补充的规定。

按照国民经济学家和马克思的表述，需要考察“第三阶级”概念的对象群体——旧土地贵族，在马克思考察的时期乃至之后，是否仍然占据土地生产资料并推行地租经济，是否仍拥有基于土地的政治特权，是否还是存在依赖土地获得收入来源的土地“食利者”？

首先，要考察基于土地的政治法权是否消灭。政治特权是“第三阶级”概念的对象最先伴随市民社会和私有化运动而解体，或者说被资产阶级破除的部分。早在黑格尔的等级理论中，这样的情形就已经初现端倪。法国大革命之后，黑格尔敏锐地嗅到了市民等级作为新兴力量进入政权中，对第一等级的稀释作用。因而在《法哲学原理》中的等级理论——实体性等级（自耕农、农业家庭、地主）、产业等级（商人、资本家、小手工业者）和普遍等级（君主、官僚）中，就有关于实体性等级的新变化的表述：“在我们时代，农业也像工厂一样根据反思的方式经营，因而它具有第二等级的性格而违反了它原来的自然性。”① 这一部分恰好就是马克思所预示的“土地所有者”向“土地农场主”的转变，地主不得不从简单的地租经济获益者转变为亲自经营农场的资产阶级。但是黑格尔在归纳这个等级制度时，并不认为土地贵族是将要被消灭的等级，只是认为从政治上说，他们由于市民阶级的争取而失去了基于土地法权和经济关系的政治特权。因而即便有这样的趋势，他仍然认为实体性的等级保留了“旧贵族的情绪：消耗一切现有的东西。在这一等级那里，自然界提供的是主要的，而本身的勤劳相反地是次要的”②。马克思对黑格尔法哲学中这种等级制度的保守性，以及经济基础同政治权力的撕裂，引用了《莱茵报》的语句进行了批判：“特权、优先权符合于与等级相联系的私有制，而权利符合于竞争、自由私有制的状态。”③ “（阶级）是在确定了公民的财产私有状况规定以后划分的。”④ 并随即展开了关于“第三阶级”概念的对象，即封建土地贵族的土地生产资料及其收入来源、生产关系的消灭的论证。

其次是考察土地生产资料及地租经济是否消灭。在黑格尔发现“实体性等级”的政治法权丧失的基础之上，马克思指出作为“封建土地贵族”的“实体性等级”会因为私有财产的运动，丧失与所有物之间一切的政治联系，而演变成为一种纯实物的，财富性质的国民经济学意义的关系。同时在此基础之上，《1844 年经济学哲学手稿》中，马克思还

① ［德］格奥尔格·威廉·弗里德里希·黑格尔著：《法哲学原理》，范阳、张启泰译，商务印书馆 1961 年版，第 243 页。

② ［德］格奥尔格·威廉·弗里德里希·黑格尔著：《法哲学原理》，范阳、张启泰译，商务印书馆 1961 年版，第 243 页。

③ 《马克思恩格斯全集》（第 3 卷），人民出版社 1960 年版，第 228 页。

④ 《马克思恩格斯全集》（第 45 卷），人民出版社 1985 年版，第 519 页。

就“封建地主”在经济关系上如何因为土地的商品化，走向土地法权的丧失和现实的灭亡作了详细解释：“正如较小的土地所有者一般说来现在已经仅仅是资本家一样。同样，一部分大土地所有者同时也成为工业家。”① “总之，地产必然以垄断和竞争这两种方式中的任何一种方式发展起来，并最终走向灭亡。”② 马克思的预言侧面反映的是，资本主义社会革命中“实体性等级”的不复存在，而“第三阶级”，只是一个在资本主义社会发展过程中，工人和资本家阶级之外的“土地贵族”的临时形态，不久后就会因为市场规律和资本主义私有财产的法权保护，而走向灭亡。他们要么会自己成为“土地农场主”式的资本家，要么就会被其他资本家兼并后破产成为工人。那么土地生产资料和地租经济是否被消灭了呢？在马克思看来，土地生产资料流转到了资本家的手中，而资本家从事的是生产性的活动，自然不会采用租佃式的地租经济形态，那么“第三阶级”概念对象赖以生存的经济基础就从历史上彻底消失了。但恰恰是一个群体给了马克思很大的意外。直到今天，土地地租和成本仍然是资本主义社会生产中很大的一笔成本，而依靠土地资本牟利的情形仍层出不穷。这也引出了关于“第三阶级”概念对象群体到底是否已消灭的问题。

最后是考察土地“食利者”是否被消灭。土地“食利者”，亦即是通过土地利息和股息为生的社会“寄生”阶级。在农业地主时代，它直接表现为级差地租。在马克思看来，随着基于土地的政治特权的结束、土地生产资料的丧失、封建地主贵族的瓦解，已经不存在土地“食利者”这样的形象。但正如在第一章中我们从马克思的“第三阶级”概念来源分析的结论中所看出的问题所言，马克思忽略了土地的空间本质，也低估了资本家对土地利用程度的多样性和资本的多重形态。在资本主义时代，土地“食利者”以土地金融资本家的形态重新出现了。在马克思去世后的资本主义社会中，城市化的迅速发展带动了地价的上涨，而因为私有化的影响，土地不仅是作为商品且作为资本的流动性就大大增强了。晚年马克思在《资本论》第三卷中也简单地阐述了在城市土地生产关系中，隐藏在建筑业中的“土地食利者”：“在迅速发展的城市内……建筑投机的真正对象是地租，而不是房屋。”③ “建筑本身的利润是极小的；建筑业主的主要利润，是通过提高地租，巧妙地选择和利用建筑地点而取得的。”④ 仅仅是区位和时间周期的变化就可以转手获得利润。这种单纯依靠极少的再生产投入，甚至完全不投入就可以通过所有制的出让而不断滚雪球获得成倍利息的收入方式，同封建贵族“地主”的地租相比有过之而无不及。

由此可见，从政治经济学意义上看，在马克思所主张的基于土地政治法权和土地生产资料所有的土地“食利者”中，旧贵族的确已经销声匿迹，失去了政治和经济基础，但是，继承了流转的土地生产资料所有、同时利用土地继续进行“地租经济”的“土地金融资本家”却并没有被消灭。因而，从政治经济学的考察来看，“第三阶级”群体被消灭，“社会日益分裂为两大敌对的阵营，即分裂为两大相互直接对立的阶级：资产阶级和

① 《马克思恩格斯文集》（第1卷），人民出版社2009年版，第150页。

② 《马克思恩格斯文集》（第1卷），人民出版社2009年版，第153页。

③ 《马克思恩格斯全集》（第25卷），人民出版社1974年版，第872页。

④ 《马克思恩格斯全集》（第24卷），人民出版社1972年版，第261页。

无产阶级”①，这两点都还不是已经现实化的历史。

由于“土地金融资本家”的存续，第一章中从马克思的文本中所归纳出的关于“第三阶级”概念的表述则需要进行补充。第一，“土地金融资本家”相对于旧的“土地贵族领主”而言，在土地生产资料的占有上，仍然处于对土地的绝对支配地位，同时其私有化程度更高。对于土地贵族领主而言，土地既是其自身的生活资料又是承享“佃租”的主要收入来源。但对于土地金融贵族来说，土地更多的是作为财产来进行资本增殖活动，但同时他们从事的更多的却不是以土地为农业生产资料的农业生产活动，而是资本化、股息化的投机和金融活动。土地在这里或充当为“租赁”的对象而不直接参与交换的过程，或成为投资产品而进行投机倒把。相同点在于旧地主和土地金融资本家的土地虽然都不直接参与生产，但都构成了他们的收入来源。第二，“土地金融资本家”相对于旧的“土地贵族领主”而言，在基于土地的政治特权上，虽然失去了旧的佃农人身依附关系，但是置换为了一种资本的依附关系。旧式的土地贵族，依靠政治特权的特许，以土地兼并的方式，不断将土地及其之上的人、财、物作为自身的供养和领地，形成了对佃农的压迫和依附关系。土地金融资本利用土地商品化之后的稀缺性和需求，依靠资本主义法权对私有财产的保护，达到囤货居奇和暴利敛财的目的，不断从工人和其他阶级手中侵夺他们必要的生活和消费资料。剥削实现了从生产领域向流通、分配、消费领域的转移。他们利用土地空间在生产生活领域最基本的功能，形成了其他阶级在生活消费上对“土地金融资本家”的资本依附关系。第三，则是人群的变化。经过马克思所揭示资产阶级的“私有化运动”之后，土地生产资料大部分都掌握在了资本家的手上，除了从事工农业生产活动的企业主之外，其他掌握“土地”这一生产要素从事非生产性活动的资本家，都是上文中“第三阶级”概念所规范的对象，而不再是从前以旧式土地贵族领主为主体的人群。

因而，经过“第三阶级”群体消灭问题的政治经济学考察后，这一概念可以进一步被补充为，以土地生产资料私有为经济基础并构成收入来源，依托土地资源的独特性特征，从事非生产活动的旧贵族集团或者新兴土地金融资本势力。

三、“第三阶级”概念消灭问题中的辩证法价值及其哲学思考

哲学上，马克思揭示了从“自在”的阶级到“自为”的阶级的“阶级运动”规律。马克思在对“阶级”概念的运动作判断前，就已经对黑格尔的“等级”观进行了方法论上的批判。但有趣的是，黑格尔的“等级观”同样提及了等级运动和等级中的个人等级意识的“自在”与“自为”，甚至以其著名的中项推理和正题反题合题的逻辑形式，对其历史目的论中“国家”这一伦理实体的最终形成，作出了自洽的证明。无疑地，马克思的唯物的辩证法与黑格尔的主体的辩证法，是两人得出迥然相异结论的主要原因。而“第三阶级”对象群体的阶级运动，是否同样也是一种这样的运动规律，而其的消灭又意味着“第三阶级”概念是完全消灭还是一种扬弃后的形态，这也是值得思考的。这就需

① 《马克思恩格斯全集》（第4卷），人民出版社1958年版，第466页。

要考察黑格尔法哲学中作为“第三阶级”概念前身的“实体性等级”概念的“境况”，来辨明哲学上的“阶级”概念消亡究竟意味着什么。

在谈及“等级”的“自在”阶段时，黑格尔与马克思一样，保持了对国民经济学家和政治经济学这门学科足够的尊重。黑格尔将市民社会整个看作“劳动和满足需要的体系”，并将其视为外部的国家、理念的定在与内部必然性环节。以“家庭”和“等级”两个部分作为基础，将个体的人同国家相联系。尤其涉及“等级”形成的必然性过程时，他提道“无限多样化的手段及其在相互生产和交换上同样无限地交叉起来的运动……区分为各种普遍的集团……有关需要的手段和劳动，满足的方式和方法……形成等级的差别”① 的观点，与国民经济学家因分工和交换形成的“阶级”的观点，只有表述上的差别。

但黑格尔的“等级”概念获得“自为”的性质后，它的概念演绎和运动趋向却与马克思大相径庭。马克思在《哲学的贫困》中这样强调“阶级”概念从“自在”走向“自为”的过程：“经济条件首先把大批的居民变成工人。资本的统治为这批人创造了同等的地位和共同的利害关系。所以，这批人对资本说来已经形成一个阶级，但还不是自为的阶级。在斗争（我们仅仅谈到它的某些阶段）中，这批人逐渐团结起来，形成一个自为的阶级。他们所维护的利益变成阶级的利益。而阶级同阶级的斗争就是政治斗争。”② 马克思的“阶级”概念的运动，是在生产关系和经济基础影响下，一种意识形态的形成并转化为实际的政治行动的哲学抽象过程。它体现的是一种辩证法在社会历史领域中社会意识的反思和否定的力量，具有较高的革命性。黑格尔在《法哲学原理》中却这样解释“等级”概念的“自为”作用：“等级要素的作用就是要使普遍事物不仅自在地而且自为地通过它来获得存在，也就是要使主观的形式的自由这一环节，即作为多数人的观点和思想的经验普遍性的公众意识通过它来获得存在。”③ 正因为等级具有这样一个中间环节的作用形态，因而当黑格尔的理念运行到“国家”的最终环节时，社会意识的反思不是引导集团的人群走向了革命，而是反思到了自身在国家的各司其职中所达到的自由的“现状”与“定在”。“等级”概念中的每个人似乎是在一种“自为”地争取中确证了自身的集团在“国家”伦理实体中的具体位置，并以这种地位和身份作为个人生活生存的依据。如果马克思的“阶级自为”被还原到现实生活中是流血革命与阶级斗争；那么黑格尔的这种“等级”概念的“自为”运动还原到现象界的具体政治生活中就是改良运动与“三级会议”的政治妥协与协商。

因而，马克思的“第三阶级”概念是会被消灭的，因为其“第三阶级”概念哲学价值之一就在于它是会被消灭的，否定性是马克思主义的“第三阶级”概念和“阶级辩证运动”中独有的方法论价值。这恰恰是恩格斯在《路德维希·费尔巴哈和德国古典哲学

① ［德］格奥尔格·威廉·弗里德里希·黑格尔著：《法哲学原理》，范阳、张启泰译，商务印书馆1961年版，第241页。

② 《马克思恩格斯全集》（第4卷），人民出版社2006年版，第196页。

③ ［德］格奥尔格·威廉·弗里德里希·黑格尔著：《法哲学原理》，范阳、张启泰译，商务印书馆1961年版，第362页。

的终结》中将“凡是现实的都是合理的”一命题改写为“凡是现存的，都是应当灭亡的”① 的用意。长期以来，德国古典哲学下的辩证法围绕着自我意识哲学，表现为“工具理性”的辩证法、“主体”的辩证法，主体的运动永远变现为一种“自我”吞噬“非我”，而后成为“自我”的一部分表现出来的形式。由此而来的“自在”到“自为”的阶级运动也遵循这种一贯的保守性。但正如哈贝马斯所批评的那样，主体性是没有办法从自身的权威性当中为自身确立出新的原则的，“第三阶级”的概念在这种辩证法中只能是顺从这种任性的必然性，从过去的伦理社会中挖掘自身在现代社会的合理性。马克思对“第三阶级”的消亡的考察，就是对这种必然性和“主体”的辩证法的唯物主义批判。具有否定性的唯物辩证法应当得出的结论是，“第三阶级”是行将就木的，是走向消灭的。原因在于现代社会已然是“市民社会”决定政治国家，而再没有政治国家来一体化“市民社会”了。“市民社会”和政治国家的“分裂”将古代那种一体化的伦理共同体力量和“主体”的辩证法一同抛弃了，“第三阶级”的旧地主不能再行使政治特权掌控土地，相反在失去政治特权后，要听命于土地财产和法权的新规范。而“市民社会”不受主体掌控的力量，已经有了连同“第三阶级”群体的土地财产一起抛入残酷的市场竞争的趋势。这意味着，“第三阶级”群体的“自在”和“自为”已经走到了尽头，就像“主体”辩证法面临的困境一样，他们都对巨大的他者（The Other）的出现已经束手无策。唯物辩证法下“第三阶级”群体的消亡，这种纯粹的否定性在西方理性主义的传统下显然是激进的，是令哲学家震惊的。一方面，自我意识哲学和“主体”辩证法中，极少有什么概念是会走向真正的死亡的。即便是主体消灭了什么东西，也被视作同化和确证“自我”的一个环节，而更何况“第三阶级”群体在这里是作为主体被异己的力量消灭了，同时也没有被任何更大的伦理实体吸收。这种纯粹的否定性，是马克思唯物辩证法的批判革命性所在。另一方面，“第三阶级”群体当然不是肉体上被消灭了，“第三阶级”概念的消灭只是马克思“在黄昏时”用唯物辩证法和哲学的语言对“第三阶级”政治经济学境况的回顾。而通常这种情形若在“主体”辩证法中有所展现，“第三阶级”的群体应当被“理性”自然地冠以一些新的概念或解释，来阐述其辩证的运动和发展。这种差异表明，马克思唯物辩证法否定性力量的背后不是主体理性那工具性的“历史必然性”，而是社会变革本身。

最后的问题是，第二章中在马克思政治经济学考察之外的“第三阶级”的延续——新兴的土地金融资本势力，是否还是一个“自在的”“自为的”的阶级，他们是否还有被辨别和识别为“阶级”概念的哲学价值?

“第三阶级”群体的新形式显然还有识别的价值，因为这个群体的出现意味着“阶级”概念在“自在”“自为”阶级运动后，可能还存在一个“自我的”运动过程。从政治经济学上考察土地金融资本是否经历过“自在”和“自为”的阶段已经没有价值。黑格尔和马克思都已经分别从历史和逻辑的运动中，放大了土地贵族和“实体性等级”是如何以其土地所有制的继承和法权的规范，而形成一个利益统治集团的过程。现在的问题只在于，“第三阶级”概念的对象在走向所有制变更和阶级更迭之后，是否还有进一步的

① 《马克思恩格斯全集》（第21卷），人民出版社1965年版，第307页。

“阶级活动”。根据马克思的论述，无产阶级作为被压迫阶级团结起来的阶级斗争就是其作为“自为”阶级的表征；那么如果“第三阶级”的对象能作为统治阶级且作为一个整体，继续进行阶级统治，那么自然是其仍延续“自为”阶级活动的象征。显然，当今的房地产商与地产大亨，既没有像资本主义社会早期那样组建起镇压工人的右派政府，也没能在现代资本主义世界土地市场体系建立起一套统一的经济秩序，他们也不像工人那样组建工会和行会，而是仿佛又回到了一种分散的、“自在”的状态，以个体资本家的面貌互相竞争和倾轧。只是因为经济基础上的相同特征和对土地生产资料的强关联性而被看作同样的集团。但显然这种状态不再是一种“自在”的状态，个体的土地金融资本家彼此心知肚明，对自身所处的社会阶层、地位、利益结合关系也深知要害。他们只是因为资本的“互斥”与土地商品化的竞争关系，在土地“投机资本”不断增殖的动机下，处于一种在“阶级运动”和政治行为上“井水不犯河水”的关系。本文将这种新的“阶级动态”称为“自我的”阶级运动。当“土地阶级”赖以生存的所有制关系和政治特权，乃至于人群被彻底洗牌和清算之后，继承的人群，同时就拥有着所有制关系的两副面孔：一副是新的资产阶级贵族的新手段、新花样的资本化与财富占有的形象；另一副仍然是作为土地“食利者”的寄生形象。由于“土地等级”概念和利益集团的消失，“第三阶级”群体的社会矛盾和阶级矛盾，就不再是主要矛盾，这使得他们可以很轻松地隐藏在资产阶级的队伍中，心照不宣地假装与资产阶级同仇敌忾地对抗工人和农民。如同其他一般资本家一样，只关注于自身收入来源和土地资本积累情况。

“自我的”阶级从哲学现代性的角度来说，它更体现为一种“主体性”意识的扩大。“自在的”与“自为的”过程，按照自我意识哲学来说，是从其他主体的反馈中意识到自身，到通过影响、改变其他主体来确证自身“定在”和实现自由的过程。而按照其“正题、反题、合题”的逻辑，最终意识应当返回到自身，把握自身作为主体的权力，来运用自己的“自由”，这也意味着自我意识的最终完成和历史的终结。而映射到一个阶级的运动上，就是个体联合为集团从发现自我，到与其他阶级进行斗争，最后会折返到自身中，把握自身的独立性地位，并拉开与其他阶级的距离的过程。现代以来的西方政治哲学，对“阶级斗争”问题的争论，尤其呈现出这样的特征，阶级斗争的内容越发转向了多元的身份认同问题。日益“日常语言化”的“阶级”语词使用，反映了马克思等人在政治经济学上对“阶级”概念的根源解读，正被解构和消解为一种所谓“不合时宜”的“总体性”① 问题和宏观叙事。所有的个体都在创造一个强大的“他者”（The Other）概念来构建自身的“主体性”地位，强化自身自由和权力的认同，使得“阶级问题”的问题域从政治经济学转向了社会文化和意识形态领域。对于政治经济学上一个走向边缘和消亡的“第三阶级”概念的对象来说，上述的变化更是必然会顺应的阶级行动策略。如能连同“第三阶级”和“阶级”概念一同消灭，连同政治经济学元叙事框架一同消灭，这一群体就可以更好地将他们隐藏在人群中。从藏在“资产阶级”的身后，到藏在极化的“种族”“性别”“民族”和“宗教”问题的多重身份背后。经过这样的分散重组和割裂

① 参见［匈］格奥尔格·卢卡奇著：《历史与阶级意识》，杜章智、任立、燕宏远译，商务印书馆1996年版，第70页。

后，“第三阶级”就构成了以孤立的主体为中心的“自我的”“阶级行为”模式。同时，“阶级”的政治经济学元叙事框架的解体，也意味着“阶级行为”严肃性的丧失，意识形态问题泛化成了一种个体的社会心理认同问题，一种社会“文化景观”（Society of the Spectacle）①。如何能指望从“文化景观”的争论中获得经济基础上的改观？现实化的日益严峻的资本主义经济危机问题，只会让主体间进一步撕裂出更多的“他者”（The Other），以此获得自由的存量竞争。

因而以此为鉴，“阶级”的政治经济学元叙事是当然地需要保留，当然地具有鉴别的哲学价值，“第三阶级”概念的对象更应当被详加甄别。“自在、自为到自我”的“阶级运动模式”应当被重视，因为“第三阶级”概念今天的“消亡”进程，极有可能暗示了明天“资产阶级”概念及其群体的退路。

参考文献：

[1]《马克思恩格斯全集》第2卷、第3卷、第4卷、第13卷、第21卷、第24卷、第25卷、第45卷、第46卷，人民出版社1960年、2002年、1958年、1962年、1965年、1972年、1974年、1985年、2003年版。

[2]《马克思恩格斯文集》（第1卷），人民出版社2009年版。

[3] 列宁著：《论马克思恩格斯及马克思主义》，人民出版社1973年版。

[4]［匈］格奥尔格·卢卡奇著：《历史与阶级意识》，杜章智、任立、燕宏远译，商务印书馆1996年版。

[5]［德］格奥尔格·威廉·弗里德里希·黑格尔著：《法哲学原理》，范阳、张启泰译，商务印书馆1961年版。

[6]［英］大卫·李嘉图著：《政治经济学及赋税原理》，郭大力等译，译林出版社2011年版。

[7]［英］G. A. 科恩著：《卡尔·马克思的历史理论——一种辩护》，段忠桥译，高等教育出版社2008年版。

[8] 马尔库塞著：《理性和革命：黑格尔和社会理论的兴起》，重庆出版社1993年版。

[9] 王旭东、姜海波著：《马克思〈克罗茨纳赫笔记〉研究读本》，中央编译出版社2016年版。

[10] 张光显、伍精忠：《前资本主义社会的社会等级》，载《哲学研究》1982年第11期。

[11] 俞凤：《马克思主义“阶级意识”概念的时空演变——从马克思、恩格斯到卢卡奇的“阶级意识”观》，载《中共福建省委党校（福建行政学院）学报》2020年第6期。

[12] 糜海波：《如何正确认识马克思阶级概念的当代演变》，载《中共福建省委党校

① 参见Slavoj Žižek，“Tolerance as an Ideological Category”，*Critical Inquiry*，Vol. 34，No. 4，2008，p. 665.

（福建行政学院）学报》2020 年第 6 期。
[13] 夏莹：《论马克思哲学嬗变中关于阶级问题的研究路径——兼论〈资本论〉第三卷“阶级”残篇的理论意义》，载《理论探讨》2022 年第 2 期。
[14] 聂庆彬：《纯粹经济范畴内的“阶级”界定——基于马克思主义文本学的考察》，载《郑州轻工业学院学报（社会科学版）》2010 年第 5 期。
[15] 傅林奇：《马克思恩格斯著作中“阶级”的含义研究》，载《中共山西省直机关党校学报》2013 年第 5 期。
[16] Slavoj Žižek, “Tolerance as an Ideological Category”, *Critical Inquiry*, Vol. 34, No. 4, 2008.

普罗米修斯的自白：马克思博士论文中无神论思想探析

● 赵一骏*

（武汉大学 哲学学院）

【摘　要】

马克思所撰写的博士论文的旨趣在于对宗教的批判和对无神论的宣扬。青年时期的马克思受到布鲁诺·鲍威尔等青年黑格尔派的思想影响，认为“自我意识”具有最高的神性，而神只是自我意识的产物。于是，马克思考察了伊壁鸠鲁的哲学观点，从原子论的角度分析了无神论如何可能。并指出，一切有神论的证明都是徒劳，反而证明了“自我意识”的存在。这段时期马克思的无神论思想仍处于其个人思想体系的初级建设阶段，仍存有观念论的残余，具有不彻底性。同时，历史唯物主义和对现实社会考察的方法已作为一股潜流存在于博士论文之中，直至1845年后，才大白于天下。《德意志意识形态》象征着唯物史观的诞生，而正是有了如此犀利的工具，马克思才算是完成了对于宗教的批判，克服了博士论文中的观念论残余。

【关键词】

马克思博士论文；无神论；自我意识；青年黑格尔派

1841年，马克思向柏林大学提交了一篇研究希腊化时期哲学的论文《德谟克利特的自然哲学和伊壁鸠鲁的自然哲学的差别》（以下称博士论文）。而或许由于该文所关注的无神论倾向的问题，耶拿大学而并非柏林大学授予了马克思哲学博士学位。

“博士论文”作为学人在学术界的第一次亮相，自然有着很特别的意义。马克思在1857年致友人拉萨尔的信中，点出了这篇论文选题的初衷：“在古代哲学家中……伊壁鸠鲁（尤其是他）、斯多葛派和怀疑论者，（我）曾专门研究过，但与其说是出于哲学的兴趣，不如说是出于（政治的）兴趣。”① 而如何理解这“政治的兴趣”，便是解读马克思博士论文思想所面临的核心问题。在博士论文的序言中马克思明确提道，“普罗米修斯的自白‘老实说，我痛恨所有的神。’就是哲学自己的自白，是哲学的格言……”② 并且其博士论文的研究对象伊壁鸠鲁的哲学也是西方哲学史上赫赫有名的无

---

* 作者简介：赵一骏，武汉大学哲学学院心理学专业本科生。

① 《马克思恩格斯全集》（第29卷），人民出版社1972年版，第527页。

② 《马克思恩格斯全集》（第40卷），人民出版社1982年版，第189~190页。

神论哲学。因而，在这个意义上，马克思所言“政治的兴趣”可能就是对宗教批判的兴趣。并且，从马克思所引用的埃斯库罗斯的普罗米修斯的言辞来看，马克思所进行的宗教批判将会是一场彻头彻尾的战斗的无神论批判，是以哲学替代宗教、以自我意识压倒神祇的革命。

当前学界针对马克思博士论文的研究主要分布于三大论域①：第一，关于博士论文的文本考证和写作背景研究，属历史学视角；第二，关于博士论文的核心内容，主要是自我意识思想的研究，主要是从人学、正义思想、自由思想、政治思想等角度进行阐发；第三，关于博士论文的历史评价问题，其视野投向博士论文在马克思哲学体系中的地位，以及马克思对于黑格尔及青年黑格尔派的思想脉络继承和超越问题。

目前鲜有学者以历史脉络的眼光看待马克思博士论文中的无神论思想，即将博士论文时期的无神论思想当作马克思从青年黑格尔派哲学到历史唯物主义哲学之间的过渡阶段。因而，本文试图以无神论思想作为理解马克思博士论文真正要旨的切入点，探究这篇马克思的专业哲学著作具体想要表达什么，理解马克思与伊壁鸠鲁哲学、黑格尔哲学、青年黑格尔派哲学之间的关系，进而理解早期马克思在宗教问题上持有怎样的立场，并有利于理解马克思唯物史观的创立过程，以及历史唯物主义的宗教批判思想。

一、青年马克思从有神论到无神论的转变——兼论马克思与青年黑格尔派的哲学的关系

1818 年马克思出生在一个犹太拉比世家，16 世纪后几乎所有的特立尔（马克思的出生地）拉比都是马克思家族的先辈。1924 年，父亲亨利希·马克思带领全家改宗基督新教，但仍然保留了对犹太教的信仰。生长在这样的家庭中，少年时期的马克思是一位信仰上帝的有神论者。这在他中学时期专门论述宗教问题的文章《根据约翰福音第 15 章第 1 至 14 节论信徒和基督的一致，这种一致的原因和实质，它的绝对必要及其影响》（以下简称《影响》）以及中学毕业的选题作文《青年在选择职业时的考虑》（以下简称《考虑》）中都有所体现。

《影响》一文着重论述了信徒和基督一致的必要性。马克思认为，各民族的历史都已经证明了与基督一致的必要性，任何民族都无法摆脱迷信的束缚，这就说明了每个人心中都有对神的指引的渴望。“和基督一致是绝对必要的……没有这种一致我们就会被上帝抛弃，而只有上帝才能够拯救我们。”② 可见在中学时期的马克思心中，上帝依然承担了传统“弥赛亚”的作用，认为神在引导人、救赎人。《考虑》中同样如此，马克思写道，“因为神决不会使世人完全没有引导者；神总是轻声而坚定地作启示”③，心中的神给人

① 林修能：《对当前学界关于马克思博士论文研究的评述与反思》，载《山西师大学报（社会科学版）》2022 年第 2 期，第 11~18 页；石琳琳：《当前学界关于马克思博士论文研究的综述》，载《成都理工大学学报（社会科学版）》2021 年第 6 期，第 77~86 页。

② 《马克思恩格斯全集》（第 40 卷），人民出版社 1982 年版，第 820 页。

③ 《马克思恩格斯全集》（第 40 卷），人民出版社 1982 年版，第 3 页。

以目标，引导人，给人以前进的道路。

但是，即便作为有神论的信仰者，马克思关于宗教和神的看法与正统的基督教教义还是有所区别的。可以说，就算当时的马克思信仰上帝，但他已经显示出了对宗教的怀疑，甚至冲破宗教束缚的萌芽了。这种萌芽突出表现在，马克思对于宗教和上帝的看法，其最终落脚点都在“人”身上。甚至可以说，马克思认为，神存在的目的，是为了帮助人找到自己前进的道路，为了使人趋于道德的高尚。在少年马克思的观念中，神存在的原因要从人之中寻找，神的存在是为了人的进步。在这一点上，马克思颠倒了一般基督徒的信念，例如正统基督徒会把信徒与基督的一致性作为一种最终根据，而马克思则不然，他在《影响》中不仅要为这种一致性寻找原因，并且相信这种一致性的原因取决于人的天性。在《考虑》中同样如此，马克思虽然将神看作道德目标的制定者，但却将神限制于引导者、启示者的身份之中，否认神对人的决定性作用，将选择的主动性赋予个人。总而言之，青年时期的马克思尽管是一位上帝的信仰者，但其胸中已然翻滚起了站在人的立场对宗教进行质疑和批判的浪花。

1836 年，马克思转入柏林大学学习。在柏林期间，他的思想进行了深刻的转向，摆脱了宗教的束缚，进入了无神论的新世界。19 世纪上半叶的柏林大学，是黑格尔哲学统治的时期。自 1835 年施特劳斯的《耶稣传》发表以来，一众在柏林的学者们激起了反对黑格尔体系保守倾向的思潮。他们力图从黑格尔辩证法中引出革命和无神论的结论，主要致力于对宗教，特别是对《圣经》福音书的批判。但在青年黑格尔派内，就《圣经》故事的产生问题，依旧分为两系。施特劳斯发展了黑格尔的“实体”概念，认为《圣经》故事是集体无意识的结果，耶稣的神迹和传说都是虚构的，是当时人们的共同愿望和普遍意识的表现。因而施特劳斯认为宗教是人思维达到表象层次的象征，是势必要被哲学思维所超越和扬弃的。而布鲁诺·鲍威尔则高举“自我意识”大旗认为《圣经》是作者们有意识地捏造，并不如施特劳斯所言是集体无意识的象征。因而他主张研究历史上《圣经》编纂者们的真实意图，从而揭开基督教形成和发展的真正秘密。由此便可以得出结论，宗教的历史，甚至一切的历史都是人的“自我意识”活动的产物。在鲍威尔这里，黑格尔的“自我意识”概念被提高到了一个新的高度。

马克思在柏林求学期间，曾加入过布鲁诺·鲍威尔组织的“哲学俱乐部”，并深受其学风影响。所以，在理解马克思博士论文时，始终需要认识到，这一时期的马克思在思想上对青年黑格尔派有所超越，如：侯才认为博士论文时期的马克思同鲍威尔的差异和分歧主要体现在，马克思并没有像鲍威尔那样把主体、自我意识绝对化，而是主张自我意识走向现实。① 但即便如此，马克思依旧是以“自我意识”这一唯心主义的观念作为哲学基础的。正如戴维·麦克莱伦认为马克思在博士论文中的“自我意识”完全是“青年黑格尔派，尤其是布鲁诺·鲍威尔，阐述的哲学的核心概念”②。“博士论文中的马克思不过

① 参见侯才著：《青年黑格尔派与马克思早期思想发展》，中国社会科学出版社 1994 年版，第 40 页。

② ［英］戴维·麦克莱伦著：《马克思传》，王珍译，中国人民大学出版社 2016 年版，第 30 页。

是对鲍威尔的某些思想深有同感的一个普通青年黑格尔分子罢了。”① 因此，在理解马克思从有神论向无神论转向的这一问题上，绝不应当采取断裂的看法，认为这种转向是瞬间的，是一蹴而就的，而是应将其放入历史环境中，看到马克思在宗教和神的问题上逐渐的变化，并从历史和思想的双重角度发现马克思这一转变背后青年黑格尔派对他的深刻影响。因而，在理解马克思博士论文中无神论倾向的时候，应将其看作马克思本人宗教态度的一个转折点，以及其无神论观点的一个萌芽。

二、马克思无神论思想溯源——伊壁鸠鲁哲学的无神论倾向

马克思在博士论文中写道，“伊壁鸠鲁反对整个希腊民族的观点”②。这里所指的整个希腊民族的观点，即希腊哲学家们对于神的看法，以及大部分希腊城邦居民的宗教信仰。希腊哲学源自对自然的思考，即认为自然界背后必有一个支配它存在的实体，或者是自然界必定来自某一本原。但无论回答如何，哲学家们普遍认可“对于天体的崇敬，是所有希腊哲学家遵从的一种崇拜”③。希腊人认为，神是世界背后的实体，是居住在天上的，天与神都是永恒不死的，神的意志指挥着日月星辰的运动，并赐福掌控着人类。因此，整个希腊民族的观点就是对天体和神灵的崇拜，即一种有神论。

而正如卢克莱修所言，伊壁鸠鲁是打倒众神和脚踢宗教的英雄，他对于上述希腊民族观点的反对也是十分深刻的。首先，伊壁鸠鲁认为：“人心的最大迷乱起源于人们把天体当作有福祉的和不可毁灭的……同样还起源于对神话的恐惧。”④ 伊壁鸠鲁批驳希腊民族的有神论都是将天象看作永恒的有福祉的存在，从而迷乱了人心，使得人不能生活于理想的精神的自由和独立之中。而他强调，天体及其运动都只是纯粹的自然现象，“天体无非是圆形的火”，人应当以现象和感觉去理解自然天象，“天文现象的原因可以是多种多样的，只要与感性经验一致就行”⑤，而不是将其与神性相绑缚，以此才能使自己从恐惧中解放出来，保持和发展自己精神的自由和独立，达到人心的平和与安宁。

伊壁鸠鲁关于天象的学说是建立在他的原子论基础上的。他认为原子是一切现实存在的基础，并用原子和虚空解释了世界万物的生灭变化。原子本身并不包含支配人事祸患以及天象运动的特殊依据，因而基于原子而产生的天体，也就不会对人事产生何种支配，如此便否定了天上的神对于地上的人的掌控。并且，既然天体由原子所构成，这种构成还是一种偶然性的构成，只有当原子以当前这样一种方式碰撞组成时，天体才是天体，那么也否定了天体是永恒不朽的这一概念，再一次斩断了天体与不朽神灵之间的联系。伊壁鸠鲁的原子运动的特殊点在于偏斜，其本质是一种偶然性的自由。没有哪些原子具有作“偏

① ［英］戴维·麦克莱伦著：《青年黑格尔派与马克思》，夏威仪、陈启伟、金海民译，商务印书馆1982年版，第74~75页。

② 《马克思恩格斯全集》（第40卷），人民出版社1982年版，第234页。

③ 《马克思恩格斯全集》（第40卷），人民出版社1982年版，第234页。

④ 《马克思恩格斯全集》（第40卷），人民出版社1982年版，第235页。

⑤ ［古希腊］伊壁鸠鲁、［古罗马］卢克莱修著：《自然与快乐——伊壁鸠鲁的哲学》，包利民、刘玉鹏、王玮玮译，中国社会科学出版社2018年版，第20页。

斜运动”的事先规定，偏斜也不发生在任何确定的时间和确定的地点。偏斜运动的偶然性肯定了原子的自发性和自由活动的能力。正是如此的偶然，偏斜打破了德谟克利特式的必然性和宿命论的束缚，赋予了世界万物以自由。正是这种自由，否定了神掌控人命运的宿命观点。可以说，伊壁鸠鲁用原子论的物质性、偶然性、偏斜运动击碎了天干人事、天神永恒以及必然宿命的幻梦。

伊壁鸠鲁这样的观点与青年黑格尔派所强调的“自我意识”是高度一致的。由于神被肢解了，精神的太阳系变成了自我意识的舞台。在这样的理论下，人们不必去惧怕天、崇敬神灵，而是应该相信自己的理性，相信自己的感觉，跟从自我意识去创造整个世界。因此，马克思才会说，“不应该有任何神同人的自我意识相并列”①。伊壁鸠鲁作为哲学史上第一个提出自我意识的哲学家，无愧于马克思所赞誉的像普罗米修斯一样是哲学日历上最高尚的圣者和殉道者。

三、激烈的革命——马克思战斗的无神论

在博士论文的附录中，马克思评议了普卢塔克对伊壁鸠鲁神学的论战，其中更加尖锐深刻地表达了马克思早期战斗无神论的思想特色，也暴露了其当时无神论态度的一些局限性。在这篇残缺的附录和写作博士论文的哲学笔记中，马克思集中地对论敌普卢塔克进行了反驳，并捍卫了自己和伊壁鸠鲁在无神论立场上的一致性。

普卢塔克在《论信从伊壁鸠鲁不可能有幸福生活》一文中，猛烈抨击了伊壁鸠鲁的无神论学说，以证明神的存在。他认为群众对神的信仰表现在恐惧之中，恐惧是神存在的基础，因为对神的恐惧可以修正人的道德，防止人作恶。而马克思重点驳斥了普卢塔克对神的恐惧的论证，阐明了究竟何为神的本质。

马克思说，按照普卢塔克的观点，既然群众对神的信仰表现在恐惧之中，对神的恐惧可以防止人作恶，也就意味着群众内在的恐惧并不是恶。那么什么是“经验的恶”，马克思回答说，经验的恶的实质就“在于个人囿于他的经验本性而违背自己永恒本性”②，即个人抛弃了自己的永恒本性将它视作孤立的，因而也就将其当作自身以外的经验的神了。这里马克思所指的“永恒本性”是人的普遍本性即个人精神的自由和独立，也等同于伊壁鸠鲁哲学的最高范畴——不动心和安宁。马克思进而讲道，普卢塔克所说的神，不过是将个人同不动心的内在关系错误当作了同存在于他之外的神的关系，因而这个外在的神就其本质而言是被自我意识转移到人身之外的并与人相对立的“永恒的本性”。从这里也可以看出，马克思所认为的神，不过是人将自己的永恒本性放置于自身之外，并错误地将其认作神。因此，神不外乎是人所创造的，而并非如《圣经》所言，是上帝造了人。

那么，既然神意味着人的“永恒的本性”的外化，也就说明在崇敬神的过程中，人丧失了自己的“永恒的本性”，即失去了自己精神的独立和自由。正是这种人丧失自身外化对象的结果被马克思称为了“经验的恶”。所以，马克思得出了一条强有力的结论：

---

① 《马克思恩格斯全集》（第 40 卷），人民出版社 1982 年版，第 190 页。

② 《马克思恩格斯全集》（第 40 卷），人民出版社 1982 年版，第 81 页。

"神不是什么别的东西，而是集经验恶行的一切后果之达成的共同体。……因此，他这样做不就是为了使他的安宁的连续性不致由于有失去这种安宁的内在可能性而遭到破坏吗?"① 在这里，马克思强调，神防止人作恶，只是对于破坏了人获得内心安宁的内在路径的一种补偿，而本质上是一种更大的恶，这种恶就是扰乱了人从其内在达到不动心。

而后，马克思继续反驳普卢塔克关于信仰神能给人带来快乐的论证。普卢塔克认为，"神一降临，灵魂的悲伤、恐惧和忧虑便一扫而光……获得自由"②。马克思驳斥道，这种灵魂欢喜的自由，是个人的自由，而不是神的自由。其次，在自由中个人地位的偶然差别也消失了，个人回归到了一个个人的平等地位。最后，这被崇敬而赞扬的神，不过就是摆脱了日常束缚的被神化的个体性，即伊壁鸠鲁的"心灵的宁静"。因而，个人的快乐是感性的、不受干扰的快乐，不能被当作神的降临。

马克思继续考察了"恐惧"在信仰中的必要性，并对此作出了强有力的反驳。对神的恐惧，无非是对自然神秘现象和强大力量的"缺乏信心的状态"。普卢塔克妄言要将恐惧作为感化人不要作恶的手段，马克思认为这是不可以容忍的。将恐惧、恫吓作为约束，无异于把"人降低为动物，那么把动物关在笼中，无论怎么关法，对它来说反正都是一样的"③。这里，马克思在《关于伊壁鸠鲁哲学的笔记之三》（以下简称《笔记三》）中给出了最有力的驳斥，认为如果将神看作向人示威的东西，将人对神的信仰还原为恐惧的话，那么就是将人降低成了动物，取消了人的精神的自由和独立，这是不可以接受的，他认为"普卢塔克，他不理解，哲学意识多么希望摆脱这种恐惧"④。

在《笔记三》中，马克思将神的地位交还给了人的"永恒的本性"，但并未对这一"永恒的本性"作出更加细致的说明，仅仅指出永恒本性与伊壁鸠鲁所谓的不动心和灵魂安宁是一致的。在博士论文的附录中，马克思又用了两个强有力的论证，反驳了过往的宗教哲学、神学中最重要的"神存在的问题"，并揭示出了人的"永恒的本性"的真正所指，补全了笔记中的不足。在附录中，首先马克思指出，黑格尔完全颠倒了对神的证明，因为黑格尔从概念自身的辩证发展中推导出上帝的必然存在，这无疑是维护和加强对神的证明。黑格尔从世界不存在偶然性推出了必然存在一个神，而这一点是与传统神学证明恰恰相反的：因为偶然性真实存在，所以神存在，因此，神与偶然世界的关系成为一组二律背反，以至于人们并不能在逻辑上得出哪一个命题是正确的。同时马克思批评黑格尔对宗教的态度，他否认黑格尔以理性论证宗教的做法，在他看来，宗教是非理性的产物。进而，马克思说道，一切对神的存在的证明不外是空洞的同义反复，尤其是本体论证明，"我现实地想象的东西，对于我来说就是现实的表象"。对于宗教神学中最为重要的本体论证明，即不依赖经验证据仅仅从概念中运用逻辑推理证明上帝的存在，马克思指出了四点问题，层层递进，便直接摧毁了本体论的幻象。第一，便是这样的论证，可以推出历史上存在过的一切信仰背后的神都是实在的存在，无法得到如基督教所说，世界的背后是三

① 《马克思恩格斯全集》(第40卷)，人民出版社1982年版，第81页。

② 《马克思恩格斯全集》(第40卷)，人民出版社1982年版，第82页。

③ 《马克思恩格斯全集》(第40卷)，人民出版社1982年版，第85页。

④ 《马克思恩格斯全集》(第40卷)，人民出版社1982年版，第80页。

位一体的上帝，即《圣经》中的上帝，古腓尼基和迦太基人的摩洛赫以及德菲尔的阿波罗与其具有同样程度的真实性。其次，马克思指出康德的批判也只是加强了本体论论证的错误，因为如若某人相信想象的塔勒，那么想象的一百塔勒就具有现实的一百塔勒同等的价值，因而"现实的塔勒与想象中的众神具有同样的存在"①。第三，马克思说明了对神的信仰是主观的，特定的神只存在于特定的国家之中，而并不是一种普遍性的存在。理性则大不相同，它的王国是"神停止其存在的地方"②，在这个意义上同样否定了神存在的普遍性。最后，马克思更强的反驳在于，本体论论证根本不能证明神的存在，而恰恰证明了自我意识的存在。他指出，"对神的存在的一切证明都是对神不存在的证明，都是对一切关于神的观念的驳斥"③。因为当我们思索上帝存在的时候，只有自我意识是直接存在的。可以看出，马克思在这个地方，并不只是反驳了普卢塔克的神学观点以捍卫伊壁鸠鲁的无神论，而是对这场论战进行了深入拓展，反驳了先前所有的对神的证明，并揭示出这些证明最终只能证明"自我意识"的真实存在。那么，其在《笔记三》中所讲的人的"永恒的本性"的问题便得到了回答，即人的自我意识。

四、以哲学超越宗教

"一定的国家对于外来的特定的神来说，同理性的国家对于一般的神来说，就是神停止存在的地方。"④ 马克思这一结论告诉人们，理性同迷信是界限清晰的，理性的哲学同迷信的宗教是不可调和的。凡是人们开始用哲学的理性思考的地方，宗教和迷信就不再有活动的空间。而哲学的思考的必要条件是克服对于神的恐惧和无知，正如马克思在《关于伊壁鸠鲁哲学的笔记之四》中写到的那样，"哲学研究的首要基础是勇敢的自由的精神"⑤。并且，在博士论文中，马克思认同伊壁鸠鲁的哲学观，认为"服务于哲学本身就是自由"、可以"在哲学中感到满足和幸福"⑥，这都说明了这一时期的马克思除了极力反对宗教外，还持有亲哲学的思想立场。马克思这样一种坚决地把哲学与宗教划清界限的立场，冲破了康德和黑格尔在这一问题上的不彻底的做法。康德、黑格尔在哲学与宗教的问题上，虽然持有不同的意见，前者重视哲学而悬设上帝，后者认为一切都是神自身的展开，但二者都在试图保留上帝的权威，调和理性与信仰。而马克思在这里，直接点破了这二者之间必然不可能被调和的实际情况，并在驳斥神最高地位的前提下，树立起自我意识的最高神性。

在通篇博士论文中，我们不难看出马克思对黑格尔哲学体系是有所继承和吸收的。首先在基本立场上，马克思继承了黑格尔主观唯心主义的基本结构，承认"自我意识"是

① 《马克思恩格斯全集》（第40卷），人民出版社1982年版，第285页。
② 《马克思恩格斯全集》（第40卷），人民出版社1982年版，第285页。
③ 《马克思恩格斯全集》（第40卷），人民出版社1982年版，第285页。
④ 《马克思恩格斯全集》（第40卷），人民出版社1982年版，第285页。
⑤ 《马克思恩格斯全集》（第40卷），人民出版社1982年版，第111页。
⑥ 《马克思恩格斯全集》（第40卷），人民出版社1982年版，第202页。

最本质的存在，并延续布鲁诺·鲍威尔的思路高扬“自我意识”的地位，树立起绝对权威。从学术兴趣上讲，马克思并不关注德谟克利特和伊壁鸠鲁两位古代朴素唯物主义哲学家的唯物主义立场，因此这并不简单只是一篇关于自然哲学和物理学的论文，而是紧紧围绕德谟克利特和伊壁鸠鲁在原子具有“能动性”这一点上的差异来展开整个博士论文的架构，便足以旁证博士期间的马克思深受黑格尔哲学的影响。因为黑格尔哲学同样看重实体作为主体的能动表现，其整个哲学体系都可以概括为概念自身的辩证运动的展开。同时，马克思对于原子“能动性”的理解也是按照黑格尔“正反合”的逻辑学进行的。在博士论文中，马克思强调，原子的运动表现为：直线、偏斜和冲击三个阶段，偏斜是对于直线的否定，而冲击便是否定之否定。并且，在原子的冲击过后，作为概念的原子才在现象界得以实现，整个感官世界才被创造出来。这一理解进路很明显是马克思熟练运用黑格尔辩证法的结果。

虽然马克思的博士论文中黑格尔哲学的痕迹比比皆是，但总的来说，马克思依旧对黑格尔哲学体系进行了批判和超越。其重点就在宗教态度上，黑格尔对宗教仍存在妥协的成分。尽管黑格尔认为整个人类历史都是精神的自身演化，但他依旧把宗教和哲学视作了绝对精神的体现。黑格尔用哲学论证了宗教的合理性，将宗教看作观念发展的必经一环。可是，马克思则继承和捍卫了伊壁鸠鲁的唯物主义和无神论立场，对宗教神学和为其辩护的黑格尔哲学进行了猛烈的抨击。马克思认为，哲学是理性的，宗教是非理性的；哲学是求索、追问的，宗教是顺从、依赖的；哲学教导人们追求真理，而宗教只会许诺信徒未来天堂，二者本质不同，既不可能相互包含，也不可能殊途同归。总的来说，马克思反对一切神，反对一切上帝存在的论证。因此他是反对黑格尔的，是拆穿了黑格尔宗教调和立场的，持一种更加彻底的、战斗的新观念。

五、走向唯物史观，完成宗教批判

通过上述关于马克思对黑格尔哲学的继承与超越的论述，可以看到博士论文时期的马克思，其哲学观和无神论思想与后期成熟的思想还是有很大的不同。马克思保留了青年黑格尔派看重“自我意识”的哲学起点，但没有意识到这种“自我意识”本质上也是一种唯心论的观念。因此，即便马克思试图从理性的角度去进行宗教批判，但当时仍没有跳出唯心主义的框架，其所做出的超越便是以人的视角去解读神和人的关系。

在博士论文附录的最后，马克思展现出了其后期以唯物史观理解宗教问题的萌芽。文中在驳斥本体论证明的时候提到，神的存在，只能依据“自然安排的不好”“非理性的世界存在”“思想不存在”① 来证明。点出了神的存在本身与非理性是同一的，因而在理性王国中神不存在。但关键在于，马克思不仅仅将非理性解读为一种意识存在，而且把作为宗教根源的非理性也延伸到了世界和安排得不好的自然之上。这说明，马克思已经初步意识到了仅仅使用意识层面的非理性去解释宗教的根源是远远不够的，真正的解决应当是在人的观念以外的非理性的社会、世界（即广义的自然）中寻找并做出改变。这一点，恰

① 《马克思恩格斯全集》（第40卷），人民出版社1982年版，第285页。

恰引出了马克思在《论犹太人问题》《关于费尔巴哈的提纲》以及《〈黑格尔法哲学批判〉导言》中反复强调的，是人创造了神，宗教是现实的人的异化的思想。

概言之，博士论文时期的马克思在思想上转向了无神论，但这种转向并不彻底，仍保留了青年黑格尔派的“自我意识”的唯心主义。同时，马克思也意识到了抽象的、观念中的个人，是解决不了现实的宗教问题的，只有将非理性的社会生活条件考虑进去，才有可能解释清楚。直到1845年，马克思、恩格斯在《德意志意识形态》中真正创立了历史唯物主义，站在现实的人的角度，提出了“人的解放”，马克思才真正克服了潜藏在博士论文中的不彻底性，完成了对宗教的、神的批判，彻底地超越了黑格尔及青年黑格尔派的哲学体系。

参考文献：

[1]《马克思恩格斯全集》(第29卷)，人民出版社1972年版。

[2]《马克思恩格斯全集》(第40卷)，人民出版社1982年版。

[3][古希腊]伊壁鸠鲁、[古罗马]卢克莱修著：《自然与快乐——伊壁鸠鲁的哲学》，包利民、刘玉鹏、王玮玮译，中国社会科学出版社2018年版。

[4][英]戴维·麦克莱伦著：《马克思传》，王珍译，中国人民大学出版社2016年版。

[5][英]戴维·麦克莱伦著：《青年黑格尔派与马克思》，夏威仪、陈启伟、金海民译，商务印书馆1982年版。

[6]侯才著：《青年黑格尔派与马克思早期思想发展》，中国社会科学出版社1994年版。

[7]石琳琳：《当前学界关于马克思博士论文研究的综述》，载《成都理工大学学报(社会科学版)》2021年第6期。

[8]林修能：《对当前学界关于马克思博士论文研究的评述与反思》，载《山西师大学报(社会科学版)》2022年第2期。

马克思与海德格尔现代性批判之比较

● 王鑫怡*
（武汉大学 哲学学院）

【摘 要】

现代性是近代启蒙运动的产物，近代二元对立的思维结构导致了现代社会的危机。马克思以黑格尔为中介，海德格尔以胡塞尔为中介，都试图用生存论克服意识与外部世界的二元对立，消解现代性危机。但海德格尔对技术的批判具有局限性，他也没有提出具体的行动指南，而是仅仅停留在思想与描述中。相反，马克思将生存论真正转变为现实实践，提出了阶级革命的行动方针和引领了共产主义的革命运动，为现代性危机的出路找到了方向。马克思与海德格尔有着共同的问题意识和理论诉求，马克思主义现象学具有广阔的发展前景。

【关键词】

马克思；海德格尔；现代性；生存论

何谓现代性？在当代的理论视野中，现代性可以从社会现实与哲学精神这两个角度来进行解读。从社会现实角度看，现代性指的是工业资本主义社会，是工业文明的政治、经济和价值观组成的社会整体架构；从哲学精神的角度看，现代性指的是由主体性原则主导的，崇尚理性与自由的价值系统。

现代性是近代以来的宗教改革和启蒙运动的产物。韦伯在《新教伦理与资本主义精神》一书中指出，宗教改革利用新教培育和宣扬一种新的“伦理”，这种“伦理”的至善是“赚钱，赚更多的钱，并严格回避一切天生自然的享乐”①，“绝对要有高度的责任感……把劳动当作绝对的目的本身——‘天职’来从事”②。这种“伦理”就是披着宗教外皮的资本主义精神，是清教徒完成资本原始积累的核心信念。与宗教改革相比，启蒙运动更加赤裸与直接地宣扬理性，主张以理性的权威代替信仰的权威，新兴资产阶级高举科学理性旗帜，要向传统封建王朝夺权。英国与法国强调对社会的经济、政治制度与宗教制度进行改革，而德国则发起了一场内在批判的反思运动，对理性与自由进行了深刻的阐

---

* 作者简介：王鑫怡，武汉大学哲学学院外国哲学专业硕士研究生。

① ［德］马克斯·韦伯著：《新教伦理与资本主义精神》，康乐、简惠美译，广西师范大学出版社2007年版，第29页。

② ［德］马克斯·韦伯著：《新教伦理与资本主义精神》，康乐、简惠美译，广西师范大学出版社2007年版，第37页。

释，康德高举启蒙旗帜，宣称“对于这种启蒙而言，它所需要的只是自由，而这种自由是所有自由形式中最没有恶意的，即在所有事情上公开运用理性的自由”①。

马克思虽然没有明确地使用过“现代性”这个术语，但他的哲学理论蕴含了丰富的现代性批判的思想。马克思认为现代与资本关联紧密，现代性在马克思的哲学中指代的就是资本主义时代。列斐伏尔指出：“马克思经常用‘现代’一词来表达资产阶级的兴起、经济的成长、资本主义的确立，它们政治上的表达以及后来——但不是最终——对作为一个整体的这些历史事实的批判。”② 而对于海德格尔而言，现代世界是一个图像式的世界，人们遗忘了存在，而仅仅将世界与自身当成现成的存在者来摆置。因此，技术统治了人，促逼与摆置一切，人们失去了家园。

根据马克思与海德格尔对现代的定义，我们可以清楚地看到，无论是马克思将现代性与资本主义相关联，还是海德格尔将现代性与技术相关联，二者对现代概念的诠释和批判都必然包含近代启蒙运动为现代世界所打下的深深的思想烙印，即二元对立的对象性思维模式。

一、共同点：马克思和海德格尔的生存论

自笛卡儿以来，心物二元论的框架就被牢固地烙印在了近代哲学的理论思维中，成为难以动摇的前提和预设。康德试图在认识论上用先天直观形式和先验范畴统一二者，但在本体论上依旧难以跨越物自体和意识之间的鸿沟。黑格尔作为客观唯心论者，则是将一切外部现实视作绝对精神自我复归的过程，试图用精神统一二者。因此，我们可以看到，这两位标志性的德国古典哲学家在尝试克服心物二元论的同时，都高扬主体主义旗帜和理性原则，这也是启蒙的特点和现代性的核心价值。康德与黑格尔统一二者的方式都是试图将外部现实纳入主体内部，以主体来统摄内外。

在黑格尔试图克服主客二元对立，统一二者之时，他通过对康德和以往古典哲学家的批评，提出了一个极富深远意义的创见。黑格尔认为，以往哲学家避免不了主客二分和对立的关键原因在于，他们将概念和范畴作形式化的理解，认为它们是僵死的和静止的。但实际上这种理解是有局限性的，我们对思维形式的考察本身就已经属于历史的进程了，概念和范畴并不是一成不变的，而是会互相转化和流动的。形式逻辑的局限性就在于其割裂了形式与内容之间的内在联系。由此，黑格尔提出了他的辩证逻辑：“一切问题的关键在于：不仅把真实的东西或真理理解和表述为实体，而且同样理解和表述为主体。”③ “活的实体，只当它是建立自身的运动时，或者说，只当它是自身转化与其自己之间的中介

---

① ［德］伊曼努尔·康德著：《对“什么是启蒙”的回答》，H. B. 尼斯贝特、肖树乔译，中译出版社 2016 年版，第 2 页。

② 转引自易俐莎、任志锋：《〈共产党宣言〉中的现代性批判思想及其当代价值》，载《中共南昌市委党校学报》2022 年第 6 期，第 5 页。

③ ［德］黑格尔著：《精神现象学》（上卷），贺麟、王玖兴译，商务印书馆 1979 年版，第 61 页。

时，它才真正是个现实的存在，或换个说法也一样，它这个存在才真正是主体。”① 黑格尔认为，实体即主体，真理即过程。通过概念的辩证运动，黑格尔不仅在形式上克服了主客二分与对立，更将近代形而上学的静止的思维模式拓展到了运动和发展的辩证思维模式。马克思受到黑格尔的深刻影响，继承并发扬了黑格尔的辩证法思想。

即使黑格尔通过辩证法克服了形式上的主客二分，但这种统一依旧是在主体的精神内部达成的。在《法哲学原理》中，当黑格尔涉及外部现实社会中的家庭、市民社会和国家时，他仅仅将其看作绝对精神外化过程中的不同阶段。黑格尔看似诠释和解读了外部现实，但这种解读实际上仅仅只是思维中的模拟和理想的虚构。当1842—1843年，马克思作为莱茵报编辑，第一次遭遇到对物质利益发表意见的难题之时，就已经逐渐意识到了黑格尔的客观唯心论的弊端。在总结关于林木盗窃法的辩论后，马克思指出，“因为私有财产没有办法使自己上升到国家的立场上来，所以国家就有义务使自己降低为私有财产的同理性和法相抵触的手段”②。黑格尔的理性国家观与私有财产的本质是相抵触的，即使在黑格尔的理想体系中，“主观的利己心转化为对其他一切人的需要得到满足是有帮助的东西，即通过普遍物而转化为特殊物的中介。这是一种辩证运动”③。但实际上，作为特殊物的私有财产无法自然而然地转化为作为普遍物的理性与法的国家。反倒是国家成为私有财产的庇护者，仅仅保护少数资本家的特殊利益。

因此，马克思意识到，仅仅在精神内部进行辩证的运动是不够的，要解决现实外部社会的难题，必须回归到原本的感性世界。为此，马克思吸收了费尔巴哈等人的形而上学唯物主义，再将其与辩证法相结合，发展出了真正的辩证唯物主义。在《关于费尔巴哈的提纲》中，马克思指出：“从前的一切唯物主义——包括费尔巴哈的主要缺点是：对事物、现实、感性，只是从客体的或者直观的形式去理解，而不是把它们当作人的感性活动，当作实践去理解，不是从主观方面去理解。所以，结果竟是这样，和唯物主义相反，唯心主义却发展了能动的方面，但只是抽象地发展了，因为唯心主义当然是不知道真正现实的、感性的活动的。费尔巴哈想要研究跟思想客体确实不同的感性客体，但是他没有把人的活动本身理解为客观的活动。”④ 由此可见，马克思的辩证唯物主义通过借鉴与学习黑格尔的辩证法，破除了主客对立，同时又吸取了费尔巴哈等人的唯物主义，使辩证的运动真正落实到了现实社会之中。其中关键的和具有突破性创见的概念就是“感性活动”，即“实践”。

马克思指出，“人们的存在就是他们的实际生活过程”⑤，历史是人类实践创造的历史，人自身也是在历史实践中不断变化、生成的。实际上，人本身的生存方式就是实践。国内学者吴晓明指出：“知识论路向的性质是概念的、逻辑的和反思的，而生存论路向的原则却要求自身达于使得概念的、逻辑的和反思的世界得以成立的更具本源性的领域，因

① ［德］黑格尔著：《精神现象学》（上卷），贺麟、王玖兴译，商务印书馆1979年版，第61页。
② 《马克思恩格斯全集》（第1卷），人民出版社1995年版，第261页。
③ ［德］黑格尔著：《法哲学原理》，范扬、张企泰译，商务印书馆1961年版，第264页。
④ 《马克思恩格斯全集》（第3卷），人民出版社1960年版，第3页。
⑤ 《马克思恩格斯全集》（第3卷），人民出版社1960年版，第29页。

而其性质是前概念的、前逻辑的和前反思的。”① 而现实的生活世界就是这个前反思的本源性领域，马克思将人类现实社会作为实践与历史的领域加以关注，这从其根本上来说是生存论的。同时，生存论关注人的能动性，关注人对未来可能性的筹划，人的生存是一个动态的过程。而马克思认为人在历史实践的感性活动中创造他自身，这种观点从其根本上来说也是生存论的。

马克思以黑格尔辩证法为中介，克服了近代笛卡儿以来的主客二分与对立，在感性活动的过程中，人类生成自身与历史。与马克思不同，海德格尔不是从黑格尔的辩证法中得到启示，而是从胡塞尔的现象学中找到了突破二元对立的钥匙。

胡塞尔的现象学在其创立之初受到了笛卡儿哲学深刻的影响。首先，胡塞尔通过和笛卡儿一致的普遍怀疑的精神，悬置了整个外部世界，并对外部世界的实存问题“中止判断”，只留下了绝对被给予的确定无疑的纯粹意识作为现象学的剩余。随后，胡塞尔提出了明证性的直观作为认识的根据，真理就意味着意指与直观的符合。胡塞尔对纯粹意向性领域的发掘，被海德格尔在 1923 年《存在论》的讲座中评价为“拧断了主-客体虚假问题的脖子”。胡塞尔走了一条将近代主体哲学更加推进为意识哲学的道路，使得主客问题在意识领域内得以完全消解。海德格尔的生存论则完全奠基在胡塞尔的现象学的基础上，现象学是通达现象使其显现的本己的方法上的保证。

即使胡塞尔为消除主客二分，将主体哲学推进到了意识哲学，但主体的优先性在胡塞尔现象学中依旧存在，体现为先验自我的绝对内在性。这一点在海德格尔哲学中得到了克服，海德格尔以诠释的现象学代替胡塞尔的先验的现象学，提出了此在的生存论。海德格尔指出：“对我们来说，现象学还原的意思是，把现象学的目光从对存在者的（被一如既往地规定了的）把握引回对该存在者之存在的领会（就存在被揭示的方式进行筹划）。”② 传统哲学，包括胡塞尔，对此在之为谁这个问题的解答往往只是在存在者的层次上，但海德格尔指出，这个答案不能通过主体的反思来获得，而要根据存在者的存在方式证明，也就是从现象上把握。传统主体主义哲学的错误就在于从现成性上来理解此在，但此在并不是一个能被现成地把握的物，而是生存着的，能向着未来的可能性进行筹划，与世界、他人共生的我。此在被抛入世界之中，其日常与事物打交道的方式就是操劳，在操劳中，事物首先作为上手之物显现。在对象性的研究中，事物呈现出来的现成的在手之物的状态仅仅是一种特殊状态。海德格尔始终主张：“存在是哲学真正的和唯一的主题。”③ 海德格尔的哲学是生存论的哲学，“此在依其本己生存便是历史性的”④。

作为启蒙运动以来，近代哲学和现代西方生存论转向的过渡者，胡塞尔虽然依旧没能彻底地摆脱对象性思维和主体性原则，但他早已以其敏锐的眼光发现了欧洲科学的危机。在胡塞尔看来，科学的基础是不稳固的，它建立在未经追问便已设为前提的自然主义之上，而自然主义就是主客二分的实存思维的代表。胡塞尔的现象学要求悬置这种自然主

① 吴晓明：《当代哲学的生存论路向》，载《哲学研究》2001 年第 12 期，第 9 页。

② ［德］海德格尔著：《现象学的基本问题》，丁耘译，商务印书馆 2018 年版，第 27 页。

③ ［德］海德格尔著：《现象学的基本问题》，丁耘译，商务印书馆 2018 年版，第 13 页。

④ ［德］海德格尔著：《现象学的基本问题》，丁耘译，商务印书馆 2018 年版，第 28 页。

义，以无前提性面向事物本身，本质上就是要破除这种二元对立。而科学危机最终表现为欧洲人的根本生活危机，表现为实证原则下生活意义的丧失："单纯注重事实的科学，造就单纯注重事实的人。"① "它从原则上排除的正是对于在我们这个不幸时代听由命运攸关的根本变革所支配的人们来说十分紧迫的问题：即关于这整个的人的生存有意义与无意义的问题。"② 对海德格尔来说，重新回想起被遗忘的存在问题，是拯救危机的关键所在。此在的生存与周围世界密切相关，事实仅仅是存在者层次上的现成之物，但此在并不仅仅能理解存在者，更是能理解存在的在世存在者。此在的生存论要求回到前理论的世界和时间境域中去理解此在的结构，从而意识到"此在就是它的展开状态"③，"生存就是站出去和站到此的开放中去"。

生存论的思维模式从根本上打破了近代启蒙哲学的思维架构，这种二元论的架构认为主体自由地运用其工具理性，对客体起着支配性作用，主体性是至高无上的原则，主体与客体都是现成的和无法改变的。虽然马克思与海德格尔的"生存论"的概念与内涵并不完全一致，但二者都强调破除近代启蒙哲学以来的主客二分思维，强调人类日常生活中的感性活动，以及向着未来的可能性进行筹划，在这些广义的生存论的底层逻辑上，马克思与海德格尔是一致的。

二、马克思与海德格尔的区别与对比：资本主义与技术批判

正如前文所言，现代性问题的底层逻辑与思想根据在于近代启蒙以来根植于人心的二元论思维框架，马克思与海德格尔分别以黑格尔与胡塞尔为中介，敏锐地发现了这一要害，并以生存论的逻辑突破了这种主客二分的思维。但对现代性问题的批判和对现代性危机的拯救并不能仅仅停留在思维方面，马克思与海德格尔都分别给出了自己社会现实层面的具体分析。

马克思对社会现实的批判集中地体现在对资本主义的批判上，而其对资本主义的批判又集中地体现在《共产党宣言》一文中。马克思的批判方法是辩证唯物主义，马克思在《资本论》中指出，"手推磨产生的是封建主为首的社会，蒸汽机产生的是工业资本家为首的社会"，资本主义本身也是历史发展的产物。但是在周期性重复的商业危机中，现代生产力已经在力求突破资本主义的生产关系，资产阶级孕育了自身的对立面，即无产阶级。在工业资本主义社会中，"资产者彼此间日益加剧的竞争以及由此引起的商业危机，使工人的工资越来越不稳定；机器的日益迅速的和继续不断的改良，使工人的整个生活地位越来越没有保障；单个工人和单个资产者之间的冲突越来越具有两个阶级的冲突的性

① ［德］胡塞尔著：《欧洲科学的危机与超越论的现象学》，王炳文译，商务印书馆 2017 年版，第 18 页。

② ［德］胡塞尔著：《欧洲科学的危机与超越论的现象学》，王炳文译，商务印书馆 2017 年版，第 18 页。

③ ［德］海德格尔著：《存在与时间》，陈嘉映、王庆节译，上海三联书店 2014 年版，第 155 页。

质”①。现代的工人的生存条件“并不是随着工业的进步而上升，而是越来越降到本阶级的生存条件以下。工人变成赤贫者，贫困比人口和财富增长得还要快”②。马克思敏锐地指出了工业资本主义社会中，社会状况不断动荡，商业危机反复发生，工人阶级的生存状况悲惨的现代性危机。但马克思并不仅仅对其进行了道德的批判，更是从社会历史的客观发展规律，生产力与生产关系相适应的角度，对资本主义制度作出了其必然被无产阶级推翻的判断。马克思呼吁全世界无产者联合起来，建立无产阶级的联合体，以代替阶级对立的资产阶级旧社会，“在那里，每个人的自由发展是一切人的自由发展的条件”③。这是马克思为解决现代性危机和工业资本主义社会弊病找到的拯救的现实出路。

海德格尔对现代社会的批判主要体现在他对技术的批判之中。正如前文所言，海德格尔认为，传统哲学仅仅在现成的存在者的层面去理解世界，因此秉持着这种哲学理解的现代本质上也仅仅是一个“世界图像的时代”。“世界之成为图像，与人在存在者范围内成为主体是同一个过程。”④ 海德格尔指出，技术是一种解蔽方式，而“在现代技术中起支配作用的解蔽乃是一种促逼，此种促逼向自然提出蛮横要求，要求自然提供本身能够被开采和贮藏的能量”⑤。而在开采之时，现代技术“在促逼意义上摆置着自然”⑥，即将自然看作表象的对象，控制自然为了特定的目的而竭力生产。现代技术的本质就在于集置（Gestell），即聚集和摆置，技术作为聚集者，不仅聚集了自然整体，也将人本身作为货品而聚集，摆置则使自然成为被订购的对象，产物则是库存。在对象性的表象思维框架下，技术摆置一切，因此世界也如现成的图像一般立在主体的对面。虽然技术离不开人的发明和使用，但海德格尔并不认为现代技术的集置的局面是人能够改变和操纵的，现代技术就其本身而言必然成为集置，集置是技术的命运。技术作为祛蔽的运动已经在先地占用了人，人订购自然的行为是受技术促逼的，是一种被动的主动，而这与马克思哲学中，资本所扮演的角色相类似。

海德格尔指出，技术本身只是一种解蔽的方式，但危机在于，现代技术阻碍了其他祛蔽方式的可能性。现代技术的命运般的强大推动力，将一切都采取了它的尺度，使得一切都成为了可量化和可计算的，现代技术完全锁闭了本真的可能性。但恰恰是在技术的危险之中升腾起了救渡的希望。危机使得沉沦的日常状态中断，而本真性显现，艺术作为技术（Technie）的另一面带来拯救。海德格尔认为，我们应当区分计算性的思想和沉思的思想，区分工具理性和为了自身的理性，前者恰恰就是启蒙以来，在二元论的思维模式下，理性和主体性原则所带来的现代性危机的思想源头，而后者则是真正的怀思，能够追本溯源，带现代人寻回失去的家园。

由上文可知，虽然马克思与海德格尔都力图以生存论克服近代的二元对立的思维模

① ［德］马克思、恩格斯著：《共产党宣言》，人民出版社 1997 年版，第 36 页。
② ［德］马克思、恩格斯著：《共产党宣言》，人民出版社 1997 年版，第 39 页。
③ ［德］马克思、恩格斯著：《共产党宣言》，人民出版社 1997 年版，第 50 页。
④ ［德］海德格尔著：《海德格尔选集》，孙周兴译，上海三联书店 1996 年版，第 902 页。
⑤ ［德］海德格尔著：《演讲与论文集》，孙周兴译，上海三联书店 2005 年版，第 12~13 页。
⑥ ［德］海德格尔著：《演讲与论文集》，孙周兴译，上海三联书店 2005 年版，第 13 页。

式，但二者对现实社会的具体分析有着不同的侧重点。马克思更加注重资本主义的政治和经济制度，在马克思看来，技术本身是带来解放的，之所以会产生现代性危机，根本上是因为资本主义的社会生产关系已经不合时宜，是人与人之间的关系错位导致了现代性危机。因此，只要纠正这种落后的资本主义生产关系，现代性危机就会自然消解。因此，马克思提出了无产阶级革命的具体举措，宣言要通过共产主义的活动来联合个人，组成一个每个人都在其中自由发展的联合体。海德格尔则更加侧重对现代技术的分析，与马克思不同，海德格尔并不认为现代技术的危机仅仅是人与人之间的社会关系的危机，而认为这是由技术的本质所带来的。马克思认为在社会生产关系进行合适的调整之后，技术会成为解放人的力量，但海德格尔则认为技术晦暗不明，并且有其自身的逻辑和命运，人并不能完全掌控技术，我们并不知道技术会带我们走向何方。海德格尔认为我们应当对现代技术保持“既说是又说不”的态度，肯定技术存在的现实性和必然性，承认技术已经成为我们新的生存方式，但同时又限制它，不能放任它的无限扩张，也不能将其作为唯一的开显方式。海德格尔指出，“对于物的泰然任之和对于神秘的虚怀敞开给予我们达到一种新的根基持存性的前景”①。这两种方式允诺我们一种可能性，使我们未来可以借此在技术世界找到新的家园。海德格尔认为，人最本己的东西就是其深思的生命本质，在无思想的技术时代最重要的，就是要拯救这种本质，即保持清醒的深思。

但在前文的对比中，我们可以看到海德格尔与马克思相比，其局限性在于，海德格尔仅仅对具体社会现实（即世界图像和现代技术）进行了描述和分析，但并没有给出类似马克思的无产阶级革命的具体的行动举措。海德格尔声称，思想本身就是行动，但“保持清醒的深思”与“限制技术的无限扩张和垄断祛蔽”之间依旧有着未被填充的行动空间，即我们应当如何做，才能避免现代技术以及计量思维在现实中的渗透和蔓延？海德格尔之所以没法给出现实的具体举措，实际上还是要追溯到其作为现象学家所采用的现象学方法的内部紧张。海德格尔曾经批评马克思，认为其所谈的存在问题实际上仍然是存在者问题，因为马克思采取了纯粹经验的科学的方法，即实证的方法，但哲学家应当活动在存在者之外的领域中。但这就涉及现象学内部的一个矛盾，即本质还原和生活世界的矛盾，现象学要求在还原之后的领域内活动，但其面向事物本身的原则又不可避免地要求生活世界，因此经过现象学所还原之后的世界和现实生活世界本身始终还是隔着一层。因此海德格尔可以从近代二元论和生存论的哲学思维框架的高度清晰地看到现代世界存在的问题，但却因为缺少实证的分析，很难提出真正切实的具体举措。而胡塞尔的学生兰德格雷贝则指出，马克思的感性活动论却以一个“早于现象学的形式”就已经通达了事物本身。

由前文可知，马克思哲学的精神在根本上与现象学是相通的，马克思与海德格尔都是现代西方从主客二分的认识论向生存论转向的典型代表，也都秉持着面向事物本身的实事求是的精神，拥有批判现代性的相同的哲学出发点和拯救现代性危机的理论诉求。但在具体的社会批判层面，马克思和海德格尔又有着不同的侧重点。因此，二者拥有广阔的对话空间，可以启发我们对现代性危机进行更深刻的理解和思考。

---

① ［德］海德格尔著：《海德格尔选集》，孙周兴译，上海三联书店1996年版，第1240页。

参考文献:

[1]《马克思恩格斯全集》(第1卷),人民出版社1995年版。

[2]《马克思恩格斯全集》(第3卷),人民出版社1960年版。

[3] [德] 马克思、恩格斯著:《共产党宣言》,人民出版社1997年版。

[4] [德] 黑格尔著:《精神现象学》(上卷),贺麟、王玖兴译,商务印书馆1979年版。

[5] [德] 黑格尔著:《法哲学原理》,范扬、张企泰译,商务印书馆1961年版。

[6] [德] 海德格尔著:《现象学的基本问题》,丁耘译,商务印书馆2018年版。

[7] [德] 海德格尔著:《存在与时间》,陈嘉映、王庆节译,上海三联书店2014年版。

[8] [德] 海德格尔著:《海德格尔选集》,孙周兴译,上海三联书店1996年版。

[9] [德] 海德格尔著:《演讲与论文集》,孙周兴译,上海三联书店2005年版。

[10] [德] 胡塞尔著:《欧洲科学的危机与超越论的现象学》,王炳文译,商务印书馆2017年版。

[11] [德] 马克斯·韦伯著:《新教伦理与资本主义精神》,康乐、简惠美译,广西师范大学出版社2007年版。

[12] [德] 伊曼努尔·康德著:《对“什么是启蒙”的回答》,H. B. 尼斯贝特、肖树乔译,中译出版社2016年版。

[13] 易俐莎、任志锋:《〈共产党宣言〉中的现代性批判思想及其当代价值》,载《中共南昌市委党校学报》2022年第6期。

[14] 吴晓明:《当代哲学的生存论路向》,载《哲学研究》2001年第12期。

“边缘人群”及其反抗潜力
——马尔库塞论发达工业社会中的革命主体

● 杜柯言*
（复旦大学 哲学学院）

【摘　要】
在传统马克思主义理论中，工人阶级是当仁不让的革命主体，但马尔库塞认为，第二次世界大战后发达工业社会中的工人阶级已经被融合，失去了批判性和革命性，因此需要重新寻找革命主体。随着20世纪60年代黑人民权运动、学生运动、嬉皮士运动的兴起，马尔库塞从中看到了新的反抗力量，即由学生、少数族裔、嬉皮士等游离于资本主义秩序之外的群体组成的“边缘人群”。但对于“边缘人群”能否取代工人阶级作为革命主体的问题，马尔库塞始终犹豫不决。随着运动结束，马尔库塞放弃了这一思路，转向审美救赎。其后激进左派如巴迪欧、齐泽克、朗西埃等继续发展了这条思路。这一设想虽有诸多缺陷，但对于当今时代论证国际共产主义运动中的革命主体问题具有启发意义。
【关键词】
马尔库塞；革命主体；边缘人群；法兰克福学派

作为法兰克福学派中对现实社会状况最为关注的思想家，马尔库塞的哲学理论的发展路径与其所处社会现实，尤其是第二次世界大战后美国发达工业社会的状况高度相关。与马克思、恩格斯一样，马尔库塞也将实现人类的解放作为自己毕生的追求，正是出于对人类解放之可能性的探求，论证和寻找革命主体成为马尔库塞后期思想的主线。其原因在于，坚固的革命主体是产生历史替代性选择的基础，革命主体如果发生动摇甚或消失，则解放将成为失去主体的乌托邦。因此，确证革命主体对于资本主义社会发生质变亦即解放的前景极为重要。

在不同时期，马尔库塞曾将革命的希望寄予不同群体。具体而言，经历了从传统的工人阶级到第三世界遭受本国统治者和宗主国双重剥削的受压迫者，再到发达工业社会中的“边缘人群”，最后归于提供美学救赎的艺术家这一过程。

本文集中讨论马尔库塞在20世纪60年代中期至70年代初，对处在发达工业社会夹缝中的“边缘人群”是否具有反抗潜力，能否充当革命主体的探讨。其历史背景是20世纪60年代美国风起云涌的黑人民权运动、学生运动以及嬉皮士运动。

马尔库塞相关思想主要集中阐述于以下著作或演讲：

---

* 作者简介：杜柯言，复旦大学哲学学院美学专业硕士研究生。

《单向度的人》(1964年)、《工业社会中社会变革的遏制》(*The Containment of Social Change in Industrial Society*)(1965年)、《爱欲与文明》1966年版政治序言、《单向度社会中的艺术》(*Art in the One-Dimensional Society*)(1967年)、《论解放》(1969年)、《反革命与造反》(1972年)等。

一、被融合的工人阶级:消失的革命主体

在传统的马克思主义理论中,作为无产阶级的工人阶级是当仁不让的革命主体。工人阶级的特殊性在于,它是与资产阶级一同诞生的大工业本身的产物,是来自资本主义制度内部的否定力量。作为无产阶级的工人阶级注定要成为资本主义制度的"掘墓人",因为这是一个彻底丧失了权利的阶级,是一无所有的被剥削者和受压迫者,它"如果不同时使整个社会一劳永逸地摆脱一切剥削、压迫以及阶级差别和阶级斗争,就不能使自己从进行剥削和统治的那个阶级(资产阶级)的奴役下解放出来"①。

深受马克思理论影响的马尔库塞,在最初探讨解放问题时,自然是将工人阶级作为理所当然的革命主体。但是,面对发达资本主义社会的现实情况,尤其是战后美国新的阶级状况,马尔库塞敏锐地察觉到解放的前景出现了巨大的危机,那就是:发达工业社会强大的融合能力使得工人阶级失去了否定性和反抗意识,革命因此面临缺失主体的迫切危险。

随着战后技术水平的迅猛发展,发达工业社会的剥削一改往日昭然若揭的残酷面孔,抛弃了工头的皮鞭和变质的马铃薯,代之以"一种舒舒服服、平平稳稳、合理而又民主的不自由"②。机械化与自动化降低了劳动中耗费体力的数量和强度,挑战着马克思主义所谴责的不幸的劳动带来的身体痛苦;神经紧张和精神辛劳代替了肌肉疲劳;工人生活水平大幅提升,绝对贫困作为社会问题似乎正在被解决。此外,生产性的"蓝领"工人减少,而非生产性的"白领"工人数量大幅增加;技术进步带来廉价的标准化产品并促成了消费的平均化,工人能够与其雇主喝同样的可口可乐,观看同样的电视节目。这个"平等"的新世界似乎已经与工人阶级握手言和,反抗的意图失去了目标,人附属于机器的不自由被舒适的生活所掩盖。这一切的结果是:作为否定性历史力量的工人阶级正在消失。

虽然剥削以更"合理"的方式仍然存在甚至还在继续加强,但马尔库塞清醒地认识到,马克思剥削概念的批判力量与贫困概念是无法分离的,而无论如何重新解释"贫困"以使其相对化并适合于丰裕的生活,这一概念要成为反对现存社会制度的革命动力,都必须包含有推翻不堪忍受的生存条件的绝对需求。不管理论家怎样提醒工人阶级他们仍身处被剥削、被异化的悲惨境地,现实依然无法否认,那就是工人阶级的物质生活和娱乐方式前所未有的丰富,这种被大幅改善的生活至少在相当长时间内,谈不上不堪忍受。因此,

---

① [德]马克思、恩格斯著:《共产党宣言》,人民出版社2014年版,第12~13页。

② [德]马尔库塞著:《单向度的人:发达工业社会意识形态研究》,刘继译,上海译文出版社2008年版,第3页。

他悲观地断言“发达工业社会中工人阶级的现实状况使马克思的‘无产阶级’一词成为一个神话概念”①。

革命原本的代理人在工具理性和丰裕社会的双重规训中丧失了批判的、否定的向度，成为单向度社会顺从的同路人。但这并不意味着压迫已经消失，“发达工业文明的奴隶是受到抬举的奴隶，但他们毕竟还是奴隶。因为是否是奴隶‘既不是由服从，也不是由工作难度，而是由人作为一种单纯的工具、人沦为物的状况’来决定的。作为一种工具、一种物而存在，是奴役状态的纯粹形式”。②

与许多战后重新遁入书斋的同僚不同，马尔库塞始终坚持最初的革命理想，不甘心批判由于缺乏社会变革的动机和代理人，又重新回到高度抽象的前马克思的纯粹哲学思辨中。既然工人阶级已经抛弃了否定的武器，使“无产阶级”概念成为失去内容物的空壳，那马尔库塞就决心暂时抛弃工人阶级，在发达工业社会中另寻新的反抗力量，以构建新的批判向度，重新填充“无产阶级”的躯体。

二、隐秘的崛起：走向台前的“边缘人群”

当《单向度的人》于1964年付梓之时，马尔库塞在全书末尾引用本雅明的话“只是因为有了那些不抱希望的人，希望才赋予了我们”③，以表达自己对未来新的反抗力量的期待。那么，在发达工业社会中，哪些群体属于马尔库塞寄予厚望的所谓不抱希望且献身于“大拒绝”的人们呢？这一时期马尔库塞关注的人群主要包括黑人、学生、嬉皮士以及犹太人等其他少数族裔、失业者、不能就业者和流浪汉等，他将其归结为“边缘人群”或“局外人”。在现存体制下，这些群体生活在民主进程之外、完全无权利且不认同主流社会的既定秩序，他们意识到这一点，并因此开始“拒绝玩游戏”。

这些“边缘人群”能在20世纪60年代中期进入马尔库塞的视野并非偶然，事实上，从50年代起，在战后美国看似充满希望的经济繁荣的外表下，这股力量已然开始暗流涌动，到《单向度的人》出版时，已逐渐积攒成为一股相当强大的反抗力量，蓄势待发，随时准备冲击现存秩序。

黑人争取民权的斗争是战后美国最先为大众所察觉的反抗运动。1954年，在著名的“布朗诉托皮卡教育局案”（Brown v. Board of Education of Topeka）中，美国联邦最高法院裁决“隔离但平等”原则违宪。然而，种族隔离依然在美国尤其是美国的南方各州普遍存在，黑人及其他少数族裔仍然无法完全享有美国宪法赋予公民的基本权利。1955年，在蒙哥马利市发生抵制公共汽车运动，自此黑人民权运动全面拉开序幕，黑

① ［德］马尔库塞著：《单向度的人：发达工业社会意识形态研究》，刘继译，上海译文出版社2008年版，第150页。

② ［德］马尔库塞著：《单向度的人：发达工业社会意识形态研究》，刘继译，上海译文出版社2008年版，第28页。

③ ［德］马尔库塞著：《单向度的人：发达工业社会意识形态研究》，刘继译，上海译文出版社2008年版，第203页。

人和其他少数族裔的权利意识普遍觉醒，开始广泛争取受教育权、受保障的选举权等平等的公民权，并要求取消种族隔离，实现真正的人人自由平等。这一运动最终在60年代达到高潮。

长期以来，在西方国家，只有少数来自富裕家庭的青年才有机会进入大学接受精英教育，因此大学生曾是一个小众群体。战后，高等教育大众化的推行改变了这一状况。60年代伊始，美国注册大学生人数为3789000人，待到60年代的最后一年，这一数据已达7852000人，十年时间内整整翻了一倍。尤其值得注意的是，1962年美国学生人数第一次超过了农民的人数。① 因此，到60年代中期，大学生群体已经成为一股强大的社会力量。但是，这个日渐庞大的群体却是一个几乎完全无权利的群体。在大学中，董事会、行政部门和教师掌握着所有权力，作为大学主体的学生在教学和管理等问题上完全没有自主权。另外，由于当时美国公民年满21岁才能获得选举权等公民权，因此大部分学生并不拥有公民权却需要服兵役。此外，大学陈旧的规章制度和道德规范也早已不符合新一代青年学生的要求。这种力量与权利的明显不平衡难以持久。1960年，左派学生组织“学生争取民主社会组织”（Students for a Democratic Society，SDS）成立，并于1962年发表了由汤姆·海登（Tom Hayden）起草的《休伦港宣言》，激烈批判美国现状，呼吁以大学为根据地，进行一场社会改革运动。而1964年加州大学伯克利分校爆发的“自由言论运动”则使马尔库塞注意到了学生群体的反抗潜力。

与大学生紧密相连的是嬉皮士运动。20世纪50年代初，摇滚乐从布鲁斯音乐中脱胎而出，比尔·哈利（Bill Haley）与“猫王”埃尔维斯·普莱斯利（Elvis Presley）成为第一代摇滚偶像。60年代，英国的滚石乐队（The Rolling Stones）、披头士乐队（Beatles）和美国的鲍勃·迪伦（Bob Dylan）等异军突起。摇滚乐的流行，对美国而言不亚于一场文化革命，从语言、服装到政治观点，其影响遍及美国人生活的方方面面，清教徒式价值观压抑的铁幕被炸开了一个缺口。此外，50年代的“垮掉派”文学家公开蔑视现存价值观，用酗酒、吸毒、性解放和同性恋等方式公开挑衅和嘲弄传统道德规范，其代表作如塞林格的长篇小说《麦田里的守望者》（1951年）、艾伦·金斯伯格的长诗《嚎叫》（1955年）、杰克·凯鲁亚克的《在路上》（1957年）等，鼓励年轻人抛弃丰裕社会的物质享受，去反抗、去占领、去过流浪的自由生活。这些正与大学生等青年群体的不满心情和反抗意志不谋而合，最终在60年代促成了嬉皮士运动的诞生。

理论家们也开始关注这场反文化运动并从中窥见出批判性的价值。保罗·古德曼在1960年发表的《荒唐的成长：有组织系统里的青年问题》（*Growing Up Absurd: Problems of Youth in the Organized System*）一书中认为，当代美国社会是不给青年一代成长机会的社会，因此“垮掉的一代和嬉皮士现象以及犯罪和青年反常行为的瘟疫是整个制度中的裂缝”②，青年人逃避现实、拒绝工作，他们流连于各种亚文化圈子甚至吸毒、犯罪，这是

① Kirkpaterick Sale, *SDS*, New York: Vintage Books, 1974, p. 12.

② ［美］莫里斯·迪克斯坦著：《伊甸园之门：六十年代美国文化》，方晓光译，上海外语教育出版社1985年版，第55页。

“在以实际行动对一个有组织的体制进行批判，而这种批判在某种意义上得到所有人的支持”①。

由此可见，当马尔库塞在60年代中期注意到这些“边缘人群”时，虽然在被主流社会排斥和完全无权利的意义上他们仍然处于社会的“边缘”，但就人数和潜力而言，则已然成为发达工业社会中一股不容小觑的反抗力量。

三、马尔库塞论“边缘人群”的反抗潜力

在对美国工人阶级感到失望后，马尔库塞曾短暂地将目光投向第三世界的受压迫者，认为第三世界的工人尚未受到丰裕社会的诱惑，仍然保持了自身的阶级意识和批判性。但外部的抗争力量毕竟不能解决发达工业社会自身的问题，因此，他迅速将注意力转向在发达工业社会内部初露锋芒的“边缘人群”。在60年代的历史背景下，马尔库塞之所以将希望寄托于这些相当不正统的革命群体，是因为他在这些群体身上看到了切实的反抗潜力。

首先，正如19世纪的工业革命和大工业生产迅猛发展使工人数量急剧上升，并被马克思等不满资本主义制度的思想家注意到一样，要成为值得关注的反抗力量，必须达到一定人数以形成对现存制度的威胁。上述“边缘人群”中，黑人占美国总人口的约1/10。60年代末，在校大学生数量达到700余万，超过了从事农业、采矿、交通运输以及建筑工程等传统行业的从业人数。② 参与嬉皮士等反文化运动的人数虽难以统计，但随着摇滚乐、“垮掉派”文学和嬉皮士价值观的广泛传播，此群体的数量在60年代末曾一度相当可观，这可以从当时动辄数万人参与的嬉皮士集会和数以千计的嬉皮士公社中窥见一斑。由此可见，这些群体在当时已具有可对资本主义秩序产生冲击的规模。

其次，“边缘人群”在反抗实践中显示出巨大的勇气和行动力。黑人、大学生、嬉皮士运动参与者之间本就存在一定重合，及至1965年，随着越南战争升级，美国大量增加征兵人数，迫使这些群体建立了更广泛的同盟。黑人在美国尚受种族隔离和正当权利被剥夺之苦，大学生和辍学年轻人多因未满21岁而不具有公民权，但却正是这些缺乏政治话语权的群体，成为征兵的主要兵源。面临着为一场自己不认同的不正义战争客死异乡的威胁，越战和死亡的阴影将这些群体更紧密地联系起来，使得反抗成为不能不为的迫切需求。因此，当学生们崇拜的革命家切·格瓦拉在1967年被杀，黑人民权运动领袖马丁·路德·金和关心民权反对越战的总统候选人罗伯特·肯尼迪于1968年相继遇刺身亡，苏联坦克为强行结束“布拉格之春”开进捷克斯洛伐克之时，愤怒终于不可遏制，全世界范围内几乎同时爆发了民权运动、学生运动和反战运动。而上述群体作为反抗的主力之一，显示了强大的行动力。马尔库塞论述“边缘人群”反抗潜力的重要著作《论解放》正是在此时写下的。

---

① ［美］莫里斯·迪克斯坦著：《伊甸园之门：六十年代美国文化》，方晓光译，上海外语教育出版社1985年版，第77页。

② Kirkpaterick Sale, *SDS*, New York: Vintage Books, 1974, p. 12.

再次，《爱欲与文明》1966年版政治序言中曾这样写道："马克思认为，只有那些丝毫分享不到资本主义恩惠的人才有可能把它改造成自由社会。"① 如本文上节所述，"边缘人群"虽并不一定面临贫困或物质匮乏，但在当时的美国社会中缺乏应有的权利，且在越南战争的阴影下面临着死亡的威胁，相比于当时已被丰裕社会招安的美国工人阶级，似乎更契合"丝毫分享不到资本主义恩惠"这一条件，也因而更具改造压抑人的资本主义文明的潜力。

另外，按照传统马克思主义的观点，当时的美国社会已经实现了物质的极大丰富，且工人阶级仍然被排斥在生产资料的所有权之外，按理说革命的客观条件已经成熟，但工人的革命意识却没有产生。对于这一现象，马尔库塞认为不应将工人阶级的沉寂推脱给革命条件尚未成熟，而应归因于工人被消费社会的虚假需求所驯化，沉迷虚假的物质需求而失去了革命的主观意识。因此，革命的思路需要调整，单纯提高生产力和满足需求的能力已经不够了，要打破的恰恰是"需求—满足"的逻辑本身，社会主义革命只有同"需求—满足"这一资本主义逻辑决裂，才能产生质的飞跃。因此，新时代的革命需要与资本主义秩序完全决裂的局外人，"资本主义造就了它自己的掘墓人——但他们的脸可能与地球上不幸的人、苦难和匮乏的人的脸大不相同"②。大学生尚未进入社会，因而还未沾染消费主义恶习；黑人虽参与社会生产，但与白人相比，在工资上处于严重不平等的地位，在消费社会中居于劣势；而嬉皮士运动反对丰裕社会的物质享受，追求内心的自由。这些正与马尔库塞对新时代反抗力量的要求不谋而合。

最后，从《单向度的人》起，马尔库塞就格外关注语言的单向度问题，他用大量篇幅批判分析哲学和实证主义使语言沦为单向度的语言，成为单向度社会的帮凶，向社会中的成员灌输同一的、无批判的感受力和思维方式。《论解放》中提出的"新感性"则需要新的语言形式作为基础，这种新语言要能够与作为意识形态控制方式的过度升华的、和谐化的语言相对抗，就必须与正统语言秩序决裂，成为反升华（俗化）的造反语言，以此在语言领域中首先克服负罪感，反抗父权体制。黑人语言和嬉皮士语言满足了这种要求，因为"一种更加富有颠覆性的话语领域在黑人激进分子的语言中宣告它的到来。这是一种系统性的语言造反"③，而嬉皮士文化"骚动的、粗野的、滑稽的文化艺术反升华构成了激进政治的一个本质要素：过渡中的颠覆性力量的要素"④。马尔库塞希望借助这种语言的颠覆性力量打破单向度语言的桎梏，进而打破技术理性和资本主义制度对人的控制。

四、一种设想：作为替代性的革命主体

但是，具有反抗的潜力不代表就一定能成为革命主体。在马克思所处的年代，工人阶级也并不是唯一具有反抗潜力的群体，只是因为当时的工人阶级受尽资产阶级压迫，在经

① ［德］马尔库塞著：《爱欲与文明》，黄勇、薛明译，译文出版社2012年版，第5页。

② Herbert Marcuse, *Counter-revolution and Revolt*, Boston: Beacon Press, 1972, p. 57.

③ Herbert Marcuse, *An Essay On Liberation*, Boston: Beacon Press, 1969, p. 35.

④ Herbert Marcuse, *An Essay On Liberation*, Boston: Beacon Press, 1969, p. 48.

济上一无所有，但同时作为大工业生产的主体，却具有从内部瓦解资本主义工业社会并自己掌控生产的能力，这才使其从众多反抗力量中脱颖而出，被马克思选中作为共产主义革命的代理人。那么，在20世纪60年代的发达工业社会中，被马尔库塞寄予希望的这些“边缘人群”能否像19世纪的工人阶级那样，成为新时代引领人类社会走向解放的革命主体呢？

对于“边缘人群”的反抗潜力，马尔库塞始终予以充分肯定，但对于这些群体能否填补革命主体的缺失这个问题，马尔库塞的态度则不仅随反抗运动的现实进程摇摆不定，而且即使在同一时期，不同演讲或著作中的观点也不一致。

《单向度的人》（1964年）几乎处处透露出悲观主义情绪，认为在无批判的、顺从的、生活舒适的单向度社会中，曾被马克思寄予厚望的工人阶级摇身一变成为了“社会团结的酵素”，由于所有领域都已被整合，解放似乎已经成为即将破灭的希望。直到全书行将结束时，或许是为加州大学伯克利分校“自由言论运动”所鼓舞，马尔库塞才重新怀着一线希望发现“边缘人群”作为新的“幽灵在发达社会的边缘地带内外再次出现”①。此时的马尔库塞出于对传统反抗力量的绝望，面对“边缘人群”所提供的新的解放前景充满了期待，甚至模仿马克思《共产党宣言》中的经典比喻将之称为新的“幽灵”。

1967年3月，马尔库塞在纽约视觉艺术大学进行了题为《单向度社会中的艺术》（*Art in the One-Dimensional Society*）的讲座，其中特别提到他在“我们这个年代反抗和叛逆的年轻人与这个社会对立的语境中”看到了新的希望，并满含热情地表示：“当我看到和参与他们反对越南战争的示威游行时，当我听到他们高唱鲍勃·迪伦的歌曲时，我不知道为什么感觉到，这很难说清楚，这是今天剩下的唯一的真正的革命语言。”② 但他在同年7月于西柏林大学的讲座《激进的反对派与暴力问题》（*The Problem of Violence and the Radical Opposition*）中又明确表示“我从来没有说过今天的学生反对派本身就是一股革命力量，我也从来没有将嬉皮士视作‘无产阶级的继承人’”③，这似乎又否定了学生、嬉皮士群体的革命主体地位。然而，在不久后接受西德电台采访时，他又再次指出，发达工业社会中作为反对派的无产阶级已经不存在了，有的只是学生和嬉皮士的反抗。

随着1968年学生造反运动高潮的来临，马尔库塞对于“边缘人群”的期望达到了最高点，他在这一年的演讲《超越单向度的人》中将法国的“五月风暴”看作历史转折点，认为“它们已经表明通往激进变革的运动可以产生于劳动阶级之外，并且这种外部的力量反过来可以作为一种催化剂激活劳动阶级中被压抑的反叛力量”④。此时的马尔库塞虽

---

① ［德］马尔库塞著：《单向度的人：发达工业社会意识形态研究》，刘继译，上海译文出版社2008年版，第203页。

② Herbert Marcuse, *Collected Papers of Herbert Marcuse*: *Art and Liberation*, New York: Routledge, 2005, p. 113.

③ Herbert Marcuse, *Five lectures*: *Psychoanalysis*, *politics*, *and Utopia*, London: Allen Lane the Penguin Pr., 1970, p. 93.

④ Herbert Marcuse, *Collected Papers of Herbert Marcuse*: *Towards a Critical Theory of Society*, New York: Routledge, 2005, pp. 114-115.

仍然有所保留，也未正面回应革命主体的归属问题，但可以说已在一定程度上默许了这些劳动阶级之外的群体既成的革命主体地位，并希望其反抗能激励劳动阶级也参与到寻求解放的斗争中来。当然，这种默许多少有些出于无奈，因为马尔库塞作为乌托邦主义者无法忍受革命主体长期缺失的危险，而在当时，"边缘人群"似乎是唯一还存在的反抗力量，因此，将其作为革命主体也是别无选择的选择。正是这种别无选择的权宜性质，使得马尔库塞对"边缘人群"革命主体地位的认同随着反抗运动的落潮迅速改变。

1969 年 6 月，随着左翼学生组织 SDS 在芝加哥大会上发生分裂，以及政府对越南战争"越南化"的承诺，轰轰烈烈的学生运动逐渐开始走下坡路。此外，由于支持激进反抗运动，马尔库塞本人在 1968 年 7 月收到死亡威胁，同年 8 月，美国军团（The American Legion）又发起了要求加州大学解雇马尔库塞的运动。虽然圣地亚哥分校最终于 1969 年 2 月决定续聘马尔库塞一年，但当时的加州州长、加州大学董事会成员里根等保守派却以此为借口，将教师任免权收归学校董事会，并于 10 月解雇了马尔库塞的学生安吉拉·戴维斯（Angela Davis）。学生运动的落潮和这些个人经历使得马尔库塞被激起的希望和热情迅速冷却。1969 年 7 月，当马尔库塞在意大利罗马的埃利赛奥剧院（the Eliseo Theater）演讲时，还认为学生虽然是很边缘的团体，却在尝试创造群众基础。而在同年发表的《论解放》中，当论述"过渡中的颠覆力量（Subverting Forces—in Transitio）"时，虽然对于"边缘人群"反抗潜力的评价依然很高，但却否认了学生运动拥有群众基础，并且认为没有群众跟随的学生不但不是革命主体，甚至都不是一支革命的力量，因此"说中产阶级的反对派正在取代无产阶级成为革命阶级，而流氓无产阶级正在成为一种激进的政治力量，这当然是无稽之谈"①。这便明确否定了"边缘人群"成为革命主体的可能性。

及至 20 世纪 70 年代初，马尔库塞虽在《反革命与造反》（1972 年）等文中再次强调并梳理了"边缘人群"作为发达工业社会的剩余具有的革命潜力，但其关注的重点已经从学生运动、民权运动、嬉皮士与黑人艺术等反升华艺术重新回到了高雅艺术，并开始着重探讨艺术的解放功能。

总之，通观马尔库塞从 20 世纪 60 年代中期至 70 年代初的论述，其观点时常自相矛盾、不断变化且论述分散。这种矛盾的态度并非偶然，究其原因，当马尔库塞对发达工业社会的工人阶级彻底失望后，便急于为追求解放的斗争寻找一个新的主体，以阻止替代性选择希望的破灭。在 60 年代的现实情况下，学生、黑人、嬉皮士等"边缘人群"组成的反抗力量似乎是唯一可供选择的革命主体，但同时，他又非常明白这些游离于资本主义体制之外的非生产性群体缺乏 19 世纪工人阶级的诸多品质，不可能成为合适的替代者。因此，马尔库塞对"边缘人群"的期望始终是作为替代性的革命主体，在工人阶级和其他受压迫者于丰裕社会的幻梦中浑浑噩噩之际，暂时替代性地填充无产阶级的空位，保证革命主体的持存，以自己反文化的、震惊的、反抗的行为和语言对抗单向度社会的同化企图，为乌托邦理想和批判性向度保留最后的栖身之所，并最终唤醒沉睡的工人阶级和其他无产阶级。因此，归根到底，"边缘人群"起到的只是革命的"酵母"功能，当工人阶级被唤醒之日，革命主体的桂冠便将归还给工人阶级。

---

① Herbert Marcuse, *An Essay On Liberation*, Boston: Beacon Press, 1969, p. 51.

五、余绪与反思

但是，希望迅速破灭了，马尔库塞期望的工人阶级的觉醒始终没有发生。在20世纪60年代的反抗运动中，部分国家（如法国）的工人阶级确曾支持过学生，但美国工人不但没有被学生运动唤醒，起来反抗发达工业社会的压迫，反而作为反对激进运动的保守势力，促成了反抗运动的快速衰落。而当统治阶级意识到“边缘人群”的反抗潜力后，发达工业社会再次显示了它用以融合工人阶级的强大力量。通过作出一系列让步，如使黑人与学生的权利得到一定保障，承诺越南战争“越南化”，并将摇滚乐、“垮掉派”等反文化艺术改造并纳入主流文化，便使反抗运动迅速落潮，那些作为“希望的酵母”的反文化群体中的多数人也重新融入主流社会，成为中产阶级的成员。因此，这场声势浩大的反抗运动虽在一定程度上改变了西方国家的日常生活，但并未触及发达工业社会异化与单向度的本质。

如同被融合的工人阶级一样，马尔库塞寄予希望的新革命主体再次消失在单向度社会的一体化熔炉中，年逾70的马尔库塞再次陷入失望和悲观。此后，他又相继关注过生态保护运动和女权主义运动等其他反抗运动，但最终放弃了这一思路，重新回到法兰克福学派的传统路径——美学救赎。晚年马尔库塞从大众文化返回高雅艺术，认为艺术的向度或审美之维是单向度社会中仅剩的反抗向度，期待艺术的异在性和审美形式能够培养出“新感性”，以此进行文化和本能革命，最终通过改变个体的意识对抗和改造单向度的社会。

以“边缘人群”作为革命主体或至少是潜在的革命主体的思路，在其后的激进左派哲学中得到了延续和发展。按照这一思路，马克思的“无产阶级”只是一个哲学概念，其内容物并不一定是工人阶级，只不过在马克思所处的特定时代，经验世界中的工人阶级与无产阶级的概念大致同一，以至后来的马克思主义者时常不加区分地使用“工人阶级”和“无产阶级”这两个概念。对此，齐泽克论述得非常清晰：“马克思区分了‘工人阶级’（working class）与‘无产阶级’（proletariat）：‘工人阶级’是特定的社会群体，而‘无产阶级’是主体性位置。”①

与20世纪60年代中期至70年代初的马尔库塞一样，当代激进左派思想家不约而同地将目光投向被排斥在主流社会以外的“边缘人群”。如在阿兰·巴迪欧的事件哲学中，造成历史性中断、打破资本主义情境的“事件”的承担者，作为“事件位”的元素，在先定情境中是不被呈现的，诸如非法移民、黑户等“边缘人群”，但正是这些不被呈现的元素具有事件性的潜能。斯拉沃热·齐泽克认为，与当代的工人阶级相比，“贫民窟”更可能成为新时代的“无产阶级”，因为“贫民窟居民的许多特点与马克思主义对无产阶级革命主体所做的陈旧而准确的描述不谋而合”②。此外，雅克·朗西埃提出，当代政治的形态实际是一种“警治”（la police），这种以有序性为本质的警治规定了可见、可说者与

---

① Slavoj Zizek, “Critical Inquiry”, *Against the Populist Temptation*, Vol. 32, No. 3, 2006, p. 564.

② ［斯洛文尼亚］齐泽克著：《视差之见》，季广茂译，浙江大学出版社2014年版，第433页。

不可见、不可说者，“政治”（la politique）则是与警治对立的活动，是对警治逻辑的断裂，这种断裂使在警治中不可见的部分变得可见，而这一断裂能够实现的关键就在于“无分之分”（une part des sans-part）的存在，因此“无分之分”，亦即在警治下不拥有任何份额的“边缘人群”，就是马克思的“无产阶级”革命主体在当代的存在形式。总之，在当代激进左派看来，正是这些被资本主义秩序排斥在外的“边缘人群”，这些实在界的“剩余”角色的存在，使得对资本主义事件性的断裂成为可能，并以此为人类的未来保留了解放的希望。

然而，不论是马尔库塞还是激进左派，都无法解决“边缘人群”作为革命主体这一设想存在的问题。首先，马克思的无产阶级亦即19世纪的工人阶级是资本主义体系内部的力量，因而解放是来自资本主义制度内部的爆破，而“边缘人群”则是游离于发达工业社会之外的“剩余”，其反抗更接近巴枯宁式的外部爆破。因而，以时代变迁为理由，用当代的“边缘人群”代替工人阶级重置马克思的“无产阶级”概念是难以成立的，因为两者与资本主义制度的关系并不相同，马克思对于19世纪工人阶级的判断难以挪用到“边缘人群”身上。其次，这些“边缘人群”具有极强的流动性，很难形成稳定的反抗阶级，马尔库塞寄予希望的大学生在完成学业后，大部分很快就会成为主流社会的一员，而非法移民或黑户一旦遇到大赦成为合法公民，就会融入既定的秩序，“贫民窟”或流浪汉的人员组成也很不稳定。更何况相较于工人阶级，这些群体可能更容易被资本主义社会提供的物质上的小恩小惠所招安，因而其反抗是难以持续的。另外，马尔库塞要求的“大拒绝”没有明确的目标和纲领，也没有能够贯彻“大拒绝”的载体，激进左派的“断裂”则依赖偶然性，且不说基于偶然性的无目的的反抗能否产生结果，就是成功夺取了政权，随之而来的也很可能是无政府状态和恐怖统治。

但马尔库塞和激进左派的探索依然有其重要性。因为经过一个多世纪的发展，再说当代工人阶级与19世纪的工人阶级相比毫无变化显然是自欺欺人。发达工业社会中工人阶级批判性的减弱乃至丧失，使得变革和解放的前景变成了希望渺茫的乌托邦，严重威胁着当今时代全球共产主义事业的发展，这同样是难以否认的现实状况。因此，无论是在工人阶级之外另寻革命主体，还是尝试重新唤起工人阶级的阶级意识和反抗意愿，革命主体的空缺以及如何填补这一空缺，始终是21世纪的马克思主义者不得不面对的问题。马尔库塞与激进左派将“边缘人群”作为革命主体的思路虽有诸多问题，但在国际共产主义运动处于低谷，工人阶级的阶级意识和批判性逐渐衰弱的历史阶段，其探索对于当今时代马克思主义的发展和思想建设有着独特的价值。

参考文献：

[1]［德］马克思、恩格斯著：《共产党宣言》，人民出版社2014年版。

[2]［德］马尔库塞著：《单向度的人：发达工业社会意识形态研究》，刘继译，上海译文出版社2008年版。

[3]［德］马尔库塞著：《爱欲与文明》，黄勇、薛明译，译文出版社2012年版。

[4]［斯洛文尼亚］齐泽克著：《视差之见》，季广茂译，浙江大学出版社2014年版。

[5] [法] 雅克·朗西埃著:《歧义:政治与哲学》,刘纪蕙、林淑芬、陈克伦、薛熙平译,西北大学出版社 2015 年版。
[6] [美] 莫里斯·迪克斯坦著:《伊甸园之门:六十年代美国文化》,方晓光译,上海外语教育出版社 1985 年版。
[7] Herbert Marcuse, *An Essay On Liberation*, Boston: Beacon Press, 1969.
[8] Herbert Marcuse, *Collected Papers of Herbert Marcuse: Art and Liberation*, New York: Routledge, 2005.
[9] Herbert Marcuse, *Five lectures: Psychoanalysis, Politics, and Utopia*, London: Allen Lane the Penguin Pr., 1970.
[10] Herbert Marcuse, *Collected Papers of Herbert Marcuse: Towards a Critical Theory of Society*, New York: Routledge, 2005.
[11] Kirkpaterick Sale, *SDS*, New York: Vintage Books, 1974.
[12] Ronald Fraser, *1968: A Student Generation in Revolt*, New York: Pantheon Books, 1988.
[13] Herbert Marcuse, *Counter-revolution and Revolt*, Boston: Beacon Press, 1972.
[14] Slavoj Zizek, "Critical Inquiry", *Against the Populist Temptation*, 2006, 32 (3).

普殊同社会批判理论再阐释
——从批判理论的历史轨迹视角出发

● 吕　骏*
（北京大学 哲学系）

【摘　要】
普殊同《时间、劳动与社会统治》以批判理论的历史轨迹为叙述线索，展开了对法兰克福学派批判理论的悲观论转向的内在理论批判，即其转向并非是以文化批判等路径取代早期的政治经济学批判，而是对马克思理论资源的一种“传统马克思主义”式的误解。普殊同在此基础上力图建构以价值批判为核心的当代社会批判理论，价值批判旨在强调物质财富的增长与价值的无时序性之间的矛盾，并进一步将其推进到价值构成背后的抽象劳动及其社会中介形式，因而将资本主义社会理解为抽象统治。然而普殊同的价值批判及其抽象统治分析的阐释仍有局限，且从其对价值批判与人类解放的分析中，我们发现普殊同的价值批判阐释难以充当其所力图建构的社会批判理论的坚实基础。
【关键词】
批判理论；价值批判；物质财富；抽象劳动

普殊同在《时间、劳动与社会统治》一书及此前发表的文章中①皆强调批判理论的历史轨迹（the history trajectory of Critical Theory）这一脉络叙述，它将马克思的政治经济学批判视为批判理论所由以生发的现实根由与底层逻辑。在普殊同看来，他所希图建构的当代社会批判理论也是以批判理论的历史轨迹为线索并针对资本主义新时期尤其是20世纪晚期以及21世纪以来的社会现状而展开的，正是在此意义上，普殊同将《时间、劳动与社会统治》一书的副标题命名为“马克思的批判理论再阐释”，普殊同在该书中对马克思的重构实际上正是对马克思所处的自由资本主义时期的经济状况的根本性分析的再阐释。戴维·麦克莱伦（David McLellan）、马丁·杰（Martin Jay）、西蒙·克拉克（Simon Clarke）等学者在对普殊同该书的评价中皆指认，该书的一个重要贡献在于它填补了批判

* 作者简介：吕骏，北京大学哲学系马克思主义哲学专业硕士研究生。

① Moishe Postone, “Critical Pessimism and the Limits of Traditional Marxism”, *Theory and Society*, Vol. 11, No. 5, 1982, p. 617. 普殊同在该文中指出，以20世纪60年代中期的阿多诺、霍克海默以及马尔库塞等为代表的批判理论“试图提供一种基本的批判，以适应后自由主义资本主义时期不断变化的社会、政治，以及文化条件”，而且它“相较于古典社会主义运动和正统马克思主义而言更接近于近期社会不满的根源”。

理论的经济学漏缺①，就普殊同本人对批判理论的历史轨迹的梳理来看，他所想要澄清之处正在于，相较于马克思把对资本主义的生产方式的政治经济学分析作为批判理论的实践基础，法兰克福学派的批判理论尽管存在格罗斯曼、波洛克等人对政治经济学的批判性分析，但由于其分析的内在局限性而最终滑向了悲观主义论调并将批判理论的主题转变为文化和意识形态批判。也就是说，法兰克福学派批判理论并非完全欠缺经济学维度，而普殊同正是从内部批判的视角出发重释了批判理论的历史轨迹，这将构成本文叙述的第一部分。第二部分则是在此基础上说明，普殊同重启马克思的批判理论的核心思想资源，如通过对马克思的"价值""商品""资本"等核心概念的重构来提供一种作为其当代社会批判理论的实践根基的价值批判。第三部分则指向对其价值批判阐释的再审视，正如普殊同多次强调，其对马克思的价值批判的再阐释仅仅处于初步阶段，而且从其"价值批判与人类解放"这一"路径方向与最终目标"的分析中我们发现，普殊同的价值批判阐释实则难以充当其社会批判理论的现实基础。

一、普殊同论批判理论的历史轨迹

批判理论最初作为一种固定的学术理论的概念表述，尤其是作为法兰克福学派的专有名词流传开来，是在霍克海默《传统理论与批判理论》以及其与马尔库塞共同撰写的《哲学与批判理论》这两篇文章中确定下来的。

霍克海默《批判理论》阐明了批判理论的两个思想渊源——其一是以笛卡儿《方法谈》为基础并在康德的批判哲学中延续下来的传统理论以及传统批判，它主要是作为传统理论的典型形态而出现的；其二是以马克思的政治经济学批判为基础的辩证批判理论。霍克海默认为自笛卡儿以来的传统理论是一种以纯数学的符号系统来解释现实世界的理论体系，笛卡儿的"科学方法"将会导致把数学中通常进行的推演应用到一切科学部门的结果，而且这一状况还为实证主义思潮所强化，实验科学的模式使得事实本身从属于理论教条，"在劳动的社会分工中，学者的作用是把事实纳入概念框架之中，并使概念框架保持在最新状态上，以便使他和所有使用概念框架的人能够把握尽可能广泛的事实"②。由此传统理论成为使得既存现实获得合理性并永恒化的意识形态工具，且它基于笛卡儿式的思想与事实的二元论逻辑固化了"理论思想和事实之间的相对性意识"。而霍克海默所主张批判理论是这样一种关切现实社会、强调历史性的理论：

> 当代人的自我认识并不是一种自称为永恒的逻各斯的、关于自然的数学知识，而是本来意义上的社会批判理论，是时时由对合理生活条件的关心支配着的理论。……理论与时

① David McLellan, "Review", *The American Political Science Review*, Vol. 87, No. 4, 1993, p. 1009; Martin Jay, "Review: Marx after Marxism", *New German Critique*, No. 60, 1993, pp. 181-191; Simon Clarke, "Review", *Contemporary Sociology*, Vol. 23, No. 2, 1994, pp. 321-322.

② ［德］霍克海默著：《批判理论》，李小兵译，重庆出版社 1989 年版，第 189 页。

间的相关性在于不断改变理论家关于社会的存在判断，因为这种判断是由它与社会历史实践的有意识的关系决定的。①

霍克海默认为传统理论所蕴含的理论与事实之间的二元论断裂实则建基于资本主义经济方式之中，尽管他指出批判理论是从抽象的规定出发，但这一抽象规定却具有现实基础，即马克思政治经济学批判中所呈现的以交换为基础的经济特征，“交换的调节作用”是资产阶级经济的基础，而传统理论无法意识到其理论的现实经济根源所在：“批判理论不否认它的原则是由政治经济学这门特殊学科确立起来的，它说明，在人的条件给定了的情况下，交换经济必然导致社会紧张关系的加剧，而这种紧张关系在当今历史时代里又必然导致战争和革命。”② 霍克海默一方面强调马克思的唯物主义原则，即强调理论是受历史情境决定的，另一方面，霍克海默坚持文化相对于其物质基础的多维关系，即所有的文化现象不仅仅是单纯的阶级利益的反映，而且也包含着否定现状的力量，这也就赋予了批判理论存在的合理性，同时也表明批判理论不仅继承了康德批判哲学的理论批判功能，并摒弃了其概念的超然性；还继承了马克思的政治经济学批判的辩证维度。马尔库塞则将“批判理论”这个概念指认为马克思主义的同义词，并将古典哲学与批判理论进行对照，古典哲学之于马尔库塞类似于传统理论之于霍克海默，他“把哲学解释为资产阶级理性主义，这种理性主义从主体意识出发对客体进行考察，把现实看作超验的”③，而批判理论则能揭示出现实问题的特定的社会条件的根源，并指出处在哲学领域之外的解决方案。此外，霍克海默于1970年在威尼斯所作的题为“批判理论的昨日与今天”的报告和次年为马丁·杰所著的《法兰克福学派史》一书所作的序都指出，批判理论是“对现存社会的批判性考察”。由此可见法兰克福学派批判理论在其宽泛意义上的主旨——对现存社会的批判性考察——始终得到坚持，也正是因此，自马克思至法兰克福学派的社会批判理论，以至更近的普殊同对于前此二者的批判性理解才得以在同一个历史脉络即批判理论的历史轨迹中予以讨论。

普殊同从强调法兰克福学派批判理论发轫于现实问题这一立场出发，集中批判了波洛克、霍克海默以及哈贝马斯三人。法兰克福学派批判理论的对象从自由资本主义社会转变为后自由资本主义社会，现实对象发生变化意味着批判理论自身的理论性质也将发生转变，一般认为这一转变“代表了一种悲观的文化批评，它没有将马克思主义政治经济学与社会文化和心理维度结合起来，而是用后者取代前者”④。但普殊同并未以纳粹的崛起和苏联大清洗等外部政治力量作为其悲观转向的主要缘由，而是认为根本原因在于以波洛

① ［德］霍克海默著：《批判理论》，李小兵译，重庆出版社1989年版，第191~221页。

② ［德］霍克海默著：《批判理论》，李小兵译，重庆出版社1989年版，第215页。

③ 李忠尚著：《第三条道路？——马尔库塞和哈贝马斯社会批判理论研究》，学苑出版社1994年版，第72页。

④ David Held, *Introduction to Critical Theory: Horkheimer to Habermas*, Polity Press, 1980, p. 40.

克等为代表的国家资本主义分析的“传统马克思主义”① 局限性，即主张从具有超历史特征的劳动出发的资本主义批判理论并由此将资本主义社会的矛盾锚定在分配领域而非生产领域。

尽管哈贝马斯对这一悲观论转向也进行了批判，但普殊同认为哈氏理论中仍旧存在所谓的“传统马克思主义”的特征，因此对其批判理论的现代性建构存疑。本文仅在普殊同与哈贝马斯二者都致力于建构当代社会批判理论这一共同愿景层面予以共性承认，普殊同认为他们二者是两股不同向度的理论力量，即哈贝马斯的批判导向了对交往本身的分析，而其自身则导向了对特定社会中介形式的建构。在他看来，哈贝马斯批判理论的根本性缺陷在于，强调劳动与互动的二分并将劳动仅仅理解为工具性的活动，其对于劳动的解读不仅使得马克思政治经济学批判中的劳动这一核心概念被平庸化，而且也导致其对劳动价值论的误读，尽管其从劳动价值论到技术价值论转化的判断确实深刻地把握了资本主义发展新时期的关键变化，但哈贝马斯所建构的主体间性范式理论实则与普殊同强调重启马克思政治经济学批判的思想资源以作为批判理论的现实基础的理论路径大相径庭。

波洛克所分析的“国家资本主义”这一特殊形态在当时具有苏联的计划经济体制和纳粹的国家社会主义两种形式，它们的典型特征都在于政治首要性，即垄断资本主义时期的国家资本主义的官僚体系对生产力形成了强有力的限制，它迫使经济领域原有的基础性地位为政治领域所替代。国家资本主义对经济的计划性和组织性克服了自由资本主义的生产盲目性，传统意义上的资本主义基本社会关系中的矛盾——生产的扩大化与分配的生产资料私有制之间的矛盾——被视为得到克服，即资本主义生产方式中的无政府状态所导致的周期性经济危机将不再可能，资本主义在国家计划的管辖下将得到平稳发展。波洛克的国家资本主义理论在这一意义上同后自由主义资本主义时期的凯恩斯主义所主张的政府对经济的宏观调控作用是一致的，但由于波洛克分析的国家资本主义的这两种特殊类型的不同形式的失败，也使得其基于经济分析所得出的批判理论失去了现实土壤。在波洛克看来，国家资本主义这一新秩序的矛盾已经从经济生产领域转移到政治合法性的危机层面，因为国家资本主义是作为解决自由资本主义频繁爆发的经济危机而出场的解决方案，按照这一论述逻辑，处于生产力获得更大发展而且经济无序性得到管控的国家资本主义社会阶段，原先为资本主义生产关系所异化的所有社会关系都将得到解放，但现实的情境却是国家资本主义并未带来解放潜能的实现，相反地却导致了更为深重的奴役和物化：

在实际上，大多数人成了政治机关的雇佣员工；他们缺乏政治权利、自我组织的权力以及罢工的权利。工作的动力一方面来自政治恐怖，另一方面来自对心灵的操控。个人与团体不再是自治的，从属于整体；由于他们的生产力，人们更多地被作为自己的手段，而非目标。然而，这一点被遮蔽了起来，因为他们失去的独立性得到了补偿：一些为早先的社会规范所不容的行为现在被社会接受了，尤其在性方面。这种补偿拆除了私人领域与社

① ［加］莫伊舍·普殊同著：《时间、劳动与社会统治》，康凌译，北京大学出版社 2019 年版，第 80 页。普殊同指出，“传统马克思主义以对分配方式的批判取代了马克思对生产方式和分配方式的批判，以无产阶级的自我实现理论取代了他的无产阶级的自我废除理论”。

会和国家之间的围墙，并由此导致了进一步的社会操纵。①

波洛克对于国家资本主义社会阶段人的非解放状态的描述让我们立刻联想到霍克海默同时期的著作《理性之蚀》中对工具理性的批判，相较于自由资本主义时期以马克思为代表的对异化劳动的批判，他们所揭示的人的奴役状态更深入灵魂，也更难以逃脱桎梏。波洛克这一分析的矛盾——国家资本主义经济领域的矛盾废除与人的非自由形式的持存之间的割据对立状态——实则透露出波洛克本人理论分析的局限性，普殊同就此归结出两个根源性因素，其一是波洛克将国家资本主义社会理解为一个不自由但同时也不具有矛盾的社会，因而它不再具有基于矛盾辩证发展的内部裂解的可能性；其二是波洛克并没有意识到“市场和私有财并非资本主义最基本的社会范畴的充分规定”②。

在普殊同看来，“传统马克思主义”将资本主义批判简单还原为对财富分配不均的批判，而这一财富分配不均仅仅是首先由劳动生产出来并通过私人占有和市场分配所导致，在此意义上，“传统马克思主义”并不是对资本主义的劳动本身的批判，而只是对其分配方式的批判。普殊同以“传统马克思主义”这一独特概念将法兰克福学派的悲观论转向进行了马克思式的界定，即普殊同是从法兰克福学派代表人物自身的政治经济学批判的分析本身出发，以此考察其何以出现这一转向。波洛克将国家资本主义的首要特征归结为政治首要性并从而使得经济与社会管理相分离，而霍克海默后期所提出的工具理性批判则是基于劳动与自然的本体论式的二元割裂，他们都曾把握住了资本主义社会的政治经济学批判的一些真知灼见，因此普殊同强调“通常所谓批判理论从政治经济学分析向工具理性批判的转向，并不标志着法兰克福学派的理论家仅仅以后者取代了前者。相反，这一转向起源于并奠基于一种对政治经济学的特定分析，更具体地说，就是一种对马克思的政治经济学批判的传统理解”③。这一论断同时也开启了普殊同对于马克思的政治经济学批判的再阐释。

二、普殊同对价值批判的再阐释

普殊同对马克思的再阐释是对其本质范畴的重新界定，由此形成以价值范畴为核心的价值批判，即强调价值与物质财富的区分，而其所分析的抽象劳动、抽象时间等范畴都服务于资本主义社会中具有历史特殊性的价值范畴，普殊同认为随着生产力发展所造成的价值与物质财富的矛盾揭示了资本主义社会的内部结构性矛盾，而这一矛盾则指向建构一种新的未来社会形态的可能性。

---

① ［加］莫伊舍·普殊同著：《时间、劳动与社会统治》，康凌译，北京大学出版社 2019 年版，第 109 页。

② ［加］莫伊舍·普殊同著：《时间、劳动与社会统治》，康凌译，北京大学出版社 2019 年版，第 119 页。

③ ［加］莫伊舍·普殊同著：《时间、劳动与社会统治》，康凌译，北京大学出版社 2019 年版，第 138 页。

普殊同对于马克思政治经济学批判的研究主要集中于《政治经济学批判大纲》（以下简称《大纲》）和《资本论》第一卷这两部著作，尽管国内外存在大量关于二者的文献学考证和思想内容的比较分析，尤其是21世纪以来西方左派试图以《大纲》为思想资源，旨在建构超越《资本论》资本逻辑范式的革命主体，由以导致强调《大纲》与《资本论》的异质性分析①。但在普殊同看来，这种对于革命主体的强调同“传统马克思主义”一样，并未意识到真正的解放主体内在于资本主义社会的资本运行过程之中而非超然于现实进程之外的第三者，因此普殊同坚持的并不是解放的“必然性”而是“可能性”，而这一可能性则建基于这样一种认识，即资本主义社会本身是一个矛盾性社会，其自身的内在矛盾具有解构自身的可能，“批判性距离和异质性是在资本主义框架内部社会地产生的”②。普殊同并不强调无产阶级的自我实现而是强调无产阶级的自我废除，在此意义上《大纲》与《资本论》的思想内容的一致性层面就成为其关注重点，只不过普殊同认为《资本论》之所以容易遭到误解，正在于它是一种被严密建构起来的内在批判，因此“马克思的批判对象常常被认为是这种批判的出发点”③。

普殊同在纪念马克思《1857—1858年经济学手稿》诞生160周年大会（2018）上指出，德文版马恩全集（MEW）收录的马克思关于这一手稿的详细提纲非常重要，其中马克思给出了每一部分的标题，且这份提纲在英文译本中也有所应用，普殊同非常重视这份提纲所蕴含的核心要义。其中，“资产阶级生产基础（价值作为尺度）与其发展之间的矛盾（Contradiction between the Foundation of Bourgeois Production（Value as Measure）and its Development）”这一标题所涵盖的部分，其实就是国内《马克思恩格斯全集》第31卷（第2版）中第88~110页的内容，中译本这部分的标题为“固定资本和社会生产力的发展”，而在西方《大纲》研究中通常称之为“机器论片断”。普殊同认为，这一标题的核心在于“矛盾”，这个“矛盾”指的是机器生产所导致的价值的日益无时序性（anachronistic），普殊同认同最终目标在于劳动的解放，但却不认同奈格里等人主张的挖掘主体自身解放能力的路径，“在我看来，马克思所提供的路径方向似乎一直被避而不谈，那就是价值与物质财富之间的区别”④。

马克思在《1857—1858年经济学手稿》中指出，“活劳动同对象化劳动的交换，即社会劳动确立为资本和雇佣劳动这二者对立的形式，是价值关系和以价值为基础的生产的最后发展”⑤。普殊同据此认为，价值范畴作为一种社会形式表现了资本主义的基本生产关

---

① 闫培宇：《回到〈大纲〉：新世纪西方左派的三种路径》，载《山东社会科学》2018年第1期。

② ［加］莫伊舍·普殊同著：《时间、劳动与社会统治》，康凌译，北京大学出版社2019年版，第43页。

③ ［加］莫伊舍·普殊同著：《〈大纲〉视角中的〈资本论〉》，闫月梅译，载［意］马赛罗·默斯托主编：《马克思的〈大纲〉——〈政治经济学批判大纲〉150年》，闫月梅等译，中国人民大学出版社2010年版，第166页。

④ 奈格里、哈维、普舒同、斯蒂格勒、张一兵、许煜、杨乔喻：《马克思的〈大纲〉与当代资本主义——纪念马克思〈1857—1858年经济学手稿〉160周年》，载《南京大学学报》2018年第4期，第14页。

⑤ 《马克思恩格斯全集》（第31卷），人民出版社1998年版，第100页。

系，与此同时由抽象劳动构成的价值范畴也构成了资本主义社会的特定财富形式。因此，价值不仅作为一种特殊的财富形式，而且更重要的是作为一种社会形式而存在。货币、商品、资本等概念都能够通过“价值”范畴得以理解，商品和货币这二者仅仅是价值本身的不同存在方式，而资本则作为一个自我扩张的价值，在资本运行过程中交替地采取商品与货币的形式，因此价值的这种社会形式正是资本的核心。

货币是它的一般存在方式，商品是它的特殊的也可以说只是化了装的存在方式。价值不断地从一种形式转化为另一种形式，在这个运动中永不消失，这样就转化为一个自动的主体。如果把自行增殖的价值在其生活的循环中交替采取的各种特殊表现形式固定下来，就得出这样的说明：资本是货币，资本是商品。但是实际上，价值在这里已经成为一个过程的主体，在这个过程中，它不断地变换货币形式和商品形式，改变着自己的量，作为剩余价值同作为原价值的自身分出来，自行增殖着。①

价值范畴的社会形式通过抽象劳动得到澄清。在普殊同看来，抽象劳动和具体劳动的区别对于重释马克思成熟时期的批判理论具有非常关键的作用。马克思在《资本论》中将二者界定为：

一切劳动，一方面是人类劳动力在生理学意义上的耗费；就相同的或抽象的人类劳动这个属性来说，它形成商品价值。一切劳动，另一方面是人类劳动力在特殊的有一定目的的形式上的耗费；就具体的有用的劳动这个属性来说，它生产使用价值。②

普殊同认为马克思主义者和非马克思主义者都没有很好地理解劳动二重性尤其是抽象劳动层面，“抽象劳动或多或少地被处理为对各种形式的具体劳动的一种思想上的概括，而非对某种真实事物的表达”③。普殊同否定将抽象劳动理解为“一般的具体劳动”并从而否定其现实性这样一种看法，而是将抽象劳动理解为一种特定的社会依赖形式，从社会功能层面以社会中介形式来界定抽象劳动。在前资本主义的历史时期，劳动由公开的社会关系所支配，因为此时的劳动并未成为主宰一切的决定性因素，劳动的生产还取决于风俗习惯、权力关系等多重因素；而在以产品的普遍可交换性为特征的资本主义社会，尽管劳动产品是因其质的特殊性而被购买，但却是作为一种普遍手段而被售卖，这就意味着从抽象劳动层面来看，劳动本身成为获取他人产品的交换手段，劳动取代原先公开的社会关系网络而成为建构社会关系网络的根基，“劳动本身构成了一种社会中介，取代了公开的社

① 《马克思恩格斯全集》(第44卷)，人民出版社2001年版，第179~180页。

② 《马克思恩格斯全集》(第44卷)，人民出版社2001年版，第60页。

③ [加] 莫伊舍·普殊同著：《时间、劳动与社会统治》，康凌译，北京大学出版社2019年版，第171页。这一论断是科莱蒂（Lucio Colletti）在《伯恩斯坦与第二国际的马克思主义》一文中批判性地指出的，普殊同在分析抽象劳动的历史特殊性时承认了科莱蒂对此的科学分析。

会关系”①。不同于各种不同质的商品在社会层面构成“庞大的商品堆积”，普殊同强调每一个单独的劳动都具有社会中介的功能，它们各自的抽象劳动归总在一起便构成了一个社会整体性的抽象劳动，其产品因此构成了一种“社会整体中介”，即价值。普殊同不仅强调了抽象劳动的特殊性，即它产生于资本主义社会这一特殊的历史情境，还强调了抽象劳动的普遍性，即其社会中介功能，“资本主义劳动不仅将自身对象化为物质产品——一切社会形态都是如此，同时，它也将自身对象化为客观化的社会关系”。②

财富，正如资本主义劳动的二重性一样，在资本主义社会中也有双重属性，使用价值层面的物质财富（material wealth）呈现为具体物的使用属性，而交换价值层面的非物质形式的财富则是由抽象时间所衡量的价值（value）。虽然价值和物质财富都是对象化的劳动，物质财富就其度量方式而言是特定的而非普遍的，因为它源于各种具体劳动对原材料的对象化，但价值作为一种财富形式，是抽象劳动的客观化。普殊同以类比的方式指出，资本主义社会是一个以商品为产品的一般形式的社会，因而它也是以商品的价值作为财富的一般形式的社会，也就是说，价值是资本主义社会中的主要财富形式。作为一种财富形式的价值处于抽象社会统治结构的核心，而且由于价值是抽象劳动的对象化产物，抽象劳动的社会中介功能也能过渡到价值本身，“在资本主义社会中，财富形式（价值）和它的尺度（抽象时间）都被劳动建构为‘客观的’社会中介”③。因而物质财富与价值的显著区别就在于，物质财富并不具有自我中介的自反性，因为物质财富是以公开社会关系来分配，它涉及的主要是作为主体的人对作为客体的物的划分。但价值并不依据对象化的具体劳动来度量，而是依据它们所共同的东西即劳动时间的耗费来度量，即“社会必要人类劳动时间的耗费”，在普殊同看来这一时间是抽象时间而非具体时间，“单个商品的价值是普遍的社会中介中的一个个体化环节；它的量并不源于生产这一特殊商品实际所需的劳动时间，而是源于以社会必要劳动时间的范畴所表达的普遍社会中介”④。

马克思实际上早已对物质财富与价值之间的矛盾予以说明，生产力的提高会增加单位时间内生产商品的数量，从而降低生产单个商品所需要的社会必要劳动时间，从而降低单个商品的价值，“商品的价值量与实现在商品中的劳动的量成正比地变动，与这一劳动的生产力成反比地变动”⑤。但生产力的提高对于社会层面的总价值本身并不具有反向变动的比例性关系，尽管生产力的提高导致了物质财富的实然增加。这是因为劳动并不是它所生产的使用价值即物质财富的唯一源泉，“人在生产中只能像自然本身那样发挥作用，就是说，只能改变物质的形式。不仅如此，他在这种改变形态的劳动本身中还要经常依靠自

① ［加］莫伊舍·普殊同著：《时间、劳动与社会统治》，康凌译，北京大学出版社 2019 年版，第 175 页。

② ［加］莫伊舍·普殊同著：《时间、劳动与社会统治》，康凌译，北京大学出版社 2019 年版，第 184 页。

③ ［加］莫伊舍·普殊同著：《时间、劳动与社会统治》，康凌译，北京大学出版社 2019 年版，第 221 页。

④ ［加］莫伊舍·普殊同著：《时间、劳动与社会统治》，康凌译，北京大学出版社 2019 年版，第 223 页。

⑤ 《马克思恩格斯全集》（第 44 卷），人民出版社 2001 年版，第 53 页。

然力的帮助”①。而生产力本身属于具体劳动层面，因此影响生产力的各种因素，如生产的社会组织、发展水平、科学的应用、劳动人口拥有的技能等都能作用于物质财富的变化，但却无法影响价值本身：

随着物质财富的量的增长，它的价值量可能同时下降。这种对立的运动来源于劳动的二重性。……生产力属于劳动的具体有用形式，它自然不再能同抽去了具体有用形式的劳动有关。因此，不管生产力发生了什么变化，同一劳动在同样的时间内提供的价值量总是相同的。②

普殊同则以其对劳动二重性的时间性分析——资本主义社会发展存在着社会劳动小时（the social labour hour）与生产力的交互重构过程——来分析物质财富与价值之间的矛盾。普殊同充分认识到马克思的“社会劳动时间”这一概念不仅仅是衡量商品价值量的决定性尺度，而且也是一个包含着“强制性与规范性的抽象权力”③的社会历史性概念。后世对马克思《资本论》第一章的分析偏重于对价值形式的价值量进行量性分析，普殊同则强调价值量的同时也需要进行一种质性分析，即这种等价形式是何以形成的，因此普殊同提出“社会劳动小时”这一概念。所谓社会劳动小时，就是由生产力水平所规定的、历史性地变化的时间单位，而“只有达到了社会必要劳动时间的一般标准的劳动时间，才能算是一个社会劳动小时”④。从使用价值的具体层面来看，随着生产力的发展，抽象时间的常量时间单位——社会劳动小时将会相应发生变化，如前一个社会劳动小时内生产20码布，而新的社会劳动小时则能生产40码布；从价值的抽象层面来看，社会劳动小时是生产出来的价值总量的尺度，它就此具有不变性和稳定性。正是在这一意义上，普殊同将生产力发展与社会劳动小时的交互重构称为跑步机效应（treadmill effect），一方面社会劳动小时确实随着生产力的发展而变化，体现出其动态性；而另一方面，社会劳动小时作为抽象时间的常量单位始终保持不变，这就类似于跑步机的步履带一直在循环运动着，但使用者的步伐一直在原地。某一个生产者的生产效率提高会导致其能够在固定的时间单位内获得更多的价值量，而这一能够提高生产率乃至提高整体生产力的方法将会被普及并进而导致社会整体层面的社会生产力的提高，这将推动社会劳动小时的新标准的确立，而新的社会劳动小时的确立又进一步推动社会生产力的发展。以社会劳动小时的历史变化为特征的历史时间与不变的抽象时间之间的二重性关系来说明物质财富与价值，这意味着二者间的矛盾并未得到解决，只不过该矛盾被重述为历史时间的积累所带来的巨大物质财富与价值之间的不断被重构的无时序性之间的矛盾。普殊同强调，价值与物质财富的区分

① 《马克思恩格斯全集》（第44卷），人民出版社2001年版，第56页。

② 《马克思恩格斯全集》（第44卷），人民出版社2001年版，第59页。

③ 陈铮：《社会必要劳动时间与马克思价值理论的思想突破》，载《哲学研究》2022年第3期。

④ ［加］莫伊舍·普殊同著：《时间、劳动与社会统治》，康凌译，北京大学出版社2019年版，第335页。

"提供了对资本主义劳动所起到的社会综合作用的历史批判"①，因为生产力只是源于具体劳动的维度，而非具有历史特殊性且作为社会中介形式的抽象劳动的维度，在此基础上普殊同进一步推导废除这种资本主义劳动的可能性。

三、价值批判的路径方向与人类解放的最终目标

价值无时序性与物质财富的增长之间的矛盾在普殊同《时间、劳动与社会统治》一书发表之后也被多次强调。普殊同《〈大纲〉视角中的〈资本论〉》（2008）一文强调，资本对生产力不断提高的追求本来能够将人类从分散重复的劳动中解放出来，但人类直接劳动时间并未普遍缩减，相反却被予以更不均衡的分配，这实际上就是不断增长的物质财富与价值之间的矛盾所在。普殊同在《重读马克思：关于"时间"与"劳动"的省思》（2012）这篇访谈稿中也强调，价值的生产与现实财富的创造之间的矛盾导致价值越来越无法充当已经生产出来的现实财富的尺度，这将导致价值可能为历史所淘汰。② 普殊同在《当前危机与价值过时论》（*The Current Crisis and the Anachronism of Value*：*A Marxian Reading*）中认为价值批判的核心议题仍在于物质财富与价值之间的矛盾，并将之适用于新自由主义金融化的资本主义经济分析当中。随着经济债务危机的兴起，西方马克思主义学界出现价值过时论的质疑声，普殊同强调需要重启马克思的政治经济学批判的思想资源，尤其是对劳动、价值、资本等概念范畴的精确界定和重新阐释，为缓解经济债务危机，"从抵押贷款到基础设施，越来越多的生活方式逐渐沦为创造新财富的目的性内容"，价值生产的危机被以金融危机媒介的企图所掩盖。对此普殊同表达如下建议：

> 我们有可能把生产力发展所带来的种种危机、战后凯恩斯主义-福特主义的资本主义结构看成长期价格危机的表现。为了应对这种发展所带来的危机，资本不仅要将以往的劳动所得投入福特主义的发展当中，同时还要发展创造财富的新形式。③

普殊同将新自由主义时期出现的种种经济危机现象归结为价值与物质财富的矛盾，并认为这些经济危机现象只关联到具体劳动层面的物质财富，而完全忽略了资本主义社会本身的价值危机。但在价值理论的诠释框架内，废除价值只能是一种无谓的尝试，因为价值得以建构的底层逻辑正在于以社会中介功能确立起来的社会性的抽象劳动。普殊同在《劳动与非物质劳动》（2018）这一篇访谈稿中再度重申，"资本主义产生了一些似乎超越

---

① ［加］莫伊舍·普殊同著：《时间、劳动与社会统治》，康凌译，北京大学出版社2019年版，第231页。

② 参见［加］莫伊舍·普殊同、康凌：《重读马克思：关于"时间"与"劳动"的省思》，载《杭州师范大学学报》2012年第5期。

③ Moishe Postone, "The Current Crisis and the Anachronism of Value: A Marxian Reading", *Continental Thought & Theory: A Journal of Intellectual Freedom*, Vol. 1, No. 4, 2017, p. 51.

资本主义现实的东西，但也同时阻碍着这一可能性的实现”①。在同年为纪念马克思《1857—1858 年经济学手稿》诞生 160 周年的学术会议上，普殊同仍旧强调物质财富与价值之间的区分，并以此区分来阐释资本主义的矛盾：

一方面，资本的发展导致以人类劳动的直接消耗为基础的生产变得无时序性，另一方面，资本又以人类劳动的消耗作为其生死的条件。那么，就存在着一个日益增长的间隔，而不存在转化——一个朝后资本主义社会的自动转化；相反，人类劳动的内容变得日益空洞，而资本却成为社会知识的仓库。②

就普殊同的价值批判本身来看，他强调物质财富与价值之间的区分并认为二者之间的不可弥合、日益扩大的鸿沟将导致资本主义社会自身的结构性矛盾显现，即在物质财富与价值背后的具体劳动与抽象劳动的矛盾关系，以及由抽象劳动所结构的抽象社会统治形式。普殊同指出，很多学者就二者的关系仅进行单一化的理解，“价值的范畴常常被等同于一般社会财富的范畴，因此主流趋势倾向于认为，要么劳动永远是财富的唯一社会源泉，因此将物质财富纳入价值之下”③。普殊同认为这一观点的典型代表是保罗·沃顿和安德鲁·甘布尔《从异化到剩余价值》所秉持的观点，他们强调劳动独特的创造价值的能力。就马克思而言，他也并不认同劳动能够创造所有的财富，“劳动不是一切财富的源泉。自然界同劳动一样也是使用价值（而物质财富就是由使用价值构成的!）的源泉，劳动本身不过是一种自然力即人的劳动力的表现”④。另一种观点则认为价值不单单是劳动的产物，而是可以被科学与技术知识的应用所直接创造出来的，因此将价值纳入物质财富之下。如哈贝马斯在 20 世纪 70 年代初认为，劳动价值论已经被历史地超越，当代社会要求一种“科学和技术价值论”。哈贝马斯指出，“马克思在《政治经济学批判大纲》中提出了一个十分有趣的想法，从这种想法中人们可以看出，马克思曾经把技术生产力的科学发展看成是可能的价值源泉”⑤。哈贝马斯认为马克思的价值规律只适用于技术生产力的一定水平，而随着剩余价值率和利润率的提高它应被技术价值论所替代。在普殊同看来，哈贝马斯实际上是将马克思所规定的具有历史特殊性的价值范畴理解为与古典政治经济学家一致的社会财富一般的范畴，而这种理解将会导致对价值与物质财富的等同化从而不可避免地忽视了资本主义社会本身的结构性矛盾：

---

① 黄璐：《劳动与非物质劳动：历史特殊性与价值的无时序性》，载《马克思主义与现实》2018 年第 5 期，第 99 页。

② 奈格里、哈维、普舒同、斯蒂格勒、张一兵、许煜、杨乔喻：《马克思的〈大纲〉与当代资本主义——纪念马克思〈1857—1858 年经济学手稿〉160 周年》，载《南京大学学报》2018 年第 4 期。

③ ［加］莫伊舍·普殊同著：《时间、劳动与社会统治》，康凌译，北京大学出版社 2019 年版，第 231 页。

④ 《马克思恩格斯全集》（第 25 卷），人民出版社 2001 年版，第 8 页。

⑤ ［德］尤尔根·哈贝马斯著：《理论与实践》，郭官义、李黎译，社会科学文献出版社 2010 年版，第 196 页。

> 对于科学与技术的财富生产潜力而言，价值事实上并不充分适用，然而，它却依旧是资本主义社会中财富与社会关系的基本规定。这一矛盾根植于资本主义劳动的二重性……资本主义生产方式不应依据脱离社会“生产关系”的技术“生产力”来理解，而应依据价值与物质财富之间的矛盾来理解；这就是说，它是资本主义劳动的两个维度的物质化表现，也即生产力与生产关系两者的物质化表现。①

如果我们承认普殊同对以上两种并未区分价值与物质财富的批判路径的阐释，当然，这种承认是建立在对这一观点的理解基础之上，即抽象劳动因其社会中介功能而构成价值，但其价值批判理论仍存在可值质疑之处：其一，价值与物质财富的区分预设了一个理论前提，生产力的持续甚至是加速提高，“价值的即时维度，尤其是马克思所说的相对剩余价值，凸显了一种确定的增长理论。这种增长理论的内在动力就是生产力的持续甚至是加速提高”②。这一理论前提其实就是科亨的“发展命题”的内容表述，尽管这一点本身就值得质疑③，但在普殊同的论述中并未得到考虑。其二，普殊同指出其所试图完成的工作是对于资本主义社会的根本性范畴的界定，“这项研究是我所构想的对马克思的批判的再阐释的第一阶段。它的首要意图，是进行基本的理论澄清，而非对这一批判的详尽阐述，更非一种当代资本主义的成熟理论。因此，在这项研究中我不会直接处理发达资本主义社会的最新阶段”④。虽然普殊同强调劳动、价值、时间等根本性概念的历史特殊性特征，但他将资本主义社会本身的历史发展特殊性模糊了，实际上是在资本主义社会一般的意义上来讨论这些概念的历史特殊性的适用性。

普殊同强调价值的直接人类劳动根源的不可废除性意味着“价值废除论”是不可能的，“人类直接劳动时间的耗费对资本来说仍然是至关重要和不可或缺的，这一事实虽然因资本引起的发展而变得不合乎时代，但它仍然导致了一种内在紧张”⑤。也就是说，价值所蕴含的人类直接劳动时间的耗费始终存在，因此不能将价值与物质财富划归同类。之所以说价值范畴抓住了资本主义社会的本质，是因为价值的历史规定性是由资本主义社会中的抽象劳动的社会中介功能自反性建构的产物，这意味着价值范畴以及抽象劳动范畴建构了资本主义社会的结构本身，否定价值要求对资本主义社会结构本身的颠覆，因此普殊同将当代社会的未来出路归结为一种基于资本主义内在矛盾张力的可能性。然而普殊同仅仅指出了这种可能性，类似于耶稣基督终将降临但作为个体的我们却无法预知是哪一天，

---

① ［加］莫伊舍·普殊同著：《时间、劳动与社会统治》，康凌译，北京大学出版社 2019 年版，第 233 页。

② Moishe Postone, “The Current Crisis and the Anachronism of Value: A Marxian Reading”, *Continental Thought & Theory: A Journal of Intellectual Freedom*, Vol. 1, No. 4, 2017, p. 49.

③ 鲁克俭：《重新审视“发展命题”》，载《哲学研究》2008 年第 9 期。

④ ［加］莫伊舍·普殊同著：《时间、劳动与社会统治》，康凌译，北京大学出版社 2019 年版，第 21 页。

⑤ ［加］莫伊舍·普殊同著：《〈大纲〉视角中的〈资本论〉》，闫月梅译，载［意］马赛罗·默斯托主编：《马克思的〈大纲〉——〈政治经济学批判大纲〉150 年》，闫月梅等译，中国人民大学出版社 2010 年版，第 172 页。

这就意味着普殊同所致力于建构的解放性的当代批判理论具有了悲观性底色（尽管普殊同自己并不如此认为）。与卢卡奇将无产阶级视为“绝对精神”般的主体和实体不同，普殊同赋予了资本以绝对精神的地位，因而他并未像卢卡奇那样赋予无产阶级以革命性的地位，在普殊同看来，无产阶级身处资本主义社会的结构性关系之中，已然是为抽象劳动的社会中介功能所协调的剧中人，而难以成为掌控这一抽象统治结构的剧作者。尽管普殊同否定无产阶级的革命性功能，但其理论意图却在于“并没有试图将他们再次简化为一个所谓的普遍的无产阶级，而是可以解释社会运动，因为它表明劳动力日益过剩，以及随之而来的其他政治身份的出现”①，在此意义上，以忽视阶级斗争问题为据来否定普殊同的价值批判是不恰当的。②

普殊同认为要发掘从福特制向后福特制转型的本质和后果，我们必须要回到马克思的政治经济学批判，因为马克思“为此转变的必然性提供了历史性基础，即资本主义大规模发展条件下商品和资本范畴所表现的社会实践之特定形式”③，为此普殊同力图建构一种关于资本主义中介形式的历史特殊性的理论并以此来重新阐释资本主义的内在结构性矛盾。但经上述分析我们可以得出：普殊同为法兰克福学派的悲观论转向提供一个有力的内部理论视角，即对法兰克福学派内部的政治经济学分析予以批判性解读。在此基础上普殊同才得以基于批判理论的历史轨迹而建构一种当代社会的批判理论。但就其价值批判理论的建构以及相应理论任务来看，普殊同强调价值的无时序性与物质财富的增长之间的矛盾，并且将资本主义社会批判的哲学基础建基于价值背后的抽象劳动，从而将资本主义社会理解为一个抽象统治禁锢的铁笼，由此带来对作为革命主体的无产阶级的拒斥，终究落于资本逻辑的窠臼之中。

参考文献：

[1]［德］霍克海默著：《批判理论》，李小兵译，重庆出版社 1989 年版。
[2] 马丁·杰：《法兰克福学派史》，广东人民出版社 1996 年版。
[3]《马克思恩格斯全集》（第 25 卷），人民出版社 2001 年版。
[4]《马克思恩格斯全集》（第 31 卷），人民出版社 1998 年版。
[5]《马克思恩格斯全集》（第 44 卷），人民出版社 2001 年版。
[6]《马克思恩格斯全集》（第 47 卷），人民出版社 2004 年版。
[7] 李忠尚著：《第三条道路？——马尔库塞和哈贝马斯社会批判理论研究》，学苑出版社 1994 年版。

① Simon Tunderman, “Post-Marxist Reflections on the Value of Our Time”, Critical Discourse Studies, Vol. 18, No. 6, 2021, p. 663.

② 参见黄玮杰：《一般智力、价值形式与激进辩证法》，《贵州师范大学学报》2018 年第 2 期，第 39 页。作者认为，“尽管普殊同等人的价值形式辩证法出色地揭示了经济范畴运动的内在机制，但它却没有给予阶级斗争以实质的地位。”

③ Moishe Postone, “History and Helplessness: Mass Mobilization and Contemporary Forms of Anticapitalism”, *Public Culture*, Vol. 18, No. 1, 2006, p. 94.

[8] [加] 莫伊舍·普殊同著:《时间、劳动与社会统治》，康凌译，北京大学出版社2019年版。
[9] [德] 尤尔根·哈贝马斯著:《理论与实践》，郭官义、李黎译，社会科学文献出版社2010年版。
[10] 普殊同:《〈大纲〉视角中的〈资本论〉》，载默斯托主编:《马克思的〈大纲〉——〈政治经济学批判大纲〉150年》，中国人民大学出版社2010年版。
[11] 普殊同、康凌:《重读马克思:关于“时间”与“劳动”的省思》，载《杭州师范大学学报（社会科学版）》2012年第5期。
[12] 黄璐:《劳动与非物质劳动:历史特殊性与价值的无时序性》，载《马克思主义与现实》2018年第5期。
[13] 奈格里、哈维、普舒同、斯蒂格勒、张一兵、许煜、杨乔喻:《马克思的〈大纲〉与当代资本主义——纪念马克思〈1857—1858年经济学手稿〉160周年》，载《南京大学学报（哲学·人文科学·社会科学）》2018年第4期。
[14] 鲁克俭:《重新审视“发展命题”》，载《哲学研究》2008年第9期。
[15] 唐正东:《〈资本论〉及其手稿对历史唯物主义内在矛盾观的深化》，载《哲学研究》2018年第5期。
[16] 黄玮杰:《一般智力、价值形式与激进辩证法》，载《贵州师范大学学报（社会科学版）》2018年第2期。
[17] 闫培宇:《回到〈大纲〉:新世纪西方左派的三种路径》，载《山东社会科学》2018年第1期。
[18] 陈铮:《社会必要劳动时间与马克思价值理论的思想突破》，载《哲学研究》2022年第3期。
[19] David Held, *Introduction to Critical Theory: Horkheimer to Habermas*, Polity Press, 1980.
[20] Simon Tunderman, “Post-Marxist Reflections on the Value of Our Time”, *Critical Discourse Studies*, Vol. 18, No. 6, 2021.
[21] Moishe Postone, “History and Helplessness: Mass Mobilization and Contemporary Forms of Anticapitalism”, *Public Culture*, Vol. 18, No. 1, 2006.
[22] Moishe Postone, “Critical Pessimism and the Limits of Traditional Marxism”, *Theory and Society*, Vol. 11, No. 5, 1982.
[23] David McLellan, “Review”, *The American Political Science Review*, Vol. 87, No. 4, 1993.
[24] Moishe Postone, “The Current Crisis and the Anachronism of Value”, *Continental Thought & Theory: A Journal of Intellectual Freedom*, Vol. 1, No. 4, 2017.

社会主义何以可欲？
——浅论 G. A. 柯亨为社会主义进行的道德辩护

● 丁文韬*
（武汉大学 弘毅学堂）

【摘　要】
本文关注“社会主义何以可欲?”这一问题，对柯亨为社会主义进行的道德辩护进行梳理。首先，阐释对社会主义可欲性问题进行论证的原因。随后，介绍资本主义的自我论证，从中概括出为社会主义论证的两个层次：公有制超越私有制；社会主义可以实现平等的价值。而柯亨的论证也按照这两个层次来展开。首先，提出野营旅行的思想实验，以及其包含的平等、共享两个原则；其次，从外部世界的联合所有来完善对公有制的论证；最后，“自愿的平等”是对共享原则的进一步补充与阐发。除此之外，笔者还在本文最后，围绕自由这一概念提出了自己的论证。
【关键词】
分析的马克思主义；柯亨；社会主义；平等主义

引言——为何要论证社会主义的可欲性?

“可欲”（desirable），也有国内学者将其翻译为“可希求的”①，在政治哲学领域，这个词通常意指某种社会制度或社会原则是否令人向往，是否值得追求。作为与资本主义对立的意识形态，“社会主义何以可欲?”这个问题自然隐含了一种同资本主义相比较的语境。在这样的语境下，这个问题则旨在论证，社会主义在哪些层面上超越了资本主义，比资本主义更加值得欲求，令人向往。在经典马克思主义中，对于这个话题，似乎缺少理论上的详细论证。经典马克思主义认为，社会主义乃至共产主义，是自然实现的事实。当社会生产力发展到一定阶段，现有的社会生产关系无法容纳这种生产力时，就会迎来生产关系的变革。这一变革的最终方向就是共产主义。所以，在经典马克思主义看来，社会主义的实现是带有“历史必然性的”，作为一种必然会实现的社会制度，是否可欲这一问题，无须详细地讨论。

---

* 作者简介：丁文韬，武汉大学弘毅学堂 PPE（政治学、经济学与哲学）专业本科生。

① 比如，对柯亨的文章 *Why Not Socialism?* 的翻译中，对于 desirable 一词，段忠桥将其翻译为“可欲的”，吕增奎将其翻译为“可希求的”。

但是，经历了20世纪90年代的苏东剧变之后，社会主义的前途命运遭遇了巨大的冲击。社会主义该走向何方？苏东剧变意味着，社会主义被资本主义彻底击败了吗？在社会的巨大冲击面前，“历史必然性”好像并不必然了。分析的马克思主义的代表人物，G. A. 柯亨就敏锐地觉察到了这一社会环境的变化。他指出，在经典马克思主义的论述中，工人阶级有以下特征：

（1）是构成社会的大多数。

（2）生产社会财富。

（3）是社会中被剥削的人们。

（4）是社会中贫困的人们。

此外，由于工人阶级是如此的贫困，所以

（5）无论革命的结果是什么，工人阶级在革命中不会失去任何东西。

因此，

（6）工人阶级能够并且将会改变社会。①

但是，随着资本主义社会的发展，在如今先进的工业社会中，已经很难再找到集这些所有特征为一体的“经典工人阶级”。其中最鲜明的变化是，特征（2）与特征（4）正在分离。越来越多的工人阶级在生活水平上已经到达了所谓“中产”水平。他们虽然仍然经历剥削，但薪酬富足，足以支持他们幸福美满的生活。所以，柯亨提出了一个问题：在当下，如果依旧坚持“历史必然性”的说法，你如何说服一位家庭美满、生活幸福的工人放弃自己的家庭，参与到社会革命之中去？基于此，不同于经典马克思主义与辩证的马克思主义者们，柯亨认为，当今的社会主义者应当更多地从道德方面为社会主义辩护，描绘在道德层面上，社会主义之所以可欲的特征，以激励人们主动投身到实现社会主义的事业中去。

事实上，关于“社会主义何以可欲”这一问题，柯亨在其著作《为什么不要社会主义？》（*Why not Socialism*？）中专门地进行了讨论。但笔者认为，这一本著作并不能窥得柯亨思想之全貌。柯亨的著作多以反驳为主，但正是在对自由主义政治哲学的批判和反驳中，柯亨有意或无意地也为社会主义的可欲性作出了辩护。基于此，本文将围绕“社会主义何以可欲”这一问题对柯亨的著作进行梳理，力争梳理出一个相对完整的辩护体系。

基于这样的写作目的，本文将分为如下几个部分：第一部分，简述资本主义的论证。既然资本主义与社会主义是相互对立的两种社会制度，笔者认为，在一开始弄清楚资本主义对其自身的论证是有意义的，这样可以使为社会主义进行的辩护更有针对性地展开。第二部分，梳理柯亨在其著作《为什么不要社会主义？》（*Why not socialism*？）中对可欲性问题的直接回应。但笔者认为，单单这个回应是不够的（事实上，这本著作的篇幅也很短，但就篇幅来说也可谓是单薄的）。因此，紧接着第二部分，本文将从“公有的初始状态”“自愿的平等”这两个贯穿柯亨其他著作的概念对柯亨的论证进行完善。最后一个部分，笔者尝试基于马克思的论述给出一个自己的论证，算是笔者对这一问题的尝试性回答。

① 参见［英］G. A. 柯亨著：《自我所有、自由和平等》，李朝晖译，东方出版社2008年版，第175～176页。

一、资本主义的论证

就资本主义社会整体来看，资本主义国家间在政体、国体上都迥然相异，但所有资本主义国家都共享着一个信念：保护私有财产。对于资本主义而言，私有财产神圣且不可侵犯。可以说，资本主义国家的一系列制度设计都是围绕私有财产而展开。因此，资本主义社会的正当性其实也就建立在私有财产的正当性之上。于是，针对私有财产的正当性，资本主义政治家、哲学家们提供了三种非常普遍的论证：经济论证、自由论证和正义论证。①

其中，经济论证强调，资本主义市场带来了好的经济结果。基于财产私有而诞生的市场经济体制赋予资本主义社会卓越的生产能力，就连其中的穷人实际上并不比其他类型经济中的穷人更贫穷。如果要摒弃自由市场，推行市场管控，实际上会对社会的整体福利产生负面的效应。自由论证则更好理解。尊重私人财产是基于对每个人自由权利的尊重。如果我对这个东西的所有权在道德上、法律上都是合理正当的，那么，有什么人有权利来从我这里取走这一财产的一部分呢？即使是国家也没有这样的权利。所以，许多政客反对政府以任何形式对富人征税，比如撒切尔、里根。而正义论证则是与自由论证紧密结合的。资本主义的私有制为什么是正义的？因为保护私有制就是保护自由，而保护自由就是最高的正义。与之相对应，哪怕政府不从富人身上征收税款，穷人就会饿死，但是，即使侵犯自由的目的是保护他人的生命，在很多资本主义的拥趸看来，这也是不正义的。当然，也有许多的左翼资产阶级反对这样的看法。他们认为，在自由之外，平等的价值也很重要。罗尔斯、德沃金就是代表。但无论如何，哪怕在这些认可平等主义的哲学家眼中，资本主义与财产私有制紧密相关的自由始终是第一位的。

自由论证作为资本主义的核心思想之一，自然需要对其进行进一步的说明。这种思想最早可以上溯到霍布斯、洛克一脉。虽然这两位哲学家对“自然状态”的设想并不一致，但他们都认为，自然状态下，世界资源是无主的。个人凭借自己的能力让这些资源变成私人所有，就是自由的体现。而政府的存在就是要为私人财产提供保障。洛克的思想对西方资本主义的影响则更为深远。后来，沿袭洛克的观点，著名的自由至上主义（Libertarianism）政治哲学家诺齐克发展出了自我所有权的概念。每个人都是他自己当之无愧的所有者，这种所有的正当性是自明的。而基于自我所有的状态，每个人获取财富、占有资源的手段也是正义的——凭借自己的能力，这是自我所有权的合理外延。那么，从正义的状态出发，经由正义的手段，必然能得到正义的结果。所以，资本主义的私有制是正义的。这样一种所有制的正义与人的自由是深度绑定的：这是一个生来自由的人，自由地发挥自己能力的结果。偏左翼的新自由主义者虽然并不赞同诺齐克这样无限制的自由，但实际上他们是认可自由至上主义的如下观点的：纯粹的资本主义就是完全的自由，或者，至少是完全的经济自由。只不过，自由需要诸如平等等价值加以均衡，帮扶弱势者，才是尊重并保护所有

① ［英］G. A. 柯亨著：《马克思与诺齐克之间》，吕增奎编，江苏人民出版社 2007 年版，第 50~51 页。

人民自由权利的体现。

于是，通过对资本主义的自我论证的分析，我们发现，如果要为社会主义进行道德辩护，论证“社会主义的可欲性”这个问题，我们可以从两个方面来展开：第一，社会主义所倡导的公有制是对私有制的超越，这一种所有制不仅完全可行，而且更值得欲求；第二，社会主义基于公有制所达成的平等消除了资本主义社会中的不公现象。并且，这样一种平等并没有以人们的自由为代价。社会主义的这些价值更值得欲求。而事实上，柯亨的论证也确实是从这两个层面来铺陈展开的。

二、野营旅行、平等与共享

如上所言，作为柯亨这位哲学泰斗留下的最后一本著作，这部《为什么不要社会主义?》的主要目的就是对“社会主义何以可欲”这个问题进行讨论，为社会主义提供道德辩护。在这本小书里，柯亨极富创造力地使用了野营旅行的思想实验来描绘社会主义的公有制，并基于此提出了社会主义社会平等和共享的两个特点，这两个特点是对资本主义价值的超越。

柯亨使用两种不同的“野营旅行”来对照社会主义和资本主义。第一种野营旅行是：“你、我和一大群其他人去野营旅行。我们之间没有等级之分，我们共同的目的是我们每个人都将度过一段美好时光，尽量做他或她最喜欢的事（有些事我们一起做；有些事我们则分开做）。我们带着用来实现我们计划的用品，例如，我们带有锅和盘子，食油、咖啡、钓鱼竿、小划艇、足球、纸牌，等等。而且，在野营旅行中通常的情况是，我们共同使用那些用品，即便它们是私人所有的东西，它们在旅行期间是在共同控制之下，我们都理解谁在什么时候、什么情况下和为什么要使用它们。有人钓鱼，有人准备食物，还有人烧饭。不愿烧饭但喜爱洗餐具的人可以承担全部洗餐具的工作，等等。差异是大量存在的，但我们相互理解，而且我们这一野营计划的精神，保证了不存在任何人可在原则上予以反对的不平等。”① 而第二种野营旅行，是“基于市场交换和对所需用具的严格私有的原则之上”②。比如，一个人将需要从他的伙伴那里购买土豆，另一个人想使用他的小刀为土豆削皮则需要为这一使用支付费用——因为这些东西是严格私有的，这就是私有带来的市场原则。在这种野营旅行中，甚至会出现这样的情况：杰克在探险中找到了一棵苹果树。当他的同伴想享用这棵树上的苹果时，杰克却说：“你们得为之付费。因为这棵树是我找到的，所以我天然地对之享有所有权。那么，既然你们想要享用属于我的苹果，你们理所应当地应该向我支付。”柯亨所进行的野营旅行的类比是十分天才的。想必，无论是社会主义者还是资本主义者，所有有过野营旅行经验的人，都会向往、喜欢第一种旅行，并且对第二种旅行产生厌恶。

这两种野营旅行背后，折射出来的便是社会主义公有制和资本主义私有制的本质区

① ［英］G. A. 科恩著：《为什么不要社会主义?》，段忠桥译，人民出版社 2011 年版，第 15～16 页。

② ［英］G. A. 科恩著：《为什么不要社会主义?》，段忠桥译，人民出版社 2011 年版，第 17 页。

别。社会主义的公有制，所倡导的正是如同第一种野营旅行这样，共同享有、人人为我、我为人人的美好状态。相比于代表着资本主义私有制的第二种野营旅行，社会主义公有制就和第一种野营一样，其诱人之处不言自明。就如柯亨所说："在这一环境中，大多数人会越过其他可行的选择而强烈地赞成社会主义的生活方式。"① 这样，通过野营旅行的类比，柯亨论证了公有制相较于私有制的优越性，这是为社会主义可欲性所做的第一层论证。

第二层论证，也就是论证社会主义的平等原则相比资本主义是更为正义和优越的。柯亨的这一论证基于第一层而展开。

柯亨认为，在第一种野营旅行中有两个原则得以实现：平等原则和共享原则。对于前者，他将其定义为一种激进的机会平等原则，将其称为：社会主义的机会平等。

这一平等原则是依靠比较胜出的。柯亨认为，有三种形式的机会平等。第一种可以称为资产阶级的机会平等。这一种平等的主要特征是消除了身份地位对于权力分配以及社会偏见对机会的限制。比如，限制农奴机会的农奴制不再存在；对黑人的歧视被打破，黑人的机会不再因为社会中普遍存在的偏见而受限。第二种平等可以被称为左翼自由主义的机会平等。这种机会平等相较于第一种平等更进一步。它消弭了社会环境的限制因素。比如，对贫苦的儿童实行免费的早年教育，就消除了"出身贫寒"这一环境差异对机会的限制。这样，一个人的命运就完全由他们的天赋才能和选择决定，而不再由他们的社会背景、社会环境决定。第三种被称为社会主义机会平等的平等比上述两种平等更为彻底。社会主义机会平等旨在消除一切非选择的限制。这时，天赋的不同、能力的不同都不再能阻碍人们对机会的获取。这样，人们之间的差异将只是偏好和选择的差异。用一个类比来说，大家最后的结果都是橘子和苹果加起来共 12 个。只是可能我更喜欢橘子，所以我选择了 8 个橘子 4 个苹果；你更喜欢苹果，所以你选择了 10 个苹果 2 个橘子。这种差异并不构成不平等。你没必要为我选择的橘子比你多而抱怨：因为你并不喜欢橘子。

当然，这种平等也并不是完美无缺的。还有两种切实的不平等与之相容：因为使人悔恨的选择产生的不平等和因为运气的差别而产生的不平等。悔恨的选择产生的不平等就如同伊索寓言中描述的蚂蚱和蚂蚁。蚂蚁提前存了粮，而蚂蚱没有存粮，这导致，冬天到来时，二者产生了不平等。对于蚂蚱而言，这一选择是让它悔恨的。运气产生的不平等的例子就是赌博。赌博结束后，我因为运气差只剩 5 元，而你因为运气好拥有了 3000 元。这种不平等就是因为运气不同而带来的。针对这两种依旧存在于社会主义机会平等之中的不平等，就需要引入共享原则进行调和。作出机智决定的人和运气好的人将会秉持着互惠互利的精神，就像野营旅行那样，去帮助那些作出不好的选择、运气很差的人。这样，野营旅行式的社会主义就实现了真正的平等，这种平等是对资本主义平等的超越。

在柯亨看来，至少，在直觉上，我们会认可这样的野营旅行并不是坏事。只要我们认同了野营旅行的状态是值得向往的话，其所代表的社会主义就是可欲的。这就是柯亨从所有制、平等的价值观这两个层面对社会主义可欲性作出的直接论证。

① ［英］G. A. 科恩著：《为什么不要社会主义?》，段忠桥译，人民出版社 2011 年版，第 13 页。

当然，也许是篇幅所限，抑或是柯亨生前将这本小书视为一种面向大众的哲普读物，基于野营旅行这一思想实验的论证仍有不足之处。本文接下来的工作就是从柯亨的其他论述中，发掘其背后所蕴含的对社会主义进行的辩护，以弥补以上辩护中的不足。

三、联合所有（joint ownership）的原初状态

如上所言，单纯依靠一个思想实验来论证公有制相较私有制的优越性，这种论证在说服力上还有些欠缺。毕竟，思想实验假设的情况似乎有些太过特殊，缺乏普遍性。那么，柯亨有没有一种更为普遍的论证呢？答案是肯定的。

柯亨从“原初状态”入手。基本上，绝大多数的资本主义政治哲学家都认为，原初状态下，世界资源是无主的。因为无主，所以给了每个人凭借自己的能力去进行占有的可能。在占有发生之后，这些资源就转换成了私有财产。原初状态的无主假定给予了私有制正当性，但这种所有制也正是不平等的起源。试想，对于全世界的资源，A 占有了 99%，B 只能占有 1%，这种巨大的差异真的是正当的吗？

自由至上主义者诺齐克为这种正当性提出了辩护。这也就是著名的诺齐克条件。他说，对于一个原初状态下的无主物 O，只要与 O 供大家使用时相比，它变成私有之后并没有使任何人境况变坏，这种差异就是正当的。哪怕有人的状况在某种程度上相应地恶化了，只要他的状况以另一种方式得到提高，使得这种恶化被抵消，那么，诺齐克条件也得到了满足。这是对资本主义私有制的进一步论证。但是，柯亨敏锐地指出，这种私有制即使真的是正当的，也并不合理。如果 B 比 A 有更好的组织才能，让 B 来占有这 99%的资源，能比 A 给大家带来更多的福利，那么，A 占有 99%的资源，这种私人所有的结果是，与反事实（counterfactual）条件的情况相比，每个人的状况都在恶化。A 占有的这一结果从某种意义上来看就是帕累托劣势积累。

在对私有制的合理性提出质疑之后，柯亨进一步指出，原初状态为什么是无主的？如果原初状态是联合所有的，就能实现平等的价值。在柯亨所要论述的联合所有权（joint ownership）或者说集体所有权（collective ownership）下，资源为所有人一起拥有，每个人对它的利用都要服从集体的决定。联合所有不允许任何人单方面地将资源私有化，无论他能为其他人提供什么样的补偿。为了进一步论证，柯亨又进行了思想实验：假设资源由两个人联合所有，一个是能人（Able），一个是傻瓜（Infirm）。傻瓜没有任何的生产能力。那么，在联合所有下，有两个状态值得我们关注：（1）如果只是能人生产，那么生产的数量由其自己决定，而且超出了能人和傻瓜的生活所需。因此，他们会就一定量的剩余进行协商，协商的代价就是能人不生产，两人都死去。（2）能人能生产一定量的剩余，但是，现在他可以改变这个量，这样，能人和傻瓜要协商的不仅仅是（1）情况下每人得到多少，还要协商能人应该生产多少。在联合所有的情况下，影响到两人协商结果的，是两人的爱好。他们喜欢什么、不喜欢什么、喜欢的程度怎样。除此之外，因为傻瓜控制着生产的一个必要条件（对土地使用的否决权），那么，能人在生产能力上的优势并不能给他带来什么额外的获得。就像一件物品值 101 元，你有 100 元，我只有 1 元，我们合资 101 元把这件物品买下来，这件物品为我们联合所有。既然是联合所有，那么，你对这件

物品享有的份额并不会因为你出的钱多而就多一些。① 这样，资本主义私有制下的那种不平等就不会发生。

就算承认私有制是正当的，从联合所有的原初状态出发的公有制不仅规避了私有制可能存在的帕累托劣势累计，而且可以避免私有制带来的不平等。结合野营旅行的思想实验，对于社会主义可欲性的第一层论证也就完整了。从所有制的比较来说，社会主义公有制相较私有制，是更值得欲求的。

四、自愿的平等

除了所有制上的论证之外，有关野营旅行中的共享原则，也需要进一步地补充论述。这些补充性的论述，我们可以从柯亨对“自愿的平等”这一概念的阐释中觅得。

在柯亨看来，自愿平等建立的物质条件与马克思的叙述存在不同。在马克思的叙述中，只有在长期的富裕使得人们的物质利益广泛地取得一致时，因为无限的财富使得人们之间没有了利益冲突，自愿的平等也就得以达成。但柯亨把马克思的论述视为“技术麻醉剂”②，马克思过分夸大了生产力的充分发展、长期的富裕在这个问题上发挥的作用。他认为，在富裕程度不那么高的情况下，自愿的平等也是可以实现的。在他看来，在他所提及的这种物质充裕状态下，利益冲突依然存在，但是因为物质财富的一定积累，使得足以能够不借助胁迫而达到一种有利于平等的解决方法。在这样的物质条件里，人们需要一定程度上牺牲自己的利益，但是，这种牺牲不是巨大的牺牲。而且，人们作出这种牺牲完全出自自愿。

柯亨又进一步补充他的设想，这种平等可以通过一种灵活的再分配税法实现。但是，不交税并不会受到法律惩罚，只是会理所当然地受到谴责。但在现实运转中，这种谴责也不会成为事实，因为每个人都是自愿的。

这种法律也许需要进一步地说明。既然惩罚并不会实现，并不会有人触犯这种法律，那为什么还要设立这种法律呢？答案是，这种惩罚的确立，是为了强调弱势者的权利；是为了向人们强调，弱势者有权受到这样的尊重。这种法律的设定并不如自由主义者所批评的，是对公民的一种强迫，因为就算这种法律及其惩罚不再存在，也并不会有人以不同的方式行事。这是社会主义共享的本质——出于正义感和责任心的自愿，在公有制的前提下，就算整个社会没有那么的富裕，大家也会自愿地去帮扶弱者，实现超越资本主义的平等价值。而且，这种平等并没有建立在强迫之上。它与每个人的自由是相容的。经过这样的补充，第二层论证同样地也更完整了。从平等、自由的价值角度来说，社会主义也是更值得欲求的。

经过对柯亨其他著作中论述过的概念的补充，柯亨对“社会主义何以可欲”这个问题的论证以及他对社会主义的道德辩护也就可以不局限于“野营旅行”这个小小的思想

① 参见［英］G. A. 柯亨著：《自我所有、自由和平等》，李朝晖译，东方出版社 2008 年版，第111～112 页。

② ［英］G. A. 柯亨著：《自我所有、自由和平等》，李朝晖译，东方出版社 2008 年版，第 135 页。

实验。他论证的体系感、层次感经过这样的梳理也就更为清晰完整了。笔者看来，这才是作为分析的马克思主义者的柯亨对社会主义可欲性的论证的全貌。

五、对自由的再审视

在本文结束之前，笔者并不想仅将此文局限于对柯亨的讨论。沿着柯亨的思路，通过一些马克思所曾提及的论述，笔者想围绕“自由”这个概念，在此提供一个本人对可欲性问题的论证，以期对这个问题进行更为深刻的讨论。

首先，我们可以看到，资本主义政治哲学中的一个核心概念是“自由”，无论是右翼的自由至上主义者还是左翼的新自由主义者，他们对待平等的不同态度只是来源于他们二者对“如何实现自由”这一主题的不同理解。但是，资本主义的自由真的是好的吗？事实上，资本主义的自由是一种野蛮的自由。这一自由是以牺牲他人为代价的。资本主义者们往往强调，富人对穷人、强者对弱者没有义务，甚至是关怀和怜悯的义务，因为这一强弱的差距是建立在双方各自充分地自由选择的基础之上的。这背后的逻辑，其实就是“丛林法则”。弱肉强食、优胜劣汰，弱者先天缺乏生存的能力，所以他们理应成为强者自由发展路上的“垫脚石”。强者的自由建立在弱者的不自由之上。因此，实际上，资本主义的自由是只关注强者、抛弃弱者的自由。有很大一部分弱势者，就这样被残忍地抛弃了。这种自由合理吗？如果在人类文明发展之前，我们可以认定其为合理的。但在人类高度现代化的现在，我们本有能力去保障弱者的生活，去帮扶弱者，那么，这个时候，这种以弱者的牺牲为代价的自由就是一种不合理的、野蛮的自由。

其次，有许多资本主义者对社会主义的批评是，社会主义是一种利他主义、集体主义，社会主义只允许爱他人，不允许爱自己，社会主义没有自由。其实并不然。马克思本人强调过，共产主义并不与利己主义相冲突。马克思主义、社会主义是承认并且尊重个体自由的。不仅如此，社会主义的自由是对资本主义野蛮自由的超越。如马克思所说，社会主义中的自由是：“在那里，每个人的自由发展是一切人的自由发展的条件。”① 马克思主义并不否认人性的自私性，只是，在社会主义社会里，强者的自由并不以牺牲弱者为代价。相反，每个人的自由都可以为另一个人的自由提供助力，大家互相帮扶、互利互惠，尽管在主观上每个人都是利己且自私的。同样地，我们可以举一个例子。社会主义的这种自由就像踢足球。我踢足球的目的只是为了发挥自己的足球才能，让自己赢得观众的掌声，为自己赢得冠军荣誉。我和队友并不是因为大公无私的精神而走到一起。但是，在球场上，我们依旧会展开合作，我会因为队友冲刺速度不够快去为他补位，而不是说，作为体能上的强者，我因为没有为他补防的义务，就不去这样做。这个时候的我依旧是自由的，我仍然在自由地追求自己的目标，但我的自由成为队友自由的条件。而事实上，在赛场上，我队友的自由发挥，也是我得以自由发挥的条件。这就是马克思所论及的自由，是马克思主义的自由。

于是，从自由的角度来说，社会主义不仅尊重自由，而且社会主义的自由是一种互利

① 马克思、恩格斯著：《共产党宣言》，人民出版社 2014 年版，第 51 页。

互惠的自由，没有人会因为这种自由而牺牲。这与资本主义野蛮的自由是截然相反的。这正是社会主义对资本主义的超越。社会主义的这种特质，难道不更值得欲求吗?

六、结语

不可否认的是，自20世纪90年代以来，世界左翼运动已经陷入低谷。与此同时，资本主义社会在过去取得的种种成就，就都成为他们自我夸耀的例证。因为缺少意识形态的对手，就算新冠疫情以来，资本主义社会面临着严重的危机，但这却似乎并不会危及其存续。在这种情况下，笔者同柯亨的看法一样，为社会主义进行道德辩护显得越发必要。只有充分论证了社会主义的可欲性，才能更好地激励人们投身社会主义事业。这也是马克思主义在当今局势下应该关注的一个发展方向。

当然，柯亨的道德辩护无视了马克思主义的必然性。在这点上笔者并不赞同柯亨的看法。但是，客观发展的必然性和主观行动上的道德信念并不冲突。我们也不能只强调社会主义的必然性，而忽略了这些应该在道德层面所作出的努力。笔者认为，从道德哲学出发，对社会主义的可欲性进行论证，也是增强理论自信、道路自信的一种手段。我们的制度在道德上优于其他国家，并且相较他们的制度是可欲的，这样，我们自然也就会对坚持社会主义道路、实现社会主义现代化充满信心。

参考文献:

[1]《马克思恩格斯全集》(第4卷)，人民出版社2012年版。
[2] 马克思、恩格斯著:《共产党宣言》，人民出版社2014年版。
[3] 段忠桥著:《为社会主义平等主义辩护——G. A科恩的政治哲学追求》，中国社会科学出版社2014年版。
[4]［英］G. A. 科恩著:《为什么不要社会主义?》，段忠桥译，人民出版社2011年版。
[5]［英］G. A. 柯亨著:《自我所有、自由和平等》，李朝晖译，东方出版社2008年版。
[6]［英］G. A. 柯亨著:《如果你是平等主义者，为何如此富有?》，霍政欣译，北京大学出版社2009年版。
[7] 吕增奎主编:《马克思与诺齐克之间: G. A. 柯亨文选》，江苏人民出版社2007年版。
[8] G. A. Cohen, *Self-ownership*, *Freedom*, *and Equality*, Cambridge University Press, 1995.
[9] G. A. Cohen, *Why not Socialism?*, Princeton University Press, 2009.
[10] G. A. Cohen, *Freedom*, *Justice and Capitalism*, New Left Review 126, 1981.
[11] G. A. Cohen, *If You're an Egalitarian*, *How Come You're So Rich?*, Harvard University Press, 2001.

中国哲学

文本冲突与观念转型：《文心雕龙》经子关系的多层次叙述

● 赖俊岐*
（武汉大学 弘毅学堂）

【摘　要】

在广义的文本视角下，《文心雕龙》的经子叙述有多处是冲突的。通过对这些文本冲突的考察，可以发现刘勰的经子叙述由不同层次的观念组成——秦汉的古典“知识”、魏晋的流行“观念”以及南北朝的时代“倾向”。其中前者占据了刘勰经子关系的主要位置，呈现出看似和谐而静态的“旧经子关系”。然而后两者也同样被作者有意无意地安置在了文本间，与旧经子关系形成了潜在的冲突。《文心雕龙》中这些魏晋南北朝以来的思想痕迹值得关注，因为它们与汉代强调经源子流的经子关系叙述形成了明显区别，由此突出了宗经之子书对经书的反哺作用。从中可以发现刘勰为子书赋予的新价值——经子关系出现了双向互动的特征。

【关键词】

《文心雕龙》；经子关系；文本冲突；多重叙述

本文以《文心雕龙》的经子关系为主题，此主题会涉及以下一系列问题：在刘勰的视角下，作为文本的经书和子书包括哪些文本？二者有何区别？是否有明确的界限？经书和子书的作者分别是谁？有何区别？但是在直接回答这些问题之前，首先有必要对既有研究成果进行梳理，以确定须重点回答的问题。

如吴根友教授所言，中国古代关于经子关系的讨论相对较少，具有较大的讨论空间。吴根友教授《经子关系辨正》梳理了中国古代经子关系讨论的历史，此乃本文讨论的框架①。他揭示出中国思想史中经、子概念界定标准不断更改的特点，这构成了本文讨论《文心雕龙》经子关系的必要性——既然经、子的界定与关系是不断变动的，那么《文心雕龙》这一南北朝时期的经典文献所呈现出的经子认识便有必要考察。此外，吴根友教授还对《汉书·艺文志》的经子关系进行了考察，这为本文的讨论提供了必要的学

---

* 作者简介：赖俊岐，武汉大学弘毅学堂国学专业本科生。

① 吴根友、黄燕强：《经子关系辨正》，载《中国社会科学》2014年第7期，第26~49页。

术背景①。因为《汉书·艺文志》继承了刘向《别录》和刘歆《七略》对于六艺和诸子的划分，这是两汉对于经子关系的一种重要认识。吴根友教授提到，董仲舒等今文经学家认为子书是诸经之异端，否认其存在的价值，而《汉书·艺文志》虽然也有“尊经抑子”的倾向，但同时也认为经子是源流关系，并没有彻底否认子书的价值。这两种来自汉代的看法促使笔者关注刘勰是如何在这一“前理解结构”下表达出他的经子认识，身处南北朝的他是否有产生不同的看法？田晓菲提到了子书在中古时代的背景——魏晋的知识分子纷纷期望著子书以实现个体价值，这意味着子书意义的提升。虽然子书的书写形式自三四世纪以来衰落了，但刘勰在个体不朽追求的驱动下写出了新形式的子书。② 杨思贤《〈文心雕龙〉与中古子书的变迁》强化了“《文心雕龙》是子书”这一观点的论证③，吴根友进一步补充道，《文心雕龙》是一本以宗经为标准和方向的子书。④

在这一角度来看，子的地位在结构而非程度上实现了提升。子书既不再如董仲舒所言是经书的对立，而且超越了《汉书·艺文志》的源流关系。刘勰作子书以宗经这一事实体现出，在刘勰的观念中，子对于经是有反哺功能的，这或许是刘勰对于经子关系的创发，刘勰由此使子书拥有了新的价值。这也是笔者在开头的一系列相关问题中所要着重论述的。

明确完本文的重点讨论内容，笔者还须简单交代本文论述所选取的切入点——《文心雕龙》的文本冲突。一般而言，研究者要想获得经典对某一命题的认识，往往是通过细读经典以提炼相关文本。但在这一步骤中，研究者往往会陷入一个误区，就是把要考察的文本局限于“字句段落”等所谓的内容要素，但事实上广义的“文本”不仅包含字句，还包含其他一切形式的媒介，比如目录篇章安排、文章写作模式等形式要素和作者撰写动机等外部要素。若将这些广义的文本内容排除在考察范围之外，文章便会得出偏差的结论。最典型的例子便是《文赋》，读者如果完全相信陆机在文中声称的主张——明晰结构和精练语言，就会忽略陆机通篇骈偶的写作形式所带来的相反信息——他为追求文辞优美而不惜“巧而碎乱”。

由此可见，若要把握《文心雕龙》的经子关系，那从《征圣》《宗经》《诸子》等篇章中整理刘勰表面所声称的看法只是最基本的步骤。笔者认为，察觉到同一概念在全书不同位置的表述冲突更为关键。因为从《文心雕龙》的叙述冲突切入，可以发现《文心雕龙》的经子关系叙述与《文赋》一样并非一以贯之且表里如一，而是多层次的。在文本冲突之间，刘勰经子关系的叙述既有来自先秦两汉的古典“知识”，也有来自魏晋的流行“观念”，还不自觉流露着南北朝的时代“倾向”。古典“知识”往往占据着刘勰叙述最明显的部分，表明他有意构建出一个看似和谐而静态的经子关系。后两者的出场大多时候

① 吴根友、黄燕强：《〈汉书·艺文志〉中的学问——知识谱系与经子关系论的当代启迪意义》，载《文史知识》2021年第12期，第110~114页。

② 田晓菲：《诸子的黄昏：中国中古时代的子书》，载《中国文化》2008年第1期，第64~75页。

③ 杨思贤：《〈文心雕龙〉与中古子书的变迁》，载《南京大学学报（哲学·人文科学·社会科学）》2018年第5期，第149~157页。

④ 吴根友、黄燕强：《从学问-知识的性质再论〈文心雕龙〉的分类问题》，载《孔学堂》2021年第3期，第62~70页。

受到压抑，只能在某些隐晦的地方不自觉地流露出来，化作执拗的低音，透露出刘勰内心深处的子书新价值。

一、静态、经典而和谐的画面：最明显的经子关系叙述

经子关系包含三层含义：第一是子学和经学，第二是子书和经书，第三是子书和经书的作者——诸子和圣人。由于笔者要考察的是刘勰个人视角下的经子关系，因此子学和经学层面并不是讨论的重点。讨论重点在于后两层，即经和子作为文本的关系及其作者的关系。

首先要考察刘勰所讨论的“经”“子”的所指。《宗经》篇体现了“经”的三层含义①：第一是思想意义上的法则，其开篇言“经也者，恒久之至道，不刊之鸿教也”②，此处的“经”是“不刊之鸿教”，说明它并非后文中作为文本的经书，它并非反映真理的媒介，而直接等价于真理“道”，其性质是一种抽象而客观的概念；第二是孔子之前的重要上古典籍，包括《三坟》《五典》《八索》《九丘》，这些都属于“前孔子之经”；三是孔子删节、编辑过的六经，“《易》张《十翼》，《书》标七观，《诗》列四始，《礼》正五经，《春秋》五例”③，即“孔子经典化的六经”。“经”的第一层含义是抽象的概念层面的，而第二、第三层含义属于文本层面。这两层的区别是，第二层那些三坟五典等“前孔子之经”是为了强调六经悠久的历史渊源，但由于“岁历绵暧，条流纷糅”④，刘勰并没有触碰过这些文本。因此刘勰在《宗经》篇主要讨论的文本层面的“经”是经过孔子经典化后的六经。此外，在《原道》和《征圣》中还能看到“经”的第四层含义，“道沿圣以垂文”⑤“窥圣必宗于经”⑥，即“经”是其作者“圣人”思想的文本载体。与此同时，考察刘勰口中的“子”的所指，发现有三层含义：第一是概念之“子”，即“入道见志之书”，第二层“子”是作者之“子”，从上古的风后、力牧等人到先秦的老庄孟荀等人再到两汉的刘安、刘向、王符、扬雄等人，最后还包括无数魏晋诸子；第三层是文本之“子”，包括刘向在《七略》中提及的先秦一百八十余家以及《汉书·艺文志》提及的汉代的子书以及不可胜数的魏晋子书。

了解完经和子在《文心雕龙》中的所有含义，便能够展开经子关系的讨论了。

首先是概念层面。概念层面的“经”本身便是“恒久之至道”⑦，可以拥有近乎本体的地位。“致化惟一，分教斯五”⑧便是证据，刘勰认为“经”只是具体为文本之后才分

① 吴根友在《经子关系辨正》提出“经”这一概念的四种含义，笔者在此框架下认为刘勰所谈论的“经”占这五种含义中的三种。

② 王运熙、周锋撰：《文心雕龙译注》，上海古籍出版社 2016 年版，第 17 页。

③ 王运熙、周锋撰：《文心雕龙译注》，上海古籍出版社 2016 年版，第 17 页。

④ 王运熙、周锋撰：《文心雕龙译注》，上海古籍出版社 2016 年版，第 17 页。

⑤ 王运熙、周锋撰：《文心雕龙译注》，上海古籍出版社 2016 年版，第 7 页。

⑥ 王运熙、周锋撰：《文心雕龙译注》，上海古籍出版社 2016 年版，第 13 页。

⑦ 王运熙、周锋撰：《文心雕龙译注》，上海古籍出版社 2016 年版，第 17 页。

⑧ 王运熙、周锋撰：《文心雕龙译注》，上海古籍出版社 2016 年版，第 23 页。

为数量上的“五”，但在概念层面与“道”齐平，是形而上的“一”。但概念上的“子”则不具备如此身份，它只能入“道”而非“道”。因为“在心为志”，“子”在意味着公共真理的“道”之外，还带有私人理解的“志”，故而它在概念上也只能是一种依附性的载体。

其次是文本层面，按照刘勰的看法，“经”作为具体的文本可以有不同的风格和内容，六经各自“圣文之殊致，表里之异体”①，但这并不影响它们形式和内容俱佳的性质，即“义既埏乎性情，辞亦匠于文理”②。“根柢槃深，枝叶峻茂”③ 的经具备跨越时空的长久生命力和深远的文化影响，而且“往者虽旧，余味日新”④，经具有广阔的解释空间。正因“经”之文本起源时间早，影响久远，且能在后人的接受和再阐释中不断获得活力，因此它是后世文本的起源。“首”“源”“本”“端”“根”等用词皆是刘勰对经书“群言之祖”定位的体现。所以文本层面的经子关系是，“经”之文本涵括了“子”之文本的内容，是子之文本的起源，“百家腾跃，终入环内者也”⑤。

但这里值得强调的是，刘勰将“经”视作“子”的先祖，是借二者时间先后的判断表达二者意义高下的判断。然而在上文已经提到作为文本的“经”是有先后两类的，即“前孔子的三坟五典”和“孔子经典化的六经”。前者或许还可以说早于风后、力牧等上古之“子”，然而后者则显然是比老子的《道德经》要晚的。刘勰在《宗经》篇似乎混淆了“经”的先后两批文本，从而使得“经”在时间上可以早于“子”。这类有意无意造成的矛盾不止一处，笔者会在第二部分专门进行分析。

最后是作者层面，经书的作者是尧舜、文王、周公、孔子等圣人，而子书的作者“诸子”则来自不同的人群，既有上古君王之辅臣，也有春秋战国的游士、汉代的文人，到了魏晋，诸子的范围和数量更是无法具体说清楚。圣人著述，“体要与微辞偕通，正言共经义并用”⑥，形式与内容俱佳，是无可指责的，然而诸子的著述却有不少缺点，能自开户牖的先秦诸子有荒诞不经的言论，明乎坦途的汉代诸子缺乏体势，而魏晋以后的诸子更加等而下之，“谰言兼存，琐语必录”⑦，质量参差不齐。故而在作者层面来看，“经”的作者圣人是完美无瑕的，“子”的作者诸子有优点也有缺点，故而诸子在作书的时候应当以圣为征。

综上，“经”在概念层面是真理性的，“子”只是它的依附性存在和不纯粹的体现；“经”在文本层面是最古老且影响最深远的，“子”文本生成受“经”影响，且被“经”涵盖；“经”的作者是最优秀的作者，是“子”之作者应当效仿的榜样。另外，在意义层面，作为“不刊之鸿教”的“经”的意义在于万世，而“入道见志”的“子”只能使作者个体通过立言以不朽，作用于个人。由此看来，刘勰的经子关系似乎非常清晰，“经”

① 王运熙、周锋撰：《文心雕龙译注》，上海古籍出版社 2016 年版，第 19 页。
② 王运熙、周锋撰：《文心雕龙译注》，上海古籍出版社 2016 年版，第 17 页。
③ 王运熙、周锋撰：《文心雕龙译注》，上海古籍出版社 2016 年版，第 19 页。
④ 王运熙、周锋撰：《文心雕龙译注》，上海古籍出版社 2016 年版，第 19 页。
⑤ 王运熙、周锋撰：《文心雕龙译注》，上海古籍出版社 2016 年版，第 21 页。
⑥ 王运熙、周锋撰：《文心雕龙译注》，上海古籍出版社 2016 年版，第 13 页。
⑦ 王运熙、周锋撰：《文心雕龙译注》，上海古籍出版社 2016 年版，第 166 页。

是公共的、真理的、起源的，而“子”是私人的、参差的、依附的，因此“子”应当以“经”为宗。但对刘勰的考察若仅限于此，那或许会觉得他的经子认识无甚新意，因为上述的这种经子关系大致继承了《汉书·艺文志》经子源流的经典说法，经子关系显得清晰、静态而和谐。

二、不和谐的声音：自相矛盾的经子关系叙述

第一部分所呈现的经子关系在刘勰的叙述中是最明显的，构成了读者对于刘勰经子认识的表层印象。但研究者仍应关注到一个现象，即上一部分提到的刘勰对于“前孔子之经”和“孔子经典化之六经”这两批文本的混用。同时，仔细比较《宗经》和《诸子》，也不能得出“黄帝、尧舜、文王所作的‘经’要比风后、力牧、鬻熊所作的‘子’要早”这一结论。“鬻惟文友，李实孔师”也表明，经、子在时间上似乎没有先后源流的关系，而是各自异流的。如此一来，文本层面作为“群言之祖”的“经”便未必是所有子书所枝条的来源了。

除此之外，《宗经》与《诸子》还在作者的表述上出现了冲突。《宗经》篇认为“作者曰圣，述者曰明”①，可见此处的“作者”是具有非常严格的门槛限制。这代表着一种源自先秦的古典“知识”——只有圣人才有“作”的特权，“作”意味着文本上的权威。然而在《诸子》篇却有关于“作者”的另一个表述——“迄至魏、晋，作者间出，谰言兼存，琐语必录”②。“谰言兼存，琐语必录”有两层含义：一是“作者”的范围扩大，由少数的圣人扩大为著书立说的诸子；二是“作者”价值意味的消失，“作者”不再意味着文本的权威，它仅仅是创作文本者的客观称谓，而与文本的质量高下无关。这是一种来自中古的“认识”——自公元2世纪以来，随着纸的逐渐普及，书写变得日益常见，圣人的地位也就慢慢不再是建立文本权威的前提了。技术的进步导致写作以及圣人地位在文化结构中的意义发生改变，各种各样的文本大批量地问世。③

以上两则是《文心雕龙》不同篇目间产生的文本冲突，接下来是同一篇目内出现的文本冲突。刘勰在诸子篇中列举了先秦一百八十余家的“子”，以及魏晋间出而不可胜数的“作者”。面对如此多的文本，他进行了一个看似提纲挈领的概括，“繁辞虽积，而本体易总，述道言志，枝条五经”④，即他认为，子书有一个共同的特征，就是“述道言治，枝条五经”，这是与经典的经子源流观相符合的。但刘勰对子书进行的概括是否恰当呢？事实上是不恰当的，因为他所列出的子书却只有一部分与“道”或“经”有关。《荀子》讨论三年之丧礼，这来源于《礼》，这是合乎刘勰概括的；商鞅、韩非的六虱五蠹之说，“弃孝废仁”的观念虽与“道”相反，但也是与“道”相关，合乎刘勰的概括。然

① 王运熙、周锋撰：《文心雕龙译注》，上海古籍出版社2016年版，第9页。

② 王运熙、周锋撰：《文心雕龙译注》，上海古籍出版社2016年版，第166页。

③ 普鸣：《成圣的诱惑：上古中国圣人写作之兴衰》，转引自田晓菲：《诸子的黄昏：中国中古时代的子书》，载《中国文化》2008年第1期，第64~75页。

④ 王运熙、周锋撰：《文心雕龙译注》，上海古籍出版社2016年版，第161页。

而如有移山跨海之谈的《列子》，曲缀于街谈的《青史子》，却是与治道、六经无关的，可见刘勰所认可的子书与其对子书的内容概括出现了冲突。

笔者要列举的最后一个文本冲突发生在文本叙述与文本实践之间。在此之前首先需要讨论刘勰对于自己所撰写的《文心雕龙》的认识问题，即刘勰在撰写《文心雕龙》的时候是把它当作什么文体来写的？不少学者认为刘勰的《文心雕龙》是一部形式有所创新的新子书①，刘勰本人也是将《文心雕龙》视作子书来写的，笔者认为他们的论述较为合理。从刘勰对子书"入道见志"的定义来说，刘勰在《序志》篇提到"《文心》之作，本乎道"，这是"入道"的体现，"凭性良易""余心有寄"是"见志"的体现；从形式来说，《文心雕龙》继承了魏晋子书在文末作《序志》的形式特征；从时代背景来说，子书在2—4世纪被认为是立言以个体不朽的重要甚至唯一方式，这种观念虽然在5世纪有所淡化，但仍然影响巨大。故而刘勰抱着与作子书相同的个人不朽追求去撰写《文心雕龙》，继承了魏晋子书的结尾形式，且让《文心雕龙》合乎于他对子书的概念定义。但如此一来，刘勰的子书书写实践与子书文本叙述就出现了冲突。他在区分"子"与"论"的时候认为子书有博明万事而非专论一事的特征，然而刘勰视作子书的《文心雕龙》实质上却在专论一事，即"为文之用心"。

综上，作者在《文心雕龙》中发现了刘勰关于经子关系叙述的文本冲突。这些文本冲突有些是不同篇目之间的概念差别，有些是同一篇目内部陈列与概括的名实不符，还有一些则是文本叙述与文本实践的知行冲突（文本实践仍然属于广义的文本，正如笔者在开篇所言，它也是阅读《文心雕龙》所不应漏过的重要信息）。

三、文本冲突的意味：对经典说法的隐晦背离

笔者认为，之所以会出现上述文本冲突，是因为刘勰本身的知识系统是秦汉的古典"知识"、魏晋的流行"观念"和南北朝的时代"倾向"相糅杂而成的。因此他的经子叙述会呈现出不同的层次，而《文心雕龙》文本群的内在冲突就是这些不同叙述层次相重叠所形成的褶皱。在《文心雕龙》的文本群中，秦汉古典"知识"占据了经子关系叙述最明显的位置，即第一部分所描绘的经子源流关系。这导出一个问题，第二部分所列举的这些与第一部分的经子叙述相冲突的相对隐晦的声音，是否有大致相同的方向，从而形成了关于经子关系的另一种声音呢？笔者认为第二种声音是存在的——在刘勰的内心深处，虽然"经"是价值链最高层中完美无瑕的存在，但"子"并非完全依附、受惠于"经"。以宗经为标准的形式与思想俱佳的子书也可以入道见圣，不逊于马融、郑玄等注经大家，从而反哺于"经"。笔者将通过对上述四种文本冲突的分析来论证此观点。

① 杨思贤：《〈文心雕龙〉与中古子书的变迁》，载《南京大学学报（哲学·人文科学·社会科学）》，2018年第5期，第149~157页；邬国平：《〈文心雕龙〉是一部子书》，载《上海大学学报（社会科学版）》2013年第5期，第68~76页；王娉娴：《〈文心雕龙〉的子书性质及其公文论新探》，山东大学2014年硕士学位论文；梁穗雅、彭玉平：《明清目录中"〈文心雕龙〉子书说"考论》，载《文献季刊》2003年第3期，第188~199页。

首先讨论经、子先后关系的文本冲突，它反映的是经典说法本身存在的叙述缝隙。据刘勰在《诸子》篇的说法，风后、力牧、鬻熊诸子与黄帝、文王等圣人是同时代的“友”，并无明显的先后之分，可见他所提供的史料并不足以论证“经”之文本是“子”之文本的祖先和源流。事实上，他将“经”摆放在“群言之祖”的位置，并不是依据历史层面的文本来论述的，更多是受到了“经”与“子”概念的影响，而进行了逻辑上的顺序拼接——“经”本身便是“恒久之至道”，而“子”是入道而非道的见志之书，既然“子”在概念上源于“道”，那么纵然“分教斯五”后的具体的《五经》在时间上晚于《道德》，但概念上的“经”也依然是先于“子”的。然而，“经”的权威价值本身就是汉代才建构起的概念，“五经”在先秦时期直接就是《诗》《书》《礼》《易》《春秋》，而无“经”之称谓。如皮锡瑞《经学历史》所言，“孔子以前，未有经名”①、“孔子口无经字”②,《庄子》的《天运》《天道》虽有“丘治六经”“十二经”的说法，但这两篇列于《庄子》外篇，未必便出于先秦。“经”真正具备权威的意义大概还是在汉武帝罢黜百家、独尊儒术，同时初置五经博士之后。故而在先秦的经子文本初发生之时，《诗》《书》《礼》《易》《乐》未必都被诸子所宗，如《乐》便为墨家所否定，《礼》为道家所忽略。先秦诸子大多有源于“道”、源于“一”的倾向，但在“经”等于“道”的权威价值未被建构起来之前，大多未必会认同自家学说源于“经”。

刘勰关于经子先后顺序的文本冲突实质是汉代“尊经抑子”观念与文献历史的冲突。前者建构了刘勰最明显的那层经子关系，而后者则作为“事实”不和谐的存在于这个建构起来的框架之中。秦汉经典知识与文献历史事实本身存在冲突，却同时写于刘勰笔下，由此便为看似稳固的经、子结构埋下了文本间的缝隙，使魏晋流行的“观念”得以切入，有机可乘。

第二个文本冲突——“作者”之称的归属问题便是魏晋流行“观念”对经典说法逐渐渗透的体现。《宗经》和《诸子》中“作者”有不同含义，后者将“作者”的外延从“圣人”扩大到了“诸子”，这种变化反映出参与知识生产的群体的扩大，以至于稀释了著述之价值的神圣性。这一方面可以从技术的角度来解释，普顿认为技术进步导致写作以及圣人地位在文化结构中的意义发生改变，各种各样的文本大批量地问世，如此则为“谰言兼存，琐语必录；类聚而求，亦充箱照轸”等子书的大规模出现提供了客观的基础条件。但笔者更想强调观念的因素所产生的影响——刘勰在《诸子》篇中将“诸子”加入“圣人”的行列，反映的正是魏晋以来知识分子“以成一家之言为人生价值”的观念。田晓菲对魏晋知识分子对待子书的态度进行了详细的描述：在徐幹《中论》的序言中，序言的无名作者认为“予以荀卿子、孟轲怀亚圣之才，著一家之法，继明圣人之业，皆以姓名自书，犹至于今厭字不传……岂况徐子《中论》之书不以姓名为目乎”③，并随之列举了徐幹名、字、出生地和生平，这反映出子书对于个人化的“一家之言”的浓厚兴

① （清）皮锡瑞著：《经学历史》，周予同注释，中华书局2004年版，第9页。

② （清）皮锡瑞著：《经学历史》，周予同注释，中华书局2004年版，第16页。

③ 转引自田晓菲：《诸子的黄昏：中国中古时代的子书》，载《中国文化》2008年第1期，第64~75页。

趣；在3世纪，“一家之言”往往和子书写作联系在一起，且特别强调一己之著述如何给作者个人带来不朽的声名，如曹丕就为应玚英年早逝而来不及著书而感到惋惜。在田晓菲提供的材料以外，还能找到更直接的证据证明刘勰受到魏晋这种流行观念的影响——刘勰在《诸子》篇提及“君子之处世，疾名德之不章。唯英才特达，则炳曜垂文，腾其姓氏，悬诸日月焉”①，这是他自我期许的体现。由《序志》篇末尾的“文果载心，余心有寄”② 也可以看出，刘勰虽然作子书以宗经，但出发点和落脚点仍然是以子书为自己人生的浓缩，为自己立下不朽的功名。

关于第三个文本冲突，即刘勰对子书的归类划分原则与内容概括的冲突，其实反映出刘勰对子书的评价标准。刘勰在《诸子》篇列出了一系列的子书，并以概括的语气声称这些子书都有相同的主题，即“述道言志，枝条五经”。然而正如上文所言，这个概括是不恰当的，因为如《青史子》《世说新语》《人物志》等“琐语必录，类聚而求”的子书是与他所归纳的标准相去甚远的。笔者认为，“述道言志，枝条五经”与其说是对诸子文献合乎事实的客观概括，不如说是刘勰心目中理想的子书。因为它作为概括虽然显得名实不符，但却合乎《宗经》“百家腾跃，终入环内者”的逻辑。故“述道言志，枝条五经”并非刘勰界定子书的选书标准，而是他裁量子书价值高低的评价标准。刘勰选择将《青史子》列入《诸子》之中，认可其子书地位，应当是继承了《七略》和《汉书·艺文志》划分。刘勰对子书纯粹之类、踳驳之类、大明迂怪、弃孝废仁、辞巧理拙的划分，与其说是内容的区分，不如说是价值高下的判断。故而谈及街谈巷语的《青史子》和记录谰言琐语的《世说新语》《人物志》时，这些子书与述道言志相比过于细碎，因此刘勰几乎没有把评论的注意力放在它们身上，这种忽略本身便是一种价值层面的否定。由此可见，刘勰对于哪些子书好、哪些子书不好有明确而强烈的要求，这也使得刘勰以相同的标准要求自己的子书写作。他力求将自己所撰写的《文心雕龙》与“道”产生联系，故而在这本专论“为文之用心”的书中会以不讨论具体写作方法的《原道》为首篇。《征圣》《宗经》等“文之枢纽”的前五篇都可以视作刘勰将自己的写作向其对子书的评价标准靠拢的体现。

而刘勰的第四个文本冲突，即其文本叙述与书写实践的冲突，反映的正是子书的旧观念与南北朝的新“倾向”的冲突。刘勰一边在《诸子》篇对子和论两种文体进行界定，认为“博明万事为子，适辨一理为论”③，同时却在《文心雕龙》的撰写过程之中专论“为文之用心”。这个文本冲突在学界引起了争执，有学者据“为文之用心”以为《文心雕龙》为“论”体的证据④，但这些学者却不好解释《文心雕龙》为何要在末尾安排《序志》篇这一魏晋诸子书的经典形式；还有学者则认为《文心雕龙》在为文领域博明万

---

① 王运熙、周锋撰：《文心雕龙译注》，上海古籍出版社2016年版，第160页。

② 王运熙、周锋撰：《文心雕龙译注》，上海古籍出版社2016年版，第522页。

③ 转引自田晓菲：《诸子的黄昏：中国中古时代的子书》，载《中国文化》2008年第1期，第167页。

④ 高宏洲：《〈文心雕龙〉书名、性质辨》，载《晋阳学刊》2019年第5期，第58~63页。

事，因此也能算作子书①，以此作为前者的反驳，但这种说法难免牵强。笔者认为，这些论述难免陷入了本文开头所提及的“文本的陷阱”，即完全相信了刘勰书写在文中的话，却没有考虑到书中不同位置的文本可能本身就出现了矛盾，故而会出现各执一端的僵局。而且，这些论述似乎都默认了一个前提，即刘勰完全考虑好了子书与论书的区别，且将这种区别的认识践行在了这本书的撰写全程，但事实上这种前提并不合乎一般写作的实践。刘勰在《序志》篇对自己的作品也有过类似的自我评价，他认为自己的撰写虽然“轻采毛发，深极骨髓”②，然而也有“曲意密源，似近而远，辞所不载”③ 的地方。之所以如此，“意不称物”的认识困难是一个原因，“言不尽意，圣人所难”④ 的表述困难也是一个原因。

因此，若从“刘勰未必完美发现并准确描述了子书性质”这一角度去思考，“博明万事为子”与“为文之用心”的差异便不单纯是一个文本叙述的差异，而是文本叙述与书写实践的差异。这种文本叙述与文本实践的差异恰可反映刘勰并未妥善处理好这一复杂的问题——子书的传统认识落后于子书写作新形势。关于子书写作的新形势，田晓菲揭示了三四世纪之后子书的衰落，以及“论”这一文体仍然兴盛的事实。她以此背景解释了子书在形式上与“论”融合等现象（如以“子+论”的方式命名，《中论》《蒋子万机论》等被隋书经籍志列作子书的文本）；除此之外，她提到诗集在三四世纪之时被新赋予了不朽的价值，从而导致了旧形式子书的衰微（如 5 世纪张融的《少子》便并非社会文化通论，而只是一篇独立的短论讨论一个问题）。⑤ 因此虽然《文心雕龙》的形式——“论的专题性+子书长度”——与经典子书的定义不符，但在当时的写作环境下，并不妨碍刘勰视其为子书。

自发顺应了子书写作新形势的刘勰却未必自觉更新了脑海中经子关系的刻板印象。刘勰在书写实践中并未严格区分“子”与“论”，却在《诸子》中作了明确区分。究其原因，是因为《诸子》是刘勰专门讨论子书的文本空间，故而起主导作用的秦汉古典知识便压抑了他本身对于时代风向的感知。但从另一方面来说，这也是南北朝“倾向”对经典说法进行渗透的体现，因为当他实践子书书写、撰写《文心雕龙》的时候，这种被压抑的潜意识便自觉地流露了出来。

四、结语

回顾第三部分所分析的文本冲突，可以得出以下结论：魏晋南北朝以来的书写情况与秦汉时的古典“知识”相比发生了巨大的变化，“作者”的指涉从后人建构的遥远的圣人

---

① 吴根友、黄燕强：《从学问-知识的性质再论〈文心雕龙〉的分类问题》，载《孔学堂》2021 年第 3 期，第 62~70 页。

② 王运熙、周锋撰：《文心雕龙译注》，上海古籍出版社 2016 年版，第 520 页。

③ 王运熙、周锋撰：《文心雕龙译注》，上海古籍出版社 2016 年版，第 520 页。

④ 王运熙、周锋撰：《文心雕龙译注》，上海古籍出版社 2016 年版，第 520 页。

⑤ 王运熙、周锋撰：《文心雕龙译注》，上海古籍出版社 2016 年版，第 520 页。

转移到了具有才识志向且有著述的每一个知识分子，而其时的知识分子一度以“子书”为实现人生价值的唯一手段；虽然这种以“子书”来实现立言不朽的方式在三四世纪以后让位于诗集，但是仍然有巨大的影响力；受这种魏晋流行“观念”的影响，刘勰也希望以作子书以实现个人的不朽；在刘勰的子书评价标准中，只有原道宗经的子书才是最有价值的，这也内化为了他子书创作的自我要求；刘勰一方面深感注经的“马郑诸儒，弘之已精，就有深解，未足立家”①，同时又受到了南北朝子书形式变化的时代影响，于是作出了一本以原道宗经为旨趣、以专论为文之道为内容、同时仍保留些许子书之形式和长度的新子书。

这些结论都是通过考察秦汉古典“知识”所压抑的魏晋流行“认识”和南北朝时期创作“风向”所得来的，这本看似崇古的书籍通过这些被压抑的声音表达出了一种与众不同的经子关系认识——子书并非董仲舒口中的诸经之异端，也未必如《汉书·艺文志》所载那般单向度地受经书影响。子书可依托于原道宗经的原则，从而反哺于经，这是刘勰关于经子关系最有新意的创见。

参考文献：

[1] 王运熙、周锋撰：《文心雕龙译注》，上海古籍出版社 2016 年版。

[2] (清) 皮锡瑞著：《经学历史》，周予同注释，中华书局 2004 年版。

[3] 吴根友、黄燕强：《从学问-知识的性质再论〈文心雕龙〉的分类问题》，载《孔学堂》2021 年第 3 期。

[4] 吴根友、黄燕强：《经子关系辨正》，载《中国社会科学》2014 年第 7 期。

[5] 吴根友、黄燕强：《〈汉书·艺文志〉中的学问-知识谱系与经子关系论的当代启迪意义》，载《文史知识》2021 年第 12 期。

[6] 田晓菲：《诸子的黄昏：中国中古时代的子书》，载《中国文化》2008 年第 1 期。

[7] 杨思贤：《〈文心雕龙〉与中古子书的变迁》，载《南京大学学报（哲学·人文科学·社会科学）》2018 年第 5 期。

[8] 高宏洲：《〈文心雕龙〉书名、性质辨》，载《晋阳学刊》2019 年第 5 期。

[9] 邬国平：《〈文心雕龙〉是一部子书》，载《上海大学学报（社会科学版）》2013 年第 5 期。

[10] 王娉娴：《〈文心雕龙〉的子书性质及其公文论新探》，山东大学 2014 年硕士论文。

[11] 梁穗雅、彭玉平：《明清目录中“〈文心雕龙〉子书说”考论》，载《文献季刊》2003 年第 3 期。

① 王运熙、周锋撰：《文心雕龙译注》，上海古籍出版社 2016 年版，第 514 页。

唐文治《中庸大义》中的性理经世教育之学

● 王丝露*
（武汉大学 哲学学院）

【摘　要】
在近代社会剧烈变迁、西方文明强势入侵、经学俨然成为旧学的背景之下，唐文治以理学为体，经学为用，高举读经救国论的旗帜，希望通过以治性情为基础的教育，培养新民，救国图存。本文通过《中庸大义》研究唐文治如何重新审视性理之学，为其经学教育救国论提供理论依据。唐文治认为，天理本体为“生生之理”，是理的内在规定性，赋予人生生至诚本性。然从发用的层面而言，只有人能通过日益加密之修养工夫体会得道，使得生生之理在此过程中逐渐向人敞开彰显，继而通过教人以为人之道，推而至天下之人共得之。以慎独为始基，以教育为经世之用，以孝为诚体在经世的落实，合中庸常道与中庸之教为一体，达于至诚之道，挽救世界之坏、人心之亡、国家之亡。

【关键词】
唐文治；《中庸大义》；慎独；孝；经世

唐文治（1865—1954 年）历经晚清、民国、中华人民共和国三个不同的时代，其身处的时代背景是复杂的。晚清以来中国封建社会动荡没落、西方文明强势入侵，卑经废经逐渐成为潮流，然唐文治继承道咸以来经世致用的经学传统，高举读经救国论①的旗帜，并且不拘于门户之见，重新审视性理之学，主张汉宋兼采，以正人心之心性之学为体，以救民命之经世之学为用，希望通过以涵养心性为基础的教育，培养新民，救国图存。

唐文治这一思想理念与当时的社会政治文化背景、自身的学术渊源及积淀和实践经历密不可分。唐文治一生也在为其性情教育救国理念而实践，在社会动荡和文化变革的历史时期，依然坚持倡办国学教育。据其自定义年谱所记，《中庸大义》自民国二年至六年编订为其授课所用教材。本文将从《中庸大义》出发，探讨唐文治如何以理学为体，从而为经学教育救国论提供理论依据。

---

* 作者简介：王丝露，武汉大学哲学学院中国哲学专业 2020 级硕士研究生。

① 毛朝晖认为在晚清蔑经废经的大潮流中，唐文治积极为经学价值辩护，提出读经救国论，其主张为救国当先救心，“正人心”是正本清源之计，是“体”，是“性理之学”；政治与教育等以正人心作为根本，是“用”，是“经世之学”。参见毛朝晖：《救国何以必须读经？——唐文治“读经救国”论的理据》，载《鹅湖月刊》2018 年第 3 期，第 53~62 页。

一、“诚者正人心”：诚的生生之体

历代学者对于《中庸》篇名的解释存在较大分歧，主要分为两种：其一以郑玄为代表：“曰中庸者，以其记中和之为用也。庸，用也。”① 训庸为用，含有用中之意。其二以朱子为代表：“中者，不偏不倚、无过不及之名。庸，平常也。”② 唐文治承继了郑玄的训用之说，将中庸解释为有用之学，实质上也是为其经世救民的思想提供理论依据。通过对《中庸》进行不同于朱子的性理诠释，为其经学教育救国思想立下基础。

论及《中庸》性理之要义，当属首句“天命之谓性、率性之谓道、修道之谓教”③最为精妙，实乃全篇之核心所在。此性、道、教三字更是提纲挈领、直指本心。朱子曰：“命，犹令也。性，即理也。天以阴阳五行化生万物，气以成形，而理亦赋焉，犹命令也。于是人物之生，因各得其所赋之理，以为健顺五常之德，所谓性也……盖人之所以为人，道之所以为道，圣人之所以为教，原其所自，无一不本于天而备于我。”④ 朱子将命上升到天的高度，即“天命”，而又以令解命，天命本身即是天理的显现，同时天道即是天命，赋予万事万物以理，此时万事万物之性即是天命所赋之理的呈现。道即是顺其自然之本性，很显然这里的道是人道，朱子试图通过顺性求理的工夫从人道回归于天道。教即是按照本性修养工夫，但由于人物气禀不同，修道的途径则有所差异，有过有不及，所以要寻求中庸之道。唐文治分章依照朱子，第一章经文下列朱子注及先师“黄元同云”，再以“愚按”表达自己想法。但是唐文治并未完全接受朱子的性理思想，对其性理诸概念的辨析也并不看重。

是性也，人性也；是道也，人道也；是教也，教人以为人之道也。⑤

凡生于天地之间者皆曰命，天以生物为心，故人各得其生生之理以为性。率性非任性之谓也。率其固有之善而行之，使人人各得若其生生之性，是乃所谓道也。因一人之道，推而至于天下共喻其道，而学校立焉，所谓教也。性、道、教三字，专属诸人。朱《注》兼人、物说，恐非。⑥

在唐先生看来朱子的“生生之理”即运行于天地之中，在此天地间孕育之生灵即谓“命”，人得“生生之理”则体现为性，道即是人各按照“人性”中固有之善而行，使个体之人以至全体之人均各得其生生之性，所以在唐文治看来“教”即得道之人将道推而至于天下共喻之。诚然，唐文治虽承继了朱子“生生之理”的道体学，但在此处却将道

---

① （汉）郑玄注：《礼记正义（十三经注疏）》，孔颖达疏、龚抗云整理，北京大学出版社 2000 年版，第 1661 页。

② （宋）朱熹撰：《四书章句集注》，中华书局 1983 年版，第 17 页。

③ （宋）朱熹撰：《四书章句集注》，中华书局 1983 年版，第 17 页。

④ （宋）朱熹撰：《四书章句集注》，中华书局 1983 年版，第 17 页。

⑤ 唐文治著：《大学大义·中庸大义》，崔燕南整理，上海人民出版社 2018 年版，第 63 页。

⑥ 唐文治著：《大学大义·中庸大义》，崔燕南整理，上海人民出版社 2018 年版，第 69 页。

体下落至人间，不再寻求高高在上的存在之本源，而是试图从“人道”出发，以固有之善性为基，着眼于“教”，以作为“生生之理”的真正实现。

“唐文治不再像朱子那样，试图从天道那里寻求人道之本体，而主张以人配天，称‘人人有配天之责’。”① “天道生人而爱人，然人既自居于禽兽，则天亦无所施其爱”②，唐文治认为天以生物为心，万物均蕴含着生生之理，只是唐先生强调的是人在其中的特殊之处，人可以率性而行，推己及物，而物不能推物及人，只有人能备万物于己身。从本体的层面而言，生生之理是天理的显现方式，也是天理的存在方式，是性理之本体；只是从发用的层面而言，只有人能体会得道。在他看来，性理本身即是生生之理，但是他更为重视生生之理的发用层面。当其生成万物，万物各得其生生之性。而只有人能通过生生之性求得生生之理，继而通过教人以为人之道，推而至天下之人共得之。因此唐文治提出要保存生生之理，关键在于人道。人道包含两方面的内容：其一，人自反求生生之理；其二，教。唐文治更为重视后者，但其实后者与前者是一体两面的关系，“教”，也即教人自反求生生之理，是人道本然具有的禀赋。唐文治认为人的特殊地位根本上在于人能通过“教”而“推”，主动地使生生之理得到真正完满的实现。“是故《中庸》一书，皆人道之教育也。”③ 由此可以看出，唐文治的解释偏实践，更关注经世，以至于在具体解释之中都十分考虑天道实现于人间的现实层面。质言之，正是他的经世倾向，使得他不求本体，而直接说明人的责任，也直接用“爱”作为生生之理的具体体现。

在唐文治这里，性理经世是一体的，只是论述的方面不同，侧重点不同，“教”是人道本然具有的禀赋，是个体修养；同时“教”也为其经世之用，是群体教育，由得道之人也即中庸者教育国民，将中庸推而至之：“中庸者，秉于生初者也。自在教育国民者，涵养熏陶，善剂其偏，庶几中庸之士出，而彼之均天下国家……亦皆进于范围。”④

在唐文治看来教育又如何达到救国的经世之用目的呢？关键就在于正人心。通过心正之人的教化使千万人心正，而教育的正人心作用又必以性情为本才能实现。“天命之为性，仁、义、礼、智、信是也。故曰性善。性之发为情，……唯有真性情者，乃有深学问，亦惟有真性情者，乃能爱国家。”⑤ 在唐文治看来，性是未发，情是已发。所谓真性情者，乃心正者，能发挥天命之性善，具备仁义礼智信者也，也即求得生生之性之人。要求得生生之理，则要治性情，使得已发之情不偏于乖戾或浮嚣，而与天命之性相合。虽然在概念上性和情需要区分，但是在实际中，性和情又不可分离。

此章言性情教育，推原天命，实即人道教育也。人道以性情为本……可见修齐治平之道，以治性情为最要。性情一有所偏，或流于乖戾，或流于浮嚣，或失之因循，或失之畏葸……故明王治天下，必先致中和，而致中和之功，必先慎独。一二人知慎独，则一二人

① 郭晓东：《唐文治〈中庸大义〉研究》，载《现代儒学》2021 年第 3 期，第 193 页。

② 唐文治著：《大学大义·中庸大义》，崔燕南整理，上海人民出版社 2018 年版，第 63 页。

③ 唐文治著：《大学大义·中庸大义》，崔燕南整理，上海人民出版社 2018 年版，第 63 页。

④ 唐文治著：《大学大义·中庸大义》，崔燕南整理，上海人民出版社 2018 年版，第 84 页。

⑤ 刘露茜、王桐荪编注：《唐文治教育文选》，西安交通大学出版社 1995 年版，第 275 页。

之心术正；千万人知慎独，则天下人之心术正。①

因此人道教育的重点在于治性情，要想使得已发之性情合天命之性，关键就在于正人心。人心不正则伪，正人心即诚其意，毋自欺，尤其在不睹不闻意念隐微的时刻保持戒慎恐惧之心，莫见伪念。“察吾心之诚伪，即察吾心之善恶也”②，正人心先需察人之心之诚伪，而察心之诚伪又在于慎独。因此唐文治在对《中庸》的诠释中多有强调：“人之为道，诚而已矣。诚之之道，慎独而已矣。”③

至诚之道，可以补天，故可以配天，反是而为诈伪，则欺人以自欺，明者且变而为愚，强者且变而为柔矣。④

《周易》大义，一消一息。消者正所以为息也，故隐者正所以为见也，微者正所以为显也。…… 盖圣人者，诚而神者也；君子者，善审几者也。几者当念虑初起之时，善者则扩而充之，恶者则遏而绝之。……自后人破慎独二字以为空虚，而诈伪无忌惮之小人遂盈天下。……李氏二曲云：“或问《中庸》以何为要？曰：慎独为要。……曰：《注》言独者，人所不知而己所独知之地也。……即各人一念之灵明是也。”⑤

唐文治实质上在这里将诚立到了本体的地位，以诚为道德至善之本体，“生生之理，实始于一。一生二，二生三，三生万物也。不测，状其众且多也。大哉天地之道，元气鼓荡于无形，至诚无息而已”⑥。在此种意义上，生生至诚之理为慎独工夫提供本体论的理论依据。

文中破慎独二字以为空虚的后人指的是以戴震为代表的乾嘉诸儒。唐文治认为戴震等诸儒对宋明理学矫枉过正，扫除人固有超越之性，使得人心沦为空虚，世道败坏。⑦ 唐文治认为正人心救民命之途径正在于“慎独”。他认同其师黄以周将戒慎恐惧与慎独等同起来的解释：“独者，不睹不闻之地。慎即戒慎恐惧也。”⑧ 同时也重点援引了李二曲⑨的相关注释。对慎独的诠释唐文治更偏向于阳明立场，通过援引《周易》，“消者，正所以为

① 唐文治著：《大学大义·中庸大义》，崔燕南整理，上海人民出版社2018年版，第75~76页。

② 唐文治著：《大学大义·中庸大义》，崔燕南整理，上海人民出版社2018年版，第64页。

③ 唐文治著：《大学大义·中庸大义》，崔燕南整理，上海人民出版社2018年版，第64页。

④ 唐文治著：《大学大义·中庸大义》，崔燕南整理，上海人民出版社2018年版，第126页。

⑤ 唐文治著：《大学大义·中庸大义》，崔燕南整理，上海人民出版社2018年版，第71~72页。

⑥ 唐文治著：《大学大义·中庸大义》，崔燕南整理，上海人民出版社2018年版，第136页。

⑦ 唐文治明确对戴震为代表的乾嘉诸儒进行了批评：“戴氏恶宋儒之言理为洁净空阔之一物，而欲扫除之，矫枉过正，则势必扫除其固有之性。”详情参见唐文治著：《唐文治性理学论著集》（第三册），邓国光辑释，欧阳艳华、何洁莹辑校，上海古籍出版社2020年版，第1325页。

⑧ 唐文治著：《大学大义·中庸大义》，崔燕南整理，上海人民出版社2018年版，第71页。

⑨ 李二曲即李颙，明清之际理学家，认为阳明学和朱子学是“明体适用之学”，“以致良知明本体，以主敬穷理、存养省察为工夫，由一念之微致慎，从视听言动加修，庶内外兼尽，姚江、考亭之旨，不至偏废，下学上达，一以贯之矣。”李二曲虽会通朱王，但以阳明学为识得本体工夫。参见（清）李颙撰：《二曲集》，陈俊民点校，中华书局1996年版，第129页。

息也，故隐者正所以为见也，微者正所以为显也”进行论证，未发与已发为隐与显的一体关系，从而将戒惧与慎独工夫一体化。① 唐文治的慎独诠释最终落实于“审几”，当念虑初起时，审其为善便扩而充之，审其为恶则遏而绝之。更进一步而言，“慎独”不单单具备知善知恶的能力，还具有将这种能力用于道德实践的潜能。由此，慎独工夫就意味着，一方面是至诚之道，以人配天使其勿自欺也，就需要时刻在人所不知而己所独知之地，做善恶之察识工夫，显露至诚本体；另一方面是人道教育，通过事上磨练、作用于外的工夫，使善得到扩充，使至善之诚得到具体的落实，于现实之中时刻彰显诚善本性，而不是空谈性理。以下就分别就慎独工夫的两方面展开论述，下文将表明，在唐文治这里，正是通过“慎独”的具体内容，性理与经世分别在个体修养与群体教育的层面结合在一起。

二、诚的六境界

唐文治指出回归道德至善之本体即诚的具体工夫唯在慎独而已，诚之作用和内容唯有通过慎独工夫才能展现。也即是说，天虽主动赋予人以诚之体，但唯有人主动与天相合去回应天，通过慎独工夫向至诚之性进发，诚在这个过程之中才会逐渐显现出来。唐文治结合孟子的思想对《中庸》最后六段《诗经》的使用进行了结构化的诠释并分析出通往至诚之道中的六种工夫境界，且这六种境界层层递进，并与全书教育主题相配合。

这六种境界分别对应着《孟子》中的六种说法。《中庸》原文最后六段《诗经》第一段为“《诗》曰‘衣锦尚絅’，恶其文之著也。故君子之道，闇然而日章；小人之道，的然而日亡”②，指的是君子之道和小人之道的区分，君子身穿锦服外披麻衣时不愿意外在的文饰过于彰显。唐文治解为：“此恶字即羞恶之心，发于至诚者也。盖外有文而内无文，君子之深耻而痛恶也。惟闇然所以日章，惟的然所以日亡……此节盖类孟子所谓‘可欲之谓善’。”③ 唐文治引申为君子文饰过非，厌恶外有文而内无文的行为，因为他们有羞恶之心，而这来源于至诚。在此基础之上，唐文治将君子之道理解为人的道德本性，而小人之道则理解为人的自然欲望。道德本性即是人的至诚之性，是纯粹至善、向内属我的，是要在本心上做工夫的。因此君子并不追求外在的锦衣华服，而是修养内在的德性；小人则恰恰相反一味地追求外在的功名利禄，而丢掉了内在的本心。君子修德，而锦衣加之于身；小人求财，而日亡无所得也。“知微之显者，欲修其身者，先正其心；欲正其心者，先诚其意也。”④ 归根结底，唐文治认为孟子“可欲之谓善”即是遵行君子之道，积极地在本心上做工夫就可以“入德”，进入道德的修养境界。

---

① 陈畅认为将戒惧工夫与慎独工夫合而为一，是阳明学派思想区别于朱子学的特质之一，并且将虚灵寓于切实工夫，亦是阳明学派思想发展方向之一，唐文治在具体的慎独诠释中真实意图正在于寓“虚灵”于“切实”之中，将戒惧工夫与慎独工夫合而为一。参见陈畅：《性理与救世——唐文治论慎独工夫原型及其思想史意义》，载《集美大学学报》2017 年第 4 期，第 18~25 页。

② 唐文治著：《大学大义·中庸大义》，崔燕南整理，上海人民出版社 2018 年版，第 155 页。

③ 唐文治著：《大学大义·中庸大义》，崔燕南整理，上海人民出版社 2018 年版，第 155~156 页。

④ 唐文治著：《大学大义·中庸大义》，崔燕南整理，上海人民出版社 2018 年版，第 156 页。

第二段原文为“《诗》云：‘潜虽伏矣，亦孔之昭。’故君子内省不疚，无恶于志。”① 指的是君子超越于常人之所在，是因为君子在人之所不见时内省不疚，无愧于心。君子之道，虽深潜于水底，但也能看得十分清楚。君子以其本性之善，立信于天地间。唐文治解为：“伏者，昭之基也。是故君子慎其所藏也。……不疚则可复吾心光明之体矣。……无恶则可复吾心光明正大之体矣。入德之后，必继以养性之功。……此节较‘闇然日章’之君子工夫加密，盖类孟子所谓‘有诸己之谓信’。”② 唐文治进一步将之归纳为君子慎藏慎独，以复本心光明正大之体。在他看来，君子时刻谨守自身，于人之不知己所独知之处苦下工夫，方其入德之时，心之所向者善也；乃至修身而后，反身而诚者信也。也就是说，按照君子之道来修养，心有善志，有诸已而上其身，通过反身而诚的工夫将心中的善端保有下来，在道德实践中彰显德之本色，君子之道自然也便是真实可靠。

第三段原文为：“《诗》曰：‘相在尔室，尚不愧于屋漏。’故君子不动而敬，不言而信。”③ 指的是君子心地光明圆满，虽然独处于尔室也能自发地不愧于心，这是因为君子通过修善积德将本心之善性内化于行。唐文治解为：“君子下不愧于人，是以上不愧于天。不著于道者，天绝之。君子养性以修道，本心之良知，与天地之善气，息息相通，故能对越上帝而不愧。……此节较‘内省不疚’之君子工夫加密，盖类孟子所谓‘充实之谓美’。”④ 唐文治继承了《中庸》这一思想，将人养气修道的工夫理解为本心之善相通于天地之善，在此基础上，他进一步指出“充实之谓美”即是说：“不动而敬，非以不动为主也。虽不动时，自然敬也。不言而信，非以不言为主也，虽不言时，自然信也。……是皆由平日之敬天畏民，不妄动，不妄言，浸而久之，乃能臻此境界。”⑤ 换句话说，在他看来经由平日善行之积累，浸而久之，天地之善性自然直契于本心，并发于外则谓之美德。

第四段原文为“《诗》曰：‘奏假无言，时靡有争。’是故君子不赏而民劝，不怒而民畏于鈇钺。”⑥ 指的是君子自身德性充盈于外，百姓在日用之间感召于君子之大德。唐文治解为：“上三节皆言修己之功，此则推其效于民……君子不赏而民劝，不怒而民威于鈇钺者，惟赖诚意之感孚，盖由平日积累使然……此节较‘不动而敬’君子工夫加密，盖类孟子所谓‘充实而有光辉之谓大’。”⑦ 唐文治进一步将君子之德性推效于民理解为诚意之相感，此非一朝一夕之所致。君子之德性的外显依赖于其自身本性之完满，通过诚意之感孚使民自劝、民自治。换而言之，君子修养自身德性并使之发扬光大，究其内在，完满充盈而以诚感召外物，于覆载物性之间，复归至天命之性的轨道。

第五段原文为“《诗》曰：‘不显惟德，百辟其刑之。’是故君子笃恭而天下平。”⑧

---

① 唐文治著：《大学大义·中庸大义》，崔燕南整理，上海人民出版社2018年版，第156页。
② 唐文治著：《大学大义·中庸大义》，崔燕南整理，上海人民出版社2018年版，第156~157页。
③ 唐文治著：《大学大义·中庸大义》，崔燕南整理，上海人民出版社2018年版，第157页。
④ 唐文治著：《大学大义·中庸大义》，崔燕南整理，上海人民出版社2018年版，第157~158页。
⑤ 唐文治著：《大学大义·中庸大义》，崔燕南整理，上海人民出版社2018年版，第157页。
⑥ 唐文治著：《大学大义·中庸大义》，崔燕南整理，上海人民出版社2018年版，第158页。
⑦ 唐文治著：《大学大义·中庸大义》，崔燕南整理，上海人民出版社2018年版，第158页。
⑧ 唐文治著：《大学大义·中庸大义》，崔燕南整理，上海人民出版社2018年版，第158页。

指的是极力弘扬天子之德行，施行王道教化，诸侯便会进行效法，从而使天下太平。唐文治解为："不显其德，渊渊其渊也。朱《注》以不显为幽深玄远之意，盖文王小心翼翼，徽柔懿恭，而更能渊默静深，所以为百王之式也。……文王教育之精神，即平天下之根本也。……此节较'奏假无言'之君子工夫加密，盖孟子所谓'大而化之之谓圣'。"① 唐文治在《中庸》的基础之上进一步将天子之教化推至于文王，以其为百王之式。笃恭者"雍雍在宫，肃肃在庙"，化育者"成人有德，小人有造"；前者是居敬涵养之精神，后者是化育万物之方法。具体地说，在唐文治看来，君子推行王道教化须效法于文王，于其自身居敬诚存臻至德境，赋予成人之德性、小人之教诲，因其材所不同，禀受教育之精神亦有差异。若论及天下大治，需因万物之材质施行教化，使其遵行德性的指引，迈入明诚之道。于君子本身而言，其是圣道将满未满的境界。

第六段原文为"《诗》曰：'予怀明德，不大声以色。'子曰：'声色之于以化民，末也。'《诗》曰：'德輶如毛。'毛犹有伦。'上天之载，无声无臭'，至矣。"② 指的是文王之德化育流行于百姓之间，虽如和风甘雨般细致入微，却仍有迹可循。而上天之德行化育万物，无声无臭，不为世人所知，这才是最高的境界。唐文治解为："明德者，文王之教。……不大声与色，圣人之与天合德也。……圣人不言而所过化，所存神，圣人之所以为圣也。……此节为圣人德化之极致，盖孟子所谓'圣而不可知之谓神'。"③ 唐文治认为人受命于天，无非尽人道而合天道，以天命之性为始，以上天之载为终。以志于道为始，以合于道为终。此之神人即合道之人，德性充沛而外化光大，王道教化而润物无声。

唐文治将最后一章《诗经》解读为诚的工夫层次，且这六种君子工夫是层层递进，并与全书教育主题相配合。简单来说，善境界是人心中有求善之念头，信境界则是通过内在的修养工夫和外在的道德实践工夫使善性实存于心中，美境界是在日积月累的修行之后人自身善性圆满，此三种境界为尽己性。大境界更进一步，由尽己性迈向尽物性，完满之善性向外扩充，自发彰显于外物，善性覆载于万物之上。圣境界则体现为尽人性，教化百姓，善性覆载于百姓，同时百姓能自发地趋向德性，此时的百姓可以说处于信境界。而神境界意味着与天地合二为一，尽天地之性，没有己与他者的区别，所以能润物无声。

在唐文治看来，《中庸》最后一章所言无非诚，而诚的关键在于慎独，从"闇然而日章"以至于"无声无臭"，所言均是慎独之功。其通过层层递进之修道境界，为人们开辟出一条自明而诚之路径，指出人回归至善之本体即诚的具体工夫唯在慎独而已。慎独工夫在这里体现为道德主体将道德规范内化为自身的本质并发用于现实世界当中。于我们道德本心而言，其所能达到的境界并非是固定的，而是取决于我们道德实践的修养工夫，道德实践越发深入，其境界也就越高。也即说，诚之本性要得到真正完满的实现，必须开展将人之道推至天下之人共得之的具体教育实践工夫，发挥教育之经世致用功能。所以唐文治才言世界之坏，人心之亡，国家之亡，都在于违慎独之旨。

---

① 唐文治著：《大学大义·中庸大义》，崔燕南整理，上海人民出版社 2018 年版，第 159 页。
② 唐文治著：《大学大义·中庸大义》，崔燕南整理，上海人民出版社 2018 年版，第 159 页。
③ 唐文治著：《大学大义·中庸大义》，崔燕南整理，上海人民出版社 2018 年版，第 160 页。

三、诚体在经世的落实：孝

唐文治以诚为道德至善之本体，以生生之性为诚体，其慎独工夫一方面是做善恶之察识工夫，使得诚体显露；而另一方面则是通过人道教育之经世致用功能使得显露的诚体在现实层面得到真正的落实和完满实现。唐文治认为孝是诚体在自我与他者、人我之间最开端的表现，也是最能体现诚体的，所以以尽孝道为诚体在现实层面落实实现的出发点、为经世教育之首务。

唐文治首先阐明人道教育中人伦礼义的重要性，“盖人之所以为人者，伦也”。①

道者，人性也，人伦也。未有悖人性、外人伦而可以为道者也。②

君臣也，父子也，夫妇也，昆弟也，朋友之交也，五者天下之达道也，天地之常经，不可得而变革者。末俗浇漓，人心纰缪，乃敢昌言废弃人伦；于是父子相残，君臣相杀，夫妇相睽，兄弟交相愈，朋友交相倾轧，而人道益苦，天下大乱。呜呼！古之圣人，为礼教人，惟欲人之自别于禽兽。……子思子痛后世之流弊，故特揭之曰“行同伦”，盖人之所以为人者，伦也。相鼠之诗曰：“人而无礼，胡不遄死”，人而无伦，何以为礼，更何以为人？然则主持人道者，舍礼义人伦，奚以救世哉？③

在儒家伦理纲常的立场之上，唐文治将“道”理解为符合人伦之本性的建构，其具体内涵在于君臣、父子、夫妇、兄弟、朋友此达道之五伦，盖人之所以为人，于此三纲五常之天理间，使人自别于禽兽也。

此以孝道通天下，道必始自家庭之际也。本经下篇“立天下之大本”，郑君彼《注》云：“大本，《孝经》也。”盖孝者发于天性，为人道所最先。仁民爱物，基于亲亲。推恩四海，始于老老。……又言：“惟天下至诚为能尽其性，能尽其性，则能尽人之性，尽物之性。”尽其性者，尽孝道也，所谓自迩也，自卑也。尽人性，尽物性，至于参赞化育，所谓远也，高也。孝之道大矣哉！④

大德本于大孝，惟孝之至，乃成为大德也。……是故推恩以保四海，犹腹心之达于手足，根本之达于枝叶也。⑤

人之为道，孝而已矣。孝者不学而能之良能，不虑而知之良知，……修道之教，教斯孝矣，德之本也，教之所由生也。⑥

---

① 唐文治著：《大学大义·中庸大义》，崔燕南整理，上海人民出版社2018年版，第66页。
② 唐文治著：《大学大义·中庸大义》，崔燕南整理，上海人民出版社2018年版，第91页。
③ 唐文治著：《大学大义·中庸大义》，崔燕南整理，上海人民出版社2018年版，第66页。
④ 唐文治著：《大学大义·中庸大义》，崔燕南整理，上海人民出版社2018年版，第97页。
⑤ 唐文治著：《大学大义·中庸大义》，崔燕南整理，上海人民出版社2018年版，第103页。
⑥ 唐文治著：《大学大义·中庸大义》，崔燕南整理，上海人民出版社2018年版，第63~64页。

其次唐文治基于儒家亲亲仁民爱物思想，以孝为天性之本能即良知良能，以尽孝为人道通往天道之始，以己自身尽孝为出发点，进而尽人性、尽物性，最终尽天下至诚之性，由低至高，由近及远。在唐文治看来，孝悌等诸亲亲之道是人性之真诚而天然的感情，是内在的，超越的，无条件的，“诚”必然包含了亲亲之真情。孝作为人伦关系最初始表现状态，是诚体最直接具体的彰显和发用，是至善之诚在现实当中的体现和实现途径，是情感性和道德性的统一。

唐文治多为强调“孝弟者，为仁之本也”①。实际蕴含着两层含义：一是现实层面之中以行孝为个体道德实践之开端；二是作为工夫，由此悟证“诚体”并将孝悌作为群体教育之“用”从而完全实现“诚体”。“必以一人之孝，推及于亿万人之孝，而使天下之人皆有以尽其孝思。夫然后事天明，事地察，而成其为大孝。”② 通过人道教育具体实践工夫推至天下人共得之，才能成就大孝，“因仁孝而推之，……君子务本，故治天下必自仁孝始”。③ 一切教化也都是从孝道的基础上产生出来的。

所以在人伦教化上，唐文治借由《孝经》阐释了以孝治国、以孝齐家、以孝修身三个层次，中庸第十五章“君子之道，辟如行远必自迩，辟如登高必自卑”。④ 此句诠释中，唐文治引《孝经》首章：“夫孝，德之本也，教之所由生也。”⑤ 在对第十五章第二句：“《诗》曰：‘妻子好合，如鼓瑟琴。兄弟既翕，和乐且耽。宜尔室家，乐尔妻孥’”⑥ 的诠释中，唐文治引《孝经》首章：“民用和睦，上下无怨。”⑦ 对第十五章最后一句“子曰：‘父母其顺矣乎。’”⑧ 的诠释中，唐文治引《孝经》首章曰：“先王有至德要道，以顺天下。”⑨ 以孝治国，孝为修齐治平天下和睦的基础；以孝齐家，孝始于家庭之际本于父母之时；以孝修身，孝为立德立言之根本，切于日用习行之间。其中唐文治尤以修身为重，而修身则是在于日用习行之间尊亲事亲。“孝子之至，莫大乎尊亲。”⑩ “事亲之道，爱敬而已矣。”⑪ 而尊亲事亲的根本在于居敬诚存，唐文治强调的仍然是体会孝悌之中天然而真诚的情感，通过孝悌，最终将“诚体”显现出来。“修祖庙，陈宗器”⑫，“肃然必有闻乎其容声”⑬，“与其于事死、事亡之时而尽其心，何如于事生、事存之时而尽其心乎？”⑭ 通过孝极尽本心之诚善之性，则必有闻夫鬼神之容声，郊社之礼，

① 唐文治著：《大学大义·中庸大义》，崔燕南整理，上海人民出版社2018年版，第115页。
② 唐文治著：《大学大义·中庸大义》，崔燕南整理，上海人民出版社2018年版，第109页。
③ 唐文治著：《大学大义·中庸大义》，崔燕南整理，上海人民出版社2018年版，第112页。
④ 唐文治著：《大学大义·中庸大义》，崔燕南整理，上海人民出版社2018年版，第97页。
⑤ 唐文治著：《大学大义·中庸大义》，崔燕南整理，上海人民出版社2018年版，第97页。
⑥ 唐文治著：《大学大义·中庸大义》，崔燕南整理，上海人民出版社2018年版，第97~98页。
⑦ 唐文治著：《大学大义·中庸大义》，崔燕南整理，上海人民出版社2018年版，第98页。
⑧ 唐文治著：《大学大义·中庸大义》，崔燕南整理，上海人民出版社2018年版，第98页。
⑨ 唐文治著：《大学大义·中庸大义》，崔燕南整理，上海人民出版社2018年版，第98页。
⑩ 唐文治著：《大学大义·中庸大义》，崔燕南整理，上海人民出版社2018年版，第108页。
⑪ 唐文治著：《大学大义·中庸大义》，崔燕南整理，上海人民出版社2018年版，第110页。
⑫ 唐文治著：《大学大义·中庸大义》，崔燕南整理，上海人民出版社2018年版，第110页。
⑬ 唐文治著：《大学大义·中庸大义》，崔燕南整理，上海人民出版社2018年版，第100页。
⑭ 唐文治著：《大学大义·中庸大义》，崔燕南整理，上海人民出版社2018年版，第111页。

禘尝之义，通乎幽冥之境，明其天地之诚。

毋宁说，唐文治以孝为先，孝蕴含着两个层面的含义：人道之本性、修道之工夫；本性由天命所赋予，与诚体是内在一致的，而工夫通达天命之本性，尽孝道即尽性。在这种意义上，我们可以说唐文治的以孝为本即是从生生至诚之性出发，通过亲亲之杀的工夫，回归本心之诚存，又借由群体教育完全实现“诚体”。由此可见，“孝”之教化作为诚体的真正实现，同时也意味着“慎独”工夫的完全展开，唐文治之“孝”是诚体在经世的落实和完全实现。

结　语

在唐文治性理之学的建构下，在其工夫论不断敞开的进程之中，天命之性理在其自身发用而显现为生生之理，生生之性取代本有之性成为道德本体，依于至诚之道，在于明诚之间，以慎独工夫为始基，达尽己性、尽物性、尽人性之层层工夫境界，最后通于天人之性，达于圣人之境。唐文治之性理不是静态的彰显，而是一种动态的绽开，是天地之间人的生存本能，体现为自我与他者之间的张力，即：使万物生生而不息。这里的性表现为人伦活动的全体，它既包含了静态的道德标准，也包含了动态的道德行为，“性”只能通过工夫来呈现，强化了主体道德践履的作用。也就是说，唐文治性理与经世实为一体，生生之理的完全实现在于主体践履慎独工夫之人道教育，以教育为经世之用，以孝为诚体在经世的落实和群体教育之“用”，即使人之生生至诚性理得到现实层面的落实，使一人心正至千万人心正。人心治则国家治，最后达到古代圣人所说的大同之世。

参考文献：

[1]（汉）郑玄注：《礼记正义》，孔颖达疏，龚抗云整理，北京大学出版社 2000 年版。
[2]（宋）朱熹撰：《四书章句集注》，中华书局 1983 年版。
[3] 唐文治著：《大学大义·中庸大义》，崔燕南整理，上海人民出版社 2018 年版。
[4] 刘露茜、王桐荪编注：《唐文治教育文选》，西安交通大学出版社 1995 年版。
[5] 唐文治著：《唐文治性理学论著集（第三册）》，邓国光辑释，欧阳艳华、何洁莹辑校，上海古籍出版社 2020 年版。
[6]（清）李颙撰：《二曲集》，陈俊民点校，中华书局 1996 年版。
[7] 郭晓东：《唐文治〈中庸大义〉研究》，载《现代儒学》2021 年第 3 期。
[8] 毛朝晖：《救国何以必须读经？——唐文治“读经救国”论的理据》，载《鹅湖月刊》2018 年第 3 期。
[9] 陈畅：《性理与救世——唐文治论慎独工夫原型及其思想史意义》，载《集美大学学报（哲社版）》2017 年第 4 期。

从“四端之心”到“大同天下”
——以儒家思想重思国际政治哲学的“无政府状态”

● 王泳树*
（武汉大学 哲学学院）

【摘　要】
国际政治学理论的“中国学派”运用中国传统思想资源对西方主流国际关系学说的思想倾向与基本观点进行反思和挑战。西方主流国际政治学说以“无政府状态”为理论支点，通常认为这将会导向国际的紧张与冲突。而以儒家性善的人性论进行推演，个人与国家在自然状态下都具有实践道义的可能与需要。因此儒家语境下的国际社会并不是单一国家的自助体系，而是施行仁义道德的伦理共同体。儒家的普遍理念与道义关切对当今国际政治哲学具有重要的现代价值。

【关键词】
儒家；政治哲学；天下

一、绪论：国际关系政治哲学的缺失与儒学的现代回应

20世纪以来具有重要影响力的国际关系学说主要有新现实主义、新自由主义与建构主义三大流派。前二者具有理性主义、物质主义的倾向与底色，其基本观点为：民族国家是国际社会的行为主体，国家理性地追求自身利益，国家利益是国际关系的决定性因素。① 建构主义对前者进行了批判，认为观念因素与物质因素同时发挥作用，国家互动可以造就不同的国际体系特征。总的来说，现实主义流派仍然是国际关系领域的主流决策理论。② 这种利益导向原则有时为驰逐国家利益而带来的冲突乃至灾难提供了正当性辩护；另一方面，以单一民族国家为行为体的理论预设使它难以为应对全球性问题提供解决方案。当这样的学说服务于政策咨询和公共决策时，其理论作为共有观念参与了

---

* 作者简介：王泳树，武汉大学哲学学院国学专业硕士研究生。

① 秦亚青：《建构主义：思想渊源、理论流派与学术理念》，载《国际政治研究》2006年第3期，第1~23页。

② 秦亚青：《现实主义理论的发展及其批判》，载《国际政治科学》2005年第2期，第138~166页。

国际体系建构①，又进一步强化了国际公共治理的理论窘境和现实困难。世界急待新的国际政治哲学思想资源以回应理论困局和现实挑战。

中国知识界对此的回应以“中国学派”的崛起为标志。在第二代现代新儒家试图将儒家文化与民族国家更好接轨的理论尝试之后②，以赵汀阳、黄光国、秦亚青等为代表的学者直接或间接地运用儒家文化资源回应并超越西方国际关系的理论基础。③ 黄光国以心理学的在地化为进路，提出“儒家关系主义”（或称为“华人关系主义”），探索在此基础上的冲突化解模式。④ 秦亚青也将传统儒家文化对于关系性的关注作为解释国际关系的理论基础，反思西方国际关系理论中的理性主义与实质主义倾向。⑤ 赵汀阳认为天下体系能够在多样性、差异性的文明和国家间建立普遍合作，超越建立在同质化国家基础上的永久和平理论，实现以世界为单位的集体理性行动。⑥ 面对以民族国家为本位、以理性主义为底色的国际关系理论，中国学者尝试以关注关系伦理、重视天下秩序的儒家思想形塑新的具有普适性的国际关系政治哲学。

“国际社会是怎样的”是国际关系政治哲学的根本问题之一。传统儒家思想与西方国际关系学说对于人性的基本理解存在差异，这种理论基点的不同使得二者对此问题形成了迥异的理解，因而儒家思想能够成为裨补乃至发展新的国际关系理论的重要思想资源。由于儒家内部对一些关键性的命题亦存在不同见解，为了更好地展开论述，本文将讨论的古典文献资源集中在被后世尊为经典的儒家文本及其理论观点。本文将首先按照西方国际关系理论的讨论范式，根据儒家思想中的人性论探讨人与人之间、国家与国家之间两种“无政府状态”的情形，其次说明在儒家思想语境中的“天下”作为伦理实体与思考本位的意涵，最后总结儒家对国际社会的理解所蕴含的现代价值。

二、儒家思想语境下的“无政府状态”

相比于个人和国际组织，国家仍然是当今国际关系中最为重要的力量，并被视作具有思想、目的、利益和行动能力的拟人化主体。国家是较大的人类群体单位，因此，在探讨国家间的关系时往往将其同人与人之间关系进行类比。由于人类社会至今尚未出现一种建

---

① ［美］亚历山大·温特著：《国际政治的社会理论》，秦亚青译，上海人民出版社2014年版，第244~307页。

② 杨肇中：《“天下”与“国家”——论历史维度中儒家政治思想形塑的两个向度》，载《政治思想史》2018年第2期，第10~30页。

③ 林婉萍、陈庆昌：《儒家世界观和中国国际关系学派的宏观理论基础》，载《欧亚研究》2020年第10期，第29~37页。

④ 黄光国：《儒家关系主义》，北京大学出版社2006年版，第82~106页。

⑤ 秦亚青：《关系本位与过程建构：将中国理念植入国际关系理论》，载《中国社会科学》2009年第3期，第69~86页。

⑥ 赵汀阳：《天下体系：世界制度哲学导论》，中国人民大学出版社2011年版。

立在主权国家之上的世界政府，这便构成了国际社会的“无政府状态”①。“无政府状态”被认为是更大单位尺度上的“自然状态”，而明晰国家的关系则需要讨论人与人之间的关系在国家产生之前是怎样的。亚历山大·温特（Alexander Wendt）就将霍布斯、洛克、康德所设想的自然状态对应于国家间冲突、竞争与合作三种国际体系文化。②

与西方政治哲学不同，儒家思想并没有通过对“无政府状态”进行设想来探讨国际关系。但可以将儒家的人性论思想作为起点，首先对人与人之间的自然状态进行推演，进而类比国与国之间的关系，推断出儒家思想语境下国际社会的无政府状态。③ 不同于政治现实主义将人作为“政治人”④ 进行讨论，根据主流的儒家思想理论可以得出，人即便在自然状态下依然有根据道德采取自身行动的可能性，道德是一种普遍的生活需要，这就要求作为行为体的国家采取符合道德的行动。

孟子有关四端之心的论述阐明了人在自然状态下践行道德的可能。孟子主张每个人都具有“不忍人之心”，为了更好地说明其存在的普遍性和永恒性，孟子设想了一种极端的情境：“今人乍见孺子将入于井，皆有怵惕恻隐之心。非所以内交于孺子之父母也，非所以要誉于乡党朋友也，非恶其声而然也。由是观之，无恻隐之心，非人也；无羞恶之心，非人也；无辞让之心，非人也；无是非之心，非人也。”⑤ 孟子认为拯救即将坠入井中的孺子源于人的本能而不需要其他外在的理由，既非出自对声誉等利益的追求，也非出自对自身利益损失的厌恶。可见，怵惕恻隐之心的发动无关乎外在的行为条件。在此情境中，无论国家是否存在，无论是否具有对这一行为的监督者或某种明确的社会制度规范，援助孺子都是正当且应当的行为。孟子还指出四端之心是由人的本质属性规定的，缺乏四端之心也就不具有作为人的意义。由是观之，人在自然状态下仍然具有实践道德的可能，因为良知善端的存在和践行与国家之存在与否无关。

若将其推演到国与国之间的关系，尽管国际社会处于“无政府状态”，国家仍然具有实践道义的可能。国家是人的集合体，国际社会是人类社会，儒家对人的定义使得国际社会是一个在更大的尺度上践履道德的场域。孟子曰：“人之所以异于禽兽者几希。”⑥ 儒家强调人之所以为人在于能够坚守和践行人本身具有的良知，对仁义的“操存舍亡”决定了人是否真正作为人而存在。倘若国际社会中的国家行动完全出于理性主义和物质主义的考量，而没有真正的道德性因素，那么国际社会也就不具有人类社会的意义而真正退回

① Kennenth N. Waltze, “The Origins of War in Neorealist Theory”, *The Journal of Interdisciplinary History*, Vol. 18, No. 4, 1988, pp. 615-628.

② ［美］亚历山大·温特著：《国际政治的社会理论》，秦亚青译，上海人民出版社 2008 年版，第 244~307 页。

③ 国际关系知识具有某种程度的地方性知识的色彩，据此有学者提出以自身思想文化传统中的核心理念作为前提和假设展开国际关系理论的研究方法。相关观点可参考庞中英、张胜军：《国际关系理论在中国的问题与前途》，载《国际论坛》2002 年第 1 期，第 38~43 页。

④ Hans J. Morgenthau, *Politics Among Nations: The Struggle for Power and Peace*, Beijing: Peking University Press, 1997, pp. 16-17.

⑤ （宋）朱熹撰：《四书章句集注》，中华书局 1983 年版，第 237 页。

⑥ （宋）朱熹撰：《四书章句集注》，中华书局 1983 年版，第 293 页。

到了丛林状态。孔子云："夷狄之有君，不如诸夏之亡也。"① 如果缺乏了道义的因素，政治秩序的存在价值也就被削弱。正如人应当因怵惕恻隐之心发动而有所为一般，无论世界政府是否存在，国家的行动都应当因循仁义之道。

道德既是人的属性，也是人的需要。孟子曾这样祖述古代历史："后稷教民稼穑。树艺五谷，五谷熟而民人育。人之有道也，饱食、暖衣、逸居而无教，则近于禽兽。圣人有忧之，使契为司徒，教以人伦：父子有亲，君臣有义，夫妇有别，长幼有序，朋友有信。"② 饱食、暖衣、逸居固然是仁政的应有之义，但若是没有对百姓进行教化，百姓在品性上和禽兽并没有太大的差别。在孟子看来，人虽然有四端之心作为实践仁义的道德基础，还需要接受教化以涵养其道德，使其作为"人"的一面得到保持和发展。孟子还提出："口之于味也，有同耆焉；耳之于声也，有同听焉；目之于色也，有同美焉。至于心，独无所同然乎？心之所同然者何也？谓理也，义也。圣人先得我心之所同然耳。故理义之悦我心，犹刍豢之悦我口。"③ 孟子以为仁义道德是人们共同的追求，道德的实践与追求能够带给人们心灵上的满足感。戴震在阐发孟子之意时提出，仁义道德既是一种欲望，也是一种本能，能否践履仁义道德关乎欲望是否得以满足的快乐，"心之于理义，一同乎血气之于嗜欲，皆性使然耳"④。可以说，儒家哲学中的道德是人的普遍需要，这种需要一方面来自发展和完善人的本质属性，另一方面缘于道德在人的种种生活欲求中居于重要地位。

作为人的集合体，国家在利益的诉求之外也具有道德的属性和需要。与人伦规范相应，国家在对外关系上也有着践行伦理规范的必要。孟子认为："惟仁者为能以大事小，是故汤事葛，文王事昆夷；惟智者为能以小事大，故大王事獯鬻，句践事吴。以大事小者，乐天者也；以小事大者，畏天者也。乐天者保天下，畏天者保其国。"⑤《左传》言曰："小所以事大，信也；大所以保小，仁也。"⑥ 在儒家思想中，国家与国家之间就像人与人之间一般，存在着具体的伦理关系。尽管国家在军事政治实力上存在差距，但大国与小国之间的伦理关系并不是单纯由实力对比所决定的。大国对小国负有"字小"的责任，而非以其实力进行侵凌；小国对大国负有"事大"的责任，保持仪节谨度。

西方新现实主义理论关注实力对比所带来的国际秩序的"极"化（polarity）。⑦ 与此不同的是，儒家以实力差距为基础思考国际关系中的道德属性和伦理责任。"事大"与"字小"不仅是儒家对理想国际关系的设想，也在某种程度上得到了历史实践。⑧ 在一定程度上，儒家反对结构现实主义，并不认可权力结构下的霸权地位与霸权行径。孟子在王

① （宋）朱熹撰：《四书章句集注》，中华书局1983年版，第62页。

② （宋）朱熹撰：《四书章句集注》，中华书局1983年版，第259页。

③ （宋）朱熹撰：《四书章句集注》，中华书局1983年版，第330页。

④ （清）戴震撰：《孟子字义疏证》，中华书局1982年版，第7页。

⑤ （宋）朱熹撰：《四书章句集注》，中华书局1983年版，第215页。

⑥ （清）阮元校刻：《十三经注疏·春秋左传正义》，中华书局2009年版，第4697页。

⑦ 赵怀普：《均势、霸权与国际稳定——兼论"单极"与"多极"的矛盾》，载《太平洋学报》2003年第2期，第45~51页。

⑧ 孙卫国：《论事大主义与朝鲜王朝对明关系》，载《南开学报》2002年第4期，第66~72页。

霸之辨中提出：“以德行仁者王，王不待大。汤以七十里，文王以百里。”① 在王道政治中更重要的是德性而非国家实力，故而圣王之业虽起于微时，却能获得天下之民的归附。以此推之，在国际政治中，国家实力的强大并不意味着其政治理念和社会发展模式能够得到其他国家的认同，更不能使其真正领导国际体系。②

儒家思想在注重政治理想的同时也没有忽视现实性因素，而是以理想批判不义的现实政治并追寻其王道理想。③ 因此，儒家思想对于普遍和平的期待并不意味其否认国际间爆发冲突的可能。但只有在特殊的情况下，一国对另一国的战争才具有正当性，而且发动战争的权力为仁德的最高统治者所垄断。④《孟子·梁惠王》载：

> 齐人伐燕，胜之。宣王问曰：“或谓寡人勿取，或谓寡人取之。以万乘之国伐万乘之国，五旬而举之，人力不至于此。不取，必有天殃。取之，何如?”
>
> 孟子对曰：“取之而燕民悦，则取之。古之人有行之者，武王是也。取之而燕民不悦，则勿取。古之人有行之者，文王是也。以万乘之国伐万乘之国，箪食壶浆，以迎王师。岂有他哉？避水火也。如水益深，如火益热，亦运而已矣。”⑤

在儒家看来，“人”的意义建立在人能够自由地追求仁义道德并具有将其整全实现的可能，仁义的操守关系着“人”的实现。而国家自身合法性的实现同样倚赖于仁义道德的实践。如果一个国家不能施行仁政、得到天命与民心的认同，那么其他国家可以发动战争讨伐不义，甚至取得不战而胜的结果。⑥ 在此情境下，战争的目的不是重新分配国家间的利益，而是征讨因道德的缺失而不具有合法性的统治者，最终使道义得到更广泛的实现。“义战”是国家实践其道德属性、满足其道德需要的手段，仍然以实现仁义道德作为归约。

西方国际关系理论，尤其是现实主义流派，通常将人设定为经济学意义上的理性人。以此为基础展开对人的“自然状态”和国家间“无政府状态”的推演难以避免所有人对所有人的战争和国家间的普遍冲突，权力政治只能陷入悲剧循环。⑦ 与之相反，主流儒家思想的人性论以四端之心突出人具有实践道德的本能与追求仁义道德的需求，而绝非是纯粹意义上的利益动物。这使得人在自然状态下依然保持了实践道德的可能和对道德的追

① （宋）朱熹撰：《四书章句集注》，中华书局1983年版，第235页。

② 徐进：《孟子的国家间政治思想及启示》，载《世界经济与政治》2009年第1期，第6~16页。

③ 樊浩：《伦理实体的诸形态及其内在的伦理道德悖论》，载《中国人民大学学报》2006年第6期，第107~115页。

④ 王日华：《先秦时期自然状态思想与理论建构》，载《世界经济与政治》2017年第7期，第77~99页。

⑤ （宋）朱熹撰：《四书章句集注》，中华书局1983年版，第222页。

⑥ 刘泽华著：《中国政治思想通史·先秦卷》，中国人民大学出版社2014年版，第183页。

⑦ 徐进：《孟子的国家间政治思想及启示》，载《世界经济与政治》2009年第1期，第6~16页。

求，那么作为人的集合体的国家在“无政府状态”下同样保有实践道德的可能和追求。由此，儒家思想揭示出了另一幅国际社会的可能图景，并证明了在世界政府不存在的前提下实现国家间普遍合作的可能性。

三、国际社会与“天下”概念

西方主流国际关系理论将国际社会定义为“无政府状态”，与之不同的是，儒家思想以“天下”概念理解国际社会。西方国际关系理论通常以民族国家为本位，考察国家间的关系，考虑一国的国家利益与行动，并为其外交政策提供依据。在此之下，国际社会仅仅是民族国家的简单拼贴与集合，更多强调国家间的关系而不具有充分的实体性意义。而在儒家思想中，“天下”既是人类政治的最大集合单位，同时包含了伦理实体的意味，“天下”是考量现实政治的重要出发点。

“天下”，字面意义为“普天之下”，即最广大的地理空间，又可理解为全体人类的社会空间。儒家思想中“天下”概念与西方国际关系理论中的“国际社会”最大的不同在于其具有伦理实体的意味。就后者而言，只要国家仍然存在，国际关系和国际社会就会存在。而在儒家思想中，只有当人类社会中普遍的仁义道德得以存续时，“天下”才得以存在，否则天下便会覆亡。顾炎武在《日知录》中提出：“有亡国，有亡天下。亡国与亡天下奚辨？曰：异姓改号，谓之亡国；仁义充塞，而至于率兽食人，人将相食，谓之亡天下……是故知保天下然后知保其国。保国者，其君其臣，肉食者谋之；保天下者，匹夫之贱，与有责焉耳矣。”① 国家的灭亡无非王朝的改易，而天下的覆亡则是仁义之阻绝，礼教之断灭。可见天下存在的根据是仁义礼教是否存续。明清鼎革使得朝鲜士人感到天下沦亡，礼治教化遭到破坏，中原大地“不幸沦没臣仆胡戎”②，形成“尊周思明”的独特意识。③ 由此可见，在传统儒家知识分子的心目中，天下远非囊括国与国的广大空间，也非单纯意义上的人类社会全体，而是一个整全的伦理实体。这一伦理实体的存在以道德礼教的存续为基础。

在儒家思想的理论层面上，“天下”概念为个人和国家提供了最为广阔的伦理空间。《大学》有云：“古之欲明明德于天下者，先治其国；欲治其国者，先齐其家；欲齐其家者，先修其身……身修而后家齐，家齐而后国治，国治而后天下平。”④ 君子进德修业以个人、家、国、天下为次第。“天下平”与前文“明明德于天下”相应，“天下平”之意并不是平定天下或取得世界性霸权，而是发明天下之人所具有的德性。朱熹认为，从陶冶自身的德行到治国平天下是将得乎于天的明德推己及人的过程，使整体之人类社会在道德上达到至善的境地⑤。可见，“天下平”代表着仁义道德在最高的层次、最广的范围得到

① （清）顾炎武撰：《日知录校注》，陈垣注，安徽大学出版社 2007 年版，第 722~723 页。

② （朝）洪大容：《湛轩书》，载《韩国文集丛刊》1988 年第 248 册，第 66 页。

③ 孙卫国著：《大明旗号与小中华意识》，商务印书馆 2007 年版，第 418 页。

④ （宋）朱熹撰：《四书章句集注》，中华书局 1983 年版，第 3~4 页。

⑤ （宋）朱熹撰：《四书章句集注》，中华书局 1983 年版，第 3~4 页。

充分的施展，“天下”是道德的场域。

对于国家而言，得天下的途径则是实行王道政治，使民彝物则、彝伦攸叙从一国扩展到天下。《尚书·洪范》将夏朝建立的合法性归结为“天乃锡禹洪范九畴，彝伦攸叙”①。在天命观念下，王朝的建立意味着实现仁义道德的秩序，或者说国家具有实现道德的目的。孟子则进而提出了实行王政以王天下的政治路线：“苟行王政，四海之内皆举首而望之，欲以为君。”② 王政要求国君对内采取仁爱良善的统治措施，使百姓的生活既有“养生丧死无憾”③ 的物质基础，又有“父子有亲，君臣有义，夫妇有别，长幼有序，朋友有信”④ 的人伦教化。一国之内的大治将令天下之民“举首而望之”⑤，最终不仅统御天下万民，更将仁义善政遍及于天下。“协和万邦”⑥ 既是国家政治的盛世之景，更是礼义教化泽被四方的道德理想。

在儒家思想中，个人、国家、天下构成了完整而多层次的工夫次第与伦理关系。个人在修己治人的过程中以经略国政进而实现兼济天下的理想，国家也得以从一方之伦理共同体拓展为全体人类之伦理共同体。孟子肯定了一国行王政而得天下的可能性，昭示着国家应当采取行动使自身成为天下文明的起点。⑦ 因此，在儒家思想指导的政治实践中，标榜自身为天子的中原王朝统治者往往在国家行动中贯彻“天下”的理念，以期符合经纬天下的王道理想。

“天下”理念的政治实践首先表现为和平外交，推行讲求仁义的王道而非“以力假仁”⑧ 的霸道。孟子提出：“以力服人者，非心服也，力不赡也；以德服人者，中心悦而诚服也，如七十子之服孔子也。”⑨ 只有王道才能够使万民真正心悦诚服，而建立在霸道之上的权势则会因实力对比的改变而失坠。《礼记·礼运》篇云：“故圣人耐以天下为一家，以中国为一人者，非意之也，必知其情，辟于其义，明于其利，达于其患，然后能为之。”⑩ 圣人统治天下以礼义教化四方，显明利事而使诸国之间讲信修睦，更能够防范可能出现的祸患，防止国与国之间出现“争夺相杀”的局面。“天下”理念下的和平外交不仅指一国应当与其他国家保持和平，还要求一国参与维护人类社会整体的和平。而将“天下”看作“一家”时，其他国家的存在不再是实现国家利益的工具，而是共同体之内的成员，这将使得诉诸武力是一种极坏的选择。⑪ “中华天下秩序”（Chinese World order/

① （清）阮元校刻：《十三经注疏·尚书正义》，中华书局 2009 年版，第 398 页。
② （宋）朱熹撰：《四书章句集注》，中华书局 1983 年版，第 269 页。
③ （宋）朱熹撰：《四书章句集注》，中华书局 1983 年版，第 203 页。
④ （宋）朱熹撰：《四书章句集注》，中华书局 1983 年版，第 259 页。
⑤ （宋）朱熹撰：《四书章句集注》，中华书局 1983 年版，第 269 页。
⑥ （清）阮元校刻：《十三经注疏·尚书正义》，中华书局 2009 年版，第 250 页。
⑦ 盛洪：《天下文明——论儒家的国际政治原则》，载《文史哲》2013 年第 5 期，第 5~13 页。
⑧ （宋）朱熹撰：《四书章句集注》，中华书局 1983 年版，第 235 页。
⑨ （宋）朱熹撰：《四书章句集注》，中华书局 1983 年版，第 235 页。
⑩ （清）阮元校刻：《十三经注疏·礼记正义》，中华书局 2009 年版，第 3080 页。
⑪ 盛洪：《天下文明——论儒家的国际政治原则》，载《文史哲》2013 年第 5 期，第 5~13 页。

Sinocentric World order）或“朝贡体系”如何在不保持均势的情况下实现长久和平令一些西方学者感到惊讶和困惑①，甚而有学者认为古代东亚地区应当为一个多极世界（multipolar world）②。朱元璋在《皇明祖训》中将15个周边政权列为不征之国，其曰：“彼既不为中国患，而我兴兵轻伐，亦不祥也。吾恐后世子孙，倚中国富强，贪一时战功，无故兴兵，致伤人命，切记不可。”③ 尽管明王朝具备相对于周边政权的实力优势，但仍然主动作出安全承诺，并未引发现实主义理论中弱势国家通过增强自身军事实力或结盟的方式以维持均势的状况。由此可见，“天下”体系在理念和实践上都具备维护地区稳定与和平的作用。④

同时，儒家思想视“天下”为伦理实体，因而弘化礼教是中国古代外交事务的重要内容。为了更好地弘扬儒家所提倡的仁义价值，中原王朝通常采用科举考试、典籍流通、礼仪活动等手段。中国古代科举有着悠久的“宾贡”传统，即准许外国儒生参与科举考试。⑤ 其中不乏有外国举子登科及第，甚至凭此在中原王朝留任官职。借助广泛存在的考试制度，中原王朝对儒家经典的考试要求得以影响其他地区。例如元代颁布的科举诏正式以四书为考试内容⑥，有力推动了更加广泛的四书升格运动。典籍流通主要表现为中原王朝统治者向朝贡国颁赐典籍，由此推动了儒家经史类书籍在东亚地区的传播。⑦ 礼仪活动既包括外交行使活动，还包括寻求礼仪制度的统一。中原王朝通过向藩属国颁赐祭服、乐器、会典等方式，推广其文物昭德。在特殊情况下，皇帝甚至会直接就藩属国内礼乐不修的情况表达关切⑧，或者旌表守礼之家。⑨ 有时皇帝还会通过祭祀海外山川、封祀海外镇山的方式向各藩属国广示无外之意，显示其作为天子代表藩属国与天地神灵相沟通。《诗经·玄鸟》有云：“邦畿千里，惟民所止，肇域彼四海。”⑩ 将王化之治推及天下是儒家的政治理想，其背后的思想理念则是将“天下”视为最广泛、最整全的伦理实体，而承接天命的天子自然应当对天下的礼乐教化担负责任，以实现一种包含仁义道德的世界治理。⑪

① John K. Fairbank, *The Chinese World Order*, Cambridge: Harvard University Press, 1968, pp. 1-19.

② Wang Zhenping, *Tang China in Multi-polar Asia: A History of Diplomacy and War*, Honolulu: University of Hawai'i Press, 2013, pp. 303-305.

③ （明）陈建撰：《皇明通纪·启运录》，中华书局2008年版，第300~301页。

④ ［美］康灿雄著：《西方之前的东亚：朝贡贸易五百年》，陈昌煦译，社会科学文献出版社2016年版，第102~133页。

⑤ 刘海峰：《东亚科举文化圈的形成与演变》，载《厦门大学学报（哲学社会科学版）》2016年第4期，第1~9页。

⑥ 陈高华、张帆、刘晓、党宝海点校：《元典章》，天津古籍出版社2011年版，第1098页。

⑦ 闫姝涵：《宋丽书籍交流探析》，延边大学2017年硕士学位论文。

⑧ 《明太祖实录》，“中央研究院”历史语言研究所1964年版，第907~909页。

⑨ 《明太祖实录》，“中央研究院”历史语言研究所1964年版，第2270~2271页。

⑩ （清）阮元校刻：《十三经注疏·毛诗正义》，第1344页。

⑪ 孙磊：《王道天下与世界治理——论儒家政治传统与当代国际政治新秩序的构建》，载《原道》2017年第1期，第93~108页。

如何将儒家的“天下”理念与现实政治情势相结合是中原王朝重要的政治问题①，这也证明了“天下”理念在一定程度上得到了彰显和实践。② 儒家式的“天下”体系没有借助意在实现永久和平与国际正义的法律条约体系，而是采用上述软性的措施以建立良好的区域秩序并弘化仁义道德。随着儒学在古代东亚地区的传播，这种观念分配推动儒家的天下理念成为区域内不同政治体的共有知识和共有观念，使得中原王朝以外的政治体在参与“朝贡体系”时表现出一定的自觉性与主动性。③ 而在历史实践之外，其中的哲学思考对当今以民族国家体系为基础的国际政治仍然具有强烈的现实意义。

四、儒家国际政治哲学思想的现代意义

儒家的“天下”理念以人类社会整体作为本位，将“天下”视作整全的伦理实体，强调国家行动应当遵循仁义道德，促进仁义理想在最广阔的伦理实体中实现。其中的现代意义表现为国际政治应当以人类社会整体作为思考的本位，摒弃单一的物质主义导向，秉持正确的义利观，建设具有新型普遍主义理念的国际关系。

当今国际关系理论主要以调整国家间的关系作为思考导向，鲜能将人类社会整体置于考量的本位。儒家的“天下”理念将国家政治与人类社会整体紧密联系，各国既要实行良善亲仁的内政，还要服务于王道在天下的实现。这种政治理想强调国与国共存于“天下”这一共同体之中，而不仅是政治利益计算中相互独立的个体。④ 这就要求国际政治应当实现人类社会共同发展的美好愿景，而非一味驰逐本国的利益。

国家在采取行动时践行正确的义利观，义利相兼，见利思义。⑤ 儒家将“天下”视作伦理实体，这意味着国家在实现功利目的之外还兼有道义上的责任。国家行动应当符合普遍的伦理道德原则，并且协调好义利关系。国家间的交往既有利益关系的层面，也有伦理关系的层面。无论是国家行动、国际交往中的道义关切，还是气候变化、网络安全、发展差距等全球议题，都需要各国摒弃单一的物质主义倾向，将道德、公益等更多目标纳入考量，而将国家视作完全理性行为体的传统理论显然对此缺乏学理支撑。

建设具有新型普遍主义理念的国际关系具有两点意涵。一方面，世界治理要走出自然状态。尽管世界性的政府并没有出现，但这并不意味着国际社会必然是充满冲突和无序的“无政府状态”。国际社会是“人”的社会，弱肉强食的丛林法则不应当作为国际秩序，否则便会向“人”与“人类社会”意义的成立发起挑战。儒家的人性论与道德观表明，

---

① John K. Fairbank, *The Chinese World Order*, Cambridge: Harrard University Press, 1968, pp. 1-19.

② 汪乾：《儒家思想基础上的世界秩序》，载《国际政治科学》2017年第2卷第4期，第68~89页。

③ ［美］康灿雄著：《西方之前的东亚：朝贡贸易五百年》，陈昌煦译，社会科学文献出版社2016年版，第69~71页。

④ 盛洪：《天下文明——论儒家的国际政治原则》，载《文史哲》2013年第5期，第5~13页。

⑤ 王易：《儒家国家关系伦理思想的现代价值与历史使命》，载《创新》2011年第5卷第1期，第8~13页。

道德作为人的属性不以外在法定权力为存在的依据。以更高的层面观之，国家间长久和平与普遍合作的可能性始终存在，世界的和平与发展并不系于哲学家设想的世界政府。另一方面，国家间的普遍合作不一定以同质化为基础。康德、布尔、亚历山大·温特等学者都认为持久和平需要国家间某种同质化的基础，温特甚至将现代西方国家间的相处模式视为和平国际体系的范本①；亨廷顿则认为文明差异会带来国家间的冲突。② 儒家认为道德具有普遍性，但普遍性并不意味着相同性，普遍的存在也不是相同的存在。在此基础上推衍出的国际道义应当是原则性的，而非具体的、规范性的。正所谓“君子和而不同”，共同遵循仁义道德的君子在立身处世上尚有不同，国家间更应尊重彼此的多样性、差异性。③

面对充满变数与挑战的当今世界，国际政治哲学前沿理论有着明确而迫切的现实需要，而不同的选择、不同的回答会为现实世界带来不同的结果。对“国际社会是怎样的”这一问题的检视显示出，儒家政治哲学与西方国际关系理论在理论基点上存在明显差异。双方分别由“四端之心”与自私的人性推演出作为伦理共同体的“天下”和单一国家采取自助策略的“无政府状态”。两种迥然的理解，分别影响了古代东亚地区与如今全球的国际体系实践。儒家国际政治哲学的思考角度与义利观显示出强烈的现实意义与当代价值，能够成为裨补现今国际关系理论缺陷与实践困境的重要思想资源。

参考文献：

[1]（宋）朱熹撰：《四书章句集注》，中华书局1983年版。
[2] 陈高华、张帆、刘晓、党宝海点校：《元典章》，天津古籍出版社2011年版。
[3]（明）陈建撰：《皇明通纪·启运录》，中华书局2008年版。
[4]（清）戴震撰：《孟子字义疏证》，中华书局1982年版。
[5]（清）阮元校刻：《十三经注疏》，中华书局2009年版。
[6]（清）顾炎武撰：《日知录校注》，陈垣注，安徽大学出版社2007年版。
[7]（朝）洪大容：《湛轩书》，载《韩国文集丛刊》1988年第248册。
[8]《明太祖实录》，“中央研究院”历史语言研究所1964年版。
[9] 黄光国著：《儒家关系主义》，北京大学出版社2006年版。
[10] 孙卫国著：《大明旗号与小中华意识》，商务印书馆2007年版。
[11] 赵汀阳著：《天下体系：世界制度哲学导论》，中国人民大学出版社2011年版。
[12] 刘泽华著：《中国政治思想通史·先秦卷》，中国人民大学出版社2014年版。
[13]［美］亚历山大·温特著：《国际政治的社会理论》，秦亚青译，上海人民出版社

① ［美］亚历山大·温特著：《国际政治的社会理论》，秦亚青译，上海人民出版社2014年版，第341页。

② ［美］塞缪尔·亨廷顿著：《文明的冲突》，周琪等译，新华出版社2012年版，第1页。

③ 李晨阳，侯展捷：《儒家的哲学理念与当今国际政治秩序》，载《黑龙江社会科学》2014年第1期，第8~13页。

2014 年版。
[14] [美] 康灿雄著：《西方之前的东亚：朝贡贸易五百年》，陈昌煦译，社会科学文献出版社 2016 年版。
[15] [美] 塞缪尔·亨廷顿著：《文明的冲突》，周琪等译，新华出版社 2012 年版。
[16] 闫姝涵：《宋丽书籍交流探析》，延边大学 2017 年硕士学位论文。
[17] 庞中英、张胜军：《国际关系理论在中国的问题与前途》，载《国际论坛》2002 年第 1 期。
[18] 孙卫国：《论事大主义与朝鲜王朝对明关系》，载《南开学报》2002 年第 4 期。
[19] 赵怀普：《均势、霸权与国际稳定——兼论“单极”与“多极”的矛盾》，载《太平洋学报》2003 年第 2 期。
[20] 秦亚青：《现实主义理论的发展及其批判》，载《国际政治科学》2005 年第 2 期。
[21] 秦亚青：《建构主义：思想渊源、理论流派与学术理念》，载《国际政治研究》2006 年第 3 期。
[22] 樊浩：《伦理实体的诸形态及其内在的伦理-道德悖论》，载《中国人民大学学报》2006 年第 6 页。
[23] 徐进：《孟子的国家间政治思想及启示》，载《世界经济与政治》2009 年第 1 期。
[24] 王易：《儒家国家关系伦理思想的现代价值与历史使命》，载《创新》2011 年第 5 卷第 1 期。
[25] 盛洪：《天下文明——论儒家的国际政治原则》，载《文史哲》2013 年第 5 期。
[26] 李晨阳、侯展捷：《儒家的哲学理念与当今国际政治秩序》，载《黑龙江社会科学》2014 年第 1 期。
[27] 刘海峰：《东亚科举文化圈的形成与演变》，载《厦门大学学报（哲学社会科学版）》2016 年第 4 期。
[28] 王日华：《先秦时期自然状态思想与理论建构》，载《世界经济与政治》2017 年第 7 期。
[29] 孙磊：《王道天下与世界治理——论儒家政治传统与当代国际政治新秩序的构建》，载《原道》2017 年第 1 期。
[30] 汪乾：《儒家思想基础上的世界秩序》，载《国际政治科学》2017 年第 2 卷第 4 期。
[31] 杨肇中：《“天下”与“国家”——论历史维度中儒家政治思想形塑的两个向度》，载《政治思想史》2018 年第 2 期。
[32] 林婉萍、陈庆昌：《儒家世界观和中国国际关系学派的宏观理论基础》，载《欧亚研究》2020 年第 10 期。
[33] John K. Fairbank, *The Chinese World Order*, Cambridge: Harvard University Press, 1968.
[34] Wang Zhenping, *Tang China in Multi-polar Asia: A History of Diplomacy and War*, Honolulu: University of Hawai‘i Press, 2013.

[35] Hans J. Morgenthau, *Politics Among Nations: The Struggle for Power and Peace*, Beijing: Peking University Press, 1997.

[36] Kenneth N. Waltz, The Origins of War in Neorealist Theory. *The Journal of Interdisciplinary History*, Vol. 18, No. 4, 1988.

外国哲学

《伊利亚特》中的“命运”
——moira 或神意

● 胡宇聪*
（中山大学 哲学系）

【摘　要】

悲剧、哲学与命运总是牢牢捆绑在一起。在《伊利亚特》中英雄悲剧的发生总是命运使然。然而，什么是命运，命运是如何发挥作用的，都未得到专门考察。命运是神的意愿还是宙斯主神也无法控制之物？命运概念在《荷马史诗》中的出现是含混的，学界对此也有诸多争议。通过对命运概念的词义考证与对《伊利亚特》的文本分析，本文试图表明：命运与死亡的必然性相关，与神意不同。命运与神意分别论述生命事件的不同方面，共同组成希腊式的古典命运观。

【关键词】

moira；神意；死亡；界限

一、命运之为 moira

在《伊利亚特》① 中，诗人在表达“命运”② 概念时使用了不同的词语表达，甚至

* 作者简介：胡宇聪，中山大学哲学系哲学（强基）专业本科生。

① 本篇引用的《荷马史诗》的翻译，都出自以下中译本：《伊利亚特》，罗念生、王焕生译，人民文学出版社 1944 年版。引用时不再另行说明。

② 对于第一种观点，即“命运是高于诸神的”，最直接的表述可参见［英］康福德（Francis Macdonald Cornford）著：《从宗教到哲学——西方思想起源研究》，曾琼、王涛译，上海三联书店 2014 年版，第 15~20 页。此书前两章深入讨论到希腊人的命运概念，明确指出命运高于神的地位；类似的观点见［德］莱因哈特：《〈伊利亚特〉和她的诗人》，陈早译，华东师范大学出版社 2021 年版，第 451 页；B. C. Dietrich, *Death, Fate and the Gods: the Development of a Religious Idea in Greek Popular Belief and in Homer*, London: Athlone Press, 1965, p. 390；［法］韦尔南（J. P. Vernant）：《古希腊的神话与宗教》，杜小真译，生活·读书·新知三联书店 2001 年版，第 83 页。相反的观点可见［英］劳埃德-琼斯著：《宙斯的正义》，程志敏译，华夏出版社 2020 年版，第 15 页，其中认为命运根本上就是宙斯的意志；更详细的讨论见于 Charles P. Segal, “Reviewed Work (s): B. C. Dietrich”, *The Classical World*, Vol. 59, No. 9, 1966, p. 308；James Duffy, “Homer's Conception of Fate”, *The Classical Journal*, Vol. 42, No. 8, 1947, pp. 477-485.

使用了器物作为象征，但从词语使用而言，这几种对“命运”（fate）的不同表达所呈现的整体图景是一致的，即必然性以及宙斯对其的不可控。

在《伊利亚特》中，最常用来指代“命运”的概念就是 moira。在《伊利亚特》中 moira 被翻译成“命运”或“摩伊拉”，而其变体 Moirai 则受《伊利亚特》影响而在荷马之后的文本中被翻译成“摩伊拉女神”或命运三女神。① 众学者在此达成一致，moira 的原初意义意味着“划分”“分配”（portion）。② 阿德金斯（A. W. H. Adkins）指出，在第一卷中涅斯托耳劝说阿喀琉斯时说，“佩琉斯的儿子，你也别想同国王争斗，因为还没有哪一位由宙斯赐予光荣的掌握权杖的国王能享受如此尊荣”，其中 moiran 就用以表示人被分配到的东西（kata moiran，1.278）。因此可以认为 moira 的基本含义是按照等级秩序严格地划分：地位越高的人拥有越多的 moira。③ 同样的例子也出现在波塞冬不得不屈服于宙斯的例子中，“强烈的痛苦侵袭着我的内心和灵智，他竟以如此激烈的言辞责备和他同样强大、享有同等地位的我！不过尽管我很气愤，我还是对他让步”。（15.208-211）由此，我们就可以理解为什么 moira 需要被认为是同时高于人与神的，因为能够划定界限者意味着作为被划定之物的根据或基础，在划界者与被划定者之间存在层级差异。如果命运足以为人与神划定界限，那么其自身就必须先行超逾人与神。这也是为什么，在康福德（F. M. Cornford）看来这甚至并不是一个值得争议的问题，而是直接就认定，神屈服于 moira。④

但在文本中却似乎是：有时 moira 凌驾于宙斯，但有时是宙斯在作主。宙斯派出（sends）摩伊拉，送来命运。这就涉及 moira 在《荷马史诗》中是否已经被人格化的问题，这是一个存在广泛争议的问题。法内尔（Lewis Richard Farnell）认为当阿波罗对众神宣告赫克托耳的命运时，说到“命运赐予人一颗忍耐的心”时，moira 是已经被人格化的。⑤ 在这基础上达菲（James Duffy）立即就认为宙斯之所以能派出命运，意味着宙斯不仅知晓命运，而且能够管辖、控制命运。⑥ 然而，我们认为只有前一半结论是站得住脚的。宙斯作为奥林波斯山上最强的神，能够知晓命运并不令人震惊，然而宙斯能够知晓和派出 moira 并不必然意味着其有资格控制 moira。这里达菲显然是误解了宙斯，最高神仅仅是强权，但并不是哲学意义上的绝对者。因此，尽管宙斯是最高神，但并不就能确保其

---

① 多兹认为，把 moira 翻译成摩伊拉女神是一种错误，因为在史诗中完全没有出现过 Moirai 这一复数形式，见［英］多兹著：《希腊人与非理性》，王嘉雯译，生活·读书·新知三联书店 2022 年版，第 4~13 页；尼尔森（Nilsson）认为阿伽门农把 moira 视作能够蒙骗自己的主体，是 moira 首次人格化，见 Nilsson：*History of Greek Religion*，London：Clarendon Press，1949，p.169。因此，我们在此对 moira 的使用会严格避免将首字母大写，这样我们就未必一定要在一个人格化的意义上指示它，而可以同时使用其人格化与非人格化含义。

② B. C. Dietrich，“The Spinning of Fate in Homer”，*Phoenix*，Summer，Vol. 16，No. 2，1962，pp. 86-101.

③ Adkins：*Merit and Responsibility*，Chicago：University of Chicago Press，1975，p. 52.

④ ［英］康福德著：《从宗教到哲学——西方思想起源研究》，曾琼、王涛译，上海三联书店 2014 年版，第 12 页。

⑤ Farnell：*The Cults of the Greek States*，Cambridge：Cambridge University Press，2010，p. 79.

⑥ James Duffy，Homer's Conception of Fate ，*The Classical Journal*，Vol. 42，No. 8，1947，pp. 477-485.

他神无法做到制衡宙斯并由此取消宙斯对命运的掌控。

虽然 moira 是否在荷马那里被人格化这一问题存在争议，但我们可以确定的是在赫西俄德的《神谱》中，已经标明了命运女神的位置。尽管这可能是赫西俄德个人对荷马的改造，但需要注意的是，赫西俄德总是对传统保持足够的敬意，不至于把神明在层级次序上搞混。那么，就算摩伊拉是赫西俄德自己的改造，我们也能够在摩伊拉这里找到更原初的 moira 与诸神间的关系与次序。所以，无论 moira 在荷马这里是否被人格化，赫西俄德的摩伊拉女神都肯定是我们用以从思想史上返回来理解 moira 的重要资源。我们认为宙斯之所以能够“派出”摩伊拉，可以通过摩伊拉的身世得到解释。

摩伊拉——命运三女神——分别是克洛托（Clotho）、拉谢西斯（Lachesis）和阿特洛波斯（Atropos）。摩伊拉是宙斯与正义女神忒弥斯（Themis）的孩子。摩伊拉的秘密就隐藏在忒弥斯那里：忒弥斯是盖亚之子、第一代神王乌拉诺斯的孩子，是提坦神族（自然神族），比宙斯更加古老；同时，忒弥斯掌管正义（dike），有学者指出，在荷马处的 Themis 总是与 Dike 同在，并且似乎 Dike 就旨在保全 Themis，“那些审判者（dikaspoloi），在宙斯面前捍卫法律（themistas）的人”（1.238-239）①。而宙斯也负责掌握自然的正义②，因此神王夫妇都对正义负责。忒弥斯本身代表着更加古老的传统以及与宙斯重合的职责，使得其一定意义上可以制衡宙斯并且自身不完全受制于宙斯。又由于宙斯吞下了第一任妻子智慧女神墨提斯，所以作为新任第一夫人，忒弥斯是宙斯最信赖的妻子。再者，忒弥斯是皮提亚（Pythia）的祖先，而皮提亚们的能力就是在入迷中预言人的命运（Dodds，GI，chap. iii），无疑这一能力来自他们的祖先忒弥斯。国王为自己的权力追溯的源头总是宙斯，而预言者——无论追溯忒弥斯、狄奥尼索斯还是缪斯——从未被追溯至宙斯（Hesiod，Theog，94 ff.）。因此，可以认为摩伊拉编织命运的能力主要来自忒弥斯，而非宙斯。所以，一方面，作为宙斯的孩子，宙斯可以派出摩伊拉；另一方面，作为忒弥斯的孩子，宙斯无法控制摩伊拉纺织的命运之线。这充分体现在宙斯面对萨尔佩冬之死时的无能为力。宙斯对赫拉说“命定我最亲近的萨尔佩冬将被墨诺提奥斯的儿子帕特洛克罗斯杀死”，而赫拉回复道“一个早就公正注定要死的凡人，你却想要让他免除悲惨的死亡”（16.432-455）。如果命运即是宙斯的意志，为什么宙斯还要策划萨尔佩冬的死亡？如果现在宙斯的意志是想要免除死亡，那么为什么他的意志和“注定的命运”相悖？显然，命运是先于宙斯的意志且不容宙斯篡改的。

关于 moira 的最后一点在于——正如迪特里希（B. C. Dietrich）和康福德同时指出——moira 的命定与诞生时刻相连，是在人出生时确定的（moira is closely connected with birth）。可是，显然《伊利亚特》中宙斯的计谋，是随着事态发展逐步改变和推进的，而不是在出生时就预先被确定的（16.45-80）。如此就区分出命运与神意两个层面。我们可以暂时将日常用法中的“命运”与 moira 等同，命运与神意这两个层面的具体差别在后文

① 程志敏、郑兴凤：《法律何以成为正义——从 themis 到 dike》，载《重庆广播电视大学学报》2012 年第 24 卷第 3 期，第 14 页。

② 参见［英］劳埃德-琼斯：《宙斯的正义》，第一章。在其中他指出宙斯的神意定义了正义并构成维持正义的尺度。

会继续讨论，与此处与对 moira 的词义分析无关。

二、命运的其余概念

1. aisa

《伊利亚特》中同样把 aisa 当作“命运”来对待。赫拉让众神去保护阿喀琉斯时说：“以后他将经受母亲生育他的时候，命运为她纺织在线轴上的一切安排。”此处的“命运”就是 aisa（aisa spun for him at birth）；同样，在《奥德赛》中也出现了 aisa 的用法（Od. 7.196）。可见，同 moira 一样，aisa 也是在出生时被确定的。二者的相同还表现为：aisa 也表示“分配”“划分”（share，portion）。史诗中在波塞冬鼓励阿喀琉斯（21.291）、赫克托耳死期来临（22.212）、阿开奥斯人在预言中注定毁灭特洛伊（9.245）以及《奥德赛》中赫耳墨斯来劝卡吕普索释放奥德修斯等处，同一诗行中的 moira 与 aisa 就有交互使用的例子。因此，迪特里希认为 moira 和 aisa 是可放心混用的（interchangeable），他甚至考证到 moira 出现更早。①

2. Daimon

虽然并不常见，但诗人在第八卷中阿波罗警告狄奥墨得斯不要前进一步时，说到“你不可能把我打败而爬上我们的城墙，把我们的妇女带上船，在那时以前，我会把死亡的命运赠予你”（8.166）时用的表达就是 daimon，仅此一处。② 威尔福德（F. A. Wilford）把 daimon 在《荷马史诗》中出现的方式分为三种：外在的大规模的影响、外在的个人的影响、内在的情感影响。第二类在荷马两部史诗中都出现过，最后一类只在《奥德赛》中出现过，而第一类在《伊利亚特》中发现了九处而没有在《奥德赛》中出现。③ 因此可以断定，《伊利亚特》中，Daimon 虽然作为“命运”出场，却并非是 moira，而是奥林波斯众神可以外在地施加于人的“命运”④。这种“命运”并非我们本真意义上讨论的 moira，而是由于神意同样地不可参透而被凡人误解意义上的“命运”，我们在严格意义上将其归为神意。

3. 天秤

《荷马史诗》中的器物与事件，首先应该在一种象征意义上去理解，因为荷马的世界中神与人共存，但神之显现并非人眼所能把握，那么就需要象征性价值来表达超自然的神

① B. C. Dietrich, “The Spinning of Fate in Homer”, *Phoenix*, Vol. 16, 1962, pp. 86-101.

② 潘亦婷：《〈奥德赛〉中的 daimon》，载《古典学研究》2021 年第 1 期，第 100~121 页。

③ F. A. Wilford, “Daimon in Homer”, *Numen*, Vol. 12, Fasc. 3, 1965, pp. 217-232.

④ 尼尔森认为在《荷马史诗》中 daimon 是不确定且尚未被人格化的，但多兹却认为发展过程并不是由非人格化走向人格化，daimon 反而是从人格化的“分派者”演变为了非人格化的“运气”（Tuche）。

力，人与神同时进入的事物必须强调其中表示神的象征性。① 因为希腊诸神繁多且不为人所见，这种意义上神的临在以及物品的工具属性必须同时汇聚在一件事物之中。对于事物所具有象征性，莫斯特（Glenn W. Most）说道，“严格的因果联系似乎只能完好地解释情节设置的可能性，而不是必然性”②。宙斯的天秤就必须作为命运的象征物被理解，这一象征渊源或被追溯至东方的影响，来自埃及的荷鲁斯神为了维护玛阿特（Maat）所掌握的称量死者心脏重量的天秤。天秤与 moira 首先在“分配”的含义上具有相似性。天秤作为器物的象征性就在于它通过确定轻重秩序来作为分配、决定的标准和依据。在《伊利亚特》中宙斯使用天秤往往是自己拿不准主意的时候，天秤作为命运，作出的是最终裁决，裁决的结果宙斯不得不服从。达菲在此处提出反驳：天秤属于宙斯，那么宙斯用天秤确定的命令毫无疑问是归属于宙斯的。事实却是，虽说天秤属于宙斯，但是并非宙斯凌驾于天秤，反倒更像是天秤凌驾于宙斯。宙斯保持神秘的沉默，由天秤开“口”说话，这一点与 moira 是一样的。我们必须要注意，当天秤确定了赫克托耳的死亡时，宙斯心中的怜悯伴随着自己的泪水一同涌发，若是他自己能够更改这一结果，便没有理由光是流泪而无法行动。悲悯在这个意义上专属于希腊诸神：它预设了某种无尽的距离。天秤就意味着 moira。

让我们回顾一下表达“命运”的几个词语，它们中有三个共同点：首先，它们都有“分配”的含义，都意味着一种容纳、排列个别性的秩序；其次，它们都是在出生时就被确定的，而非随着进展而不断发展、改变的；最后，宙斯无法对它们的裁决进行更改，命运是自我管辖而不服从干预的。宙斯并不是绝对者，而只是强权，这也即是说，“宙斯无法控制命运”这一点，因此绝不能构成对宙斯的贬低，也并不威胁宙斯的强权地位。话说回来，“仅被赋予强权的神，哪位能逃过不得不恸哭的境遇”③？

三、命运的必然关联：伤害与死亡

除了上文总结的命运的特点外，还需要谈及命运的核心关联——死亡与伤害。

命运与死亡的关联性，应该从“moira 在出生时即被确定”入手理解。试想，若一个婴儿在出生的那一刻就被确定了一个此后不会再被更改的命运，并且，除此命运以外还会接受偶然性的摆弄，那么这一可以与偶然性无矛盾共存的命运会是怎样的呢？在荷马的世界中，英雄与神各有一套因果，同时生效。凡人的行动背后有着神的行动为原因，但同时人仍要为自己的行动负责。阿伽门农与阿喀琉斯讲和时，他责怪宙斯与 moira 为他带来了

① 多兹认为，当超自然介入的原因对于人来说难以把握时，就会归之于神。参见［英］多兹著：《希腊人与非理性》，王嘉雯译，生活·读书·新知三联书店 2022 年版，第 16~22 页。

② ［意］莫斯特著：《从荷马到希腊抒情诗——格兰·莫斯特古典学论文选》，高峰枫等译，北京大学出版社 2021 年版，第 53 页。

③ ［德］莱因哈特著：《〈伊利亚特〉和她的诗人》，陈早译，华东师范大学出版社 2021 年版，第 449 页。

可怕的迷乱（ate），迷乱是英雄遇到神时常有的反应①，但阿伽门农并没有因此否认自己需要承担责任（19.75-100）；在索福克勒斯的《埃阿斯》中，雅典娜使得埃阿斯入迷，后者在迷乱中屠杀羊群与牧人，但当他清醒过来后仍然选择承担责任以及耻辱，选择自杀。人与神的双重因果意味着，荷马为英雄保留了自由行为的可能性②，尽管神有能力对人的行为进行干预，但人的“能做”并不因此消失。那么，命运所注定的就不会是一生中的具体事件，因为这些具体事件需要交由英雄自己去争取，命运所确定的只可能是最抽象也最形式的可能性：何时死亡与如何死亡。命运对人的裁决是在最抽象意义上但也因此是在最根本的意义上的，即：人会如何死与人在何时死。因此，命运之为 moira 所呈现的是一种部分决定论或框架决定论。当我们说命运在出生时就赋予婴儿，也即是说，婴儿通过确定了自己的死亡（将死）而开始自己的生命。在这个意义上我们甚至可以说，命运就是如何去死，生活之路就是向死之进程，死亡之命运的展开就是生活。每个人都拥有命运，也就意味着，人都是有死的，死亡就是人不可能逃避的必然。我们对命运进行反思，也就是在领会死亡与“向死”的意义。

阿喀琉斯自出生起，就从母亲口中知道了自己必然早死的命运，但是同时他并不理解生活中的具体事情预示着什么，所以让帕特洛克罗斯穿上自己的盔甲代替自己出战，但唯独没有让他拿起自己的长枪，因此英雄同时是明视的也是昏盲的③；英雄：半人半神。昏盲由于人的有限性，而明视就在于对自己的死亡（命运）的把握。既明视又昏盲的英雄的命运，总是从一个偶然事件开始，半清楚半糊涂地走向早就注定的终点。终点是在起始时被定下的，我们若在最小意义上澄清命运为一个极点：死亡，那么由生到死也就是一个命运的“自我”轮回、循环，命运因此是自我管辖的。但是命运不仅仅意味着死亡，还包含了更多的东西，那就是具体的死亡事件之如何：被谁杀死、在什么地方被杀死、何时被杀死等。英雄悲剧就是英雄命运的环绕展开。

既然命运意味着死亡，而神与人——如上所论——都进入命运，那么拥有命运的神或人就必然牵扯上死亡。神不会死，但不意味着命运就放过了神。命运对人而言是死亡，对神而言则是伤害。以宙斯为例，从第一卷中“就这样实现了宙斯的意愿（1.7）”开始，诗人一直把宙斯保持在史诗中，一切都与他有关。虽然宙斯不会死，但是他失去了他很珍

---

① 对于 ate 作用的讨论，多兹认为 ate 自身并非人格化的主体，而是一种心理状态，是由外在的神灵介入导致的精神错乱。ate 的发生有三个不同主体：事件的直接因素主体、背后的或间接的神话主体、Moira。

② Nilsson 认为英雄行动中神的在场不过是程式语（façon de parler），同样，马宗（Mazon）在 *Le génie grec dans la religion* 中说道：Il n'y a pas de religion homérique。然而 Adkins 驳斥了这一观点，参见“Values, Goals and Emotions in the Iliad”, *Classical Philology*, Vol. 77, No. 4, 1982, pp. 292-326；韦尔南在《古希腊神话与悲剧》中的卷一第三篇文章中提出，在希腊神话中，意志就开始逐渐显露了。正因意志已经出现，我们才可以由此来解释诸神受到的伤害，诸神很少在肉体上受到伤害（少见的例子在阿瑞斯和阿弗洛狄忒被捅伤），然而他们可以在情感上受伤，参见《古希腊神话与悲剧》，张苗、杨淑岚译，华东师范大学出版社 2016 年版，第 103 页。

③ ［德］莱因哈特著：《〈伊利亚特〉和她的诗人》，陈早译，华东师范大学出版社 2021 年版，第 45 页。

爱的儿子萨尔佩冬和他敬佩的英雄赫克托尔，这让他陷于长久的悲伤。因而，早在荷马时期开始，希腊诸神所受的伤害就并不一定在于肉体，也会发生在情感上。神在面对其他神或凡人时，会被僭越、挑衅、制裁、失去心爱的人，从而感到暴怒、伤心、恐惧，而这些伤害都早已经潜藏在诸神自己身世的必然性中。

四、命运之为界限

命运在整部《伊利亚特》中是作为核心因素在场的，命运牵动着每一位英雄注定的存亡，使得英雄的壮举与死亡交织，这是史诗之为史诗、悲剧之为悲剧的本质。moira：悲剧之悲剧性。对于《伊利亚特》主题的解读有很多，然而我们认为，必须通过时刻在场的 moira 来理解悲剧性，由此，《伊利亚特》最终化为这个问题：人是什么？这也即是在问，人的界限在哪里？这是斯芬克斯谜语的复调，是同一个问题。当追问存在者的界限时，必须超逾存在者，才能为存在者划界。① 在此意义上，超逾人与神，在命运显露处领会存在者的界限②；在追问“人是什么”的意义上，悲剧人物——英雄——也作为超越了人的“超—人类”（半神）为人类示范解答这个问题。这也是为什么英雄才是悲剧的主角，一方面他要超逾人类，另一方面他被命运所超逾，这注定了英雄既辉煌又惨死，以此解答：人是什么，界限为何。

不妨以阿喀琉斯的命运为例，看命运如何为人划界。

我们可以以帕特洛克罗斯的死为断裂，将阿喀琉斯分为早期阿喀琉斯与晚期阿喀琉斯。早期阿喀琉斯出征特洛亚并因为荣誉礼物与阿伽门农争吵，这都是出于对荣誉的争夺，可以说，此时的阿喀琉斯是内在于荷马社会的英雄伦理的，而此时所涉及的德性都是争夺性的③，但是当帕特洛克罗斯死后，阿喀琉斯再度投入战争的原因，根本不再是为了荣誉，而是为了复仇，此时我们可以认为阿喀琉斯彻底超逾了英雄伦理，迈进了神之伦理中了，我们称此时的阿喀琉斯为晚期阿喀琉斯。这一解读需要从阿喀琉斯投入战争的选择和目的来看。

阿喀琉斯向来有两个选择，要么回家默默无闻、好好享受生命，要么在战场上用血气与死亡获得不朽的荣誉，对于任何时期的阿喀琉斯而言，前者都是无意义的，所以早期阿喀琉斯选择后者以获得不朽。然而转变后的阿喀琉斯并不停留于这一层面，他对不朽本身

---

① ［德］海德格尔：《形而上学是什么？（1929）》，载于《路标》，孙周兴译，商务印书馆 2000 年版，第 119~142 页。

② 关于类似的主题解读，莱茵哈特从正义入手，通过人僭越自己的尺度，同样追问到了人的界限，参见［德］莱因哈特著：《〈伊利亚特〉和她的诗人》，陈早译，华东师范大学出版社 2021 年版，第 474 页；纳吉把主题理解为“谁是最好的阿开奥斯人”，然而这一问题之“最好”必须在界限问题的理解基础上才能够得到追问，参见 Nagy，*The Best of Acheans*，Baltimore：Johns Hopkins University Press，1998，p. 231。

③ 对古希腊文化中竞争性德性与合作性德性、耻感文化与罪感文化的争论以多兹（E. R. Dodds）与阿德金斯（Adkins）的讨论为始，参见 Adkins，*Merit and Responsiblity*，University of Chicago Press，1975，p. 171。

进行了进一步的反思：获得荣誉进入诗歌的不朽，又能怎样？这种不朽本身难道不也是荒谬的虚无吗？此时，无论是享受生命还是争夺荣誉，本质上不再有区别，都是没意义的虚无。当朋友死后，阿喀琉斯意识到不朽也没有意义时，“意义变得荒谬，荒谬成了意义”①。对于英雄来说，死仅仅由于荣誉而有意义，那么为了朋友赴死是荒谬的；然而对于此时的阿喀琉斯而言，荣誉本身就是荒谬的。所以晚期阿喀琉斯完全超越了英雄伦理。他不再为了荣誉而战，而是为了复仇；复仇是出于对朋友极致的爱，这种复仇的极致情感是属神的。在这种虚无状态下，若没有极致的情感，人再也无法有任何行动。我们必须在“极限，极致”的意义上理解神性；事实上，我们并不是用“极致”来形容诸神，而是以诸神来解释“极致”。可以说，帕特洛克罗斯的死亡，也就意味着阿喀琉斯的成神。

在帕特洛克罗斯死后，阿喀琉斯对忒提斯说“我愿意倒下死去，但现在我要去争取荣誉，让腰带低束的特洛亚的和达尔达尼亚的妇女痛苦地张开手，不断地从柔软的两颊往下抹泪水，痛苦地不断放声痛哭”（18. 120-125）。在早期，阿喀琉斯所谈到的荣誉直接就是荣耀礼物如女人，如果此时阿喀琉斯仍然处于英雄伦理之中，为荣誉而出战的话，他应该直接就把特洛亚妇女当作赢得的荣誉。可他并没有这么说，当他说到荣誉，他说到的是“妇女的眼泪”。这泪水是为了那些死去的男人而哭，而阿喀琉斯想要的荣誉就单纯是这些泪水，他在用这些泪水来祭奠帕特洛克罗斯，用敌人的哀号当作献给帕特罗克罗斯的挽歌。阿喀琉斯的“为了荣誉”，其实是为了帕特洛克罗斯的荣誉，对阿喀琉斯自己而言，荣誉再无意义。

所以英雄们不理解阿喀琉斯，当他们以为阿喀琉斯重新回到他们之中的时候，其实阿喀琉斯再未接近英雄伦理。在他们身边的人其实离他们最远。虽然一同作战，其他英雄是为了自己的荣誉而战，阿喀琉斯却不再为自己的荣誉而战。这一差别充分体现在阿喀琉斯以为全军都会像他一样毫不犹豫地冲入战斗，却没想到其他人还需要吃早饭。因为既然争取荣誉是为了自身，那么将士也出于同样“为了自身”的目的吃饱饭；可如果冒死争取荣誉都不是为了自己，而是祭奠自己的朋友，那么当然是不顾自身的。阿喀琉斯坚决不进食，他是在用绝食的象征意义，沉默地祭奠和哀悼帕特洛克罗斯。“这一世界被矛盾所撕扯，朝着与它本身相对立的方向分裂。在各种不同的人物嘴里，同样的词会具有不同甚至相反的含义。当悲剧信息从传统的确切性和限定性脱离出来的时候，它所呈现出的是词语、道德标准和人类世界的双重性和模糊性。”② 本质上，阿喀琉斯并没有回归军队，反而是与其他英雄渐行渐远。阿喀琉斯的悲剧就在于，明明是神样的，却被困在人间；而在人间，神会被孤立。莫斯深刻地说道，进入神圣意味着：隔绝。③

① ［德］莱因哈特著：《〈伊利亚特〉和她的诗人》，陈早译，华东师范大学出版社 2021 年版，第 480 页。

② ［法］韦尔南著：《古希腊的神话与宗教》，杜小真译，生活·读书·新知三联书店 2001 年版，第 96~97 页。

③ ［法］马塞尔·莫斯、亨利·于贝尔著：《献祭的性质与功能》，杨渝东、梁永佳、赵丙祥译，广西师范大学出版社 2007 年版，第 187~188 页。

转变后的阿喀琉斯就是一位神，他的这种行为之所以会被忒提斯称赞为是“高尚的”（18.128）而不再是原来“可怜的”，因为这是纯然神性的举动。阿喀琉斯超越英雄成了神，而这种僭越作为典型的悲剧意象恰恰意味着：必死。命运正是通过承诺促使阿喀琉斯成神而僭越，从而完成他的早死。成神和死亡是等价的。命运强迫他早死，也就意味着保证他成神。阿喀琉斯的整个一生，就是在显示：命运如何勾勒并使人到达、超逾边界。在神性与死亡的纠缠中，能够领会 moira 为我们划定的虽难以描述、总是词不达意但绝不模糊的界限。

五、命运与神意

经过上文对于命运概念本身的梳理以及对于命运作用的分析，我们可以认为，moira 不同于宙斯的意志，且不受制于宙斯。然而，宙斯也确实在策划着英雄如何走向死亡，宙斯的意愿与 moira 之间是什么关系呢？我们已经消极地论证了命运与神意是不同的，如果能够积极地解释命运与神意的不同之处在哪里，那么就可以得到一个并不含混、界限分明的命运概念。

尼尔森（Martin Nilsson）已经试图在 moira 和神意间作出明确的区分：moira 决定的是一生（life-time），而神仅仅决定单独的事件（separate events），比如某次不幸、某次毁灭。① 我们认为，从影响的持续长度和广度来区分 moira 和神意并不合适，因为“一生”可以被理解为无数个独立事件的延续，独立事件也可以被理解为一生中的某段绵延，难道独立事件不是一生中的独立事件吗？难道一生不包含其中的事件吗？用以解释命运的时间本身仍需要一个先行的澄清，可在此谈论的命运是逻辑上先于时间的，甚至时间之神——作为时间的来源和根据——都拥有命运。因此尼尔森用于划出区分的标准本身是模糊且尚需进一步澄清的。

我们认为，应该从整体性的“一生”入手区分 moira 与神意。无论将一生理解为一个整体还是理解为独立事件的承接延续，都可以将生命分为两个方面：“什么”（what-ness）与“如何”（how-ness）。

这一区分显然是复杂的。任何事件的发生都可以被区分为“发生了什么”和“如何发生”两个方面。当我们在阅读历史时我们所接收到的信息是在何时何地何人发生了何事，是“事实性”的，此时我们就触及了第一个方面；而对于事件中的人而言，以怎么样的心情、在怎样的处境下以何种压力去接受、处理事件，这是无法共享的“如何”，是无法记载更无法被安排的，这是第二个方面。逻辑上，事实之体验的“如何”必须建立在发生着“什么”的根据上，若没有具体发生的事，就谈不上发生之如何。但在发生时序上，这两个方面总是同时发生的，这也是为什么我们常常无法明确区分 moira 与神意。希腊式的思维总是以整全的方式来言说的，一个词语的含义常常是某个含义区域的整全，

① Dietrich 对此正中要害地反驳道，moira 似乎也并不编织命运全部的长度，而且神对某一个单独事件的决定的影响也会持续人的一生，参见 B. C. Dietrich，“The Spinning of Fate in Homer”，*Phoenix*，Summer，Vol. 16，No. 2，1962，pp. 86-101。

当古希腊人说“意识”“思维”时就同时表达出了“知识”“善”“欲求”等含义。① 因此我们可以理解荷马史诗中 moira 与神意难解难分并且在文本中仍保持模糊关系，因为“命运”与“神的安排”都可以被 moira 所指示。然而，既然我们发现了在 moira 概念中的多义性（equivocality），我们就可以挖掘其中的张力，并在张力中区分出不同的含义，由此来把握古典命运观。

还是以阿喀琉斯为例子。我们说，阿喀琉斯既是明视的也是目盲的，而这种矛盾的双重性始终伴随着他，让他看得清命运又看不清命运。在阿喀琉斯让帕特洛克罗斯穿自己的铠甲出战这件事中，阿喀琉斯自己是知道命运的预示的，这被涅斯托耳点出：“他若是心里惧怕某个预言，或是他的母亲向他传示了宙斯的旨意。”（11. 794-796）阿喀琉斯知道自己杀死赫克托耳后自己就会死亡，因此在尚未彻底想明白战争与荣誉的意义时自己不出战。但是，他并不知道的是，帕特洛克罗斯替他出战并战死恰恰就是通向自己命运终点的必要前提。他知道自己必然会收获的那份荣耀与死亡，但是并不知道具体要付出怎样昂贵的代价。

由此，我们在这里可以区分出所谓的“命运”的两个不同的方面。一方面是结构性的、抽象的、本质的命运：如何死亡、是否荣耀；一方面是具体性的、内容性的、实存的“命运”：在何种契机之下、以怎样的事件通向死亡、以何种具体的代价获得荣耀。前者是“命运”之“什么”，后者是“命运”之“如何”；明视在于知晓前者，目盲在于看不透后者；前者是 moira，后者主要是宙斯与奥林波斯诸神的意愿。moira 是在出生时注定的、在根本上规定人之为人的性质的；宙斯的意愿是并不在性质上决定一个人，却为一个人增添曲折、幸运、胜利和失败，以作为过程充实通向终点的路途。英雄生命的偶然性之“如何”构成史诗的主要情节，也同理构成宇宙的千姿百态，但在根本上若缺少了 moira 之“什么”，史诗的英雄世界是缺少着秩序和唏嘘的，甚至根本不能成立。这样通过“什么”与“如何”的两个本质属性来区分 moira 与神意，不仅在最大程度上证明了 moira 与宙斯的意愿是必然在性质上不同的，还能够进一步证明 moira 是宙斯所无法干涉的。

“什么”和“如何”的区分是建立在命运的多义上的，然而这样的区分并不能保证时刻有效。悲剧性本身就在于模糊性与多义性。我们可以将阿喀琉斯的悲剧解读为命运使然的天灾，也同样可以解读为诸神算计的“人祸”，moira 的多义性对两种解释保持敞开。为悲剧的核心概念寻找清晰的界定是徒劳的，悲剧本身不可能找到彻底解决矛盾的办法，往往是和解并超越对立，这种和平既无法被完全接受也从未完全消失。因此，多义性与模糊性不仅仅出现在 moira 这个概念中，它本身也使悲剧成为一种自身没有答案的持续探索。多义性、模糊性的前提是预先在场的二元对立。在二元对抗中，模糊性产生，对立之物逐渐溶解。在此处无疑也是如此，moira 的多义性预设了人与神的对峙，但随着故事的发展，我们发现不再能区分阿喀琉斯是人还是神，当人神的界限被模糊、命运与神意交织在一起，史诗的悲剧性就出现了。僭越界限的人会得到惩罚，命运被神意推动着实现。

如果我们接受英雄悲剧的关键就在于整全式概念的模糊性与多义性，那么仅仅通过理

① 正因如此，对于柏拉图而言，通种的出现是必然的。因为在柏拉图的存在巨链结构中，最上层的概念总是牵涉着其他的同级概念而被表达的，因此最高种之间一定会形成通种。

解 moira 概念，就能够获得一套理解古希腊史诗与悲剧的范式。

六、结论

《伊利亚特》的主角并不是凡人，而恰恰因为主角是非人，我们才能够从一个超逾的角度，讨论人的界限。规定界限者不在界限之中，所以当我们用形容界限中的存在者——人与神——的话语去言说界限之外者时，总是力不从心。界限之外者，即 moira，凡人看不透，但在神性、荣耀与死亡的纠缠中，人对界限有了把握。这就是为什么，对界限的理解必须从 moira 开始。moira 是在出生时确定的，并且具有“分配”“地位”的意义，也即是指向界限。其次，进入命运者必将受到伤害或面对自己的死亡。最后，死亡的到来也意味着僭越的发生，因此，理解死亡伴随着理解僭越，理解死亡就是知晓何为超逾界限。当英雄理解并接受了作为界限的死亡，成神的僭越就发生了。这即是 moira 如何作为秩序贯穿生命，并且超越于人与神。

根本上说，moira 是“命运”之“什么”，神意是“命运”之“如何”。moira 就是存在于自由意志和因果性之间的东西，因为它规定终点和目的，但并不规定以什么行动、如何通往目的，也不负责行动和目的之间的关联。这种命运观植根于希腊的多神论，是处于一神论和无神论之间的产物。多神论的本质就是无神论，但其中又承认着某种超自然的神秘。换言之，希腊的多神论是承认天启和半神的无神论。因此，神意与人的算计间的区别是值得怀疑的①，而 moira 平等地降临在各位身上，无论是人还是神。

通过追问命运，我们发现《伊利亚特》一直提供了两种阅读的视角。命运总是与荣耀和死亡相连，从神的视角看：成神；从人的视角看：死亡。“如果以神的标准来看待的话，人类境遇是颠倒的——无论人是如何快乐和伟大——在神眼里却恰恰相反。”② 以同样的理由，品达在《皮托凯歌》第八歌中唱道：“活在时日中的我们啊！谁算个什么？谁又不算？人乃魂影之梦。”

让我们结束于阿喀琉斯充满神性的一句话：“朋友啊，你也得死，为何这样悲伤？”(20.106)

参考文献：

[1] [古希腊] 荷马著：《伊利亚特》，罗念生、王焕生译，人民文学出版社 1944 年版。
[2] [英] 康福德著：《从宗教到哲学——西方思想起源研究》，曾琼、王涛译，三联书

① 阿伦斯多夫（Peter J. Ahrensdorf）就曾指出，荷马在描绘诸神安置人类时，事实上却在写人类的卓越超越诸神，人的本质并非低于诸神。尽管有些夸大，但阿伦斯多夫敏锐地在人类的德行中发现了希腊多神论中神与人的优先性多次出现交错。参见［英］阿伦斯多夫著：《荷马笔下的诸神与人类德行》，张娟译，华夏出版社 2022 年版，第 79 页。

② ［法］韦尔南著：《古希腊的神话与宗教》，杜小真译，生活·读书·新知三联书店 2022 年版，第 104 页。

店 2014 年版。
[3] [德] 莱因哈特著:《〈伊利亚特〉和她的诗人》, 陈早译, 华东师范大学出版社 2021 年版。
[4] [法] 韦尔南著:《古希腊的神话与宗教》, 杜小真译, 生活·读书·新知三联书店 2001 年版。
[5] [英] 劳埃德·琼斯著:《宙斯的正义》, 程志敏译, 华夏出版社 2020 年版。
[6] [英] 多兹著:《希腊人与非理性》, 王嘉雯译, 生活·读书·新知三联书店 2022 年版。
[7] [意] 莫斯特著:《从荷马到希腊抒情诗: 格兰·莫斯特古典学论文选》, 高峰枫等译, 北京大学出版社 2021 年版。
[8] [法] 韦尔南著:《古希腊神话与悲剧》, 张苗、杨淑岚译, 华东师范大学出版社 2016 年版。
[9] [德] 海德格尔著:《路标》, 孙周兴译, 商务印书馆 2000 年版。
[10] [法] 马塞尔·莫斯、亨利·于贝尔著:《献祭的性质与功能》, 杨渝东、梁永佳、赵丙祥译, 广西师范大学出版社 2007 年版。
[11] 程志敏、郑兴凤:《法律何以成为正义——从 themis 到 dike》, 载《重庆广播电视大学学报》2012 年第 24 卷第 3 期。
[12] 潘亦婷:《〈奥德赛〉中的 daimon》, 载《古典学研究》2021 年第 1 期。
[13] B. C. Dietrich, *Death, Fate and the Gods: the Development of a Religious Idea in Greek Popular Belief and in Homer*, London: Athlone Press, 1965.
[14] Nilsson, *History of Greek Religion*, London: Clarendon Press, 1949.
[15] A. W. Adkins, *Merit and Responsibility*, Chicago: University of Chicago Press, 1975.
[16] Farnell, *The Cults of the Greek States*, Cambridge: Cambridge University Press, 2010.
[17] Nagy, *The Best of Acheans*, Baltimore: Johns Hopkins University Press, 1998.
[18] Charles P. Segal, "Reviewed Work (s): B. C. Dietrich", *The Classical World*, Vol. 59, No. 9, 1966.
[19] James Duffy, "Homer's Conception of Fate", *The Classical Journal*, Vol. 42, No. 8, 1947.
[20] B. C. Dietrich, "The Spinning of Fate in Homer", *Phoenix*, Summer, Vol. 16, No. 2, 1962.
[21] F. A. Wilford, "Daimon in Homer", *Numen*, Vol. 12, 1965.
[22] A. W. Adkins, "Values, Goals and Emotions in the Iliad", *Classical Philology*, Vol. 77, No. 4, 1982.

高尔吉亚“三个命题”中的辩证法

● 龙颖琳*
（武汉大学 哲学学院）

【摘 要】
高尔吉亚“三个命题”中的辩证法要素长期以来不被关注。通过对巴门尼德肯定的“自身同一的存在”和“思维与存在同一”原则的扬弃，高尔吉亚发现了存在、思维和语言中蕴含的否定的辩证要素，并通过“三个命题”形成了自己的否定的辩证法，推动了辩证运动进入否定阶段。但高尔吉亚立足于感觉论之上，没有通过否定性、间接性走向辩证法的对立统一阶段，而是由此回到了实际上不具有确定性的感性中，这便是高尔吉亚否定的辩证法的局限性，这一局限性为柏拉图推进辩证法的发展奠定了基础。
【关键词】
高尔吉亚；否定的辩证法；“三个命题”；巴门尼德

一、高尔吉亚“三个命题”中辩证法要素研究的缺位

高尔吉亚是智者运动的代表，他以修辞学和论辩术闻名希腊。在哲学史上，他最著名的哲学思想当属记载于《论存在或论自然》的三个命题：“第一个是：无物存在；第二个是：如果有某物存在，这个东西也是人无法认识的；第三个是：即令这个东西可以被认识，人也无法把它说出来告诉别人。”① 高尔吉亚以较为严密的逻辑推理，批判了巴门尼德的存在论。

高尔吉亚被视为感觉论者、相对主义者，因其著作大多佚失，且其在哲学发展史上作为一股破坏和否定的力量，所以人们对他的关注不如对其他哲学家那般多。在古希腊，高尔吉亚主要是作为其他哲学家的配角登场：他作为智者群体的代表之一，被苏格拉底、柏

---

* 作者简介：龙颖琳，武汉大学哲学学院外国哲学专业2022级硕士研究生。

① 北京大学哲学系外国哲学史教研室编译：《古希腊罗马哲学》，商务印书馆2021年版，第144页。

拉图和亚里士多德等人批判①，以及被怀疑论者推崇。② 虽然智者的论辩术对古希腊辩证法的发展贡献极大，但作为“破坏者”，高尔吉亚更多地只能以“捍卫人的地位的相对主义者”得到一些赞扬。此后，学者们对高尔吉亚的关注沉寂了很长一段时间。直至近代，康德在《纯粹理性批判》中考察了理性宇宙论的二律背反，重新讨论了发端于爱利亚学派与高尔吉亚争论中展现出来的人类思维中的矛盾。黑格尔对高尔吉亚作了较为全面的评价，在黑格尔历史与逻辑统一的哲学体系中，高尔吉亚的思想作为哲学发展的一个阶段，被置于精神成长的体系中，成为绝对理念显示自身辩证运动的佐证材料。“三个命题”作为一个前后关联的整体，在更加纯粹的概念运动中显示了存在的“非自在性”③、认识的间接性和语言的否定性，命题自在地包含着自我否定的要素，这种否定性推动着命题的自我扬弃，向着普遍的真理进发。但由于高尔吉亚不能脱离感觉论的束缚，他的“三个命题”因此无法调和对立的矛盾，无法对感性阶段进行超越，最终被后来的哲学理论扬弃。

在黑格尔之后，学界对高尔吉亚“三个命题”的关注主要有几个方面。

第一个方面从哲学史的角度出发④，通过研究历史上几次重要的哲学转向，联系高尔吉亚的“三个命题”，说明了哲学史中始终在场的高尔吉亚思想的影子。但这只展现了西方哲学一脉相承的连续性，这样泛化的讨论对高尔吉亚命题的介绍是片面的，缺乏联系性和系统性。第二个方面则是从语言哲学的角度出发，对高尔吉亚的“三个命题”进行分析。何博超通过对高尔吉亚“三个命题”进行严格且规范的翻译，从语言哲学的视角呈现高尔吉亚“三个命题”中对“存在的含义与性质”“语言和思维的限度”“存在与语言的关系”等问题的考究，在用现代的眼光对高尔吉亚立足于感觉论进行批判的同时，指出被困在修辞术中的语言有超出高尔吉亚所想的力量。⑤ 李国山从语言批判的角度，揭示了巴门尼德“语言、思想和世界三界同一”的原则，通过分析高尔吉亚对这一原则进行的攻击，不仅发现了高尔吉亚重视语言的使用功能，贬抑语言的表意作用，还发现了巴门尼德“三界同一”原则的牢固性。⑥ 胡志刚通过对比高尔吉亚与公孙龙的思想⑦，发现了

---

① 柏拉图在《高尔吉亚篇》讨论并批判了高尔吉亚的修辞术；在佚失的作品中，亚里士多德也曾对高尔吉亚的理论进行攻击。

② 高尔吉亚与爱利亚学派对峙的结果——“三个命题”——中酝酿出的思想果实，也因其在感性领域的不彻底性被怀疑论者摘取。以埃奈西德谟提出了怀疑感觉可靠性的十个“老论式”，恩披里克提出了说明理性和逻辑自身悖论的五个“新论式”，相较于高尔吉亚来说，怀疑论者更能代表怀疑主义的观点。

③ ［德］黑格尔著：《哲学史讲演录》（第二卷），贺麟、王太庆等译，商务印书馆1960年版，第34页。

④ 韩秋红、邢立军：《起点即终点——从高尔吉亚的命题看西方哲学的发展轨迹》，载《哲学动态》2006年第4期，第62~68页。

⑤ 何博超：《高尔吉亚〈论不存在〉中的存在问题——兼谈修辞术与哲学之争》，载《哲学研究》2014年第1期，第50~56页。

⑥ 李国山：《高尔吉亚的语言批判及其历史意义》，载《贵州社会科学》2011年第4期，第4~8页。

⑦ 胡志刚：《高尔吉亚和公孙龙语言哲学的同异之辨》，载《学术交流》2016年第5期，第51~55页。

两人的思想在概念与对象、私人语言与公共语言、认识相对主义的问题上有共同之处；通过对两者所处的社会环境和理论旨趣的比较，突出了高尔吉亚哲学的特点；但他错误地认为高尔吉亚否定感性事物的存在，实际上，高尔吉亚的立足点正是重视感性世界的感觉论。从语言研究视角出发的文章逻辑较为清晰严密，对命题内涵、外延和历史的分析与解释有助于我们理解和把握高尔吉亚的“三个命题”。但只重视从语言出发去理解高尔吉亚的命题是片面的，我们应从整体出发，形而上学背景以及辩证法的要素都应纳入对这三个命题的审视中。

第三个方面，则是从辩证法的角度直面高尔吉亚的命题。张尚仁①用马克思主义唯物论的方法对高尔吉亚的命题进行分析，认为高尔吉亚学说中有唯心主义、诡辩论和虚无主义的成分，并从历史的视角说明高尔吉亚的学说在思想发展史上有承前启后的作用。庞学铨重新审视了高尔吉亚的命题，反驳了将高尔吉亚的学说视作不可知论和纯粹消极怀疑论的看法，他运用辩证法的视角，得出高尔吉亚思想中蕴含的“思想的本质就在于间接性”的正确观点。② 然而这一方面的研究成文较早，因研究积累限制，对高尔吉亚命题的背景、出发点、含义、目的和辩证要素把握不准确、不完全。本文的目的，就是在新的学术积累的基础之上，从整体的视角进一步发掘高尔吉亚“三个命题”中的辩证法要素及其局限性。

二、高尔吉亚“三个命题”的背景

在对高尔吉亚的“三个命题”展开讨论之前，我们有必要梳理讨论的背景。

第一，高尔吉亚的命题是在巴门尼德肯定的“自身同一的存在”和“思维与存在同一”理论的基础上提出的。巴门尼德在其著作《论自然》中提出过对存在的看法③：首先，存在物存在，人不能认识非存在，也不能把它说出来；其次，思维和存在是同一的；最后，存在是不生不灭、完整、唯一、不动、无限不可分的。巴门尼德以理性为真理的标准，认为感性在变动不居的现象中充满着矛盾，只能带来不真的意见，所以只能排斥感性，寻找那一直在场的肯定的“自身同一的存在”。与认为感性实在才具有确定性的质料主义相反，巴门尼德很敏锐地意识到：我们实际上真正能把握、谈论的东西是进入思维内并被确定下来的东西，而不是常识所认为的自在的感性事物，由此，“真正的哲学思想从巴门尼德起始了”④。在巴门尼德看来，现象世界是变化的和矛盾的，而“存在”在思维中才能获得确定性和非矛盾性，我们可以设想，在巴门尼德的理论中，无矛盾的思维与

---

① 张尚仁：《试论高尔吉亚的三个命题》，载《武汉大学学报》（哲学社会科学版）1981 年第 2 期，第 16~22 页。

② 庞学铨：《对高尔吉亚思想的再认识》，载《杭州大学学报》（哲学社会科学版）1987 年第 2 期，第 25~32 页。

③ 北京大学哲学系外国哲学史教研室编译：《古希腊罗马哲学》，商务印书馆 2021 年版，第 51~57 页。

④ ［德］黑格尔著：《哲学史讲演录》（第一卷），贺麟、王太庆等译，商务印书馆 1960 年版，第 296 页。

"自身同一的存在"形成了一个互相支撑的结构；高尔吉亚正是从存在和思维中蕴含的矛盾来展开对巴门尼德存在论的批判，从而得出了蕴含着否定的辩证要素的"三个命题"。高尔吉亚从巴门尼德的存在论出发，用否定的方式扬弃了巴门尼德肯定的"自身同一的存在"和"思维与存在同一"理论，唤醒其中蕴含的辩证要素，向着辩证法的否定阶段攀升。

第二，高尔吉亚的论证借鉴了爱利亚学派的纯粹逻辑推理。爱利亚学派的芝诺完全无视感性的现实事物，纯粹从逻辑上对巴门尼德的观点进行辩护，从芝诺的四个悖论——两分法悖论、阿喀琉斯追龟、飞矢不动、运动场悖论——之中可以看到，芝诺通过在现象层面产生的矛盾，证明运动的不可能以及存在的完整、自身同一和确定。对芝诺悖论展开讨论不属于本文的任务，矛盾一方面为芝诺提供了辩护的手段，另一方面则为高尔吉亚提供了批判的手段，芝诺用矛盾返回到肯定，而高尔吉亚用矛盾反对肯定走向否定。高尔吉亚对爱利亚学派推理方式的借鉴不是重点，批判其存在学说才是重点。同样的论证方式可以得出完全相反的结论，从时间上来说，芝诺的论证在前，高尔吉亚的对位论证在后，存在和思维中蕴含的矛盾或许在芝诺那里是不明晰的，但是在高尔吉亚那里是确定的。换言之，高尔吉亚正是意识到存在和思维中蕴含着矛盾，才利用矛盾达到自己批判的目的。所以，将目光集中于高尔吉亚的论证是否严密是不明智的，据此来反驳高尔吉亚命题的做法实际上掉入了虚空打靶的陷阱里。

第三，高尔吉亚的立足点是感觉论。高尔吉亚是恩培多克勒的弟子，在《美诺篇》中，柏拉图明确地指出，高尔吉亚关于知觉理论的说明是以恩培多克勒的理论为基础的，恩培多克勒主张认识上的流射论：自然对象的一个或多个流射物进入了人体的孔道或通道，并与之完全匹配，然后提供给我们知觉。虽然高尔吉亚没有留下自己的感觉论证，但可以从相关的文献中窥见一斑。智者运动的主流思想是感觉论的相对主义，作为智者运动的代表之一，高尔吉亚在三个命题的论证中也运用了感性的例证，变动不居的感性现象蕴含的矛盾给运动留下了余地，运动则给辩证法的发展带来了可能。只有明确高尔吉亚的立足点，在分析高尔吉亚的命题时才能理解他讨论的目的和归宿。如果不考虑感性这个要素，单纯地从命题出发，那只能得到突兀的妄断。巴门尼德与高尔吉亚并非独断地作了论述，前者为了寻求确定性而排斥了矛盾且变动不居的感性，后者则基于存在和思维自身的矛盾批判了前者确定的存在。最终，巴门尼德立足于逻各斯中完整、不生不灭、不可分的存在，高尔吉亚则立足于给感官带来真实性的感觉，虽然这种感觉并没有真正意义上的确定性。

三、高尔吉亚"三个命题"中蕴含的辩证法

高尔吉亚"三个命题"的内容为：

第一，无物存在；

第二，如果有某物存在，这个东西也是人无法认识的；

第三，即使这个东西可以被认识，人也无法把它说出来告诉别人。

（一）关于“存在”命题中的辩证法

高尔吉亚的第一命题是：“无物存在”，这是从“物”（“存在”）出发，对巴门尼德“自身同一的存在”的直接反击。智者们虽运用辩证法揭示了思维中“存在”显现出的相对性，但如果直接从思维与存在的关系出发来辩驳一个自在的“存在”，那么这实际上与巴门尼德的话题无关；要反驳巴门尼德的存在论，就要进入巴门尼德的语境中，从“自身同一的存在”出发，让“存在”自己反驳自己。与普罗泰戈拉相比，高尔吉亚的辩证法更加纯粹地在概念中运动，他让“存在”展开自身，并发现包含在“存在”自身内的否定的辩证要素。

高尔吉亚设定了“存在”的三种可能的状态，并从这三个方面来论证“无物存在”：第一，“非存在”是没有的。第二，“存在”是没有的。第三，没有“存在”同时又是“非存在”。我们需要对它们进行分析。

首先，“非存在是没有的”。这个命题的真值在常识看来显而易见，但高尔吉亚并不在常识的范围内讨论这个命题，他要让“非存在”显现出自身的矛盾，自己否定自己。这个命题有两层含义：其一，“非存在”作为“非存在”时，它就作为一个“存在”而存在了，在这个“非存在”中通过“非”来否定存在自身，于是“否定存在”和“存在”是同一的，但同一只能是一，而“非存在”是“二”，于是“存在”不是自身同一的，产生了矛盾，是故“非存在”是没有的。其二，从巴门尼德对“非存在”的定义出发，“非存在”是变动不居的现象，与具有确定性并能够持存的“自身同一的存在”相异，现象自身包含着矛盾，因而是不自身同一、无确定性的、易逝的，所以作为现象的“非存在”显然是没有的。

其次，“存在是没有的”。高尔吉亚在这里将目光转向存在的属性，试图发掘其中蕴含的矛盾。在这个论证中，高尔吉亚从质与量两个方向分别提出了三个小命题。

从质的方面来看：

(1) 如果“存在”是“非派生”的，那么“存在”便是在时间之外的。在高尔吉亚看来，“在时间之外的”即是“无限的”，“地方”（“存在的处所”）必须大于“存在”本身，但没有比无限更大的东西，所以“存在”不在任何“地方”，“存在”因此不存在。高尔吉亚对“地方”与“存在”的区分，无疑同巴门尼德将“存在”描述为“永远固定在同一个地方”① 相关，在巴门尼德的存在论中，“存在”是与“地方”紧密关联的。高尔吉亚在“存在”的“非派生”属性中揭示了“地方”与“存在”的矛盾，排除了“非派生”的“存在”。

(2) 如果“存在”是“派生”的，那么“存在”便是在时间之内的（有限的），它就有一个开端，这个开端派生了“存在”。但其一，“存在”不能从“存在”中产生，因为按照巴门尼德对“存在”的定义，“存在”是不生不灭的永恒存在。其二，“存在”也不能从“非存在”中产生，因为巴门尼德认为“不容许从非存在物中产生出任何异于非

① 北京大学哲学系外国哲学史教研室编译：《古希腊罗马哲学》，商务印书馆 2021 年版，第 54 页。

存在物的东西来”①，是故“非存在”不能使“存在”产生。高尔吉亚在“存在”的“派生”属性中揭示了“存在”与其开端的矛盾，排除了“派生”的“存在”。

(3) 如果“存在”既是“非派生的”也是“派生的”，那么就直接显现出了自身的矛盾，因为“派生”与“非派生”这两个属性是对立的、矛盾的，是“二”不是“一”，与“自身同一的存在”不符合，由此这种可能的“存在”也被排除。

巴门尼德认为“自身同一的存在”在质上是“非派生的”和“有限的”，但他只看到了“存在”在“质”的阶段的一个方面。高尔吉亚通过揭示“质”之中“派生”与“非派生”“有限”与“无限”“地方”与“存在”之间的矛盾，揭示了“存在”非“自身同一”的一面。

从量方面来看：

(1) 如果“存在”是一个，那么“存在”便有一个一定的量，既然如此，“存在”便是不可分的。这个具有一定量的“存在”有三种状态：其一，它是连续的，但“连续的”代表着“可分的”，与“不可分”的“一定的量”产生了矛盾。其二，它是一个“大小”，但“大小”也代表着“可分的”，亦与“不可分的”性质产生了矛盾。其三，它是一个“物体”，但“物体”具有“大小”“广度”“厚度”这三种属性，这三种属性都包含着“可分的”性质，与“不可分的”性质产生了矛盾，如果没有这三种属性，“物体”则不存在。由此可见，“存在”不是“一个”。

(2) 如果“存在”是“多个”，也即“可分的”，那么“存在”亦不存在，因为“多”是许多个“一”的总和，取消了“一”，就取消了“多”。由此可见，“存在”也不是“多个”。

(3) 如果“存在”既是一个也是多个，这一命题中蕴含的矛盾是显而易见的，是故这种可能亦是被高尔吉亚排除的。

巴门尼德认为“自身同一的存在”在量上是不可分的，但他只看到了“存在”在“量”的阶段的一个方面。高尔吉亚通过揭示“量”之中“一”与“多”“连续”与“可分”的对立，揭示了“存在”非“自身同一”的一面。

矛盾的产生摧毁了巴门尼德式存在的根基，是故存在也是没有的。

最后，“没有存在同时又是非存在”。“存在”和“非存在”是对立的，如果“存在”既是存在又是非存在，那么“存在”与“非存在”便是同一的，然而它们的确是“二”而非“一”，所以“存在”与“非存在”便不是同一的，所以“没有存在同时又是非存在”。

综上，高尔吉亚通过论证“存在”的非“自身同一”，从而得出“无物存在”的结论。在此之前，普罗泰戈拉曾说过：“没有东西是自在自为的单一”，因为在他看来，一切都是处在关系中相对的。黑格尔认为，这表明了普罗泰戈拉认为确定的东西并不被理解为自身同一者。② 也就是说，普罗泰戈拉通过相对主义发现了物的自身的“非自身同

① 北京大学哲学系外国哲学史教研室编译：《古希腊罗马哲学》，商务印书馆 2021 年版，第 53～54 页。

② ［德］黑格尔著：《哲学史讲演录》（第二卷），贺麟、王太庆等译，商务印书馆 1960 年版，第 30 页。

一”。“非自身同一”意味着，“存在”包含着矛盾，处于逻辑起点的、肯定的“自身同一的存在”不可避免地自我否定。高尔吉亚正是沿着普罗泰戈拉的道路，在更为纯粹的层面揭示了“存在”的“非自身同一”。然而高尔吉亚只强调“存在”自身蕴含的对立，并认为这种对立是不可调和的，所以他只是辩证运动否定阶段的代表，因而无可避免地带有局限性，但这一局限性也催促着辩证运动对立统一阶段的到来。

（二）关于“思维”命题中的辩证法

高尔吉亚的第二命题是：“如果有某物存在，这个东西也是人无法认识的”，高尔吉亚认为：如果我们所想的东西并不因此存在，我们便无法思想到存在。这是从思维与存在的关系入手来对巴门尼德“思维与存在同一”理论进行批判。

高尔吉亚设定了思维与存在关系的两种可能状态：

（1）从思维的方面看，如果思想的东西真实存在，那么我们所想的东西便都存在了，但我们思想中“会飞的人”与“在海上行驶的车”并不真实存在。按照巴门尼德“思维与存在同一”的观点，“你绝不能遇到一个思想是没有它所表达的存在物的”①，思维与存在是互相肯定并互相支持的，两者形成了一个拱立的结构，缺一不可。但高尔吉亚在此揭示出，思维对存在的肯定和支持是不可靠的，因为思维所想的东西并不真实存在；思维和存在之间产生了矛盾，即思维在此否定了存在。于是“思维与存在同一”的结构便被破坏，所以思维与存在关系的这一可能状态是要被排除的。

（2）从存在的方面看，如果我们所想的东西真实存在，不存在的东西就思想不到了，然而“六头十二足的女妖”和“吐火怪兽”等非存在却能够被我们思想。巴门尼德认为，非存在不能被思维，但高尔吉亚却揭示出非存在对思维的支持，“思维与存在同一”的结构亦被破坏，思维与存在之间产生了矛盾，即存在在此否定了思维，所以思维与存在关系的这一可能状态也是要被排除的。

综上，高尔吉亚通过揭示思维与存在两种可能的关系中存在的矛盾，对巴门尼德“思维与存在同一”的原则进行了批判。认识活动的两个部分——思维和存在——之间的矛盾，从作为认识活动的整体来看，即是认识活动自身内在固有的矛盾，认识活动与自身对立，自己否定着自己。由此，高尔吉亚扬弃了巴门尼德的理论，将辩证运动推至否定的阶段。

学者们对高尔吉亚的第二个命题通常有两种态度：其一，反对方主要从对“存在”的定义入手，如：将“存在”的外延扩大，把思维中的存在纳入讨论的范围内，认为高尔吉亚的反驳存在着谬误。其二，支持方主要从人类感官和思维的局限性入手，通过高尔吉亚的批判来取消人类认识的可能性，并走向虚无主义。然而，这两方都没有发现高尔吉亚在此命题中的洞见。黑格尔认为，高尔吉亚在此进行了一场论战来反对绝对实在论②。

---

① 北京大学哲学系外国哲学史教研室编译：《古希腊罗马哲学》，商务印书馆 2021 年版，第 54 页。

② ［德］黑格尔著：《哲学史讲演录》（第二卷），贺麟、王太庆等译，商务印书馆 1960 年版，第 39 页。

绝对实在论认为，当对一个事物进行思维和表象时，就能直接把握到事物本身，但实际上认识只能表象到相对的东西，相对的东西实际上是指：当事物被当成对象时，事物进入与思维的关系中，并在这种关系中以思维能够接受的形式展现自身。黑格尔在《精神现象学》的“感性确定性”部分，通过区分感性直观和真正能把握到的东西，说明了思维真正能把握到的实际上是间接的和普遍的共相，而不是直观本身，如：我们能把握到一个三角形的概念，但在现实中这个三角形并不存在；反过来说，现实中的三角形被把握时，并不是现实中的样子，而是作为一个“理想”的概念进入思维中。高尔吉亚的第二命题虽然达不到德国观念论的高度，但是它初步地指出了思维与存在之间的距离，这种距离实际上是思维与存在的相互否定；它还初步地指出这样的距离并不是要走向不可知论，而是要对认识的确定性和真理的根据进行考察，从而找到能建立起认识的立足点。黑格尔选择的立足点是自在自为、自我中介的、普遍的绝对理念；而高尔吉亚选择的立足点是带来感性直观的感觉，面对包含着矛盾的存在和思维，感性带来的直接的确定性在他看来似乎是更加真切的；在黑格尔看来，高尔吉亚向感性退的这一步使他的理论陷入了近代的坏的唯心论之中①，这种唯心论认为被思想的东西都是主观的，并没有客观存在，所以通过思维，人把存在的东西变成不存在的被思想的东西。高尔吉亚批判了巴门尼德的“思维与存在同一”理论后，试图通过退回感性来远离“不存在的被思想的物”，但感性认识一开始得到的是感性直观，感性直观与能够被把握、确定下来的东西不同，感性的确定性并不在于感性直观，而在于被中介了的、进入思维的、带有普遍性的共相。高尔吉亚退回感性的选择使他的理论未能向辩证运动下一阶段迈进，因而带有局限性。

（三）关于“语言”命题中的辩证法

高尔吉亚的第三命题是：“即使这个东西可以被认识，人也无法把它说出来告诉别人。”巴门尼德认为存在是可思维、可言说的，非存在是不可思维、不可言说的，在这样的表述中蕴含了语言与思维、存在的同一性，在此可概括为“语言与存在同一”。高尔吉亚由此从语言和存在的关系着手，对巴门尼德“语言与存在同一”的观点进行批判。

高尔吉亚首先论述感官与感官对象的联系，如视觉对应的是可见的东西，听觉对应的是可闻的东西，可见的东西和可闻的东西是不一样的。这种联系暗藏着高尔吉亚将要讨论的命题的前提：表达的手段与指称对象是同质的，也即具有某种同一性，如果两者之间不具备同一性，那么表达手段表达指称对象则是不可能的。在这样的前提下，高尔吉亚设想了作为表达手段的语言与作为指称对象的存在关系的两种可能状态：

（1）当语言不是一种存在的东西时，它便是某种存在的附属，只与那个存在同质，而不与另一个存在同质。于是，语言便有两种状态：第一，语言若作为认知主体的附属，即语言在我们之内，则语言只能表达与主体同质的东西，不能传达与主体异质的其他存在的东西，语言是异于存在的东西的，所以我们告诉别人的只是语言，而不是我们之外的存在；通过这种异质性，主体以语言为中介，对作为对象的、外在于自身的存在进行了否

① ［德］黑格尔著：《哲学史讲演录》（第二卷），贺麟、王太庆等译，商务印书馆1960年版，第39页。

定，亦是语言对存在的否定。第二，语言若由感性事物刺激我们产生，即语言在我们之外，如此，语言便成为我们以外的东西的附属；由于感性事物的刺激只能通过感官传达给我们，那么由感性事物刺激产生的语言只能通过感官间接地转达给我们，我们就只是拥有感官带来的感觉，而不能真正得到语言。外在的、作为对象的“存在”通过将语言收归于自身，并通过感官对语言的中介来否定语言的直接存在，使主体最终失去了作为表达手段的语言。高尔吉亚在这里将认识活动中的认知主体和认知对象作为异质的存在对立起来，将语言作为表达的中介分别归属于其中的一方进行探索，从两者的对立中引申出了依附于其上的语言与存在的异质、对立，由此否定了语言表达所指称的对象的能力，完成了对巴门尼德“语言与存在同一”的批判。

（2）当语言是一种存在的东西时，它便与其他存在的东西不同，语言和其他存在便是异质的“二”而不是同质的“一”，两者之间亦不能建立起同一的关系，由此，语言只能表明语言本身，不能表达其他的事物，其他的事物也由于它们之间的异质性，也不能互相表明它们的性质。高尔吉亚在这里仍然使用了突出矛盾和对立的方法，将语言和存在之间的异质性突出，体现出两者之间互相否定的外在的关系，从而批判巴门尼德的同一性原则。

高尔吉亚洞察到了语言和存在之间的距离，语言作为中介所含的间接性和普遍性也因此得到揭示，普遍的语言乃是对存在的直接性的否定，但这一思想在其论述中是隐而未发的。高尔吉亚虽然揭示了语言和存在之间的对立，但他在对巴门尼德的否定中停住了脚步，没有从这种看似绝对的对立中寻找弥合割裂的路径。如果不了解高尔吉亚思想中感觉论的要素，他的停留是难以让人理解的，但正是这种停留反映了高尔吉亚理论的目的和归宿：向感觉论的回归。高尔吉亚扬弃了巴门尼德“自身同一的存在”和“思维与存在同一”的理论之后，转向了更为人所亲近的、变动不居的感觉之中。从黑格尔辩证法的角度来看，困于感觉论的高尔吉亚也因此陷入康德式的不可知中，保持在一种消极的认识上停滞了。

（四）作为整体的“三个命题”

高尔吉亚的“三个命题”并不是割裂的，而是一个有机的整体。巴门尼德“自身同一的存在”和“思维与存在同一”理论决定了高尔吉亚辩驳的顺序：存在—思维—语言，存在作为第一命题，奠定了整体的基调。存在的“非自身同一”在根本上决定了它所呈现出来的样态，思维对存在的表象和语言对存在和思维内容的表达内在地包含着“存在”自我否定导致的矛盾和对立。进入认识活动的“存在”在最初不可避免地被设定为思维（认识主体）和存在（对象）两方，“存在”自我否定的本性扬弃了思维与存在的原初同一性，使得思维与存在处在矛盾之中。思维与存在的矛盾实际上是“认识活动”这一整体自身内在的矛盾，在“认识活动”这个“存在”进入的新的整体里，部分的互相否定，就是作为整体的“存在”的自我否定。语言作为中介，自身蕴含的间接性和普遍性就是一种否定性。在“存在—思维—语言”的整体中，语言作为存在和思维的手段和载体也表达了思维与存在蕴含的否定要素。

总之，高尔吉亚的“三个命题”不仅各自呈现了否定的辩证要素，而且在整体的意义上，通过存在、思维和语言相互交织所呈现出来的整体中部分的互相否定，展现出了命题整体自身的自我否定、自我扬弃。虽然高尔吉亚的“三个命题”充斥着矛盾和对立，但他无意将自己的命题向更高的辩证阶段推进，所以在其中蕴含的辩证法仅是一种否定的辩证法，它达到否定的阶段后就不再寻求自身的扬弃，仍然保留着外在化与割裂的局限性。

四、辩证法视野中高尔吉亚“三个命题”的进步与局限

对高尔吉亚的“三个命题”的评价必须要在哲学史中进行，我们可以从辩证法的视角，通过“巴门尼德—高尔吉亚—柏拉图”这条脉络来总结“三个命题”中辩证运动的发展情况。

巴门尼德的存在论使真正的概念运动开始了。他排除掉无法把握的变动不居的现象，第一次找到了辩证运动的起点，即原初的、肯定的“自身同一的存在”。他还揭示了“思维与存在同一”的原则，这是认识得以可能的根据。然而，高尔吉亚否定的辩证法揭示了“存在”自身蕴含着矛盾，巴门尼德的“存在”自己否定了自己，即“存在”并非“自身同一”。在扬弃“自身同一的存在”后，“思维与存在同一”原则也需要经受否定的辩证法的检验。高尔吉亚从思维和存在的关系入手，通过矛盾揭示两者之间的矛盾，间接地指出了认识是对直接的“自身同一的存在”的否定；能被认识的是进入思维的存在，进入思维的存在是被中介了的存在，被中介了的存在是被思维扬弃掉直接性的“自身同一的存在”。基于这一点，作为思维手段和载体的语言，通过作为中介的、间接的自身表达了这一否定。总之，高尔吉亚通过揭示巴门尼德存在论中蕴含的矛盾，扬弃了巴门尼德开辟的辩证运动肯定的第一阶段，将辩证运动推至否定的第二阶段，这是对辩证法的发展。

然而，高尔吉亚的否定辩证法却因其感觉论的立场，没有向下一阶段推进。高尔吉亚虽然扬弃了“自身同一的存在”，但他却停留在矛盾的绝对对立，在割裂中回归变动不居的感性现象，舍弃了包含自我否定在内的“存在”。在对思维和存在关系的考察中，高尔吉亚不自觉地发现了认识的对象是被否定了的“自身同一的存在”，但他将认识中包含的间接性和否定性这个正确发现当成无法认识的论据，再一次为自己的感觉论论证。高尔吉亚对语言的讨论富有见地地区分了语言与指称对象，但这种区别揭示的语言自身的否定性、间接性和普遍性并没有帮助高尔吉亚提升否定的辩证法，所以这种区别也成为在绝对对立面前不可知的论据，使推崇论辩术的高尔吉亚向感觉论回归。高尔吉亚回到了在辩证运动开始就被巴门尼德扬弃的变动不居的感性存在，错失了将辩证法进一步推进的机会。在高尔吉亚之后，柏拉图在《巴门尼德篇》和《智者篇》中，讨论了理念自我否定和对立统一的性质，扬弃了高尔吉亚的否定的辩证法，将辩证法推向了一个高峰。

从辩证法的视角对高尔吉亚的“三个命题”进行考察，有助于理解其命题的含义，以及它们在辩证运动中所处的位置和所发挥的作用。高尔吉亚否定的辩证法虽然止步于感觉论，但它在辩证运动中起到了承前启后的作用：它扬弃了巴门尼德的存在论，揭示了事物的自我否定和内在对立的性质，为柏拉图将辩证法推至新的阶段奠定了基础。同时，高

尔吉亚对巴门尼德提出的“思维与存在同一”的批判，使得“思维与存在同一”这个西方哲学一脉相承的传统不断完善自身，并作为根据一直支撑着可知论的发展。最后，高尔吉亚的“三个命题”作为辩证运动中否定环节的重要例子，对其进行研究，为研究辩证法提供了思想资源，有助于我们加深对辩证法的理解和梳理辩证法发展的历史，更有助于推动辩证法的进步。由此可见，发掘高尔吉亚的“三个命题”中辩证法的否定要素，有着重要的学术价值。

参考文献：

[1] [古希腊] 柏拉图著：《柏拉图对话集》，王太庆译，商务印书馆 2019 年版。

[2] 北京大学哲学系外国哲学史教研室编译：《古希腊罗马哲学》，商务印书馆 2021 年版。

[3] 苗力田主编：《亚里士多德全集》（第 7 卷），中国人民大学出版社 1993 年版。

[4] [德] 黑格尔著：《哲学史讲演录》（第二卷），贺麟、王太庆等译，商务印书馆 1960 年版。

[5] [德] 黑格尔著：《小逻辑》，贺麟译，商务印书馆 1980 年版。

[6] [德] 黑格尔著：《精神现象学》，先刚译，人民出版社 2015 年版。

[7] [德] 康德著：《纯粹理性批判》，邓晓芒译、杨祖陶校，人民出版社 2017 年版。

[8] 韩秋红、邢立军：《起点即终点——从高尔吉亚的命题看西方哲学的发展轨迹》，载《哲学动态》2006 年第 4 期。

[9] 何博超：《高尔吉亚〈论不存在〉中的存在问题——兼谈修辞术与哲学之争》，载《哲学研究》2014 年第 1 期。

[10] 胡志刚：《高尔吉亚和公孙龙语言哲学的同异之辨》，载《学术交流》2016 年第 5 期。

[11] 李国山：《高尔吉亚的语言批判及其历史意义》，载《贵州社会科学》2011 年第 4 期。

[12] 庞学铨：《对高尔吉亚思想的再认识》，载《杭州大学学报》（哲学社会科学版）1987 年第 2 期。

[13] 张尚仁：《试论高尔吉亚的三个命题》，载《武汉大学学报》（哲学社会科学版）1981 年第 2 期。

[14] Plato, *Gorgias and Timaeus* (*Dover Thrift Editions*), trans. Benjamin Jowett, Dover Publications, 2003.

国家作为伦理的现实
——黑格尔对契约论国家观的批评与超越

● 刘才碧*
（武汉大学 哲学学院）

【摘　要】
社会契约论者们认为，国家是契约的产物。但黑格尔认为，契约论式的国家仍然存在个人意志与集体意志的冲突，这种冲突是意志尚未发展完全的表现。黑格尔由此批评契约论国家观，他在《法哲学原理》中提出了另一种国家观，认为国家是伦理的现实，意志发展的最高阶段，是普遍意志。契约只是意志发展的中介，本质是特殊意志。黑格尔之所以认为国家应当是意志发展的最终阶段，而非契约的产物，与其哲学的两个核心概念相关：理念即实在；意志自身发展所必然经历的普遍性—特殊性—单一性过程。黑格尔将国家视作伦理的现实，是理性精神的必然产物。这一论点解决了契约论中个人意志与集体意志的冲突，在当下仍具有启发意义。
【关键词】
契约；国家；法哲学；黑格尔；自由意志；理念

关于黑格尔的国家学理论，已有诸多学者从不同的角度进行了讨论。在国内学者的讨论中，孙向晨从家庭的角度，强调其中的政治情感，即“爱”在其中起到的实质性作用；① 庄振华认为黑格尔的国家学说关注了群己权界的问题，深刻地为个人与集体之间的关系提供了开放性的解答空间；② 张尧均认为黑格尔国家学说作为新时代的“理想国”，应从古典与现代的转变之中来看待黑格尔精神与现实之间二者的统一性；③ 高兆明从应然的意义上理解黑格尔的国家理论，关注黑格尔在法哲学研究中表现出的特殊性与普遍性相结合的方法立场。④ 国外学者例如泰勒在《黑格尔与现代社会》中，以黑格尔与前人哲

---

* 作者简介：刘才碧，武汉大学哲学学院外国哲学专业 2020 级硕士研究生。

① 孙向晨：《现代社会中的“家庭”及其所代表的伦理性原则——黑格尔〈法哲学原理〉中“家庭”问题的解读》，载《学术月刊》2017 年第 4 期，第 18~19 页。

② 庄振华：《伦理与现代——〈法哲学原理〉“伦理总论”释义》，载《甘肃社会科学》2021 年第 5 期，第 61 页。

③ 张尧均：《现代的理想国——〈法哲学原理序言〉绎读》，载《同济大学学报》（社会科学版）2021 年第 3 期，第 33 页。

④ 高兆明：《黑格尔国家哲学思想的现代解读》，载《伦理学与公共事务》2007 年第 1 卷，第 89 页。

学的观点和精神的发展为切入，阐释了黑格尔之所以批评契约论式哲学家，关键在于他们将意志界定为个人，而非一种超越个人的理性精神。① 科维纲则从黑格尔的客观精神角度切入，阐释其国家学理论的重要性。② 伍德则围绕具体的概念，例如自由意志等问题，将黑格尔的观点进行分析性的解读。③ 之前的学者们关注黑格尔法哲学中对家庭问题、群己权界问题的处理，或从理论思想的来源、精神意志、普遍与特殊相结合等角度进行了讨论，具有重要的贡献。但尚未有文本从黑格尔对契约和国家二者在意志的发展阶段的差异进行比较，挖掘黑格尔将国家作为伦理现实之意义。由此，本文采取与之前学者不同的角度，聚焦于黑格尔国家学说对契约式国家观的批评，关注个人意志与集体意志之间的矛盾问题。通过分析黑格尔用意志的发展来解决这一问题，阐释国家作为伦理之现实的重要意义。

一、社会契约论背景下契约与国家的关系——个人意志与集体意志的矛盾

关于国家的构建问题，霍布斯、洛克、卢梭三者都提出了较为完善的理论。三者都从一种假想的自然状态作为讨论的出发点，最终由个人之间意见的一致，签订契约以建立国家。但这几类以国家作为契约产物的理论，都存在着个人意志与集体意志之间的冲突。

（一）霍布斯、洛克与卢梭的国家观

霍布斯从人天性中的竞争、猜疑与荣誉出发，推演出由此产生的自然状态。自然状态即战争状态，指的是在没有一个凌驾于所有人之上的强大权力的状态下，人人随时都有可能死去。为了避免死亡，人们在自身的理性中发现了保全生命等自然律，其作为理性的一般法则，成为建立契约的基础。契约的产生意味着一个超越所有人之上的至高的存在，被霍布斯称为“利维坦”，其目的是将人们从死亡的胁迫中拯救出来。但与此同时，当利维坦受到攻击时，个人的生命保全则置于对国家的保全之下。在霍布斯国家观念中，正义是对国家法律的服从，此时人们如果选择保全自我，逃避战争，就将成为不义的行动。国家的目的是保全臣民，但当利维坦受到侵害时，臣民需要牺牲自己，保全国家。

洛克以与霍布斯不同的人性论为起点，论述国家的建立。他认为，人生来就处于一种平等而自由的状态，享有保护自己所有物（包括生命）的权利与惩罚他人的权利。为了最好地保障人的自由与平等，保护人们所拥有的财产安全，唯一的办法是同其他人协议组成一个共同体。这一共同体的构建以及其运作都源自个人的同意。但零散个人的同意总有不一致之处，当作为整体的国家和处于国家中的个人意志无法一致时，洛克认为，应当依据大多数人的意志行动。“这就有必要使整体的行动以较大的力量的意向为转移，这个较

① ［加］查尔斯·泰勒著：《黑格尔与现代社会》，徐文瑞译，吉林出版集团有限责任公司 2009 年版，第 119~128 页。

② ［法］让-弗朗索瓦·科维纲著：《现实与理性》，张大卫译，华夏出版社 2018 年版，第 14~33 页。

③ ［美］艾伦·伍德著：《黑格尔的伦理思想》，黄涛译，华夏出版社 2016 年版，第 14~15 页。

大的力量就是大多数人的同意。”① 同理，当人与国家产生冲突时，大多数人的意志具有决定性的作用，少数人成为服从的一方，这将出现少数人的意志无法得到实现的情况。

卢梭提出的国家建构理论综合了前两者，他承认霍布斯所提出的未进入社会状态前的危机情境，认为契约的本质是理性的产物，同时采纳了洛克所提出的人人平等与自由的权利。在未进入社会之前，人类走到了原始状态的末端。在这一情境下，人们试图结合起来以保护自己的财产与个人自由。卢梭面对个人自由的保障与国家集体意志之间的张力问题时，为了协调二者，提出了“普遍意志/公意”（the general will）的概念，并与之前哲学家提出的共同意志相区别。卢梭认为，众意是组成国家的个人之间达成的形式上的一致，侧重于达成一致的形式过程，例如投票。但这个过程可能并不能导向真正的集体之间意志的一致，于是他提出了公意的概念。公意作为普遍意志，有其两方面的体现。普遍意志一方面是个人意志的集合，每个人将自己置于这一普遍意志之下。另一方面，集体意志与个人意志的关系并非简单凌驾于个人意志之上，而是个人与集体统一为一个抽象整体。人进入国家，也就是从小我转化为大我。在大我之中，个人为了自己做出的行动，也同时是为了集体。可见，公意成为协调个人自由与集体意志的关键。卢梭将社会契约的合法性来源建立在人们的公意之上，认为公意是人性的展现。虽然卢梭认为，通过公意这个特殊的中介，人们在以公意为依据建立的国家之中依然享有平等与自由。但需要注意到，“权利平等及其所产生的正义概念乃是出自每个人对自己的偏爱，因而也就是出自人的天性。……公意必须从全体出发，才能对全体都适用”②。由于这种每个人对自己自由的优先考虑和保全，并不能够完全排除个人与集体之间的冲突。所有人都真正达成对于公意的理性认识，并通过理解公意而主动进入国家这一目标在这种优先的自我考虑下是存疑的。虽然公意与众意的区分呈现了一种个别意志和集体意志的差异，但当出现不服从公意的个人意志时，依然有受到全体强迫的可能性。

（二）黑格尔对契约论国家观的批评

关于国家的建构理论，霍布斯、洛克与卢梭都将国家视作契约的产物，通过个人与个人之间意志的一致建立，这种建立体现了个人意志通过契约，达成了集体上的一致。契约成为建立国家的核心环节，作为每个个体以自我直接的意志所达成统一的标志。但黑格尔指出，契约作为处理个人所有权关系的中介，这一集体意志的本质仍是特殊意志。“一方的意志并不与他方的意志同一，而且他自身是并且始终是特殊意志。”③ 这意味着，尽管个人通过契约达成了看似具有普遍性的意志，但本质上，契约所关涉的依然是特殊意志，与真正的普遍意志之间并不相同。

由于契约的本质仍然是特殊意志，将会出现意志与普遍的法相背离的情境，就是不法。“特殊意志既然自为地和普遍意志不同，所以它就表现为任意而偶然的见解和希求，

① ［英］洛克著：《政府论》，叶启芳、瞿菊农译，商务印书馆 1986 年版，第 60 页。

② ［法］卢梭著：《社会契约论》，何兆武译，商务印书馆 1980 年版，第 38～39 页。

③ ［德］黑格尔著：《法哲学原理》，范扬、张企泰译，商务印书馆 1961 年版，第 93 页。

而与法本身背道而驰——这就是不法。”① 由此，不法的出现是由于契约作为关涉特殊意志但又希求达到真正普遍的法，仍不完善（即仍然是特殊意志），出现了与法的背离。这种背离意味着由契约所达成的集体意志并非真正的普遍意志，而是一种偶然的假象。这种假象的破裂在霍布斯的国家理论中表现为当国家与国家之间发生冲突时，国家强权对个人的完全压制，即国家对个人生命权的侵犯。在洛克的理论中表现为当集体中的个人意志出现不一致时，所采取少数服从多数的方法，将使得少数的个人意志无法得到实现。卢梭提出了公意与众意的区分，试图以这个看似超越个人意志集合的内容来解决契约对个人意志的违背。但“我们稍加反思便可发现，同意在经典社会契约理论中的这两种含义看起来是很不相容的。当一个人的理性利益计算和意志的道德决定发生冲突时，他究竟出于什么而同意订立并遵守契约，就成了一个很大的问题”②。契约论者们已经发觉了由契约建立国家所形成的集体意志和作为其合法来源的个人意志之间的矛盾，并提出了解决方案，但这些方法尚且只能作为一种弥补性的措施存在，无法从根本上解决这一问题。

黑格尔所针对的正是这种只能作为弥补性措施的诸多“共识”，以及作为这些共识的本质——特殊意志。无论是少数对多数的服从，或是一种作为某种意义上超越了个人意志的“公意”，这些建构始终都没有超越个人的任意，停留在了意志发展的特殊阶段。黑格尔并不否认在特殊意志的阶段，意志是理性的展现。由此他将意志的发展进行了阶段的划分，对应法发展的不同阶段，将契约置于抽象法阶段。在这一阶段，理性还尚未得到充分的发展，依然存在偶然性和任意性。出于任性的特殊意志，与真正的普遍的法产生背离。而将这一阶段的契约作为国家成立的基础，则会导致国家作为一种外在性的东西而存在，使得存在于这一集体的个人的意志出现与集体意志的冲突。在利维坦中，主权者凌驾于一切臣民之上，臣民处于个人意愿加入国家之后，必须服从主权者的一切行为。“他必须心甘情愿地声明承认这个主权者所做的一切行为，否则其他的人就有正当的理由杀掉他。”③ 臣民无权对国家进行评判，国家作为最高的人格，在这一冲突下以暴力手段对待不服从的臣民。

与契约论者认为国家作为契约的产物不同，黑格尔认为国家应当是意志（客观精神）发展的最终阶段，在这个阶段中，理性超越了之前的偶然性和任意性，达到了真正的普遍性。“国家具有如下社会使命，即保证普遍物控制特殊物。但其特有的政治使命在于在普遍性的环境中促进特殊物与普遍物的统一。”④ 意志达到真正普遍的法的现实，需要经历一个自我的辩证发展历程，表现为抽象法、道德与国家三个阶段。在这一发展的过程中，契约处于第一阶段，仍然具有偶然性和特殊性，与真正的法并不一致。只有通过对前国家阶段的不断超越，克服个人意志中蕴含的特殊性和偶然性，意志在这种对自身矛盾的克服中达到了真正的普遍意志，个人意志与集体意志的矛盾才能得到根本的解决。“主张国家

---

① ［德］黑格尔著：《法哲学原理》，范扬、张企泰译，商务印书馆1961年版，第103页。

② 吴增定：《利益权衡还是道德意志——从黑格尔的角度反思近代社会契约理论》，载《云南大学学报》2018年第5期，第6页。

③ ［英］霍布斯著：《利维坦》，黎思复、黎廷弼译，商务印书馆1985年版，第135页。

④ ［法］让-弗朗索瓦·科维纲著：《现实与理性》，张大卫译，华夏出版社2018年版，第90页。

的精神性，反对自由主义的契约论观点，这是黑格尔理论针对性所在，他强调国家作为一个精神性的实体，必须建立在伦理、习俗与传统之中。”① 因此，黑格尔对个人与集体意志问题最终的解决关键在于意志自身的不断发展，意志不断克服自身的特殊性趋向真正的普遍性。这意味着国家非契约的产物而是意志自我发展的结果，也是客观精神的肉身。只有当意志发展至最终阶段，才能在根本意义上使得个人意志与集体意志达成一致。

二、国家作为伦理的现实——黑格尔国家观对契约论的超越

黑格尔将契约视作意志发展的中介，属于抽象法的范围。国家则是意志发展的最终阶段，即伦理的现实。黑格尔以意志发展的动态过程来描述国家的建立。在这个过程中，黑格尔并没有简单地否定契约的意义，而是针对人们缔结契约的出发点是个人意志的需要、表现为个人的特殊的这一点提出批评，并将这一阶段纳入理性发展的整体环节之中。客观精神必将继续发展，超越契约的阶段。

（一）作为中介的契约

黑格尔将契约视作所有人的个人意志所达成的统一，这一统一依然是特殊意志。“一方根据其本身和他方的共同意志，终止为所有人，然而他是并且始终是所有人。”② 在抽象法的这一阶段，人们的意志仍然是特殊意志。这些特殊意志所达成的统一，是偶然的一致，本质上也是特殊意志。偶然源于双方的各自情境中的设定，可以包含双方个人的喜好、厌恶等因素。这些因素一方面是契约作为共同意志包含的特殊意志的体现，另一方面将导致不法的产生，例如非法占有、欺诈、强制与犯罪等情况。契约由人们的任性或任意（die Willkür）中得来。特殊的意志是一种设定的，暂时的东西，是客观精神自身的发展过程的中间阶段。一方面，契约解决了人和人之间部分矛盾的内容。另一方面，出于任性的意志始终具有排他的特性。契约从任性出发，由双方当事人设定达成，客体是个别的外在物。这种双方的设定与其所关涉的对象都体现了其特殊性和局限性。因此，契约所体现的是人与人之间偶然地普遍部分的统一，这种统一又具有暂时性、局限性。

虽然契约作为一种暂时性的东西而存在，表现为特殊意志的同一，但另一方面其又是意志获得其定在的特殊的和真正的基础。其特殊性表现在作为中间阶段本质上是特殊意志。而从意志发展的整个过程来看，契约作为意志通达真正自由的和普遍的意志的中介，这一阶段的出现是必然的。具体而言，契约作为抽象法发展为实定法的中间过程，一方面是人们出于理性的必然所做出的行动。另一方面，契约作为每个个人的意志与意志之间的关系，超越了在抽象法阶段中，个人处于自我抽象人格认识的阶段。它表示了个人特殊意志之间的关系，其作为一种中介，是意志发展的重要中介。因此，其作为意志发展的中间阶段，虽然其与（普遍的）法的符合是偶然的，它还不是意志真正的定在，但作为中间

① 李育书：《论黑格尔国家理念的精神性地位》，载《世界哲学》2021 年第 1 期，第 41 页。

② ［德］黑格尔著：《法哲学原理》，范扬、张企泰译，商务印书馆 1961 年版，第 94 页。

阶段的出现是必然的。在这一意义下，它是意志获得其定在的特殊的和真正的基础。

（二）作为伦理实体的国家

作为超越了契约的意志发展阶段，国家是伦理的现实。国家是意志发展的最高阶段，客观精神的发展经历了之前的抽象法与道德阶段，并克服了这些阶段的任意性后，来到伦理的阶段。在这一阶段，伦理具有其现实性。现实体现在两方面：主观实体与客观实体。主观实体是人们的政治情绪，客观实体则是国家制度。政治情绪使人们意识到自身能在国家中获得真正的自由，人们爱国家就是爱自由。国家制度则作为自由意志的外化，是对人们自由保证的现实，是政治情绪取得的定在。人们在国家中获得特殊权利与普遍义务二者的一致。

意志在这一阶段成为真正的普遍意志，国家是普遍意志的肉身。在抽象法阶段，意志只具有最抽象的规定，这种规定只关于自我对外物，是最抽象、最主观的自我规定，意识在这一阶段尚未对自我有清晰的认识。此时，外物与意志的关系是偶然的、特殊的。发展至道德的阶段，意志的抽象性得到了一定的克服，意识到了在抽象法阶段对自我的规定（即外物与自我的关系）是偶然的和主观的，意识到了这些规定是在一些意义上是不符合真正普遍的法，此时这种对自我主观性的认识成为肯定的方面，即认识到这种主观性而在这一基础上寻求对这一主观性的克服。这完成了意志自我发展阶段第一个重要的跳跃，完成了对自我肯定方面的否定，进展至下一个阶段。而在道德向伦理的发展过程中，人的关涉不再仅仅是外在的物，扩展至自我的行为以及主观意志内部的东西，也就是行为的外在与自我内在之间的关系。但在道德阶段，人虽然意识到了自我的意志内部是主观的，但还是尚未达成自我内在意志和外在意志的统一。“人在自身中的这种信念是无法突破的，任何暴力都不能左右它，因此道德的意志是他人所不能过问的。”① 因此，意志在道德的阶段也尚未发展完全，虽然认识到了内在与外在之间的关系，以及作为关系一致性的善。但这一认识是抽象的，只有形式上的善，而未具有内容上的善。当意志发展进入伦理的阶段，“不仅仅是主观的形式和意志的自我规定，而且还是以意志的概念即自由为内容的”②。伦理是活的善，活的意味着主观与客观的统一，意味着其不仅仅是概念上的存在，同时具有现实性。在伦理发展的最终阶段，意志既具有法的概念，也获得法的肉身，即国家。国家作为意志发展的最高阶段，作为伦理的现实而存在，是真正的普遍意志。

在这一阶段，人们获得真正的自由。“国家作为客观自由的最发达形式，构成了自由的是者最高的权利领域。”③ 克服了特殊性的普遍意志，表现为公民在国家中权利与义务的统一。个人在国家之中，意志的特殊性既被克服，又得到了完全的发展，成为普遍的内容。由于主客统一，意志认识到对国家的需求内在于自身的本质中。“国家相对于自己的成员来说，并不表现为一个他者，也不表现为某种外在的东西，因为它是他们的权利和利

① ［德］黑格尔著：《法哲学原理》，范扬、张企泰译，商务印书馆 1961 年版，第 128 页。

② ［德］黑格尔著：《法哲学原理》，范扬、张企泰译，商务印书馆 1961 年版，第 185 页。

③ ［英］斯蒂芬·霍尔盖特著：《黑格尔导论》，丁三东译，商务印书馆 2013 年版，第 329 页。

益一体或者说是体现。”① 在此，个人意志与集体意志的矛盾通过之前意志自我发展的过程得到了克服，二者在国家这一伦理实体中获得了一致性。

因此，在这一动态的发展过程中，特殊意志对自身肯定的一面进行否定，进展至新的肯定方面，在这一不断地超越过程中，达到形式与内容，内在与外在，主观与客观之间的一致。国家作为伦理实体，是普遍意志的肉身，人们在其中获得真正的自由。

（三）伦理国家与契约国家的差异

在黑格尔的国家观念中，国家与契约之间的主要差异有两点：第一，二者所处的发展阶段不同。第二，二者带来的结果不同。通过这两方面的对比，集中体现了黑格尔国家观对个人意志和集体意志问题的解决。

契约与国家是意志发展的不同阶段。契约的本质仍然是特殊意志，意志在此时还没有完全意识到自身的普遍本质，仅仅停留在特殊的阶段。黑格尔对契约式国家批评的原因在于，“这样一种对法的理解建立在一种哲学错误之上，因为它使‘理性意志’从‘在其独特任性中的个体意志’中派生出来”②。建基于独特任性中的个体意志无法满足法作为一种稳固的、普遍的东西的本质要求。而当意志通过外在的中介最终返回自身之后，并在这一中介中将自身的普遍性内容现实地发展出来，从而步入普遍性的特殊性阶段，也就是伦理的阶段。意志在国家这一伦理阶段中实现了主观与客观、特殊与普遍的统一。国家是绝对自在自为的理性的东西，是真正的自由意志的定在。

国家与契约所带来的结果不同。由于契约建立于人的任性之上，出于个人的意志所做出的行动，其将产生对真正普遍的法的一种违背。这种违背就是不法的体现，也表现为个别意志与个别意志之间的冲突。而由此建立起来的国家，人民在其中的自由无法得到真正的体现与保障，国家只是作为一种外在的机器，法律可能成为一种对个人产生压迫性的约束。与契约式的国家不同，国家意味着普遍理性，意味着真正的自由，而其现实性就是自由意志概念的外化。在国家中，人们认识到自身利益与国家的一致性，并且在国家制度中获得它们的定在，这一点集中体现于人们的政治情绪，对国家的爱就是对自由的爱，也是爱自己作为自由意志的体现。“国家是完全地自主的、拥有权利的个体的联合，他们仅仅基于那个联合的共通成员的身份就自觉地、自愿地相互认同。”③ 由此，国家是自由意志的定在，是法的体系，是实现了的自由王国。

黑格尔对契约式国家批评的关键是个人意志和集体意志何以能够真正一致的问题。在这背后使得二者最终达成一致的，是黑格尔对于客观精神/意志自我发展过程的必然性描述。一切都是客观精神的发展，出于这种发展的必然性，契约作为意志发展阶段的一个环节而存在，国家则是意志发展的最终阶段，是自由意志的定在。其超越了契约，克服了契约中所包含的任性，是理性真正的展现。

---

① 邱立波编：《黑格尔与普世秩序》，华夏出版社 2009 年版，第 150 页。

② ［法］让-弗朗索瓦·科维纲著：《现实与理性》，张大卫译，华夏出版社 2018 年版，第 68 页。

③ ［英］斯蒂芬·霍尔盖特著：《黑格尔导论》，丁三东译，商务印书馆 2013 年版，第 329 页。

三、意志发展的动态过程——黑格尔国家观的理论基础

黑格尔之所以将国家视作伦理的现实，根本上源于其对法的理念（Idee）的阐释。法的理念分为两面，一面是法的概念（Begriffe），另一面是法的现实化（Verwirklichung）。二者的关系经历了一个从不一致到一致的过程，这个过程也是法的概念最终在现实中呈现的过程，也可以称之为意志获得其定在的现实过程。法的概念的现实化，本质是客观精神的动态发展过程。黑格尔的国家观与其导言中阐述意志/客观精神发展的两个核心理论相关：其一，理念是概念获得其定在，理念（Idee）即实在（Vernünftig）。其二，意志获得自由需要经历普遍性—特殊性—单一性的过程。

（一）理念是概念获得其定在

黑格尔强调，哲学所研究的理念（Idee）不是单纯的形式，还必须获得其现实，理念表示了概念和现实二者已经统一的状态。理念的现实性来自理念自身的本质规定。非自身本质规定的东西，最终将被本质的不断发展而替代，走向消亡。在此，黑格尔运用一种动态的过程来描述法的概念。法的概念一开始作为形式而存在时，还仅仅是潜在的存在。但这一起点已经包含了概念所要实现的肉身的种种规定。概念定在的实现则是一个漫长的、不断自我纠正的过程，不断认识到在实现过程中每一阶段的有限性，并且抛却这种有限性，最终达到由形式规定的、真正的概念的定在。最终获得了定在的概念，也是概念的现实化，既作为定在是自由王国，也是形式本身的展现。这一展现即自由意志的本质规定。二者在自由王国中是统一的。

国家作为伦理的现实，意指国家是真正自由意志的肉身。黑格尔在导论中说道："只有概念才具有现实性，并从而使自己现实化。"① 国家作为存在的东西，其是理性的定在，其完全符合理性的规定，是理性的显现。在对社会契约论者的批评中他指出，国家对人保护的必要性、力量与财富等，都只是国家历史的发展环节，并非国家实体本身。国家的实体，作为实体性意志的现实，不是外在于人的力量、财富等，而是客观精神（意志）发展的最终阶段。"黑格尔主张国家的精神性地位，既符合他的哲学体系的定位，也具有现实意义。在哲学体系定位上，客观精神超越主观精神之处就在于它体现了自由在外部世界的实现，从而扬弃了单纯的主观性。"② 也正是由于国家作为意志的外显，每一个人在国家中都能够获得真正的自由，真正的自由源于概念自身的本质规定，不是外在的虚妄与任意。黑格尔认为，国家必然是真正的自由意志的定在，是意志发展的必然结果。这一必然已经包含于意志发展的起点之中，并且在最高阶段实现出来。

（二）意志获得自由所经历的普遍性—特殊性—单一性过程

黑格尔用一种动态的方式来说明契约和国家之间的关系，即契约属于意志发展的初级

① ［德］黑格尔著：《法哲学原理》，范扬、张企泰译，商务印书馆 1961 年版，第 1 页。

② 李育书：《论黑格尔国家理念的精神性地位》，载《世界哲学》2021 年第 1 期，第 42 页。

阶段，仍然是特殊意志，其将继续发展，国家则是发展的结果与目的，是普遍意志。这一论证源于其对于精神获得自由的路径理解，即必然经历从普遍性到特殊性、最后到单一性的历史过程。国家作为法这一概念的现实化，根本来源于意志，也就是某种精神的东西。“客观精神是个人内部主观精神的外部表现。所谓外部表现，是指与身体有机联系在一起的人的精神所创造和继续创造着的法律、社会、国家、风尚、习惯、道德、伦理的世界。”① 精神的现实化过程展现在每一个具有理性精神的个体的行动中。在最初，每个具有意志的个体还只是抽象的个人，通过意志发展的前几个阶段，不断经历新阶段对旧阶段的超越，并在这一过程中排除出于其他非本质原因的限制，最终意识到自己作为自由意志本身，也同时在这一过程中通过行动实现了真正的自由。这个过程就是从普遍性到特殊性最后获得二者的统一，即单一性的过程。

这一过程对应于法的发展阶段，即从一般的抽象法发展到道德，最终过渡到伦理的领域。契约处于抽象法的领域，在此时，意志还只是抽象的、直接的、未经反思的意志。其作为一种概念性的东西存在，尚未获得具体的现实。但这是意志发展的起点，这一起点已经包含了未来发展的全部过程的可能性。从抽象法过渡到道德的这一过程中，意志不断进行反思，对自身内在的可能性逐渐有了进一步的认识，抛弃了非本质性的外在限制，意识到自身本性中所包含的自由本性。最终，从外在的道德发展至内在的伦理精神，完成了抽象和具体现实的一致。意志的定在，就是国家，也是自由的意志。在这一阶段，意志的理念完成了自身，作为概念，也同时获得了定在。

黑格尔将契约与国家作为意志发展的不同环节从根本上解决了个人意志与集体意志的冲突，这种冲突的解决表现在两个方面。第一，生活在国家中的人获得了真正的自由。意志超越了自身不具有普遍性的、任意的、偶然的内容，不再出现一个人的意志对另一个人意志的侵犯，或集体意志对个人意志的侵犯。意志在发展中意识到自身的特殊，并不断地克服这种特殊，最终意识到自己作为真正的普遍意志。由于特殊性导致的个人之间特殊意志的侵犯被克服，由此，普遍意志是真正自由的意志，并且是特殊意志意识到自己不断克服特殊最终获得普遍的自由意志。第二，国家为人们实现现实的自由提供了条件，国家是自由的肉身，是伦理的现实。此时，人们对国家的爱就是对自由的爱，对国家制度的认可就是对自由的认可与追求，这二者都是从人们的内在意志中发展出来的结果。“黑格尔主张国家的精神性根据，既超越了近代契约论单纯以国家为契约产物的‘人造物’，也赋予了古典意义上‘自然之物’以真正的灵魂。在此意义上我们可以说，黑格尔国家理念的高超处便在于他看到了国家的精神实存性。国家是精神的产物，而非无灵魂的人造物或既定物，这是主张国家是精神性之物所具有的直接意义。”② 自由意志一方面体现为人们的政治情绪，是人们对自我意志自由、对国家这一定在的认同。另一方面体现为国家机体，是国家保存自己的源泉。国家作为理性的必然而出现，其完全来自真正的自由意志。国家作为自由意志的肉身而存在，其合法性来源于意志本身，是精神发展的必然。

① 杨祖陶著：《黑格尔〈精神哲学〉指要》，人民出版社2018年版，第105页。

② 李育书：《论黑格尔国家理念的精神性地位》，载《世界哲学》2021年第1期，第41页。

四、黑格尔国家观对当代的启示

契约论式的国家建构，是当代大多数国家建构所采取的形式。这一形式在新冠疫情中暴露出了个人意志与集体意志的冲突。疫情之中，国家出于整体利益的考虑，对个人的自由作出了限制，但英美等国家的公民对个人自由的高度诉求，与国家的普遍利益产生了冲突。在这种冲突下，产生了关于个人行动自由领域的一系列争论。由于个人与国家的关系是外在性的，当基于个人同意的意志无法达成统一时，部分个人的行动可能损害国家中的其他个体。黑格尔在他所在的时代已经察觉到了出于特殊个人意志，或一种出于任意的自由所导致的后果，各种特殊意志之间的矛盾将导致一致性的动摇和对他人权利的侵害，成为共同体的美好生活可能性的一种潜在威胁。

由于这些行动出发于偶然的、任意的意志，随着场景和条件的变化而产生变化，不具有源自理性保持的稳定性。而黑格尔提出的一种动态发展过程的伦理体系，在构建一种真正超越个人任意的理性国家的向往上依然具有指导意义。“伦理与抽象法及道德相反，它克服了存在与应当之间的分裂：善的现实性存在于世界中，主体的行动设立并改变世界。”① 伦理国家学说相比契约论而言，更侧重对普遍意志和整体意志的追求。而获得了法的肉身的国家，作为伦理的现实，是人们对整体的普遍性的理解与人们获得真正的自由的统一。在这一意义上，黑格尔解决了个人意志与集体意志的矛盾，是对契约论国家观的超越，也同时启发着我们对于国家的理解不应停留在个人特殊意志的层面，而应当以理性为基础，寻求普遍意志，消除个人与个人特殊意志之间的特殊和偶然，爱自己的国家，即爱自由本身。

客观精神的动态发展过程与最终国家实现的必然性二者具有深刻的一致性。这种一致性回答了公民必须生活的国家，与公民追问什么应当是合理的国家之间的关系。公民的追问是意志反思的动力。当意志不断反思，抛弃了外在的偶然与特殊之后，最终意识到自己的本质就是自由意志，其客观表现为当下所生活于的国家。“凡是合乎理性的东西都是现实的，凡是现实的东西都是合乎理性的。”②《法哲学原理》导言中对现实和理性关系的阐释深刻地表达了黑格尔关于精神自我发展内在与外在之间的一致性。同时也强调了一切外在对象作为理性精神展现的结果而存在。由此，真正的国家作为伦理现实，是精神自身的显现，处于国家中的人们也由此获得真正的自由。在这一点上，黑格尔的国家观在当下对我们应当如何生活，以及何谓良好国家，依然具有启发意义。

参考文献：

[1] ［加］查尔斯·泰勒著：《黑格尔与现代社会》，徐文瑞译，吉林出版集团有限责任公司 2009 年版。

---

① ［法］让-弗朗索瓦·科维纲著：《现实与理性》，张大卫译，华夏出版社 2018 年版，第 280 页。

② ［德］黑格尔著：《法哲学原理》，范扬、张企泰译，商务印书馆 1961 年版，第 12 页。

[2] [法] 让-弗朗索瓦·科维纲著：《现实与理性》，张大卫译，华夏出版社 2018 年版。
[3] [美] 艾伦·伍德著：《黑格尔的伦理思想》，黄涛译，华夏出版社 2016 年版。
[4] [英] 洛克著：《政府论》，叶启芳、翟菊农译，商务印书馆 1986 年版。
[5] [法] 卢梭著：《社会契约论》，何兆武译，商务印书馆 1980 年版。
[6] [德] 黑格尔著：《法哲学原理》，范扬、张企泰译，商务印书馆 1961 年版。
[7] [英] 霍布斯著：《利维坦》，黎思复、黎廷弼译，商务印书馆 1985 年版。
[8] [英] 斯蒂芬·霍尔盖特著：《黑格尔导论》，丁三东译，商务印书馆 2013 年版。
[9] 邱立波编：《黑格尔与普世秩序》，华夏出版社 2009 年版。
[10] 杨祖陶著：《黑格尔〈精神哲学〉指要》，人民出版社 2018 年版。
[11] 孙向晨：《现代社会中的“家庭”及其所代表的伦理性原则——黑格尔〈法哲学原理〉中“家庭”问题的解读》，载《学术月刊》2017 年第 4 期。
[12] 庄振华：《伦理与现代——〈法哲学原理〉“伦理总论”释义》，载《甘肃社会科学》2021 年第 5 期。
[13] 张尧均：《现代的理想国——〈法哲学原理序言〉绎读》，载《同济大学学报》（社会科学版）2021 年第 3 期。
[14] 高兆明：《黑格尔国家哲学思想的现代解读》，载《伦理学与公共事务》2007 年第 1 卷。
[15] 吴增定：《利益权衡还是道德意志——从黑格尔的角度反思近代社会契约理论》，载《云南大学学报》2018 年第 5 期。
[16] 李育书：《论黑格尔国家理念的精神性地位》，载《世界哲学》2021 年第 1 期。

论胡塞尔还原方法的三重向度

● 胡靖凯*
（华东师范大学 哲学系）

【摘　要】

迪特·洛玛（Dieter Lohmar）曾将胡塞尔的还原方法细分为六种，其中，“回退”与“回溯”被阐释为两种相对应的还原方法。这种阐释符合胡塞尔在《经验与判断》一书中的思路，但同时也揭示了向“先验自我”与“生活世界”返回的“回退”与在“生活世界”中寻找明证性之根源的“回溯”两种方法之间存在的循环问题。这种循环往往使得意识在具体地“实行”还原方法时无从下手。针对这一问题，本文试图通过澄清胡塞尔的先验还原、悬搁、回退以及回溯等方法之间的三重向度，并在此基础之上证明，“回退”与“回溯”之间并不存在某种循环，而只存在一种伴随的关系，且这种伴随的关系建立在“回退”的优先性基础之上。

【关键词】

先验还原；悬搁；回退；回溯

一、引言

通过现象学的方法，胡塞尔试图揭示纯粹意识经验的结构，这种纯粹的意识经验“……不是主题性的、关注性的或被自发地引起的；相反，它是隐性的，非常重要且完全非观察性的（也就是说，它不是一种对自我的内省观察）和非对象化的（也即，它不会把我的经验变成一个被感知或观察到的对象）”①。这种意识经验的“直接性”区别于自然态度中的科学经验的直接性。在科学经验（无论这种经验被理解为一种内在经验还是外在经验，抑或是二者的混合）中，“某实在物原初地呈现和在直接的直观中去‘注意’它和‘知觉’它是一回事”②，但在纯粹的意识经验中，这种直接性并非意味着一种实在之物同知觉活动的同一，而意味着一种前反思的自我意识的“给予性”或者说对象的

---

* 作者简介：胡靖凯，华东师范大学哲学系当代西方哲学专业硕士研究生。

① Gallagher S，Zahavi D，*The Phenomenological Mind—An Introduction to Philosophy of Mind and Cognitive Science*，New York：Routledge，2008，p. 46.

② Husserl，Edmund，*Ideen zu Einer Reinen Phänomenologie und Phänomenologischen Philosophie*（Erstes Buch），Hua III，Den Haag：Martinus Nijhoff，1976，S. 8.

“自身被给予性”的展开。换言之，在胡塞尔看来，发生在这种前反思的意识经验当中的直观活动，作为一切经验内容的起点，其提供的内容是一切反思性活动的基础。然而，随着近代自然科学的发展，这种作为结果的“知觉”反而被理解为最原始的“直观”方式，这种直观不仅在科学的理论中发挥作用，同时也构造着我们对经验的一般理解，这也就使得意识经验本身的结构被“科学经验”的结构所遮蔽。因此，为了恢复“直观”或“经验”本身的含义，胡塞尔提出了“现象学还原”的方法。然而，由于“还原”这个术语在胡塞尔那里的用法并未得到统一，它所牵涉的相关概念甚多，因此这个术语本身更偏向于一种对该方法的总括性描述。在这种总括性的描述之下，还原包含诸如“先验还原”“回退”“悬搁”以及“回溯”等用法，这些具体的还原方法之间的关系尤为复杂，例如胡塞尔在《经验与判断——逻辑谱系学研究》（下文简称《经验与判断》）一书中对谓词“明证性”的经验来源的讨论更是最为直接地揭示出了各种还原方法之间的复杂关系。

具体而言，《经验与判断》是胡塞尔身后出版的第一部著作，该著作虽然是由胡塞尔的助手兰德格雷贝（Ludwig Landgrebe）整理并编撰而成，但洛玛（Dieter Lohmar）在《胡塞尔〈经验与判断〉一书的产生和原始资料》一文中已经基本证明该书是由胡塞尔授权的著作，且其在内容上也符合胡塞尔本人的思想脉络。① 在内容上，胡塞尔于该书中的工作是在经验中为谓词明证性（Evidenz）寻找基础，这一点洛玛在一篇关于“范畴直观”的文章中有所论述②，且倪梁康的《胡塞尔遗著〈经验与判断——逻辑谱系学研究〉（1939年）的形成始末与基本意涵》③ 一文与邓晓芒为该书撰写的中译者前言④也都给出了与此大抵相同的判断。

在方法上，胡塞尔在《经验与判断》的序言中称他所采取的方法是“回退（Rückgang）到经验的明证性，即回退到生活世界”⑤。就“回退”这一方法，首先有一个汉译的问题需要澄清。邓晓芒与张廷国在胡塞尔的《经验与判断》一书中将“Rückgang”译作“回溯”，将“Zurückführung”译作“归结到”⑥；张宪在《笛卡儿沉思与巴黎演讲》中则根据语境将“Rückgang”时而译作“回溯”，时而译作“回返”，时而又译作“返回”⑦；倪梁康在《现象学的观念：五篇讲座稿》（下文称《现象学的观

① ［德］胡塞尔著：《经验与判断》，邓晓芒、张廷国译，三联书店1999年版，第558页。

② Lohmar, Dieter, “Husserl's Concept of Categorial Intuition”. In *One Hundred Years of Phenomenology: Husserl's Logical Investigations Revisited*, ed. Dan Zahavi, Frederik Stjernfelt. Dordrecht: Kluwer, 2002, pp. 125-145.

③ 倪梁康：《胡塞尔遗著〈经验与判断——逻辑谱系学研究〉（1939年）的形成始末与基本意涵》，载《同济大学学报（社会科学版）》2018年第5期，第1~7页。

④ ［德］胡塞尔著：《经验与判断》，邓晓芒、张廷国译，三联书店1999年版，第6页。

⑤ Husserl, Edmund, *Erfahrung und Urteil: Untersuchungen zur Genealogie der Logik*, *Redigiert und herausgegeben von Ludwig Landgrebe*, Hamburg: Claassen Verlag, 1964, S. 38.

⑥ ［德］胡塞尔著：《经验与判断》，邓晓芒、张廷国译，三联书店1999年版，第57~58页。

⑦ ［德］胡塞尔著：《笛卡儿沉思与巴黎演讲》，张宪译，人民出版社2008年版，第2、40、43页。

念》）一书中将“Rückgang”译作“回返”①；而张浩军在洛玛的《还原的观念——胡塞尔的诸还原概念及其共同的“方法论”意义》一文中将“Rückgang”译作“回退”，将“Rückführung”和“Zurückführung”都译作“回溯”②。洛玛认为，胡塞尔那里的“Rückgang”指的是从观念化/理想化的经验领域退回到作为“生活世界”的或者说“纯化了的”经验领域的过程，而“Rückführung”指的则是在“经验的直观被给予性”中找到那个作为现象学的考察对象的根据的活动。③ 也就是说，“Rückgang”关涉到的是从一个受自然态度支配的“区域”向一个原始的“世界视域”——生活世界返回的过程；而“Rückführung”关涉的则是在“Rückgang”得以实现的基础上，在我们所退回到的那个生活世界中，为一切其他明证性寻找那个最原始的明证性起源的工作。在这个意义上，洛玛将“Rückgang”和“Rückführung”都理解为“还原”（Reduktion）的方法。洛玛的分析无疑同胡塞尔对《经验与判断》一书的整体规划相吻合，因此张浩军将“回退”和“回溯”并举的译法更能突出还原这一方法的两层含义。

此外，当洛玛将“回退”和“回溯”阐释为还原的两个向度时，其同时也揭示出“回退”同“回溯”之间的复合关系，以及这种复合关系在逻辑上可能导致的循环问题（这一问题也是胡塞尔在《经验与判断》一书中所面临的一个困难）。洛玛认为“在此，我将首先考察还原这种说法的双重意义，这种双重意义如此重要，本来早就应该得到阐明了：一方面，还原是指向一个有意识地通过特定的方法纯化了的经验领域的‘回退’（Rückgang），另一方面，还原是指将需要被审查的设定向这个经验领域中的直观的被给予性的具体的‘回溯’（Zurückführung）”④。这一区分所揭示的问题在于，当胡塞尔试图在前谓词经验中为谓词明证性寻找根源时，他首先意识到他所面对的这种前谓词经验已经被渗透为一种观念化的“经验世界”，这就要求我们首先从那种观念化的经验世界中“回退”到一种作为生活世界的经验世界中。然而，“回退”并非意味着已经有一个现成的“世界视域”等待着我们进入，而是意味着我们必须首先从观念化的经验世界中还原出一个纯粹的经验世界。而这种对观念化的经验世界的还原却又不得不诉诸“回溯”乃至于“先验还原”的方法。这使得人们无法清晰地辨别出胡塞尔使用“回退”“回溯”乃至于“先验还原”等方法的先后顺序。事实上，直至《经验与判断》一书写作时期，胡塞尔都未有意识地将“回退”和“回溯”当作两种不同的还原方法来使用。在该书中，胡塞尔基本上只使用“回退”一词，然而这里的“回退”既被胡塞尔用来指退回到生活世界的经验领域中，又被用来指对谓词明证性的“主题性（thematisch）”还原（原初还原⑤），

① ［德］胡塞尔著：《现象学的观念：五篇讲座稿》，倪梁康译，商务印书馆 2017 年版，第 2 页。

② ［德］迪特·洛玛：《还原的观念——胡塞尔的诸还原概念及其共同的“方法论”意义》，张浩军译，载《哲学分析》2021 年第 4 期，第 85~103 页。

③ ［德］迪特·洛玛：《还原的观念——胡塞尔的诸还原概念及其共同的“方法论”意义》，张浩军译，载《哲学分析》2021 年第 4 期，第 85~103 页。

④ ［德］迪特·洛玛：《还原的观念——胡塞尔的诸还原概念及其共同的“方法论”意义》，张浩军译，载《哲学分析》2021 年第 4 期，第 85~103 页。

⑤ ［德］迪特·洛玛：《还原的观念——胡塞尔的诸还原概念及其共同的“方法论”意义》，张浩军译，载《哲学分析》2021 年第 4 期，第 85~103 页。

亦即向前谓词经验的“回溯”。因此，对胡塞尔而言，向“生活世界”的“回退”在某种意义上就伴随着将谓词明证性“回溯”到前谓词的经验领域中。换而言之，在前谓词经验中为谓词明证性寻找根据的过程同时也构成从观念化的经验领域返回到纯化的经验领域的过程。然而，这在一定程度上构成了某种“回退—回溯”的循环。在《经验与判断》一书中，胡塞尔虽然凭借这种看似循环的方法成功地在前谓词经验中找到了谓词明证性的来源，但却没有解决向纯化的经验领域的“回退”到底是如何发生的问题。当然，对这一问题的处理不是他在该书中的主要工作，而我们也不能因此就将胡塞尔的还原方法解读为某种循环论证。事实上，当胡塞尔在《观念I》中谈论“回到事物本身”时，其已经在谈论某种“回退”①。这种“回退”同“先验还原（transzendentale Reduktion）”与“悬搁（Epoché）”相关联，且以“先验我”为目的。虽然其不同于《经验与判断》中从一个世界向另一个世界的“回退”，但这无疑已经表明胡塞尔的还原是一种具有内在结构的方法，且这种结构不会带来某种循环论证。

为了证明这一点，本文试图梳理“先验还原”“回退”“悬搁”以及“回溯”等还原方法之间的关系，从而区分胡塞尔还原方法的三个不同层次。具体而言，本文将首先讨论“先验还原”同“悬搁”的区别并澄清先验还原的方法论意谓，其次讨论两种可以具体实行的还原方法——“悬搁”与“回退”之间的关系，并澄清作为方法论的先验还原如何规定这两种具体的还原方法的问题。最后本文试图更为具体地讨论“回退”与“回溯”的区别，并在此基础之上给出现象学还原的一个完整结构。

二、作为方法论的“先验还原”与作为方法的“悬搁”

对于胡塞尔而言，从观念化的世界向纯化的世界的“回退”并非是一蹴而就的过程。在获得一个纯化的世界之前，我们如何确保这一“回退”的过程不受“自然态度”的干扰？对此，胡塞尔的答案是诉诸“先验还原”的方法。耿宁明确提出了“先验还原”的三条路径——笛卡儿式的路径、心理学的路径以及本体论的路径②，大多数关于胡塞尔“先验还原”概念的讨论与理解都离不开对这三条路径的划分。然而，无论这三条路径能否将胡塞尔先验还原方法的各种意谓全部囊括其中，问题都正如扎哈维（Dan Zahavi）所提出的那样：“……悬搁是否意味着，我们为了说明内在的心灵表象，而将超越的时-空世界加上括号。或者说它意味着我们仍在继续探索和描述这个超越的时-空性世界，但现在是以一种不同的方式来进行呢？”③也就是说，通过“先验还原”与“悬搁”的方法，胡塞尔是想要将自然态度及其衍生物彻底扔到一边，还是将“括号”内的东西保留下来，并以一种“不同的态度”去理解和考察括号里的内容？在这个问题上，扎哈维试图通过

① Husserl, Edmund, *Ideen zu Einer Reinen Phänomenologie und Phänomenologischen Philosophie* (Erstes Buch), Hua III, Den Haag: Martinus Nijhoff, 1976, S. 42.

② Kern, Iso, “Die Drei Wege zur Transzendental-Phaenomenolgischen Reduktion in Der Philosophie Edmund Husserls”, *Tijdschrift voor Filosofie*, Vol. 24, No. 2, 1962, pp. 303-349.

③ Zahavi, Dan, *Husserls Phenomenology*, California: Stanford University Press, 2003, p. 58.

区分两种不同的“意向对象”来证明，当胡塞尔使用“先验还原”与“悬搁”的方法时，他的意图在于将括号内和括号外的东西都纳入现象学的态度中，而非是要彻底地排除括号内的东西。

根据扎哈维的区分，德雷福斯（Dreyfus）和麦金太尔（McIntyre）等人对胡塞尔的“意向对象”持一种意义理论式的理解。他们认为“意向对象”既不是某种意识活动，也不是某个被意识所指向的东西，而是“……作为活动与对象之间的意向关系之中介的观念性意谓或者意义（meaning of sense）”①。这种弗雷格式的解释使得“意向对象”变成某种帮助我们的意识指称超越之物的工具。在这个意义上，被放在括号里的超越之物就沦为了语言的“附属物”，而“超越”也被理解成了语言的指称，最终胡塞尔的现象学就成为某种研究“意识的表象官能”(语言) 的理论。与这一立场相反，索科洛夫斯基（Sokolowski）和德鲁蒙德（Drummond）等人则将“意向对象”理解为“被意向的对象”和“对象自身”的同一②。也就是说，“括号”内的东西并不需要通过先验还原或悬搁来彻底排除，而是以一种现象学的态度，即将其看作意向的和被给予的对象来考察。在此基础之上，我们就不需要一种区别于“被意向对象”的“对象自身”的概念，因为“对象自身”已经在先验还原和悬搁中同一。扎哈维本人在这个问题上的立场更接近后者，他认为胡塞尔现象学是一种具有形而上学意义的意识理论，而非一种去形而上学化的意义理论③。在这个意义上，“先验还原”与“悬搁”等方法的提出正是为了将一切形而上学的问题毫无遮掩地暴露在意识的领域中。因此，还原的“剩余物”所包含的内容就不仅仅是括号外的东西，胡塞尔的现象学也不仅仅是某种聚焦于“内在经验”的意义理论。

扎哈维在本体论层面对胡塞尔现象学的阐发在对胡塞尔现象学的根本立场的澄清方面十分有意义，但这种将括号内的东西归属到“剩余物”的理解则有可能带来“循环”或“无穷倒退”的问题。原因在于：如果“先验还原”的提出是为了解决“世界信念”的奠基问题，那么“先验还原”的方法就一定要避免从一个领域向另一个领域无意义地转移④，即要避免还原过程中“无穷倒退”的问题；然而，当括号内的东西也被理解为还原的剩余物时，“悬搁”的方法是否就是多余的？这个问题涉及悬搁同先验还原在两个不同层面的关系。一方面，胡塞尔认为悬搁意味着将“自然态度的设定”放入括号中，将整个与自然态度相关联的世界暂时排除在外⑤。于此，胡塞尔在讨论悬搁时并未涉及悬搁之后的剩余物是什么以及我们如何进入那些剩余物之中的问题。因此，在这个意义上悬搁作为一种否定性的方法，它区别于强调还原剩余物的先验还原⑥。另一方面，胡塞尔又认

① Zahavi, Dan, *Husserls Phenomenology*, California: Stanford University Press, 2003, p. 58.

② Zahavi, Dan, *Husserls Phenomenology*, California: Stanford University Press, 2003, p. 59.

③ Zahavi, Dan, *Husserls Phenomenology*, California: Stanford University Press, 2003, p. 60.

④ Vincin, Stefano, The Epistemological Contribution of the Transcendental Reduction, *Husserl Study* 37, 2020, pp. 39-66.

⑤ Husserl, Edmund, *Ideen zu Einer Reinen Phänomenologie und Phänomenologischen Philosophie* (Erstes Buch), Hua III, Den Haag: Martinus Nijhoff, 1976, S. 65-66.

⑥ Smith, A. D, *Husserl and the Cartesian Meditations*, London: Routledge, 2003, pp. 27-28.

为悬搁的方法“并未消除任何东西”①，这就正如扎哈维所理解的那样，括号内的东西同样能够作为还原的“剩余物”存在。在这个意义上，当括号内的东西也能够成为还原的剩余物时，悬搁就不再是一种否定性的方法，而是一种同先验还原一样，强调给出还原的剩余物并想办法回到其中的方法。

事实上，胡塞尔对“悬搁”的两种不同解释恰恰指明了悬搁同先验还原之间的区别。“悬搁”作为一种现象学还原的方法，无论其还原的剩余物是否包含括号内的东西，“加括号”这一步骤都无法被省略或替换，也正是“加括号”以及“排除”等步骤使得悬搁成为一种能够“被实行（geübt）”的方法。而先验还原则不然，胡塞尔明确提到先验还原就是对现实实行悬搁②，但我们却很难在胡塞尔那里找到如何在不谈论悬搁的情况下独立地实行先验还原的描述。基于这个原因，施密特将悬搁理解为下属于先验还原的方法，即认为先验还原作为一种母方法，同时包含悬搁与还原两种子方法。③ 然而，相较于谈论如何实行“先验还原”的问题，胡塞尔更倾向于谈论先验还原如何为现象学的领域提供规定或划定范围的问题，例如在《观念I》中胡塞尔就曾直接地表达“为此我们将甚至在大多数情况下谈论诸现象学还原（但为了也表示诸阶段全体的统一性，我们也将只说现象学还原），因此从一种认识论的观点看，我们也说诸先验还原”④。也就是说，胡塞尔认为，先验还原（现象学还原）这个术语一方面是为了阐明还原方法的认识论意义，另一方面则是作为还原诸阶段的一个总括性描述。因此，相较于一种可以具体实行的方法，先验还原更侧重于指明我们通过这种方法所要抵达的目标是什么，即规定什么是剩余物，如何回到剩余物等问题。在这个意义上，先验还原不是一种能够被确切地实行的还原方法，它既不同于“排除”或“加括号”的悬搁，也不同于从一个世界向另一个世界过渡的回退，它甚至不是一种统摄了悬搁和还原的方法，因为胡塞尔并未在先验还原的框架下指明悬搁和回退等还原方法的先后顺序或相关的内在结构，而仅仅将其当作一种关于还原的总括性描述。这种描述指明了“可实行的还原方法”有哪些，划定了现象学的对象领域，但并未指明“先验还原”的方法本身应该如何实行。⑤ 因此，与其说先验还原是一种具体的还原方法，不如说它是现象学还原的总括性方法论。作为现象学的方法论，它通过指明还原方法的目标与途径来规定现象学这门“科学”的本质及其研究领域；而以“加括号”和“排除”为标志的“悬搁”则是一种能够被具体实行的还原方法。这种方法在原则上受先验还原这一方法论规定并以“纯粹意识”或“纯化的经验世界”等剩余

① Husserl, Edmund, *Ideen zu Einer Reinen Phänomenologie und Phänomenologischen Philosophie* (Erstes Buch), Hua III, Den Haag: Martinus Nijhoff, 1976, S. 120, S. 337.

② Husserl, Edmund, *Ideen zu Einer Reinen Phänomenologie und Phänomenologischen Philosophie* (Erstes Buch), Hua III, Den Haag: Martinus Nijhoff, 1976, S. 228.

③ Schmitt, Richard, "Husserl's Transcendental-Phenomenological Reduction", *Philosophy and Phenomenological Research*, Vol. 20, No. 2, 2015, pp. 238-245.

④ Husserl, Edmund, *Ideen zu Einer Reinen Phänomenologie und Phänomenologischen Philosophie* (Erstes Buch), Hua III, Den Haag: Martinus Nijhoff, 1976, S. 69.

⑤ 于此，笔者并未否认胡塞尔一再将先验还原同悬搁的实行联系在一起的事实，但显然悬搁的实行不等于先验还原的实行，否则先验还原就会成为一种纯粹否定性的方法。

物为目标。

三、两种对应的还原方法："悬搁"与"回退"

即使我们在方法论和方法层面澄清了先验还原和悬搁的区别，胡塞尔的还原方法的总体结构依然是不清晰的。这种"总体结构的不清晰"使我们仍然无法回答文章开头所提出的问题，即胡塞尔的还原方法是否是一种"循环"或"无限倒退"？因此，为了澄清胡塞尔的还原方法的总体结构，我们将依循胡塞尔在"先验还原"这一方法论中给出的某些线索来进一步澄清，具体可实行的还原方法有哪些，通过实行这些方法而得到的剩余物有哪些，以及这些方法同还原的剩余物之间的关系是什么等问题。

胡塞尔在1907年的哥廷根讲座"现象学的观念"和《观念I》中对悬搁和回退这两种方法的使用的意图是十分明显的。首先，胡塞尔认为，"悬搁"的对象要么是"一切超越之物"①，要么是"自然态度本质的总设定"与"整个自然世界"②；而当涉及"悬搁"的目标或者相关剩余物时，胡塞尔则大多谈论"还原"的方法。正如上文所提到的，施密特就曾将"悬搁"和"还原"理解为两种不同的还原方法。然而，这种理解事实上将胡塞尔对还原对象和还原剩余物的区分误认为了两种不同的还原方法。胡塞尔曾明确表达："我们也记得起终止性作用的'悬搁'可能具有两个方向：它可以设定一超越者（即一切本身不是体验或体验相关项者），之后将每一种态度采取的设定置入括号。但它也能够使反思朝向体验本身和进行体验的自我，在后者中存在心理状态、心理主体和心灵——当然也在此实行还原作用。"③ 也就是说，他认为悬搁和还原并非是两种不同的方法，二者是同一种方法的两个不同方向。当我们将这种方法表达为"悬搁"时，其侧重于意指那个被设定且被放入括号中的"超越者"；而当我们将这种方法表达为"还原"时，其侧重于意指那个作为还原剩余物的"自我"。因此，并不存在施密特所说的两种不同的方法。在胡塞尔那里，"悬搁"就是"还原"，只不过"悬搁"侧重于强调这一方法的对象（被设定的超越者），而"还原"则侧重于这一方法所带来的剩余物（自我以及胡塞尔在《经验与判断》中尤其强调的"纯化的经验世界——生活世界"）。

事实上，相较于"还原"，"回退"才是一种同"悬搁（还原）"相对应的方法。比梅尔（Walter Biemel）早在其为胡塞尔的讲座稿"现象学的观念"编写的导言中就已经初步揭示了"悬搁（还原）"同"回退"这两种方法的关系，他写道，"现象学的还原构成了导向超越论考察方式的通道，它使得向'意识'的回退成为可能"④。于此，比梅尔清晰地意识到"悬搁（还原）"是一种不同于"回退"的方法，他认为二者之间具有

---

① Husserl, Edmund, *Die Idee der Phänomenologie*, Hua II, Den Haag: Martinus Nijhoff, 1973, S. 44.

② Husserl, Edmund, *Ideen zu Einer Reinen Phänomenologie und Phänomenologischen Philosophie* (Erstes Buch), Hua III, Den Haag: Martinus Nijhoff, 1976, S. 65-66.

③ Husserl, Edmund, *Ideen zu Einer Reinen Phänomenologie und Phänomenologischen Philosophie* (Drittes Buch), Hua V, Den Haag: Martinus Nijhoff, 1971, S. 76.

④ Husserl, Edmund, *Die Idee der Phänomenologie*, Hua II, Den Haag: Martinus Nijhoff, 1973, S. 8.

一种先后顺序，即“悬搁（还原）”的方法构成了“回退”的前提。

提到“回退（Rückgang）”时我们首先想到的可能是“回到事物本身”，然而这种解读容易将“回退”理解为某种指明还原之目的的概念，即将“回退”理解为一个指向某个业已完成的目的的概念，但它事实上是一个重要的还原方法。胡塞尔在《笛卡儿沉思与巴黎演讲》一书中区分了这一方法所具有的两层含义。他认为，“回退”首先意味着向“自我我思（ego cogito）”的返回①，这种返回所强调的不是寻找“自我”或“我思”的明证性，而是返回到作为“悬搁（还原）”之剩余物的“自我我思”当中。这种“回退”恰恰是我们得以寻找明证性的前提，这正是胡塞尔所说的“……这里本身所指明的是那条导向先验现象学的途径”②。在这个意义上，胡塞尔“回退”到“自我我思”的道路在根本上区别于笛卡儿通过怀疑而回到“我思”的道路。笛卡儿试图在“怀疑”中寻找那个作为“明证性”本身的“我思”，而对于胡塞尔而言，“回退”到“自我我思”并非意味着我们已经抵达了明证性的终点，而是意味着我们能够成功地开辟一个场域，一个我们能够在其中寻找明证性的场域。其次，“回退”意味着返回到一个“先天系统（System des Apriori）”，胡塞尔也称其为“生活周遭世界（Lebensumwelt）”或“周遭世界（Umwelt）”③。与“回退”的第一层含义相似，这种返回到“周遭世界”的方法所强调的也不是为“周遭世界”寻找明证性，而是返回到“悬搁（还原）”所带来的另一种剩余物——生活世界中。而正是通过“回退”到这个先天系统中，现象学的“直观”方法才能区别于18世纪以来那种建立在自然态度设定之上的“直观”方法。

于此，“悬搁（还原）”同“回退”的相互关系多少已经得以呈现。上文已经证明，“悬搁”同“还原”是一种还原方法的两个不同方向，前者强调“还原的对象（即一切被设定且被放入括号的超越物）”，后者强调还原的剩余物。而当我们将一切超越物与自然态度的设定都放入括号中并加以排除时，我们一方面得到一个“先验自我”，另一方面“这个先验自我曾被把握为一个本身是世界的经验者，一个在一致性中的世界的指出者”④，因此这种还原的剩余物除了“自我我思”以外必然包含着“周遭世界（生活世界）”（因为这种先验自我的构造本身就伴随着周遭世界的自身构造）。这两种不同的还原剩余物使得“回退”具有两个不同的方向，一个方向使我们得以“回退”到“我的伴随着纯粹体验和所有纯粹意谓性的纯粹生活，即现象学意义上的现象整全”⑤中，另一个方向则使我们“回退”到作为“纯化的经验世界”的“生活世界”中。“回退”的这两

① Husserl, Edmund, *Cartesianische Meditationen und Pariser Vorträge*, Hua I, Den Haag: Martinus Nijhoff, 1973, S. 5.

② Husserl, Edmund, *Cartesianische Meditationen und Pariser Vorträge*, Hua I, Den Haag: Martinus Nijhoff, 1973, S. 5.

③ Husserl, Edmund, *Cartesianische Meditationen und Pariser Vorträge*, Hua I, Den Haag: Martinus Nijhoff, 1973, S. 165.

④ Husserl, Edmund, *Cartesianische Meditationen und Pariser Vorträge*, Hua I, Den Haag: Martinus Nijhoff, 1973, S. 164.

⑤ Husserl, Edmund, *Cartesianische Meditationen und Pariser Vorträge*, Hua I, Den Haag: Martinus Nijhoff, 1973, S. 60.

个不同的方向一方面为我们在“明证性”方面的“回溯”奠定了基础（提供了一个可能的世界视域），另一方面保证了现象学的直观方法能够在被划定的范围内区别于受自然态度构造的直观方法，并由此澄清了“对象的直接被给予性”的来源。

于此，我们已经澄清，在还原方法的整体结构中，“先验还原”“悬搁（还原）”与“回退”之间的相互关系以及各自的位置。我们也澄清了文章开头所提出的问题，即胡塞尔是如何处理从自然态度“回退”到“先验自我”以及“生活世界”的问题。“回退”的方法本身是以“悬搁（还原）”的两种剩余物为前提的，而“悬搁（还原）”以及“回退”的具体实行又受到“先验还原”这一总体性方法论的规定。“先验还原”作为一个方法论概念，其一方面指明了“悬搁（还原）”的对象以及剩余物，另一方面则规定了“悬搁（还原）”与“回退”这两种方法的实行的先后顺序。然而，只要胡塞尔在《经验与判断》一书中着重处理的“回退”和“回溯”的关系问题（亦即洛玛着重区分的两种还原方法）尚未得到澄清，我们就仍然尚未获得一个关于胡塞尔现象学“还原”方法的总体结构。

四、“回退”与“回溯”

在《经验与判断》中，胡塞尔的目标是在经验的明证性中为谓词明证性奠基。为了实现这一目标。胡塞尔清晰地意识到：“单是从那些单个判断（不论我们如何将它们作为一些实例保持在记忆中）简单地回溯（zurückzugehen）到它们的基底对象预先被给予性方式，好像从随便哪一个作为实例的判断出发都可以马上开始回溯（Rückgang①）到一个最终原始的经验明证性似的，这是不够的”②。也就是说，胡塞尔意识到，寻找“明证性”的根据这一工作并不能单纯依靠“回溯”的方法来进行。“回溯”意味着一种在“世界视域”之中寻找明证性之根据的方法（例如胡塞尔在经验与直观的统一性中为谓词判断的明证性寻找根据的过程）。胡塞尔认为，由主词 S 和规定性 p 综合而成的谓词判断在本质上可以“回溯”到直观的统一性（不论是回忆还是想象）中③，也正是在这种直观统一性所建立起的领域之内，谓词综合以及相关谓词判断的建立才是可能的。

然而，这种“从谓词判断返回到直观统一性”的“回溯”不是一种得以孤立实行的方法。正如我们的直观统一性的建立并非是一个既定的过程一样，我们对同一个谓词判断的每次不同的回溯的过程也都是不一致的。这种不一致并非意味着我们有时能够从直观的统一性中寻找到该谓词判断的经验明证性，有时却不能，而是说，即使我们每次都能在这种直观的统一性中为这个谓词判断寻找到其明证性的根据，但我们在这种直观的统一性中

---

① 在《经验与判断》中，胡塞尔之所以大量使用“Rückgang”来表达“回溯”，正是因为他清楚地意识到“回溯”是一个始终伴随着“回退”的过程。

② Husserl，Edmund，*Erfahrung und Urteil*：*Untersuchungen zur Genealogie der Logik*，*Redigiert und herausgegeben von Ludwig Landgrebe*，Hamburg：Claassen Verlag，1964，S. 38-39.

③ Husserl，Edmund，*Erfahrung und Urteil*：*Untersuchungen zur Genealogie der Logik*，*Redigiert und herausgegeben von Ludwig Landgrebe*，Hamburg：Claassen Verlag，1964，S. 253-255.

对该明证性的确证程度是在不断加深的。这同胡塞尔提到的“经验视域”的扩展是一样的，胡塞尔认为：“有一点是明证的，即一个被掷出的骰子将以上述方式落下这一判断与一个随便说说的命题的区别在于，它具有经验的根据；并且明证的是，我们所记起来的每一过去的经验场合都给我们的命题加上了一个砝码，并且这砝码是随着过去经验的数目而增加的。”①

也就是说，朝向前谓词经验的一种单纯的回溯活动是不可能的，因为每次回溯都意味着我们的“经验的数目”有所增加，这种经验数目的增加意味着一种对我们的经验视域的扩展，而这种扩展就要求我们在实行“回溯”时，同时实行“回退”，即同时返回到受这一“回溯”方法的实行而得以扩展自身的“经验视域”中，否则这种回溯就会沦为一种指向某一固定经验视域的方法，而这种对经验视域的固化不仅无法为“明证性”的确证增加砝码，而且会取消这种“明证性”本身。例如，如果我们关于掷骰子的每次经验都是相互独立且不能在明证性上有所叠加的经验活动，那么我们就根本不能在掷骰子的活动中为“被掷出的骰子将以上述方式落下”这一判断寻得任何明证性的根据（因为这种经验理解既不能为我们构成一个经验视域，也不能建立一种直观的统一性）。基于此，我们对“回溯”的每一次实行都必然伴随着对“回退”这一方法的实行。

然而，“回溯”的实行必然伴随着“回退”这一结论并非意味着“回退”也总是伴随着“回溯”，或者说“回溯”就等于“回退”。恰恰相反，一方面，正如上文所提到的，洛玛已经证明“回退”是一种完全不同于“回溯”的方法，即使它们在整体上都构成现象学还原方法的某个方面，但在具体的实行层面，它们是两种完全不同的方法。另一方面，“回退”在本质上是一种先于“回溯”的方法。正如胡塞尔所言：“因此如果我们要回溯到我们所寻求的那种最原始意义上的经验，那么这只能是原始的生活世界的经验……而对原始生活世界的这种回退并不是这样一种简单地将我们经验的世界像它被给予我们的接受下来的回溯。”② 因此，胡塞尔毫无疑义地言明了“回退”这一方法对于“回溯”的优先性。即使“回溯”的发生必然伴随着“回退”，但最初“回溯”的实行必然是建立在“回退”得以完成的基础之上的。换言之，仅仅凭借“回溯”的方法无法带领我们返回到“原始的生活世界”中，因为回溯的活动恰恰建立在我们已经返回到生活世界（纯化的经验世界）基础之上，而真正能够使我们返回生活世界的方法是“回退”的方法，因此“回退”优先于“回溯”。

五、结论

于此，现象学还原这一方法的整体结构已然得以呈现。总体上看，“先验还原”的方法论首先规定了具体得以实行的还原方法有哪些，这些方法的相互关系以及先后顺序是什

① Husserl, Edmund, *Erfahrung und Urteil*: *Untersuchungen zur Genealogie der Logik*, *Redigiert und herausgegeben von Ludwig Landgrebe*, Hamburg: Claassen Verlag, 1964, S. 476.

② Husserl, Edmund, *Erfahrung und Urteil*: *Untersuchungen zur Genealogie der Logik*, *Redigiert und herausgegeben von Ludwig Landgrebe*, Hamburg: Claassen Verlag, 1964, S. 44.

么，以及还原的目标和剩余物是什么等问题，这是胡塞尔还原方法的第一个层次，即先验还原的层次。在方法的具体实行层面，首先，“悬搁”同“还原”是同一方法的两个不同向度，“悬搁”强调还原的对象，而“还原”则强调通过实行排除与加括号等方法之后得到的“剩余物”；其次，“悬搁（还原）”同“回退”是两种相互关联的方法，“回退”以“悬搁（还原）”的排除活动为前提，并以排除活动所带来的两种剩余物（先验自我与生活世界）为目标。这即是胡塞尔还原方法的第二个层次，即悬搁（还原）—回退的层次。最后，“回退”这一方法构成了“回溯”的前提，也就是说，寻找原始明证性的活动有赖于向“先验自我”与“生活世界”的“回退”，而对“回溯”的实行则始终伴随着“回退”的实行，而这也是胡塞尔还原方法的第三个层次，即回退—回溯的层次。根据还原的三重向度，文章开头所提出的问题便能够得以回答。首先，在胡塞尔的还原方法中，“回退”与“回溯”之间并不存在循环，即使每一次“回溯”的发生都必然伴随着“回退”，但“回退”始终是一种优先于“回溯”的方法。其次，在整体上，胡塞尔的还原方法也不存在循环，因为“先验还原”的方法论以及“悬搁（还原）”的具体实行在还原的一开始就为还原的对象与目标划定了范围。在该范围中，还原的具体实行开始于“悬搁（还原）”，并最终结束于“回溯”，在这整个还原的过程中不存在任何意义上的循环。

参考文献：

[1]［德］胡塞尔著：《经验与判断》，邓晓芒、张廷国译，北京：三联书店 1999 年版。

[2]［德］胡塞尔著：《笛卡儿沉思与巴黎演讲》，张宪译，人民出版社 2008 年版。

[3]［德］胡塞尔著：《现象学的观念：五篇讲座稿》，倪梁康译，商务印书馆 2017 年版。

[4] 倪梁康：《胡塞尔遗著〈经验与判断——逻辑谱系学研究〉（1939 年）的形成始末与基本意涵》，载《同济大学学报（社会科学版）》2018 年第 5 期。

[5]［德］迪特·洛玛：《还原的观念——胡塞尔的诸还原概念及其共同的“方法论”意义》，张浩军译，载《哲学分析》2021 年第 4 期。

[6] Lohmar, Dieter, "Husserl's Concept of Categorial Intuition". In *One Hundred Years of Phenomenology: Husserl's Logical Investigations Revisited*, ed. Dan Zahavi, Frederik Stjernfelt. Dordrecht: Kluwer, 2002.

[7] Husserl, Edmund, *Erfahrung und Urteil: Untersuchungen zur Genealogie der Logik, Redigiert und herausgegeben von Ludwig Landgrebe*, Hamburg: Claassen Verlag, 1964.

[8] Lohmar, Dieter, "Die Idee der Reduktion". In *Die erscheinende Welt*, Herausgegeben von Heinrich Hüni und Peter Trawny, Berlin: Duncker Humblot, 2002.

[9] Husserl, Edmund, *Ideen zu Einer Reinen Phänomenologie und Phänomenologischen Philosophie* (Erstes Buch), Hua III, Den Haag: Martinus Nijhoff, 1976.

[10] Zahavi, Dan, *Husserls Phenomenology*, California: Stanford University Press, 2003.

[11] Vincin, Stefano, The Epistemological Contribution of the Transcendental Reduction, *Husserl Study* 37, 2020.

[12] Smith, A. D, *Husserl and the Cartesian Meditations*, London: Routledge, 2003.

[13] Husserl, Edmund, *Die Idee der Phänomenologie*, Hua II, Den Haag: Martinus Nijhoff, 1973.

[14] Husserl, Edmund, *Ideen zu Einer Reinen Phänomenologie und Phänomenologischen Philosophie* (Drittes Buch), Hua V, Den Haag: Martinus Nijhoff, 1971.

[15] Husserl, Edmund, *Cartesianische Meditationen und Pariser Vorträge*, Hua I, Den Haag: Martinus Nijhoff, 1973.

[16] Gallagher S, Zahavi D, *The Phenomenological Mind—An Introduction to Philosophy of Mind and Cognitive Science*, New York: Routledge, 2008.

[17] Kern, Iso, "Die Drei Wege zur Transzendental-Phaenomenolgischen Reduktion in Der Philosophie Edmund Husserls", *Tijdschrift voor Filosofie*, Vol. 24, No. 2, 1962.

[18] Schmitt, Richard, "Husserl's Transcendental-Phenomenological Reduction", *Philosophy and Phenomenological Research*, Vol. 20, No. 2, 2015.

两种明见性之争：比较休谟与胡塞尔的抽象观

● 江一焕*
（武汉大学 哲学学院）

【摘　要】

休谟反对洛克意义上的抽象观念学说，认为一切抽象观念的本性都是特殊观念，只是在表象方面借助于习惯的力量而成为一般的，得以包括无数其他的相似观念。胡塞尔颠覆了传统哲学的抽象观，提出一种新的观念化的抽象：抽象被视作一种特有的意识行为，亦即本质直观，用以把握普遍对象。休谟、胡塞尔二人在抽象问题上的种种主张之差异源于不同的明见性：经验的明见性与现象学的明见性。这两种明见性体现在各自的观察方式上。经验的明见性虽然比较容易被预持，现象学的明见性却是更为原初的。

【关键词】

休谟；胡塞尔；抽象观；明见性

共相与殊相，或者说一般与个别、本质与现象，是一对贯穿西方哲学史始终的范畴。二者之间的关系问题常常为哲学家们所争论不休。根据张祥龙的说法，现象学恰是由这一问题而引发的一场哲学运动。① 作为现象学的开山之作，《逻辑研究》（1900—1901 年）的第二项研究“种类的观念统一与现代抽象理论”（以下简称第二研究）首次展现出胡塞尔对这一问题的解决思路。值得注意的是，胡塞尔的立场是在对英国经验主义抽象理论的批判分析之中逐渐得到阐明、澄清的。胡塞尔称其抽象理论是“现代抽象理论”，那么相较于近代抽象理论（主要是指英国经验主义传统），其在抽象问题上有何推进？

此前学界对胡塞尔共相理论的研究更多地聚焦于胡塞尔后期《经验与判断》和《现象学心理学》两部著作，对其早期的《逻辑研究》却少有留意。本文立足于第二研究，以休谟为例，对休谟和胡塞尔二人的抽象观进行比较性考察。休谟和胡塞尔二人的抽象观各成一套体系，对“抽象”的理解与运用并不相同，在普遍对象的实在性和对象性这一点上针锋相对。笔者认为，二人抽象观的差异实则源于两种不同的明见性，表现为不同的观察方式；二人抽象理论的竞争实乃两种明见性之争。下文首先分别考察休谟和胡塞尔的抽象观，以此为基础，再进一步探寻二人在抽象问题上观点分立的根源。

---

* 作者简介：江一焕，武汉大学哲学学院外国哲学专业 2022 级博士研究生。

① 张祥龙著：《现象学导论七讲：从原著阐发原意》，中国人民大学出版社 2010 年版，第 6 页。

一、休谟的抽象观：一切抽象观念都只是特殊观念

在《人性论》第一卷第一章的“论抽象观念”一节，休谟按照通常说明抽象观念的方法，证明得出抽象观念的不可能性。对于休谟的反抽象观念说，康浦·斯密、马克·科利尔（Mark Collier）等学者提出诸多批评。这种批评要么是针对休谟总体论述思路的混乱①，要么是针对休谟具体论证中出现的问题。② 但是根据笔者的理解，休谟在抽象问题上的前后思路是一贯的、逻辑亦是自洽的，对休谟陷入循环论证或攻击稻草人的指责并不能成立。本节通过重新梳理休谟的相关思路，试图对休谟的抽象观予以更清晰的呈现，与此同时回应上述批评。

休谟认为一切所谓的抽象观念在其本性方面都是特殊的，在其表象方面则是一般的，他同贝克莱一样反对传统的抽象观念学说。针对“当心灵想到抽象观念或一般观念时，这些观念是一般的还是特殊的”这一问题，休谟借贝克莱之口表达自己的主张：“一切一般观念都只是一些附在某一名词上的特殊观念，这个名词给予那些特殊观念以一种比较广泛的意义，使它们在需要时唤起那些和它们相似的其他各个观念来。”③ 在休谟看来，这一点堪称“近年来学术界中最伟大、最有价值的发现之一”④，是毫无疑问和无法争论的。不难看出，休谟上述主张包含两层意思：第一，一切一般观念（抽象观念）的本性都是特殊的；第二，特殊观念附于某一名词，借此唤起相似的其他观念，以实现某种需要。这正是休谟在“论抽象观念”一节的两个论证目标，二者实际上又是紧密相关的。

针对第一个目标，休谟按照通常说明抽象观念的方法，反而证明抽象观念的不可能性。假设有真正的抽象观念，休谟认为这一说法必定面临困难。以“人”为例，如果存在“人”的抽象观念，那么这个“人”就代表着种种身材不等、性质不同的人们。要做到这点，这个“人”的抽象观念只能：

要么（i）：同时表象一切可能的身材和一切可能的性质。

要么（ii）：根本不表象任何特殊的身材和性质。

休谟指出，（i）是荒谬的。因为（i）蕴涵：心灵具有无限的才能。然而心灵的能力是有限的，这是休谟及其论辩对手的共识。因此人们通常选择拥护（ii）。也即是说，抽象观念被假设为既不表象任何特殊程度的数量，也不表象任何特殊程度的质量。休谟接下来的论述重心即是证明（ii）也是错的。

① Norman Kemp Smith, *The Philosophy of David Hume: a Critical Study of its Origins and Central Doctrines*, London: Palgrave Macmillan, 2005, pp. 257, 261-262.

② Mark Collier, “Hume and Cognitive Science: The Current Status of the Controversy over Abstract Ideas”, *Phenomenology and the Cognitive Sciences*, Vol. 4, No. 2, 2005, pp. 199-201.

③ ［英］休谟著：《人性论》，关文运译，郑之骧校，商务印书馆 1980 年版，第 29 页。

④ ［英］休谟著：《人性论》，关文运译，郑之骧校，商务印书馆 1980 年版，第 29 页。

休谟通过三个论证证明（ii）不成立，进而得出抽象观念的特殊本性。笔者分别对三个论证进行简要重构如下：

论证一

P1：一切对象若可分离，则可区分；若可区分，则有差异。

P2：一切对象若没有差异，则不可区分；若不可区分，则不可分离。（P1）

P3：比较从一般观念中抽去的细节和作为其本质部分的剩余细节，发现二者既没有差异、又不可区分。

C：因此，从一般观念中抽去的细节和作为其本质部分的剩余细节，是不可分离的。换言之，抽象作用不包含分离作用。（P2、P3）

论证二

P1：凡出现于心中的印象，在量和质的程度上总是确定的。

P2：一切观念都是印象的复本。

C：因此，一切观念都有一种确定的量和质。（P1、P2）

论证三

P1：自然界的一切事物都是特殊的。

P2：“一个没有确切比例的边和角的三角形真正存在”，这一假设在事实上是谬误的。（P1）

C：因此，该假设在观念上也是谬误的。（P2）

可以看到，论证一从消极方面说明抽象作用不包含分离作用，论证二从积极方面指出一切观念都有量与质上的确切程度，论证三则进一步表明存在抽象观念之假设的谬误性。三个论证层层递进，但试图证明的是同一个结论：“心灵对于任何数量或质量的程度，如果没有形成一个明确的概念，那就无法对这个数量或质量形成任何概念。”① 由此，“一个抽象观念根本不表象任何特殊的量和质”，亦即（ii）这一主张，在休谟看来是错误的。这样一来，休谟从对抽象观念的传统理解出发，反而证明得出抽象观念之不可能性：抽象观念之为抽象观念，在于其要么能够同时表象一切可能的量和质，要么根本不表象任何特殊的量和质；然而这两条路径在休谟看来皆行不通，因此，传统意义上的抽象观念并不可能。确切地说，我们心中的意象只是一个对于特殊对象的意象，抽象观念的本性实则是特殊的。这是休谟收获的第一个结论。

不过，休谟并未否认抽象观念在表象方面的一般性，这就涉及休谟要论证的第二个目

---

① ［英］休谟著：《人性论》，关文运译，郑之骧校，商务印书馆 1980 年版，第 30 页。

标。既然我们心中的意象始终只是特殊的，那么如何解释这些意象似乎能够普遍地加以运用这一实际情形？换言之，抽象观念就本性而言是特殊的，为何在运用时却能超出其本性？休谟试图说明的是这一点：特殊观念附于某一名词，借此唤起相似的其他观念，以适应某种目的。他说："心灵的才能虽然不是无限的，可是我们能在同时对于一切可能程度的数量和质量形成一个概念，这样形成的概念不管是怎样的不完全，至少可以达到一切思考和谈话的目的。"① 而这一功能的实现有赖于"习惯"：

当我们发现我们常见的各个对象之间有一种类似关系时，我们就把同一名称应用于这些对象的全体，不论我们在它们的数量和质量的程度上看到什么差异，也不论其他什么样的差异可能在它们中间出现。当我们养成了这种习惯之后，一听到那个名称，就会唤起这些对象之一的观念，并使想象想起它以及它的一切特殊的细节和比例。②

由此可见，当我们观察到常见的各对象间存在一种相似关系，不论其间的具体差异如何，我们将同一名称运用于这些对象之上。这种习惯形成之后，在有需要时借此习惯在我们心中唤起这些观念。总之，正是通过习惯，特殊本性的观念才能够起到普遍表象作用。至此，休谟在抽象问题上的主要思路已经得到澄清。③

康浦·斯密批评休谟在"论抽象观念"一节的论述重心有所偏移，关键的问题依然悬而未决④；笔者认为这一批评不能成立。斯密指出，休谟在此节的一开始就抛出一个问题，即"当心灵想到抽象或一般观念时，这些观念是一般的还是特殊的"，这本应是休谟论述的重心，但是休谟随后避开这一问题，转而说明另一个问题：心中的意象或者图像是否抽象，以及这些图像在抽象思维中如何起到作用，就好像其具有普遍性似的。笔者同意前一个问题应是休谟要解决的核心问题，但是并不认为休谟避开了它。根据上文的梳理，可以看到休谟其实借贝克莱之口对这一问题已经作出回应："一切一般观念都只是一些附在某一名词上的特殊观念"⑤，即是说，当心灵想到抽象或一般观念时，这些观念其实并非一般，而是特殊的。休谟按照传统对抽象观念的说明，反而证明得出抽象观念的本性，而且在此过程中休谟给出三个论证。当然，除此之外休谟还详细考察这些观念在表象作用上的一般性。但是这并非是重心的偏移，而是在论证得出抽象观念的特殊本性之后的一个自然的转向。这两个问题正是上文所谈及的休谟要论证的两个目标，二者是密切相关的。

马克·科利尔批评休谟反对抽象观念的三个论证实则是攻击稻草人，因此无法顺利得

① ［英］休谟著：《人性论》，关文运译，郑之骧校，商务印书馆1980年版，第30页。

② ［英］休谟著：《人性论》，关文运译，郑之骧校，商务印书馆1980年版，第32~33页。

③ "论抽象观念"一节剩下的部分是承认与回应以及原则的运用。休谟认为，他所提出的上述观点可能会面对的唯一困难，在于对"习惯"的解释。针对习惯这种心灵活动，休谟按照经验和类比继续作出四点解释，以作为回应。另外，休谟应用其原则试图澄清经院哲学中谈论不休的理性的区分这一问题。

④ Norman Kemp Smith, *The Philosophy of David Hume: a Critical Study of its Origins and Central Doctrines*, London: Palgrave Macmillan, 2005, pp. 261-262.

⑤ ［英］休谟著：《人性论》，关文运译，郑之骧校，商务印书馆1980年版，第29页。

出抽象观念的不可能性①；笔者认为这一批评并不相应。科利尔指出，休谟的三个论证均依赖于特定的前提，而这些前提是抽象观念的辩护者所不能接受也无须接受的。这一点笔者也同意，但是无法由此得出休谟是攻击稻草人，因为这里并未涉及对可能竞争观点的曲解。

另外，也有研究指出休谟的论证陷入前后矛盾：先是证明抽象观念的不可能性，后又以某种心理主义的方式承认普遍性。② 笔者认为这是对休谟的误解。这里“心理主义的方式”指的是基于相似性关系的选择性关注，是休谟在“论抽象观念”一节最后讨论的“理性的区分”的内容。实际上，“理性的区分”是一个值得深入探讨的问题，但是根据休谟的论述，这一部分相当于“原则的应用”③，而原则是在此之前就已揭明了的。回到这一批评本身，在笔者看来，休谟反对抽象观念与承认普遍性二者之间并不矛盾，因为这是在两个层面立论，并且正是休谟试图论证的两个目标：抽象观念就本性来说是特殊的，就表象作用来说却是一般的。

根据以上论述，本节得出：休谟在《人性论》“论抽象观念”一节的论述思路是清晰的，而康浦·斯密、马克·科利尔等人对休谟的批评并不成立。简而言之，针对“当心灵想到抽象观念或一般观念时，这些观念是一般的还是特殊的”这一问题，休谟借贝克莱之口作出回应。休谟的观点是：抽象观念的本性是特殊的，传统意义上的抽象观念是不可能的。休谟提出三个论证试图捍卫这一观点；这三个论证凸显休谟的经验主义立场。在颠覆传统的抽象观念学说后，休谟仍需解释一个现实情形：我们的确常常使用一些抽象名词来表现某种共相性的东西。休谟以“习惯”解释这种作用：如果我们遇到的对象具有相似性，那么我们就对它们使用同一个名称。久而久之成为习惯之后，每当听到这个名称，我们就会被唤起其中一个对象的观念，并且想象力会对之进行把握。总之，在休谟看来，一切所谓的抽象观念其实都是特殊观念，只是某些观念在表象方面借助习惯而得以成为一般的。

二、胡塞尔的抽象观：抽象是把握种类之物的一种意识行为

不同于休谟乃至整个经验主义的抽象观，胡塞尔对于抽象问题有自己独特的理解。借助于胡塞尔在《逻辑研究》第二研究所作出的阐释，其实我们以寥寥数语便可概括其立场，然而这还不足以揭示出胡塞尔抽象观的全部内涵。抽象问题为何对胡塞尔来说是重要的？胡塞尔是在什么意义上使用“抽象”一词？相较于近代的抽象理论，胡塞尔抽象观的独特性何在？胡塞尔认为种类之物是通过抽象而把握到，其理据是什么？本节主要依据第二研究，试图从抽象的含义、目标、根据等方面阐述胡塞尔的抽象观，同时回应上述问题。

---

① Mark Collier, “Hume and Cognitive Science: The Current Status of the Controversy over Abstract Ideas”, *Phenomenology and the Cognitive Sciences*, Vol. 4, No. 2, 2005, pp. 199-201.

② 袁锦邑：《论休谟的反抽象观》，西南大学 2021 年硕士学位论文，第 10、32 页。

③ ［英］休谟著：《人性论》，关文运译，郑之骧校，商务印书馆 1980 年版，第 37 页。

抽象问题是第二研究的中心问题。胡塞尔在1913年《逻辑研究》第二版的前言指出：

> 这项研究（笔者按：指第二研究）的目的仅在于：使人们学会在一个类型，如由“红”的观念所代表的类型中，看到观念，并学会说明这种“看”的本质。①

实际上，这里的“看”即是“抽象”（这一点下文会展开论述），前言表明，在抽象和观念之间存在某种直接的关联：“观念”是被“看到”的。正如胡塞尔所言，“作为种类的含义是通过抽象而在被标明的底层上形成”②。胡塞尔试图维护与个体对象并存的种类对象（或者说观念对象）的固有权利，从而确定纯粹逻辑学和认识论的主要基础，这样一来，抽象问题就有必要立即获得解决。而从内容上看，第二研究正是围绕抽象问题而展开。第二研究题为“种类的观念统一与现代抽象理论”，由引论和六章内容构成：在引论和第一章胡塞尔直接提出抽象的相关主张，第二到五章是胡塞尔对经验主义抽象理论的批判分析，对其自身立场起到补充和检验作用，第六章则总结对立双方的立场以及其中发生的混淆。

胡塞尔所说的“抽象”指的是观念化的抽象：作为一种特别的行为（Akt）或者说意识方式，其目标是把握种类的观念统一。洛克、贝克莱和休谟等人采取或分离、或代现、或相似性直观的方式对“抽象”的过程进行说明，在胡塞尔看来，这种抽象无非是对某个在一个感性客体上的不独立因素的单纯突出。而胡塞尔的“抽象”不同于通常意义上的抽象，而是指一种总体化、观念化的现象学抽象，“在这种抽象中，被意识到、成为现时被给予的不是那个不独立的因素，而是这个客体的‘观念’、它的普遍之物”③。对于胡塞尔来说，抽象是一种特别的、特殊的意识行为。他说：

> （1）在逻辑学和认识论中被标示为抽象的……是那种在直观基础上直接把握种类统一的特殊意识。④
>
> （2）抽象所指的便是这样一种行为……通过这个行为，一个抽象的内容……成为一个朝向它的直观表象的本己客体。⑤
>
> （3）（笔者按：指在概念构成意义的抽象问题上）涉及的是一种对这样一种行为的本质分析，在这种行为中，一个种类被我们明见地意识到。⑥

由此可见，胡塞尔所论的是逻辑、概念构成意义上的抽象，指的是一种行为、一种特殊的

① ［德］胡塞尔著：《逻辑研究》，倪梁康译，商务印书馆2015年版，第11页。

② ［德］胡塞尔著：《逻辑研究》，倪梁康译，商务印书馆2015年版，第418页。

③ ［德］胡塞尔著：《逻辑研究》，倪梁康译，商务印书馆2015年版，第1044页。

④ ［德］胡塞尔著：《逻辑研究》，倪梁康译，商务印书馆2015年版，第471页。

⑤ ［德］胡塞尔著：《逻辑研究》，倪梁康译，商务印书馆2015年版，第537页。

⑥ ［德］胡塞尔著：《逻辑研究》，倪梁康译，商务印书馆2015年版，第534页。

意识，而一个种类在此行为中被我们意识到。亦即，通过抽象，我们把握到种类之物、把握到种类的统一。这也正是胡塞尔的抽象论所要达到的目标，“通过总体化的抽象，人们获得本质性的含义种类和含义形式”①。

更进一步地说，朝向普遍对象的抽象行为奠基在素朴的感性直观的基础之上。胡塞尔通过比较考察我们意指个体之物和种类之物两种行为的进行方式，指出这两种意指行为在事实上是根本不同的，并且作为种类的意指是一个被奠基的意指。例如眼前的红色桌子向我们显现出来，一方面它是整个地、具体地显现给我们，另一方面它的红也显现给我们。按胡塞尔的说法，这同一现象承载着两种不同的行为：个体的意指行为和种类的意指行为。就这两种行为而论，在前一种情况下，我们意指个体、杂多之物，意指这张红色桌子、意指这张桌子的红色因素；在后一种情况下，我们意指的并非此时此地的这张红色桌子，而是它的内容、它的观念，意指的是这个红。我们先后意向的目标、那个作为陈述主体被我们指称的对象，是完全不同的东西。胡塞尔指出，“这两方面的意向的事态不仅在逻辑学上是完全不同的，而且在心理学上也是完全不同的”②。实际上，个体意指与那个显现、那些展现出来的东西有关，而种类意指则建立在这种素朴展现的基础之上，一个新的立义方式连同一种新的客体性被建造起来。在上述例子中，对红这个观念的意指建立在对这个红桌子、对桌子的红的素朴直观基础之上，二者是被奠基和奠基的关系。在同一个直观基础上，有区别的只是行为特征。胡塞尔指出，“在任何地方都必须区分：一方面是素朴的整体直观和局部直观，它们构成基础，另一方面是变动不居的行为特征，它们作为思想性的东西建造于直观的基础上，同时无须对感性—直观内容做丝毫更动”③。我们以表 1 直观地表示这两种行为的关系。

表 1　**两种行为的奠基与被奠基关系**

对象	行为	行为关系	示例
个体对象	素朴直观或感性直观	奠基	此时此地的这张桌子、它的红
普遍对象	范畴直观或本质直观	被奠基	桌子的观念、这个红本身

实际上，胡塞尔关于抽象问题的思路建基于明见性。根据上文，胡塞尔抽象论的目标是把握种类的观念统一，而对应个体对象的感性直观和对应普遍对象的本质直观是奠基与被奠基的关系。在胡塞尔看来，“我们所确保的所有那些东西——对种类对象和个体对象之划分的有效性和不同的表象方式，即这些和那些对象被我们清楚地意识到的不同方式——，都是用明见性来向我们担保的”④。而这样一种明见性又是“随着有关表象的澄清而自身被给予的”⑤。胡塞尔所谓的“明见性”散布在第二研究的各处，以下我们从四

① ［德］胡塞尔著：《逻辑研究》，倪梁康译，商务印书馆 2015 年版，第 499 页。
② ［德］胡塞尔著：《逻辑研究》，倪梁康译，商务印书馆 2015 年版，第 425 页。
③ ［德］胡塞尔著：《逻辑研究》，倪梁康译，商务印书馆 2015 年版，第 444 页。
④ ［德］胡塞尔著：《逻辑研究》，倪梁康译，商务印书馆 2015 年版，第 419 页。
⑤ ［德］胡塞尔著：《逻辑研究》，倪梁康译，商务印书馆 2015 年版，第 419 页。

个角度展开论述自身被给予的明见性。

首先，种类之物或者说普遍之物真实地实存着，而且在认识中真实地成为对象。胡塞尔指出："在这个世界上还没有一门诠释术能够将这些观念对象从我们的言说和思维中消除出去。"① 当我们谈论一个普遍之物时，它便是一个被思的对象。例如红、矛盾律、数学中的2，"我们不仅可以明见无疑地谈论这些对象……并且可以想象它们是带有谓词的，而且我们还可以明晰地把握到与这些对象有关的某些范畴真理。如果这些真理有效，那么所有那些作为这种有效性之客观前提的东西也都必然有效"②。

其次，个体之物和种类之物之间的区分具有明见性。从逻辑上说，在个别和种类之间存在着一种原始关系，存在着一种范畴区别。胡塞尔说："我们要考虑到，在存在之物（或者也可以说：对象一般）的这个概念统一内部就存在着一个根本的范畴区别：作为种类的存在和作为个体的存在的区别"③。经验事物是个体之物，数学中的数、纯粹逻辑学中的概念和命题是种类之物，在二者之间进行区分不可避免，"这些区别和类似的区别都是绝对无法被消除的。它们不是一些单纯的简略表达，因为任何繁杂的描述都无法消除这些区别"④。在名称领域，指称个体和种类之物的名称的区别是被给予的。名称"苏格拉底""雅典"的含义对应的是个体对象，具有时间性；名称"2""红"的含义对应的是观念对象，被视作一个观念的、无时间的统一。尽管有这样一种情形：我们时而是在客观特性的意义上、时而又在感觉的意义上谈论"颜色""光滑""形态"，但是在胡塞尔看来，我们不能受这些话语的误导。在这两者之间原则上存在着对立。⑤ 总之，在个体之物和种类之物之间的区分在胡塞尔看来是绝对的，是明见地、自身被给予的。

不仅对种类对象和个体对象的划分是明见地有效的，而且二者不同的表象方式，也是以明见性来担保的。这一点我们在上文讨论两种行为的奠基与被奠基关系时已有涉及。当我们对意指个体对象和意指种类或普遍对象的行为进行反思时，我们就会明见无疑地看到在这两种行为的进行方式方面存在着本质的区别。我们意指普遍对象的行为与个体对象的行为事实上是根本不同的。

最后，依据主体意向性的不同，我们可以意指个体对象，也可以直接把握普遍对象。也就是说，是意识方式、意向方式构成普遍表象和个体表象的差异。因为在这里有一种新的意指活动（观念化的抽象，亦即本质直观）表现出来，其把握的是种类意义上的观念统一。胡塞尔称：

红的对象和在它身上被突出的红的因素是显现出来的，而我们所意指的却毋宁说是这同一个红，并且我们是以一种新的意识方式在意指这个红，这种新的意识方式使种类取代

① ［德］胡塞尔著：《逻辑研究》，倪梁康译，商务印书馆2015年版，第438页。
② ［德］胡塞尔著：《逻辑研究》，倪梁康译，商务印书馆2015年版，第437页。
③ ［德］胡塞尔著：《逻辑研究》，倪梁康译，商务印书馆2015年版，第438页。
④ ［德］胡塞尔著：《逻辑研究》，倪梁康译，商务印书馆2015年版，第422页。
⑤ ［德］胡塞尔著：《逻辑研究》，倪梁康译，商务印书馆2015年版，第442页。

于个体成为我们的对象。①

以面前这张红桌为例，我们观看这张桌子、观看桌子的红，但却进行一种特别的行为（亦即抽象），通过这一行为，我们的意向朝向的是“观念”、朝向“红”本身。通过抽象这一行为或者说意识方式，我们直接把握到种类对象、普遍观念本身。

综合以上论述，本节得出：抽象问题是《逻辑研究》第二研究的中心问题。不同于传统哲学对抽象的理解，胡塞尔另提出一种观念化的抽象：抽象被视作一种特殊的意识行为（亦即本质直观），用以从事对种类或普遍对象的把握；朝向普遍对象的抽象行为以素朴的感性直观为基础。而种类对象与个体对象的区分及其相应表象方式的不同，在胡塞尔看来，均以明见性为保障：种类对象真实地存在着，并且和个体对象间的原始关系是明见地给出的。通过比较意指个体对象和种类对象的两种行为的进行方式，我们明见无疑地看到二者的根本性不同。总之，胡塞尔的观念化抽象意味着，眼前的感性直观中的对象或素材，依据主体意向性的不同，既可以指此时此地的个体，也可以指普遍本质。以对一个红的事物的直观作为出发点，我们转变自己的目光，使之朝向观念对象，如此一来“红”本身就原本地、直接地被给予我们。

三、基于不同明见性的两种抽象观

通过前面两节的讨论，我们看到：就基本立场而言，休谟反对洛克意义上的抽象观念学说，认为一切抽象观念的本性都是特殊观念；胡塞尔则反对整个经验主义传统的抽象观，转而赋予“抽象”不同的内涵，试图通过抽象来把握种类的观念统一。休谟与胡塞尔的抽象观面貌各异，其根源何在？胡塞尔在《现象学的观念》中区分出两种明见性②：经验的或心理学的明见性，与现象学的明见性。笔者认为，休谟与胡塞尔的抽象思想正是分别源于这两种明见性，并且，经验的明见性虽然更容易被预持，现象学的明见性却是更为原初的。本节通过挖掘休谟、胡塞尔二人相关论述的细节，分析其中起作用的思想，试图表明上述观点。

休谟和胡塞尔对抽象概念有不同的理解，与之相应的是两种普遍性、两种科学兴趣和两大阵地。休谟认为抽象观念的本性是特殊的，在表象作用上则是普遍的：诉诸相似关系和习惯，个别的表象排列在一组相似对象中，就可以被看作普遍的代表。胡塞尔的“抽象”则意味着一种特殊的意识行为，即本质直观，用以把握普遍对象。于是这里就有两种抽象，用胡塞尔的话来说：一种与不独立的部分内容有关，另一种与种类有关。休谟讨论的是突出强调这些“抽象内容”意义上的抽象问题；胡塞尔探讨的是概念构成意义上的抽象问题。由此，这里亦出现两种普遍性：前者是心理学作用的普遍性，后者是作为含义形式的普遍性。在胡塞尔看来，对于休谟等人来说，普遍性对他们来说始终还是符号的联想功能的事情，“心理学作用的普遍性并不是属于逻辑体验本身的意向内容的普遍性；

① ［德］胡塞尔著：《逻辑研究》，倪梁康译，商务印书馆2015年版，第417页。
② ［德］胡塞尔著：《胡塞尔文集·现象学的观念》，倪梁康译，商务印书馆2017年版，第71页。

或者客观地、观念地说，不属于含义和含义充实的普遍性”①。与之相应的是两种本质不同的科学兴趣：一种对体验的心理学说明感兴趣，另一种对体验的思想内容或意义的逻辑学澄清感兴趣，在胡塞尔看来双方分别隶属于心理主义和观念主义两大阵地。具体如表2所示。

表2 **两种抽象观**

两种抽象	抽象心理学	抽象现象学
两种普遍性	心理学作用的普遍性	作为含义形式的普遍性
两种科学兴趣	体验的心理学说明	体验的思想内容、意义的逻辑学澄清
两大阵地	心理主义	观念主义

休谟论证抽象观念之特殊本性的前提，基于经验的或心理学的明见性。笔者在第 节对休谟的三个论证进行过重构，其中论证二从正面立论：印象总是对某个事物的印象，观念又是印象的复本；我们在这里无法就观念和印象间的关系分析得更多，但是已经足以看出，抽象观念从逻辑上说就是不可能的。不妨再看看休谟是如何阐释三个论证中的关键前提的：

(1) 一看就可了然，一条线的确切长度和那条线本身既没有差异，也不可区分；而任何质量的确切程度和那个质量也是既没有差异、也不可区别的。②

(2) 大家承认，凡出现于感官前面的对象，换句话说，即凡出现于心中的印象，总是在数量和质量的程度上是确定的。③

(3) 哲学中有一个公认的原理，即自然界一切事物都是特殊的。④

休谟“一看就可了然”“大家承认”“公认”这些说法表达出某种经验的明见性。可见胡塞尔称之“仅仅坚持直观个别之物”⑤“始终自然而然地去抓住感性的事例”⑥，是有道理的。正是基于经验的明见性，休谟认为只有特殊观念，我们仅仅能够意识到个体对象，因而我们也必须把关于普遍对象的说法理解为主观臆造的。总之，意向的真正对象是个体，从经验的目光去看，这是显然的事情。

胡塞尔的抽象理论则是基于现象学的明见性。根据洪汉鼎的说法，胡塞尔所说的“明见性”具有两大特征：直接的直观性与直接的自身被给予性。⑦ 一方面，胡塞尔“所

① ［德］胡塞尔著：《逻辑研究》，倪梁康译，商务印书馆2015年版，第461页。
② ［英］休谟著：《人性论》，关文运译，郑之骧校，商务印书馆1980年版，第31页。
③ ［英］休谟著：《人性论》，关文运译，郑之骧校，商务印书馆1980年版，第31页。
④ ［英］休谟著：《人性论》，关文运译，郑之骧校，商务印书馆1980年版，第32页。
⑤ ［德］胡塞尔著：《逻辑研究》，倪梁康译，商务印书馆2015年版，第498页。
⑥ ［德］胡塞尔著：《逻辑研究》，倪梁康译，商务印书馆2015年版，第536页。
⑦ 洪汉鼎著：《重新回到现象学的原点——现象学十四讲》，人民出版社2008年版，第220页。

确保的所有那些东西……都是用明见性来向我们担保的"①。笔者在第二节已经就此展开过详细论述，要而言之，个体对象和普遍对象的划分在胡塞尔看来是明见的、有效的，二者之间存在着一种范畴区别。对个体对象和普遍对象的表象方式也并不相同，这也是由明见性来担保。另一方面，胡塞尔的论辩思路始终是检验其对手是否落入明见性的矛盾。他在第二研究的附论中提道："要想证明一个科学学派误入了歧途，那么最为有益的做法就是去研究：在它的代表人物那里得以贯彻的结论究竟是什么，并且同时去确证：他们认为已经达到的那种最终理论是否恰恰会使他们纠缠到明见的不利状况中去。"②

这样一来，休谟和胡塞尔在抽象问题上的竞争就可以归结为两种明见性之争。休谟与胡塞尔在抽象问题上的分歧，其实是要不要那个超出经验主义的那些，诸如普遍对象、抽象观念、本质，等等。休谟当然是拒绝这些的，胡塞尔则着力维护观念对象的固有权利。在笔者看来，经验的明见性和现象学的明见性是两种抽象观的底层差异。对此，胡塞尔有所觉察。胡塞尔指出：

> (1) 他们（笔者按：指洛克和贝克莱）在进行现象学分析时几乎仅仅坚持直观个别之物，可以说是仅仅坚持思维体验中触手可及的东西，仅仅坚持名称和示范性的直观，而他们同时却不知道如何从行为特征开始，因为这些行为特征恰恰不是伸手可及的东西。③
>
> (2) 他们（笔者按：同上）无法做到，将思维行为看作纯粹现象学地展示出来的东西，并因此将它们视为一种全新的行为特征，一种相对于直接直观而言新的意识方式。④

这里的一些说法（例如"仅仅坚持"和"却不知道""无法做到"）已经透显出两种明见性的差异。虽然上述批评是胡塞尔针对洛克和贝克莱而发的，但是胡塞尔会认为这也同样适用于休谟。正是基于两种不同的明见性，休谟和胡塞尔的抽象观呈现出不同的面貌。我们从胡塞尔对穆勒的态度中亦可见一斑。穆勒等经验主义者并未承认在胡塞尔看来是明见的被给予之物；胡塞尔指出，在我们看来是确定无疑、明见的东西，穆勒却是漠不关心。实际上所有经验主义者都没有办法明确看到这一点。正是因为经验主义者持守的是经验的明见性，他们试图证明普遍对象是虚无的。但是根据胡塞尔，我们明见到，普遍对象以及对于它们的普遍表象都是真实存在的。

由此我们亦能更好地理解胡塞尔对于休谟提出的诸多批评。胡塞尔曾批评休谟对抽象的探讨蕴含着悖谬⑤、会不可避免地陷入无穷后退⑥，并且斥之为"非本真意义上的抽象"⑦。实际上，这些批评的根源正在于两种明见性之争。胡塞尔一方面看到休谟等人坚持的经验的明见性，"将目光始终仅仅朝向原本的直观之物以及朝向所谓逻辑现象的可把

① ［德］胡塞尔著：《逻辑研究》，倪梁康译，商务印书馆 2015 年版，第 419 页。
② ［德］胡塞尔著：《逻辑研究》，倪梁康译，商务印书馆 2015 年版，第 525～526 页。
③ ［德］胡塞尔著：《逻辑研究》，倪梁康译，商务印书馆 2015 年版，第 498 页。
④ ［德］胡塞尔著：《逻辑研究》，倪梁康译，商务印书馆 2015 年版，第 498 页。
⑤ ［德］胡塞尔著：《逻辑研究》，倪梁康译，商务印书馆 2015 年版，第 510 页。
⑥ ［德］胡塞尔著：《逻辑研究》，倪梁康译，商务印书馆 2015 年版，第 514 页。
⑦ ［德］胡塞尔著：《逻辑研究》，倪梁康译，商务印书馆 2015 年版，第 418 页。

握之物，这是一种自然趋向”。① 另一方面立足现象学的立场将之称作“误认的自明性”“虚假的自明性”。在他看来，经验主义者有一种自然倾向，这种倾向处处都使感性直观的个别性优先于本真的思维客体，然而这在胡塞尔看来是错误的引导。② 胡塞尔从两个角度去看休谟的抽象思想：第一，就其缺乏充分明确的描述性分析而言，休谟对抽象的讨论从逻辑学和认识论的角度看，是一个极端的错误；第二，就其为心理学抽象理论指示出道路而言，休谟的抽象理论包含着重大的价值。前者实际上是基于现象学的明见性去说的，胡塞尔对休谟提出尖锐的批评；后者则是基于对经验的明见性的某种承认，因此从心理学发生视角出发，胡塞尔又给予其相对积极的评价。

两种明见性体现在不同的观察方式上，经验的目光更容易被预持、因简单而受到偏好，现象学的目光却更为原初。休谟式经验主义的目光是人们总是自然而然地拥有的。人们习惯于以如此这般的眼光看待世界。我们目光所及的正是一个又一个的个体事物、感性对象——这里的一张红桌子，头顶的日光灯、窗外电线杆上的一只鸟。似乎找不到任何理由要我们确证，哪怕只是相信普遍对象的存在。从这个意义上说，经验的明见性是更容易为人们所预持的。然而，一旦我们成功进行某种目光的转变，哪怕只有一次，我们的眼光从这个具体的红桌子、这个桌子的红的因素上移开，突然注意到它的内容、它的观念、这个红本身，我们就再也不会轻易退回到从前的受遮蔽状态。

由以上讨论可知，休谟和胡塞尔对抽象有截然不同的理解，与之相应的是两种普遍性、两种科学兴趣、两大阵地；实际上双方在抽象问题上的针锋相对可以归结为两种明见性之争：经验的明见性与现象学的明见性。这两种明见性体现在他们各自的观察方式上。休谟始终自然而然地抓住感性的事例，认为意向的真正对象是个体，抽象观念从逻辑上说就是不可能的，这在经验的目光看来是如此显然。胡塞尔以一种特有的意识行为直接把握到普遍对象，这种现象学的目光转向对于他来说是直接被给予的。经验的目光因简单而受到偏好，往往更容易为人所预持；现象学的目光却是更为原初的，真正去除了一切遮蔽与前识。一旦学会以现象学的眼光去“看”到观念本身，经验的目光是再也难以持守的。

四、结论

休谟和胡塞尔对“抽象”概念均有颠覆传统的运用：休谟反对此前传统的抽象观念学说，认为一切所谓的抽象观念在本性方面都是特殊的，在表象方面则借助于习惯而能成为其他相似观念的代表。胡塞尔认为英国经验主义传统所探讨的抽象是一种非本真的抽象，其另提出观念化的抽象。抽象被视作一种特有的意识行为，亦即本质直观，用以把握普遍对象，并且朝向普遍对象的抽象行为以素朴的感性直观为基础。

休谟与胡塞尔二人抽象观的差异源于不同的明见性：经验的明见性与现象学的明见性。这两种明见性体现在他们各自的观察方式上。经验的目光虽然往往更轻易被持有、受到更多偏好，现象学的目光却更为特别、也更为原初。我们自然而然地看到眼前的这张红

① ［德］胡塞尔著：《逻辑研究》，倪梁康译，商务印书馆2015年版，第458页。

② ［德］胡塞尔著：《逻辑研究》，倪梁康译，商务印书馆2015年版，第496页。

桌子、头顶的日光灯、对面坐着的一个个具体的人。我们很容易习惯以这种方式观察周围的这个世界。我们观察这张红桌子、那张白桌子，抽象出“桌子”这个观念，又观察这张红桌子、那个红杯子，抽象出“红”这个观念。在休谟看来，我们所形成的“桌子”“红”这些观念，其本性仍是特殊的，即是说始终包含着确切的量和质。一个根本不表象任何量和质的抽象观念在休谟看来是不可能的。然而，还是这张红桌子。这一次我们注意的是这个具体的个体、它的红的因素，下一次，我们的目光转向观念自身，我们注意到它的内容、注意这个红本身。这时普遍对象是直接地、原本地被给予我们，一下子就被把握到，我们从此学会了“看”，我们直接“看”到观念本身。从这一现象学的目光看去，此前看似自然而然的经验性目光实则是受遮蔽了的。

参考文献：

[1] 洪汉鼎著：《重新回到现象学的原点——现象学十四讲》，人民出版社2008年版。

[2] [德] 胡塞尔著：《胡塞尔文集·现象学的观念》，倪梁康译，商务印书馆2017年版。

[3] [德] 胡塞尔著：《逻辑研究》，倪梁康译，商务印书馆2015年版。

[4] [英] 休谟著：《人性论》，关文运译，郑之骧校，商务印书馆1980年版。

[5] 袁锦邑著：《论休谟的反抽象观》，西南大学2021年硕士学位论文。

[6] 张祥龙著：《现象学导论七讲：从原著阐发原意》，中国人民大学出版社2010年版。

[7] Mark Collier, "Hume and Cognitive Science: The Current Status of the Controversy over Abstract Ideas", *Phenomenology and the Cognitive Sciences*, Vol. 4, No. 2, 2005.

[8] Husserl, Edmund, *Logical Investigations* (Volume 1), trans. by J. N. Findlay, London & New York: Routledge, 2001.

[9] Smith, Norman Kemp, *The Philosophy of David Hume: A Critical Study of Its Origins and Central Doctrines*, London: Palgrave Macmillan, 2005.

科学外世界的建构何以可能？
——从梅亚苏对休谟问题的探讨出发

● 胡可欣*
（复旦大学 哲学学院）

【摘　要】

在《形而上学与科学外世界的虚构》中，为了切入科学与形而上学的重叠视域，甘丹·梅亚苏从归纳问题出发，提出了关于科学外世界的建构问题："一个世界应该是什么样的才会是科学知识无法进入的？"通过对观休谟和波普尔等人在研究科学理论标准的路径差异，梅亚苏指出，波普尔的解读是在科学法则内部进行思考，而休谟问题在本质上是一个科学外世界的问题；他试图通过对科外幻世界类型的进一步考察，在兼容科学和科学外法则的系统中打破科学—现实和非科学—虚构之间的界限。在科学外世界的可能类型列举及论证中，梅亚苏所分析的世界-2类型介于科学秩序的绝对主导和纯粹的无序、混乱之间，以偶然性法则的必然化为这样一种建构提供了可能。此外，当代哲学家马拉布的"可塑性"学说、哈拉维的SF（原指科幻小说）概念扩展等路径提供了建构科学外世界的其他方式，使我们可以窥见近年新实在论理论发展的整体动态。

【关键词】

梅亚苏；科学；科外幻；归纳问题；虚构

导言

1953年，波普尔在剑桥大学彼特豪斯学院演讲的开头提出了一个让他感兴趣的基本问题：

"一种理论什么时候才可以称为科学的？"或者"一种理论的科学性质或者科学地位有没有标准？"①

---

* 作者简介：胡可欣，复旦大学哲学学院外国哲学专业2021级硕士研究生。

① Karl Popper, *Conjectures and refutations: The growth of scientific knowledge*, New York: Routledge, 2014, pp. 43-44.

半个多世纪后，法国当代哲学家——甘丹·梅亚苏（Quentin Meillassoux）在巴黎高师关于“科学外虚构和科学虚构”的讲座（2006）① 上这样说明科学外虚构提出的主导问题：

一个世界应该是什么样的才会是科学知识无法进入的，才不能够被自然的科学作为对象建立?②

在这里，梅亚苏的提问方式似乎致敬了波普尔关于证伪主义的这一著名文章，他的研究主题——科学世界与科学外世界，也像是对波普尔工作视角的延续性考察。但是，再更进一步考察，我们会发现梅亚苏和波普尔的工作重心是完全不同的：波普尔关注的是科学话语的分界问题，他区分科学和伪科学的最终目的在于提供“衡量一种理论的科学地位的标准”，也即其可证伪性标准，在这个意义上，波普尔是在科学的范围之内进行言说的；而梅亚苏在根本上则关心的是这样一个问题：科学外世界是否有可能？完全拒斥科学的虚构类型是否可能？因此，他实际上走到了波普尔问题的另一面——科学外世界存在标准的考察上。正是在这种镜像观照的策略基础上，梅亚苏隐秘地将科学与形而上学的视域联系了起来，并通过对波普尔的批判过渡到了科学外虚构的研究上。

梅亚苏对科学虚构和科学外虚构的区分从休谟问题的探讨开始。波普尔针对休谟问题给出了一种解决方案，但是在梅亚苏的分析中，波普尔的方案并没有真正解决休谟的归纳问题，而是调换了问题内核，是一种“曲解”，休谟问题和波普尔的回答实际上对应本体论和认识论两类问题。波普尔的论据是三种“公认的规律”——归纳主义者的三个标准的例子（24 小时内太阳升落一次、人皆有死、面包有营养）都是能够被反驳的；而梅亚苏认为这种反驳仍然基于自然科学的可预见、可复现性，而没有触及归纳问题对本体论的挑战本身。

本文试图从梅亚苏对波普尔解决休谟问题方案的批判入手，分析如下问题：因果性问题在科学虚构和科学外虚构问题中的地位和意义如何？科学外虚构的时空如何可能？在对波普尔的解读中关于科学和科学外的概念差异进行辨析之后，本文将对梅亚苏提出的三种世界类型中的科外幻类型 2，也即梅亚苏认为真正实现了科学外虚构的世界建构作进一步解读：这种世界有何特征？它在何种意义上回应了更广泛的虚构，也即生命的问题？在这个问题上，凯特琳·马拉布（Catherine Malabou）和唐娜·哈拉维（Donna Haraway）等人作出了其他解读，从这些新近给出的方案出发，可以更具体地展现出当代哲学中针对实在论中科学问题的批判反思以及新的发展趋向。

---

① 讲座法语原文收录于 Quentin Meillassoux, *MéTaphysique et Fiction des Mondes Hors-science: Suivi de La Boule de Billard*, Les Éditions aux Forges de Vulcain, 2013.

② Quentin Meillassoux, *Science Fiction and Extro-science Fiction*, University of Minnesota Press, 2015, p. 6.

一、梅亚苏对波普尔论归纳问题的解读

梅亚苏对波普尔的批评可以从几个层面展开。首先，他认为波普尔使用的论证材料和其论证目标不一致：他的反驳论据都基于过去的经验事实、现有知识，但他的认识论原则却指向未来——他想要论证的是“在未来，和那些已经发生的以及已经被见证过的断裂同样彻底的断裂的可能性”①。也就是说波普尔实际上是在科学虚构的层面上试图论证一个科学外虚构的问题。进一步说，事实上波普尔提出的是一个认识论的问题，即真正的科学理论是否具有可错性、可反驳性的问题；而休谟问题则是一个本体论问题——它在根本上质疑的不是这个科学理论，而是得到这个科学理论的进程本身的稳定性。在这个意义上，前者涉及的是理论的稳定性，而后者关系到对理论之建构可能性的自我反思；前者关注理论，而后者更关注进程。

此外，梅亚苏指出波普尔并未质疑过旧经验的稳定性、可重复性，他实际上依然承认只要控制环境完全相同、保持稳定，在未来就会得到同样的结果。但是归纳问题——休谟意义上的例外、偏离隐含的条件是，这些以往的科学法则本身变成了不可能的。因此，波普尔的问题是一个理论的保障问题——一个科学虚构的问题；而休谟的问题是在“调动另一种科外幻的想象：“一个在未来演变得太过混沌而不再能容许任何科学原理仍在现实中实现的世界的虚构。”② 换句话说，波普尔解决的问题在根本上依旧是基于科学事实所提供的稳定性，即过去与未来在相同条件下允许保持恒定；即便对新事实的承认带来了新的理论面貌，科学原则本身的物理法则也不会坍塌。③ 而在梅亚苏看来，归纳问题面临的是未来和过去遵循完全不一样的法则、甚至无法则的情况：问题不是为什么之前一直遵循着稳定的科学法则，而在于是什么保证了不遵循科学法则的未来不会发生？

在《形而上学与科学外世界的虚构》一书中，梅亚苏举例的波普尔论证主要出于其《客观知识》，波普尔在其中对休谟的归纳法问题进行了大量集中的考察。梅亚苏援引的论据是波普尔提出的归纳主义者常用的三个例子，如下：

（1）二十四小时（或脉搏跳动近90000次）内太阳升起和落下一次。

（2）凡人都要死。

（3）面包有营养。④

① Quentin Meillassoux, *Science Fiction and Extro-science Fiction*, University of Minnesota Press, 2015, p. 14.

② Quentin Meillassoux, *Science Fiction and Extro-science fiction*, University of Minnesota Press, 2015, p. 17.

③ 波普尔本人也意识到了这一点：能够被“新的经验证伪”并不等同于否定“自然进程的不变性”，而后者才涉及真正的休谟问题。波普尔指出这一问题不在可证伪主义的范畴之内，而是源于一种“形而上学的信仰”。（Quentin Meillassoux, *Science Fiction and Extro-science fiction*, University of Minnesota Press, 2015, p. 17.）

④ Karl Popper, *Objective Knowledge*: *An Evolutionary Approach*, Oxford University Press, 1979, p. 10.

波普尔认为这三个公认的例子实际上都是可以反驳的：首先，在有极昼极夜现象的地区，如马赛的毕特阿斯——我们发现了“结冰的海洋和半夜的太阳”；而针对第二个例子，分裂繁殖的细菌、癌细胞等不一定会死；休谟最喜欢的第三个例子也不一定成立，因为在法国的一个村庄曾经发生吃面包死于麦角中毒的事件——面包带来的不是营养，而是死亡。

在对这一具体论证进行分析之前，首先需要厘清的是波普尔使用这一论据的语境原因。波普尔试图对传统的归纳问题进行重新阐释，他将休谟的归纳问题解释为两种问题：逻辑问题（H_L）和心理学问题（H_{Ps}）：①

H_L：从我们经历过的（重复）事例推出我们没有经历过的其他事例（结论），这种推理我们证明过吗？

H_{Ps}：然而，为什么所有能推理的人都期望并希望他们没有经历过的事例同经历过的事例相一致呢？也就是说，为什么我们有极为自信的期望呢？

波普尔认为休谟对 H_L 的回答是否定的，无论是在绝对还是较弱的可能性意义上，我们都不可能经历一种“真正的重复”；而针对 H_{Ps} 的问题，休谟诉诸“习惯或习性”。通过对休谟问题的这一拆解，波普尔实际上将休谟的论述拆解成逻辑和心理的双重进路，因而反驳也需要基于对这两个层面的区分进行。波普尔认为休谟的推论是从心理层面入手的，而在逻辑上的处理则差强人意，因此他试图将休谟使用的心理学术语统一转换成客观的逻辑术语，即将 H_{Ps} 相关的说法纳入 H_L 的形式；而只要解决了 H_L 的问题，即逻辑学的问题，那么心理学的问题也就解决了。②

在这一原则之下，波普尔用“观察陈述/基本陈述”取代“我们经历过的事例”；用“解释性普遍理论”的表述代替“我们没有经历过的事例”，从而将休谟归纳法以逻辑问题的方式重述为以下三个命题：③

L_1：解释性普遍理论是真的这一主张能由“经验理由”/假设某些观察陈述来证明吗？

L_2：“经验理由”为真，能证明普遍理论是真的或证明它是假的吗？

L_3：在真或假方面，对某些参与竞争而胜过其他理论的普遍理论加以优选曾经被这样的“经验理由”证明过吗？

---

① Karl Popper, *Objective Knowledge: An Evolutionary Approach*, Oxford University Press, 1979, pp. 3-4.

② 波普尔在这里实际上暗设了一个立场：心理学问题是可以完全通过逻辑学问题得到解答，例如所谓的科学方法和科学史的原则：“逻辑上正确的，在科学方法和科学史上也是正确的。”这里将心理学的标准完全等同于科学标准，将逻辑正确性作为评判心理学正确性、科学性的方法是否恰当，似乎还有待商榷；波普尔本人也指出这是“一个有点冒险的猜想”（Karl Popper, *Objective Knowledge: An Evolutionary Approach*, Oxford University Press, 1979, p. 6.）。

③ Karl Popper, *Objective Knowledge: An Evolutionary Approach*, Oxford University Press, 1979, pp. 7-8.

波普尔否认 L_1，但承认 L_2；L_2 是对 L_1 的普遍化概括。而 L_3 是在 L_2 的另一种表述，因此也成立。为了理解这些命题的论证思路，我们可以将波普尔关于 L_1 和 L_2 的立场进一步简化成如下逻辑表达式（由于 L_3 和 L_2 同义，因此表述略去）：

$\exists p \in$“已经历的事实”，$q \in$“未经历的事件”；

S_1：“$\vDash p$”$\nvdash$“$\vDash q$”；

S_2：（“$\vDash p$”$\vdash$“$\vDash q$”）$\vee$（“$\vDash p$”$\vdash$“$\nvDash q$”）。①

在这一表达形式下我们可以更清楚地看到，之所以 L_1 为假（S_1），而 L_2 为真（S_2），在于引入了 q 的否定逻辑，即“p 为真证明 q 为假”的可能性，这一逻辑基础也是理解波普尔之后的证伪理论的关键。由于 S_1 成立，因此 S_2 中的前半部分命题“$\vDash p$”$\vdash$“$\vDash q$”实际上是被证否了的，因此要使 S_2 成立，关键就在于后半部分：波普尔用一个选言逻辑的形式将 S_2 整体的正确性交给了对“$\vDash p$”$\vdash$“$\nvDash q$”的证明，而这实际上表示的就是一种证伪逻辑：只有在承认不存在真正的解释性普遍逻辑，经验科学的标准是可错的前提之下，“$\vDash p$”$\vdash$“$\nvDash q$”这一看似不合常理的论点才是成立的。波普尔通过 S_2 想要说明的正是一个科学命题中需要既有正确性也有可错性作为评判标准。②

而前文关于归纳主义者的三个例子正是在对 L_1 命题的解释过程中出现的，波普尔是为了论证说明这一点："对 L_1 的否定回答应解释成我们必须把所有的规律或理论看作假设的或猜想的，即看作是猜测。"③ 在提出并反驳这三个公认规律之前，波普尔还提出了爱因斯坦理论和牛顿理论、重氢和重水的发现等例子，它们都说明了我们只能把科学命题或规律视作假想，才能够解释这些理论变革或事实发现。总之，通过对归纳主义者的三个例子的反驳，波普尔想要说明的正是 S_1：从已经发生的事实并不能推出未来某个事件一定存在，而对于梅亚苏而言，这正是问题所在——因为波普尔看似正面支持强调了未来事件的不确定性、科学理论的变动性，但是他真正依据的还是过去或现有的知识：

但他从未质疑过，其实旧的、已记录在案的经验总是在未来得出相同的结果。在那些完全相同的情境中，根据波普尔，永远会产生相同的经验：只有未曾有过的情境才能得出未曾有过的结果。④

---

① 即：存在 p 属于"已经历的事实"，q 属于"未经历的事件"；

S_1'："p 为真"不能证明"q 为真"；

S_2'：（"p 为真"证明"q 为真"）或（"p 为真"证明"q 为假"）。

② 波普尔也正是在这一意义上谈论 L_3 所具有的"优选性"的：由于证否逻辑的存在而"尚未被反驳的"的 L_2 和被反驳的 L_1 相比之间具有某种"优选性"，即它是更可检验的理论。

③ Karl Popper, *Objective Knowledge : An Evolutionary Approach*, Oxford University Press, 1979, p. 9.

④ Quentin Meillassoux, *Science Fiction and Extro-science fiction*, University of Minnesota Press, 2015, p. 15.

通过分析波普尔的科学虚构在何种意义上不同于休谟问题的话语，梅亚苏实际上想要进一步区分的是两个概念：根本的不可预见性和新情境。波普尔的问题承认的是新情境的出现，他实际上在相同的经验和不同的经验之间划分了清晰界限：只要没有出现全新的、未被记录的情境和法则，过去的经验就是稳定的(“$\vDash p$”$\nvdash$“$\vDash q$”)；而新情况的出现才会导致新结果(“$\vDash p$”$\vdash$“$\nvDash q$”)。而真正的休谟问题针对的恰恰是波普尔保持未动的那块领域：已有经验的稳定秩序中存在根本的不可预见性；问题不在于通过证伪逻辑将新经验纳入科学规律，而在于如何承认现有经验中也能够得出不同结论(“$\vDash p$”$\vdash$“$\vDash q$”)。它意味着根本性地脱离现有秩序规则、无法预测、没有记录——科学外的世界。波普尔处理的是科学虚构的问题，而休谟问题是科学外虚构的问题；前者针对的问题是矛盾，而后者针对的是可能性。① 正是在这一区分基础之上，梅亚苏进一步展开了对科学外世界虚构的探讨。

二、梅亚苏论科学外世界建构的可能性

一种科学外的虚构是否真正可能？梅亚苏通过休谟问题实际上想要探讨的是一个本体论问题——关于可能世界、科学外世界的形而上学价值如何正当化的问题，这也是梅亚苏哲学思想中长期存在的一个基本主题。梅亚苏区分了科幻世界和科外幻世界，前者在根本上仍旧受科学法则解释的支配，而后者则基于一个在科学之外的世界。需要注意的是，在这里梅亚苏采用了一个新的表达：“extro-science fiction”，以此区别于传统的“non-science fiction”一词，“在科学之外”其实本身就预设了一个前提，即世界本身不仅仅是由科学构成的，因而它涉及对“世界”概念的扩展。

针对这一问题，梅亚苏试图检验三种可能的“科学外世界”类型：无规则的、但无法影响科学和知觉的世界（类型 1），不规则足以废除科学、但不足以消除知觉的世界（类型 2），以及科学条件和知觉条件都被废除的世界（类型 3）。② 关于判断标准，梅亚苏认为科外幻世界需要满足两条约束：

(1) 在那儿发生的事件不能被任何真实的或是现象的“逻辑”解释。

(2) 科学的问题在那儿是存在的，尽管是否定式的。③

---

① 关于矛盾和可能性的区分，可以作如下对比：矛盾可以表达为：$a \leftrightarrow \neg a$（a 和$\neg a$ 相斥）；而可能性表达为 $a \to a'$（从 a 推出 a'）。在波普尔那里，相同情况下 a 始终排斥了$\neg a$。而休谟问题要解决的是可能性的问题：在延续时间下，时间 t_1 的情况 a 在 $t+1$ 时变为另一种状况 a'的情况是可能的，$a \neq a'$，但是两者不矛盾——关键在于论证 a'的可能性（关于时间 $t+1$ 时不再服从 t 时的物理恒定法则则但并不矛盾的讨论，见 Quentin Meillassoux，2015，p. 9）。

② 梅亚苏在这里提出的三种科外幻世界类型的说法在形式上似乎呼应了波普尔的“三个世界”学说，但是在内容上的联系却并不紧密，重心也完全不同；梅亚苏并没有从物理物质、主观精神和客观精神产物的角度出发进行划分，也没有强调三者的相互作用、世界 3 的客观独立性等，因此在这里将之理解为是在用类似的理论形式对科学外世界的论域进行本体论考察更恰当。

③ Quentin Meillassoux, *Science Fiction and Extro-science Fiction*, University of Minnesota Press, 2015, p. 44.

前者要求在科学外世界中不能诉诸客观现象的逻辑，事物不是由因果法则所主宰，即非经验性；后者则强调虽然科学的逻辑在该世界中并不具有解释效力，但是它依旧存在着，“否定式的”意味着科学由于反常事件的出现而在整个世界中以“缺席”的方式被感知，另一种“逻辑”取代了科学逻辑而成为主导机制。经过考察，梅亚苏最后认为实际上只有一种世界，即类型2世界真正满足成为科学外世界的要求。只有类型2世界具有一种单独的可想性（pensabilité），使之能够不借助科学理性依旧是“可思的”但又无法反驳的，并且能够展现科学外自然的可能性。在这一基础之上，他进一步具体提出了科外幻世界虚构可能的方法，这些方法尤其以文学的方式呈现出来，例如引入单独的断裂/灾难、制造突发的无稽（nonsense）、真实完全处于碎片化的氛围小说等。但是这些方法存在一个共同点：它们最终都重回了科学虚构的因果逻辑中。那么真正的科外幻虚构究竟是怎样的？它是如何实现以一种科学外的方式言说的？

梅亚苏举了一本真正的科外幻小说的例子——赫内·巴赫札维勒（René Barjavel）的《折磨》（*Ravage*），书中讲述了2052年的某一天电突然停止了存在，在巴黎乃至整个法国造成了混乱和火难，一小群幸存者如何逃离巴黎并建立新的父权制社会的故事。电消失的设置显然违背了科学常识，但是巴赫札维勒用紧张的情节设置和灾难描述取代了对科学本质的提问，使得问题一开始就不再从科学虚构的角度展开。而另一方面，关于电消失的论述主要有两种，在小说中的代表人物是科学家柏赫坦（Portin）和弗克（Fauque）博士：前者站在科学的角度面对这一事实，由此得出的是悲观看法，因为一切科学定律都失效了、人类的理性破灭了；而弗克博士则持更平静、接受现实的态度，他认为：“我们活在一个我们认为不朽的宇宙中，因为我们目睹它永远服从于同样的法则，但是没什么禁止一切突然发生改变……我们什么都不是，我年轻的朋友，我们什么都不知道……”①

弗克博士的观点——也是这部小说主人公所持有的态度，反映的实际上正是科外幻世界的核心特征——重点不在于某个事件的发生对已知世界的科学秩序带来了断裂和冲击，而在于它的发生本身在这个世界中是不矛盾的，② 这也是梅亚苏意义上的建立自然恒定的“确实的偶然性”：

> 所以什么也不被排除，所有的假设都维持原状……在科外幻2世界实际上不可能明确排除法则的存在……所有对于已知的秩序而言的表面的意外应当与一个更加复杂的秩序的存在兼容。更重要的是，即便是‘解释’作为一种概念的关键也被架空了。③

① Quentin Meillassoux, *Science Fiction and Extro-science Fiction*, University of Minnesota Press, 2015, pp. 51-52.

② 在这个意义上，之前对矛盾和可能性的区分（见本文注12）实际上在科外幻世界的逻辑之下可以统合，这也是为什么矛盾不等于不可能，正是这一点解释了科学外虚构和科学虚构并存的合理性。科外幻世界创造的可能性关键就在于它取消了传统科学和非科学视角下的矛盾问题，而是将视角转向了在同一情况下另一种秩序发生的合理性，也即$\neg a$的情况在更大的秩序范畴下作为a'被容纳，在t到$t+1$的转化中，$a \leftrightarrow \neg a$的矛盾律秩序被单纯的可能进程取代了。

③ Quentin Meillassoux, *Science Fiction and Extro-science Fiction*, University of Minnesota Press, 2015, pp. 52-53.

这里描述的正是科学外虚构的核心特征：首先，“什么也不被排除”，意味着的不仅是承认科学秩序和新状况的产生可以共存，还意味着不能用原有的秩序法则去评价新事物——在这个意义上，我们可以看到科外幻虚构和波普尔立场的区别；科学考察和科学外可能世界的法则是同构的。其次，科外幻在核心上架构的是世界 2 的秩序，这让人不禁怀疑其叙述逻辑破裂后，一种理智的言说是否还有可能？不同于科学秩序的法则不等于彻底的无序、混乱，在这一点上，需要将科学外世界和混沌、彻底无序的世界作出区分：科学外虚构并不是没有法则，它在根本上和疯狂、幻梦等现象不同。① 以《折磨》为例，梅亚苏认为科外幻依旧保留了熟悉的内容要素和叙事形式，这使得它看似激进的形式依旧与我们的感官保持了“最低限度的一致性”。②

此外，新状况的出现开启了科学外秩序的可能性，这并不只是一种偶然，而是与一个更复杂的秩序存在相关联——在这个意义上，科学外虚构的关键是要进行一种本体论概念的更新：科学外虚构世界的存在不只是意味着关注偶然存在、意外、断裂——它们是科外幻虚构最明显的表现形式；还在根本上要求对其地位进行调整、重置，在此基础之上使对存在本身的理解更复杂化，也更完整。所以面对这样一个更复杂、兼容的秩序整体，解释也被架空了：不仅是因为属于过去和当下的解释话语本身面对不符合的对象而失效了，还因为解释不再是这一概念的关键。正如在《折磨》中，电消失之后，居民们对这个世界的认知显然被颠覆了，但是他们无法解释，而这一困难很快被社会动乱、生存问题给淹没了——解释的问题依旧存在着，但也仅仅是作为其中一种。

也正是在这个意义上，我们才能够理解为什么梅亚苏在结尾会将科学虚构和科学外虚构的问题与生命联系起来——科学外虚构在根本上回应的是关于生命的本体论问题，它所从事的工作在于：

> 从传统的科学虚构出发，通过突然的转变将它的世界朝向科学外分解，将这个分解的机构加以延续，走向一个越来越不可居住的世界，使故事本身渐渐成为不可能的，直至在它自身的流动中、在缺口的中心孤立出某些狭隘的生命。③

梅亚苏将这种科学外虚构的工作从一种生命哲学的视角呈现了出来，传统的科学虚构通过“突然的转变”转向一种科学外虚构的叙述可能性，这意味着原有秩序通过新力量开始自我分解并参与到一种更大的秩序——作为生命进程的存在之中。梅亚苏通过休谟问

---

① 对于这一点，梅亚苏援引了康德的《纯粹理性批判》来说明。关于休谟问题的反驳，康德的论证显得更极端，因为他认为如果科学法则无效，那么现实本身也会消失，一切只剩下“混沌的多元”、彻底的无序，现实也无法和梦境作出区分。梅亚苏认为康德的方案和波普尔相比走出了科学虚构的秩序，他没有弄错休谟的问题，但是他也否认康德意义上认为“没有法则的世界就是无序”的观点，在这个基础上才进一步提出了自己的新方案。这一部分论述属于梅亚苏论证中的另一路径，暂不赘述。

② Simon O'Sullivan, “From Science Fiction to Science Fictioning: SF's Traction on the Real”, *Foundation: The International Review Of Science Fiction*, No. 128, 2017, p. 7.

③ Quentin Meillassoux, *Science Fiction and Extro-science Fiction*, University of Minnesota Press, 2015, p. 57.

题切入了对科学外世界的探究与强调，实际上进行的是一种不同于波普尔的本体论工作，并通过概念重构塑造了一种新的实在分析对象。

但是，反思梅亚苏的工作，我们也能够发现一些问题。首先是其例证过窄的问题，如果通观梅亚苏《形而上学与科学外世界的虚构》一文的论证，会发现他关于科学外虚构的例子始终只停留在文学上：无论是他对引入断裂、制造无稽等科外幻情节手法的说明，例如罗伯特·查尔斯·威尔森（Robert Charles Wilson）的《达尔文尼亚》、道格拉斯·亚当斯（Douglas Adams）的《银河系漫游指南》、休谟问题和阿西莫夫的小说《桌球》的对比，还是他所称的“科外幻的典范”《折磨》等。为什么科学外世界的说明只能大量援引文学的例子呢？我们可以为其辩护说因为文学是一种虚构创造的独立空间、他只是在探讨文学这一特定主题、语言对于虚构的重要性等，但是如果科学外虚构是存在论意义上的，那么它对不同种类的存在的更新不应该是普遍的吗？如果在论证上要更有力更全面，对于这一点的说明似乎是必需的。

另一个更重要的问题体现在对其整体策略更基础的反思上：可以说，梅亚苏的工作论证的就是异质要素对于系统存在的必要性，要求化偶然为必然。但他没有意识到这种工作本身就已经预设了一种对立关系。需要注意的是，这里的对立本身并不是问题，因为梅亚苏允许它们的共存；问题在于这种“预设”，正是这种活动本身让它成为构思性的——这意味着它从存在论的目标重新回到了一种认识论。如果科学外世界的合理性一开始就是需要从认识论的范畴中获得保障的话，那么它本身作为一种本体论的实在性似乎就存疑了。梅亚苏难道不是依旧在用理性的探索来保障这一理性外部的世界合法性吗？因此，我们似乎需要更往前走一步，为合法化这种新的存在论找到更可靠的方法。

此外，梅亚苏对科学虚构和科学外虚构的明确划分似乎也存在一些问题：在具体的建构活动中，要么是科学压制科学外秩序，要么是科学外压制科学秩序。前者是科学虚构中常见的情形，体现为科学普遍规律，后者是科学外虚构的情况，也即前文分析的能够“架空”科学秩序的科外幻世界——“在其中科学不是作为缺失出现的，而是被另一种逻辑或现象的掌控机制替代了”①。退一步说，即便梅亚苏确实允许两者并存，也极力论证这一点，但是这种世界是以一方相对另一方的主导或否定方式存在的，在一定程度上可以说这样的世界只是一种“消极共存”。我们想要追问的是合作和沟通的可能性：科学虚构和科学外虚构可能真正以平等的地位共存吗？或者两种不同的话语体系能够在更复杂的秩序法则下致力于同一种活动吗？这些问题都是可以进一步探讨的。

三、其他可能方案：马拉布和哈拉维

从对梅亚苏关于科学虚构的讨论中，我们可以看到，科学外世界的建构涉及的问题核心在于，需要一套能够同时容纳科学和非科学话语规则的建构原则。其背后涉及的许多问题涉及近年来广受关注的话题：灾难和突变对科学世界中惯例的破坏、人类和非人类

① Quentin Meillassoux, *Science Fiction and Extro-science Fiction*, University of Minnesota Press, 2015, p. 45.

（nonhuman）如何互动交流、叙事的第一人称和第三人称的张力……它们都试图挑战“人类例外论”的观点，以此抵制以人为中心的进化论视角。因此，科学外世界的建构被赋予了更多政治、伦理责任，其目的最终不是参与到科学理论内部的建构，而是试图与外部现实世界相关联，产生积极的实践力量。

除了梅亚苏提供的通过休谟问题，即从主导科学的因果性定律出发，以科幻文学为例谈论科学外世界的进路之外，当代理论中还有许多不同的探讨路径，目前比较主流的三条进路可以概括如下：一是物理学、经验科学与社会科学论域融合（如 Catherine Malabou（2012）；Manuel Delanda（2015）；Bruno Latour（2017）等），强调取消文化理论和现代物理学、生化领域的进展之间的界限，通过材料的混合寻求对人类行为活动的理解深化。其中部分受到了德勒兹和瓜塔里等人直接使用各种科学材料进行理论活动的方法影响，如 Delanda 很大程度上延续了德勒兹哲学中的虚构和强度概念，并利用大量的当代化学、建筑学和生物学材料，建构了一种“虚构哲学”。其二是在政治经济向度进行批判，试图挖掘科学是如何参与资本和权力的塑造的（如 Drummond & Fischhoff（2017）等），其采用社会科学定量分析、建模预测等方法，对科学和技术、教育、政治、宗教等主题进行函数测量和统计，以此提供基线模型和附加模型，用来分析各要素之间的相互作用。另一条道路是文学、文化提供的超验模式建构（如 Donna Haraway（2013）；Kara Keeling（2019）等），其中科幻小说受到重视并与大量后现代文化思潮结盟，如女性主义、生态主义、后殖民问题，等等，科幻小说提供了一种思考科学的过去与未来、探索不同于当下世界的非经验模式，科学技术知识被用来服务于人文领域探索。事实上，这三条路径在很大程度上是交叉的，在借助科学的研究方法、跨领域、重新强调物质经验性等特征上尤为明显。总体而言，它们都通过切入不同领域为科学外世界的建构提供了某种反思方式，以此关注科学背后复杂的其他生命要素及人类的未来。

在这些路径中，本文试图探讨两个具有代表性的例子：凯特琳·马拉布如何通过可塑性概念塑造一种同时容纳形式与变化的生命形式，以及唐娜·哈拉维（Donna Haraway）是怎样将 SF 的概念从“科幻小说”（science fiction）延展为世界化的模型的。她们的理论重心与梅亚苏有很大差异，但是在根本上都为科学外世界的建构提供了新的可能性。

马拉布是法国当代哲学家，其通过“可塑性”（plasticity）这一核心概念，对黑格尔、海德格尔、德里达等人的哲学思想进行了新颖的解读，并结合当代神经科学领域的发展成果进行分析，试图整合科学与非科学的界限，希望能在一个同时容纳固定形式和未知断裂的生命存在形式中探讨原则重塑的可能性。根据马拉布的说法，可塑性概念的希腊词源最初有两种含义：接受形式的能力（receive form）（如黏土等材料是“可塑的”）和给予形式（give form）的能力（如造型艺术、整形手术）；黑格尔哲学对这两层含义进行了综合——人被确立为一种可塑性的主体，因而可塑性体现为人的主体活动。但是在马拉布看来，可塑性还有另一种重要的含义：它意味着一种能够消灭自己的活动所创造出的所有形式的能力——一种“破坏性的可塑性”（destructive plasticity），正是这一破坏性的维度使得主体能不断更新并真正拥有独特性。

在这个意义上，马拉布的“可塑性”概念实际上提供了一种“由二到三”的生命模式：生命的运作法则不仅仅是遵循一种类似发送和接收器的“给予-接受”原则，而是扩展为“接受-给予-破坏”；可塑性作为一种生命法则，作用于生命发展、延续和意外的完整过程，它既能够提供形式的必然性——一种形塑和修复的能力，也能够以爆炸（deflagration）的方式进行创造、瓦解自身。因此马拉布才说：

可塑性位于两个端极之间：一端是创造形式的可感形象（雕塑或可塑物），另一端是所有形式的毁灭（爆炸）……可塑性因此在“形塑”和“爆炸”之间展开了它的意义。从这个角度来看，谈论大脑的可塑性意味着在它身上不仅看到了形式的创造者和接受者，而且还看到了对每一个构成形式的不服从的行动者，即拒绝顺应于一种模式。①

可塑性概念成为具有多重向度、兼具变与不变的生命原则，它既能够持存某种存在的本质，同时通过形式的改变对本质产生影响。需要注意的是，在马拉布那里，形式和本质作为一对范畴，在含义上有别于传统形而上学中形式和质料这对概念的说法：马拉布的形式类似于通常意义上的现象、眼睛直观到的事物外在形象；而本质对应的是事物之为自身的不变部分。马拉布认为改变或变形的问题并不在于形式本身的概念，而在于将形式与本质分开，但这并不会改变本质。

因此有必要区别“可塑性”和“灵活性”（flexibility）两个概念：“变”不等于“多”；马拉布认为当今的可塑性概念实际上被一种“灵活性”所遮掩、取代，后者是前者的意识形态表现；可塑性伴随对灵活性的意识出现，但我们却往往无视它。灵活性的含义体现为两方面：一是一种灵活的特性，如弹性、柔软的材料可以轻易变形、弯曲；二是能够轻易改变以使自身适应环境的能力，例如工作生活中的日程安排等。但这种灵活性的问题在于其只接受形式，而不能给予形式、进行创造，因此只具备可塑性的一个面向。遵循灵活性原则的生命看似是多样的、丰富的，实质上是“温顺的”，它的改变是被动而服从的；而真正的“事件化”需要的正是一种破坏性的可塑性，通过拒绝意义而在极限处制造存在的新本质。

可见，马拉布的可塑性概念提供了一种新方法，它使我们能够“找到一种方法来思考一种既涉及形式又涉及存在的突变，一种新的形式，实际上是一种存在的形式”②。从这一角度出发，马拉布实际上将科学外建构的问题转变从了生命原则本身的问题：不再是在内外的界限划分基础上如何各自拥有一套法则，而是如何在同一概念介质之下同时解释存在的形式和本质——两者是不可分离的。在此基础之上，可以说马拉布通过破除形而上学和物理学问题的分离状态，容许了一种全新的生命形式：正如她在许多著作中分析的神经科学的例子，实质上想要探讨的就是如何将自然科学与政治、社会的形式统一起来，以可塑性相互赋予彼此形式；③ 其工作与其说是事实解释意义上的，不如说是意识形态批判

① Catherine Malabou, *What Should We Do with Our Brain*, Fordham University Press, 2019, pp. 5-6.

② Catherine Malabou, *Ontology of the Accident: An Essay on Destructive Plasticity*, Cambridge: Polity Books, 2012, p. 17.

③ 例如马拉布在对大脑可塑性的探讨中，基于一种拉图尔式的“所有要素共存”的背景，将神经元的含义从神经科学领域扩展到还包括一种“政治和社会功能的神经元形式”；它和生物意义上的突触神经元可塑性一样，都能够起到重塑身份、建构个体独特性的作用。马拉布认为我们没有必要认识到生物意义上的神经元是如何工作的，但仍能通过个体经验中这种政治和社会层面的神经元形式感知到可塑性的存在；从这里出发也可以理解她反复强调的一个核心论点：“大脑是部作品，但是我们不了解它。”（Malabou，2009）

意义上的，它实际上是一种概念的澄清和重构，其涉及如何超越还原论的科学话语，通过可塑性概念思考在决定论之外的存在，亦即历史的重塑机制，也因此为科学外世界的建构提供了一种可能性。

而唐娜·哈拉维对科学外建构的工作贡献则更直接地体现在科幻小说领域。目前对哈拉维的研究多从其赛博格概念出发延展到后人类问题，但是对她其他领域的概念创新往往关注不够。事实上哈拉维在科幻领域所提出的 SF 概念也是其核心思想之一：SF 原义是 Science fiction 的缩写，仅指科幻小说，而在哈拉维的分析中，科学事实（science fact）、思辨虚构（speculative fabulation）、思辨女性主义（speculative feminism）等概念的首字母缩写也都是“SF”，因此她将它们结合在一起使用——这一概念革新并不只是一个文字游戏，哈拉维的用意在于将写作活动与世界的其他实践模型结合起来，SF 的建构活动不仅限于科幻，还意味着能够发现并制造出某些未曾被发现的新事物，哈拉维将其意义描述为：

> 这种 SF 实践是世界化的模型。因此，SF 也必须意味着“到目前为止”，在瞬息万变、彼此纠缠的时代的过去、现在和未来中打开尚未到来（yet-to-come）之物。①

因此，通过对 SF 含义的扩宽，哈拉维的工作将科学外建构从横向扩展到更广泛的虚构领域：科学作为唯一能够获得真理的话语途径，受到将科学外的世界视作“虚构”的观点的挑战；SF 的工作并没有否认科学事实，而是强调科学须对世界的其他描述也持有尊重。从这一立场出发，哈拉维对非人类物种的关注、女性主义视角和技术问题的结合不再只是后现代思潮中的个别主题，而是可以统筹在一种澄清“科学外”身份后的虚构事业之下。

但是和梅亚苏更激进的立场相比，马拉布的可塑性和哈拉维的 SF 概念虽然在内容上呈现出违反直觉的颠覆性，可在原则上还是一个由传统的科学法则支配的世界。正如西蒙·欧苏里文（Simon O’Sullivan）所指出的，在梅亚苏那里，科幻小说关注的是科学与小说的关系，特别是这种科学可能采取的形式；而外科幻小说（XSF）关注的是世界的可能性，其中科学的实践本身是不可能的。② 梅亚苏感兴趣的是超出合理化的科外幻世界，也即我们是否可以从现有的人类世界出发去思考与展现一个绝对外部的问题。可见，他们虽然都涉及内部和外部的问题，并试图在不否定现存世界法则的前提下创造虚构异质存在的条件，但是所采用的方法与探索的路径依旧存在明显差异。

结　语

通过从科学和科学外视角划分的标准问题出发，本文实际上考察的是科学外实在论建

① Donna Haraway, “SF: Science Fiction, Speculative Fabulation, String Figures, So Far”, *Ada: A Journal of Gender, New Media, Technology*, No. 3, 2013, p. 12.

② David Burrows, Simon O’Sullivan, *Fictioning: The Myth-functions of Contemporary Art and Philosophy*, Edinburgh University Press, 2019.

构的可能性条件，人如何从已知世界的角度思考一种在科学定律支配之外的世界类型。以休谟问题以及梅亚苏的批评为切入口，可以澄清在这样一种“外部思考”中不同理论路径存在的差异：梅亚苏认为，休谟问题是一种科学外世界视域，而波普尔则依旧是在科学视域解释因果问题，因此误解了休谟问题的核心，将科学外法则创造的现象看作了科学现象的“例外”，依旧停留在科学经验支配经验世界的预设中。

作为当代思辨实在论思潮的代表人物之一，梅亚苏对科学外世界的可能性条件的探究实际上是其关注的核心问题——“虚构”问题的重要组成部分；他试图打破科学-理性、非科学-虚构的传统认知界限，科学外世界的背后正是对这种形而上学预设的瓦解。梅亚苏通过对“科幻”和“科外幻”概念的划分来扩展“世界”概念的内涵，并提出了三种可能的科外幻世界类型。梅亚苏重点考察了其中的世界-2，他认为只有其真正满足了建构科学外世界的可能性条件：其核心在于需要承认科学秩序之外具有其他的秩序可能性，并且能够在不以科学秩序占主导地位的状况下构成一个兼容的、更复杂的世界整体。因此，科学外世界建构的重点不在于去除对非科学存在本身的质疑，而在于看到科学和非科学秩序是在一个更大范围的、相互关联的系统之中运作的，因此科学外建构的问题也是一个系统内部的协调性问题。

这样一种工作视域实际上在后现代哲学关注的问题中有普遍体现，无论是从科学和人文领域话语材料的交叉、政治经济角度批判还是文化文学的超验建构路径出发，其问题背后往往涉及破除内部和外部的形而上学预设，解释“异质”事件的生产与新世界的运作机制。例如马拉布通过“可塑性”概念展现了一种能同时容纳形式的固定性与破坏性生成的存在法则，以此论证形式-质料范畴的不可分离性以及由此构成的新生命形式；哈拉维则对“科幻小说”概念本身的内涵进行了扩展，将 SF 延伸为容纳科学事件、思辨性虚构、科幻小说等多种活动的综合性概念，因而取消了科学与非科学、理性与想象之间的界限，为其容纳多重视野的理论工作提供了条件。通过这些视角，我们也能够看到当代以与科学频繁接触为特征的新实在论工作的一角。

参考文献：

[1] Bruno Latour, *Facing Gaia: Eight Lectures on the New Climatic Regime*, Cambridge: Polity Press, 2017.

[2] Catherine Malabou, *Ontology of the Accident: An Essay on Destructive Plasticity*, Cambridge: Polity Books, 2012.

[3] Catherine Malabou, *What Should We Do with Our Brain*, Fordham University Press, 2019.

[4] David Burrows, Simon O'Sullivan, *Fictioning: The Myth-functions of Contemporary Art and Philosophy*, Edinburgh University Press, 2019.

[5] Kara Keeling, *Queer Times, Black Futures*, New York University Press, 2019.

[6] Karl Popper, *Conjectures and Refutations: The Growth of Scientific Knowledge*, New York: Routledge, 2014.

[7] Karl Popper, *Objective Knowledge : An Evolutionary Approach*, Oxford University Press,

1979.
[8] Manuel DeLanda, *Intensive Science and Virtual Philosophy*, Continuum, 2002.
[9] Manuel DeLanda, *Philosophical Chemistry*, London: Bloomsbury Academic, 2015.
[10] Quentin Meillassoux, *Science Fiction and Extro-science Fiction*, University of Minnesota Press, 2015.
[11] Caitlin Drummond, Baruch Fischhoff, "Individuals with Greater Science Literacy and Education Have More Polarized Beliefs on Controversial Science Topics", *Proceedings of the National Academy of Sciences*, No. 114, 2017.
[12] Donna Haraway, "SF: Science Fiction, Speculative Fabulation, String Figures, So Far", *Ada: A Journal of Gender, New Media, Technology*, No. 3, 2013.
[13] Simon O'Sullivan, "From Science Fiction to Science Fictioning: SF's Traction on the Real", *Foundation: The International Review of Science Fiction*, No. 128, 2017.

美 学

《庄子》“畸于人而侔于天”之生命美学意蕴发微

● 罗新烨*

（武汉大学 哲学学院）

【摘　要】

作为不合于流俗且有别于常人的存在，畸人是《庄子》中频繁出现的一类人物。畸人或是身体拘挛，四肢畸变，或是状似疯癫，阙于礼教，但对于庄子而言，这类人虽畸于“人德”却合于“天德”，“畸于人而侔于天”的评价是对庄子寓言故事中这类独特形象的最好说明。由生命美学的视角出发，“畸人”的存在既是对“顺乎自然”从而卫生摄养的自然养生观的诠释，又体现了对“优游于道”的生命美学至境之追求。

【关键词】

《庄子》；畸人；生命美学

韦政通在其《中国思想史》一书中提出，“说庄子是个热爱生命的哲学家，最直接的证据是他整个思想的中心都放在生命问题的思考上”①。徐复观在《中国艺术精神》中则指出：老庄所谓的“道”，实则就是一种“最高的艺术精神”，并且这一点从庄子开始尤为显著。② 毋庸置疑，《庄子》道论中蕴含着丰富的生命美学思想。同时，对于任何一个生命主体而言，身体都是其进行生命展演的重要场所。因此，在《庄子》一书中频繁出现的“畸人”形象，可以视作今人进入庄子美学世界的一个通路。

《说文解字》中记载，“畸，残田也”，本义指零片的、不整齐的余田。“畸”字首先应被解读为一种异常的、不整齐的状态。《庄子》文本中的“畸人”概念出自《大宗师》篇，原文是：“子贡曰：‘敢问畸人？’曰：‘畸人者，畸于人而侔于天。故曰：天之小人，人之君子；人之君子，天之小人也。”由此可见，“畸于人而侔于天”是解读“畸人”形象内涵的关键。目前学界关于庄子“畸人”形象的专题研究大部分集中在对“畸形之人”的研究上。但笔者认为，庄子笔下的畸人不仅包括王骀、申徒嘉、叔山无趾这类身体残缺不全、四肢拘挛倒错的“支离疏者”，更包括子祀、子舆、孟子反、子琴张这样不拘于世俗礼教的方外狂人。“畸人”不应被简单地等同于身体畸变之人，而应理解为“畸于人

---

* 作者简介：罗新烨，武汉大学哲学学院美学专业硕士研究生。

① 韦政通著：《中国思想史（上卷）》，上海书店出版社 2003 年版，第 125 页。

② 徐复观著：《中国艺术精神》，华东师范大学出版社 2001 年版，第 29 页。

德”之人。仅仅从残缺丑怪的“畸形人”出发，只能把握其作为某种“残缺美”的文化符号层面，无法全面观照庄子关于“畸于人而侔于天”这一论断的深刻内涵。而部分文章中将“残缺美”解读为“以丑为美”审美观的阐读，更是将庄子以动态的生生大美超越于“偏美”与“一曲之美”的生命美学精神，误读为一种将美丑倒置的二分审美观。庄子对“美”的理解有着小大之辨，但却没有倒置之说。因而，以一种超越性的生命美学视角来理解“畸人”形象是更为恰切的。据此，本文将通过“畸人”形象中所承载的生命美学意蕴的角度，分析畸人身上所体现的生命美学内涵，以及庄子借畸人形象所追求的生命美学至境。

一、“顺乎自然”的生命美学内涵

由“畸于人而侔于天”的论断出发，畸人之“畸于人”首先在于异于常人。庄子曾有过“有人之形，故群于人”（《庄子·德充符》）的说法，畸人或是形容畸怪，或是行为异样，前者不群于普世审美标准，后者不群于世俗道德标准。可以得见，“畸于人”等同于“不群于世”。后半句“侔于天”的根据则在于自然孕育并生养了万物。对畸人之“侔于天”的肯定，恰恰体现了庄子生命美学观中顺受自然、卫生摄养的生命态度。

1. 气与形：尽其所受乎天

《庄子·大宗师》云：“阴阳于人，不翅于父母。”对庄子而言，天地才是“万物之父母”。不论容貌妍媸，皆是“道与之貌，天与之形”。因而《庄子·知北游》中写道：

> 舜问乎丞曰：“道可得而有乎？”曰：“汝身非汝有也，汝何得有夫道！”舜曰：“吾身非吾有也，孰有之哉？”曰：“是天地之委形也；生非汝有，是天地之委和也；性命非汝有，是天地之委顺也；子孙非汝有，是天地之委蜕也。故行不知所往，处不知所持，食不知所味。天地之强阳气也，又胡可得而有邪！”

可见，对于世人而言，无论身体、性命，乃至子孙后代都是“天地之强阳气”所委。对于庄子而言，气是天地运化万物之形的本原和基础，“人之生，气之聚也。聚则为生，散则为死”（《庄子·知北游》）。气论作为中国古代自然观的重要组成部分，贯穿于中国古代朴素唯物主义学说之中。在老子那里，气由“道之一”衍化而来，宇宙生成的基本过程乃是“道生一，一生二，二生三，三生万物。万物负阴而抱阳，冲气以为和”。道生混沌之气，气又分为阴阳，阴阳二气交通摩荡运演为万物各异的形象，即所谓的“气变而有形，形变而有生”（《庄子·至乐》）。气是生生运演的基本条件。故究其本质而言，在庄子的生命观中，人之“形”非自身所有，而是天地所委、气之化生，人居于四体百骸之中也只不过是寓居逆旅，等到寿限来临，肉身枯朽则又将复归于自然和天地一气。正是基于此，既然生死也不过是气之聚散的自然现象，何况形容之畸呢？既然庄周与蝴蝶尚且可以互相转化，又何况乎畸人与常人的分野。

庄子认为，人对于生命应当承担的责任乃是“尽其所受乎天”（《庄子·应帝王》），从传统孝道观的视角可以看出，庄子将儒家礼教中强调应对父母所尽之责替换给了"天地之父母"，而"尽其所受乎天"就包括天生的自然身体，尊生、卫生首先应当尊敬自己由天地所授的身体，无论畸形与否。庄子对于自然身体的全面接纳，与儒家的身体审美观形成了鲜明的对立。《庄子·盗跖》篇中就曾写道："孔子曰：'丘闻之，凡天下有三德：生而长大，美好无双，少长贵贱见而皆悦之，此上德也'。"在孔子看来，天生高大美好的身体是上等德性的象征，这正是庄子所反对的"一曲之美"。

除外，庄子笔下各种异常的非君子样态的身体，更是体现了他对儒家文化身体观强烈的拒斥态度。《荀子·乐论》中写道："故听其雅颂之声，而志意得广焉；执其干戚，习其俯仰屈伸，而容貌得庄焉；行其缀兆，要其节奏，而行列得正焉，进退得齐焉。"君子之乐能塑造人的志意、容貌，使人形容端庄雅正，举止有度。儒家认为应当以礼乐对人的自然身体进行教化，将其改造为有修养的君子式身体，即是"志意得广、容貌得庄、行列得正、进退得齐"的社会性文化主体。于是，身体以"躬"的形式化身为礼乐的载体，显然这在庄子看来是难以接受的。同样是"音乐化人"，《庄子·天运》篇中描写黄帝演奏音乐时，则是："乐也者，始于惧，惧故祟。吾又次之以怠，怠故遁；卒之于惑，惑故愚；愚故道，道可载而与之俱也。"黄帝奏乐以"自然之命"调之，使人身心逐四时迭起，最终臻于淳朴无知，合于自然大道。可见庄子将理想之身溯求为合道之身。即使是用于感化人心的音乐，此时也不再是规训约束的工具，而是使人冥于自然的引导者。

并且，对于先秦儒家而言，生命之贵重根源在于其所负载的德性、良知、仁义等美好品质。尽管先秦儒家同样肯定形体之身的重要性，认为"人之所欲，生甚矣，人之所恶，死甚矣"（《荀子·正名》），但当仁义理想与生命发生冲突时，"杀生成仁"和"舍生取义"就成了保全理想之身的不二法门。庄子显然对这种寓于一隅之间的"人德"不以为意。因此《庄子·德充符》中，庄子借叔山无趾之口，将孔子对畸人的歧视看作一种无药可解的"天刑"。在寻常人看来，先天身体上所受的残疾无疑是一种无妄之灾，但庄子却将"伤身残性"的文化观念约束看作是真正的天刑，更加能够体现出他自然养生观中顺乎自然、尽其天年的特质。

"尽其所受乎天"除了是对畸形之身的全然接纳，更是对生死如一的豁然达观。《庄子·大宗师》篇记载道，子桑户、孟子反、子琴张三人交好，但在子桑户死后，孟子反和子琴张却编曲鼓琴、相和而歌。他们之所以如此不知礼义，根源在于他们是真正视生死存亡于一体的"天之君子"，而非仅仅遵守世俗礼节的"人之君子"。如上文所陈，道家思想将人之生死与气之聚散相勾连，既然气之来去无形迹，那么人之生死也应当逍遥任之，而非拘泥于生死导致"以情害道"。显然，这类不合于人德的方外狂人，才是真正做到"有骇形而无损心，有旦宅而无情死"（《庄子·大宗师》）的合于天德者。这里的无情并不是没有常人情感，而是将小情、一己私情融入宇宙自然造化的大情之中，做到不为物物、与世偕行的真如状态。

2. 德：德不形者，物不能离

"德"与"形"是庄子身体观众的两个重要维度。徐复观曾评价道："《庄子》一书，用‘身’字，用‘生’字时，是兼德（性）与形，并且多偏在德方面。”① 但这里需要辨明一个问题，庄子的理想之身有着两种形态，一种是以姑射山神人、执道者为代表的形全德全之人，这类人形体绰约美好、德行完备健全；另一种则是形亏德全的畸人，这类人超越了世俗美丑价值本身，而是以完满的德行响应于天地之大美。《庄子·德充符》中在讨论为什么哀骀它容貌骇人却能获得天下人亲附的问题时，庄子借孔子之口给出了这样的解答：“德者，成和之修也，德不形者，物不能离也。”可见，庄子将“德”视作哀骀它赢得人心的关键所在。如前文所言，庄子惮于与儒家礼乐文化合谋，并回斥以仁义礼乐等内容为核心的“人德”。因而，庄子这里强调的“德”显然绝非“人德”，而是一种由自然所赋的天德。进一步说，又何谓真正的天德呢？

实际上，道家视阈中的“德”可以看作“道”在人间世的一种显现方式。《老子·第二十三章》中写道：“同于德者，道亦德之。同于失者，道亦失之”，可见“道”与“德”两者之间的对应关系。《老子·第五十一章》中写道：“道生之，德畜之，物形之，势成之。”王弼的《老子注》对这章的阐述是：“道者，物之所由也；德者，物之所得也。”陈鼓应引述此段并进一步作出了解释：一物由道而生，由德而育，由已有之物而受形，由环境之情势而铸一成……德是分，道是全，一物所得于道而成其体者为德。德实即是一物之本性。② 换言之，道分化于万物即是德。《庄子·庚桑楚》中则说：“道者，德之钦也；生者，德之光也；性者，生之质也。”一方面，德是道分化并落实于万物身上的一种规定性存在，也是生命之本体性存在。畸形人之所以能够“形残德全”，狂人之所以能够成为庄子眼中的“天之君子”，皆是因为他们禀受了完整的天德。

首先，在庄子的语境中，“德”也被用于形容政治治理状况，《庄子·马蹄》篇中就曾描绘了这样一个“至德之世”：

> 至德之世，同与禽兽居，族与万物并，恶乎知君子小人哉！同乎无知，其德不离；同乎无欲，是谓素朴；素朴而民性得矣；及至圣人，蹩躠为仁，踶跂为义，而天下始疑矣；澶漫为乐，摘僻为礼，而天下始分矣。

既然德来源于道，道是万物始祖，而“以道观之，物无贵贱”（《庄子·秋水》），那么“德”也势必具有齐同万物的特点。同时，从庄子的描述中可以看出，至德时代，人与禽兽同居，族群与万物并齐，更是没有君子小人之分。此时世人不用智巧、不贪外欲，皆处于“无知”“无欲”的素朴状态，与万物相齐相通。又其实正如蒲衣子告诫啮缺的那样，要想做到情信德真，便要如泰氏一般做到“其卧徐徐，其觉于于；一以己为马，一以己为牛”（《庄子·应帝王》），与万物混同而不受外物牵累。显然，天德的特征之一在于“齐于物”。

其次，庄子在《马蹄篇》下文中提到，人民生活最好的状态应当是“民居不知所为，

① 转引自李亚奇：《“形”“心”之间的内在张力：庄子身体观探微》，载《江汉学术》2019 年第 1 期。

② 陈鼓应著：《老子今译今注》，商务印书馆 2006 年版，第 261 页。

行不知所之，含哺而熙，鼓腹而游，民能以此矣”。这种悠游而无所往的安闲意态，便是合于天德、顺乎造化的自然状态，但是当所谓的“圣人”提出以蹩躠、踶跂、澶漫、摘僻为实质的仁义礼乐来规范世人时，天下人就会陷入迷惑且彼此分离的状态。事实上，庄子这里试图劝导世人回归的“含哺而熙，鼓腹而游”的状态，正同于老子所说的“婴儿”状态。老子在《道德经·第二十八章》中有这样一段名言：“知其雄，守其雌，为天下溪。为天下溪，常德不离。常德不离，复归于婴儿。”老子认为，道作为化生万物的根基和母体，恰如人体生命源初的“婴儿”状态一般。换句话说，“婴儿”之所以能够被看作象征生命本真之道体，正是因为处于婴儿状态中的人无思寡欲、无为质朴，故而“常德不离”。由此可以得出，天德之核心还在于“朴”，在于一种真实自然、不加伪饰的本初状态。

最后，与圣人之德相比，畸人之德还体现为以“无用之用”在乱世中保全自身的本领。庄子曾在《人间世》篇中以社树和支离疏作比，社树虽然枯朽无材，但却能避免夭于斤斧之患，因其无用而不必为人所役使，支离疏残形无能所以免于为当道者征役，乃是因其无用而得以在乱世全生免害。楚狂接舆讽刺孔子德行之衰，只因其不知于天下无道之时，只有全生避害才是德行的最高体现。由此看来，天德的核心还在于“生”。畸人之“德全”，不仅在于他们秉持齐物的生命精神和质朴的生命状态，还在于他们能够卫生、尊生，顺乎自然、终其天命。

对于道家而言，真正的至美之身，便是禀受天道的自然之身，而真正的德全之人，则是顺乎自然、尽受天命的理想之人。庄子将这类不合于俗的畸人视作理想生命样态的体现，实质上是将悟道之堂奥指向了“离形而游心”。

3. 神：离形去知，同于大通

虽然庄子十分推崇全身的重要性，随意轻忽其身可能会如叔山无趾一样遭到“亡足”的后果，但仅仅养形本身却不足以养身，“世之人以为养形足以存生，而养形果不足以存生，则世奚足为哉”（《庄子·达生》）。不仅如此，形体作为由气的凝结和固着而形成的稳定结构，使用不当反而可能会成为“生之害”：梗阻生命的自由流动。因而形躯在某种意义上是可贬的，譬如《应帝王》篇中的混沌凿开七窍之后便丧失了生命。《庄子·大宗师》篇中解释“坐忘”时说道：“堕肢体，黜聪明，离形去知，同于大通，此谓坐忘。”其中“堕肢体”被看作实现“大通”坐忘境界的第一步。“堕肢体”并非简单地“毁”肢体，而是要使得肢体从“身”上卸落下来，解除形骸对“身”的固定和限制。类似的表述还如《在宥》篇的“堕尔形体”，《天地》篇的“堕汝形骸”，都是为了要消解“形”自身所带来的迷执和壁障。既然在道家的视阈里，气是身之根本，那么要复归气化的自然身体，就要先从稳定的实存形体将自身解脱出来。解形的关键在于屏蔽肢体带来的外欲纷扰，从禁绝五色六律出发，庄子在《胠箧》篇中写道：

> 擢乱六律，铄绝竽瑟，塞瞽旷之耳，而天下始人含其聪矣；灭文章，散五采，胶离朱之目，而天下始人含其明矣。毁绝钩绳而弃规矩，攦工倕之指，而天下始人含其巧矣。

这里“塞瞽旷之耳”“胶离朱之目”“攦工倕之指”都是通过毁坏器官来免除感官对人心智的惑乱，使人恢复聪、明、巧的状态。庄子并非如柏拉图那样试图通过毁坏肉体来走向永恒，而是反对世人陷溺于感官欲望以至于滑乱本心的天和。庄子认为，人一旦由于各种欲望的熏染而耽溺于世俗之情，就会不断地追逐名利、得失、富贵，并在这个过程中最终“为物所役”，饱受身体之苦和心神之忧。如《至乐》篇中，庄子批判了各种世俗追求对自然本性的摧残：

夫天下之所尊者，富、贵、寿、善也；所乐者，身安、厚味、美服、好色、音声也；所下者，贫、贱、夭、恶也；所苦者，身不得安逸，口不得厚味，形不得美服，目不得好色，耳不得音声；若不得者，则大忧以惧。其为形也亦愚哉！夫富者，苦身疾作，多积财而不得尽用，其为形也亦外矣。夫贵者，夜以继日，思虑善否，其为形也亦疏矣。人之生也，与忧俱生，寿者惛惛，久忧不死，何苦也！其为形也亦远矣。

世人所汲汲以求的各种享受，得不到就会忧惧不已，富者要时刻顾虑积财能否尽用，贵者久虑，寿者惛惛，皆与自身的本性相背离，以“我”为本而疏离道体，但得到的钱财、名利，本身却是虚幻的快乐，背后永远潜伏着更多的欲求。庄子认为，“同于大通”的前提在于实存形体中已经预先潜存着能够与道相通的基本结构。《庄子·德充符》中记载这样一则寓言：

仲尼曰：丘也尝使于楚矣，适见㹠子食于其死母者。少焉眴若，皆弃之而走。不见己焉尔，不得类焉尔。所爱其母者，非爱其形也，爱使其形者也。

对于豚子而言，刚死的㹠母虽然形体未变，但“使形者”已然发生了改变。可见当身死之后，形体就失去了生命力和在场状态，以至于㹠子“弃之而走”。然而何谓“使形者”呢？在庄子看来，“执道者德全，德全者形全，形全者神全”（《庄子·天地篇》）。虽然形由气化生而来，但形同时也是神的载体，㹠子对㹠母的爱重，也正是来源于“神”这一“使形者”。《庄子·刻意》中记载了一个人醉酒后坠车，“骨节与人同，而犯害与人异，其神全也”，他与其他人的骨节构造并无不同，但受伤的程度却远远轻于他人，只因醉酒之人精神完备、“唯神是守”。由此可知，神乃形之主，形在依赖于神在。生命之本质开显于“神”，而非可视、可听、可触的“形”。

归根结底，修习“堕肢体”的工夫是为了颐养形神，“无视无听，抱神以静，形将自正。必静必清，无劳汝形，无摇汝精，乃可以长生。目无所见，耳无所闻，心无所知，女神将守形，形乃长生”（《庄子·在宥》）。神形的和谐统一，也是通贯于天地一气的必要前提。唯有破除对实存的经验身体的执念，让身体之中原初潜存的“神”发露、敞现，进而才能冥合于大通。《达生》篇中给木头做鐻的工匠梓庆，做鐻之前要先进行心斋，三天后便能忘却奖赏爵禄，五天后忘却是非誉毁，七天之后，他就会彻底忘却自己的形体以及身外的功名利禄，达到了忘己以适物、“以天合天”的状态。再如《逍遥游》中的“至人无己”，《齐物论》中南郭子綦的“吾丧我”之论。所谓的“忘己”“无己”“丧我”其实就是超越自身有限形体的桎梏，摆脱世俗欲望习染，冥合于自然大通的身心自由状态。

在《则阳》篇中，庄子则谈论了关于容貌美丑的问题，他说：“若知之，若不知之；若闻之，若不闻之。其可喜也终无已，人之好之也终无已。”美与不美的评价最终也只是与人的主观评价有关，不仅富贵名利是一种痴念，追逐外在美的欲望也是没有尽头的。《德充符》篇中庄子写道：“故德有所长，而形有所忘。人不忘其忘，而忘其所不忘，此谓诚忘”，与德行相比，形体的残缺更应当为人所遗忘，如果将形与德的本末倒置，忘德而不忘形，就会真正迷失自然真性。也正是因为“盲者无以与夫眉目颜色之好”（《庄子·大宗师》），所以“坐忘”工夫中的“堕肢体”环节才显得如此重要。据此，正是因为畸人安于残缺的高拔精神使他们摆脱了形骸和“偏美”对精神的拘禁，做到了“忘己”和“堕形”，才被庄子视作与神人、至人相并列的理想之身。畸人不以“形”索求世俗之美，而是以“神”冥合于天地大美。畸人不仅“形残而德全”，更是“形残而神全”，所谓“侔于天”绝非以“形”侔于天，而是以“神”侔于天。

要言之，庄子对“畸于人而侔于天”的建构，是伴随着对身体自然性的思考而披露并步步递进、渐次展开的：其一是从“道与之貌，天与之形”的角度确立了畸人“侔于天”在生存论意义上的根据，畸人虽然身体畸怪，却是由造化生养而来的自然身体，万物一气化生、本来无二，畸人更是如此；其二则是由“德”的层面观之，畸人齐同万物、本心质朴、卫生摄养，是禀受天德的理想人格化身；最后于“神”的层面指出，畸人之“侔于天”的根源在于神而非形，畸人不囿形躯、不逞欲念，正与庄子所推崇的“无己”“丧我”状态相通。自然性在庄子生命哲学中具有难以忽视的地位，生命之美首先是一种自然美，是谓“天地有大美而不言”（《庄子·知北游》）。

二、“优游于道”的生命美学至境及现代价值

“游”作为庄子美学思想中的重要范畴，也是庄子体道生命之美、追求精神之自由解放的根本方式。“游”之一字，在《说文解字》中解释为“游，旌旗之流也”，后世段玉裁注：“旗之游如水之流，故得称流也……引申为凡垂流之称……又引申为出游、嬉游，俗作遊。”游字本义为飘带飘动的状态，从水，指和水有关的活动。“游”字由旗动而来，旗动因风，风则由气的升沉而来。由此可见，游的本义可以阐释为旗随风的气息吹拂而动，游即依气而动，正合于庄子所说“游乎天地之一气”的。天地万物由一气统摄，构成一个相蝉相连的宏廓生命网络。因而，庄子在《知北游》中还有“通天下一气耳”的表述。可见“游”之中蕴含着“通”的属性。“游于天地”将自身的本真生机向天地开显，通达于造化之理进而抵达的一种自由境界。《庄子》全文中关于“游”的表述有三十余处之多，相较于真人、神人乃至鲲鹏这类充满奇诡想象的世外之物，以畸人为代表的“游世者”，则是“以无厚入有间”（《庄子·养生主》）的取美于世之典范。畸人们或是在亲友去世时鼓琴而歌，或是以身体的病残来逃役保生，这些看似玩世不恭的种种行为，实质上都是“虚己以游世”精神的体现。就“游世者”而言，主要体现为“相忘乎道术”和“与化为友”两重境界。

1. 相忘乎道术："游"的前提

《庄子·大宗师》篇记载着这样一则寓言：

泉涸，鱼相处于陆，相呴以湿，相濡以沫，不相忘于江湖。与其誉尧而非桀也，不如两忘而化其道。

鱼相濡以沫的行为，不如听命造化之生死，相忘于江湖。下文庄子又以孟子户和子琴张面对友人的死亡相和而歌之事为例，借孔子之口进行了评价：

孔子曰："鱼相造乎水，人相造乎道。相造乎水者，穿池而养给；相造乎道者，无事而生定。故曰：鱼相忘乎江湖，人相忘乎道术。"

对于鱼而言，只有相忘，才能优哉游哉地在江湖中遨游，对于人而言，只有忘却一切外物纷扰、人际得失以及死生分有，才能游于大道。"恶知死生先后之所在"的畸人便是庄子眼中"相忘于道术"的代表。在庄子看来，"忘"即解脱，"忘"是"通"的前提，也是"游"的基础。如前文所陈，要使"同于大通"，就先要"离形去知"，从实存身体的限制中解放出来，方能实现神与物游。

2. 与化为友："游"的结果

《庄子·大宗师》篇中记载了一位因病而畸的子舆，面对"曲偻发背，上有五管，颐隐于齐，肩高于顶，句赘指天"的畸状不以为恶，甚至赞美道：

亡，予何恶！浸假而化予之左臂以为鸡，予因以求时夜；浸假而化予之右臂以为弹，予因以求鸮炙；浸假而化予之尻以为轮，以神为马，予因以乘之，岂更驾哉！

子舆这里所想象的化左臂为鸡、化右臂为弹、化尻为轮、化神为马等变形，不同于支离疏、哀骀它等人的身体残疾，是一种由人身向他物转化的化形。"物化"现象在庄子文本中并不鲜见，从鲲化而为鹏到庄周与蝴蝶的互化，甚至《庄子·至乐》篇中还记叙了一段物种演化的过程：

种有几，得水则为继，得水土之际则为蛙蠙之衣，生于陵屯则为陵舄，陵舄得郁栖则为乌足，乌足之根为蛴螬，其叶为胡蝶。胡蝶胥也化而为虫，生于灶下，其状若脱，其名为鸲掇。鸲掇千日为鸟，其名为干余骨。干余骨之沫为斯弥，斯弥为食醯。颐辂生乎食醯，黄軦生乎九猷，瞀芮生乎腐蠸，羊奚比乎不箰，久竹生青宁，青宁生程，程生马，马生人，人又反入于机。

显然，这里的由"几"到人的生物演化逻辑序列充满了想象色彩。正是由于万物形貌皆由天地所与，“物无非彼，物无非是”（《庄子·齐物论》），物物齐同，物我为一，因此只要抵达了大通状态，个体生命就能做到“大而化之”：人的肢体可以变为万物各种形态，万物之间也能随意地互相转化。既然“游”最终显现为“通”，那么“体尽无穷，而游无朕”的结果自然就能做到“与化为友”。物化者向万物自如的变换形态，更是从根本意义上解除了形体对个体生命的限制。

但需要厘清的是，在庄子看来，“物化”和“与物化”有着根本的区别。“与物化者，一不化者也”。“与物化”实则是随物而化，是以外在事物为支撑，顺遂世俗变易而迁变自身的沉沦状态。“与物化者”往往停留在“与物相刃相靡”的阶段，如同那些追求富贵寿善之人，只能终身役役而不得成功。“物化者”却是超越了个体形躯的局限，将小我投入造化流衍的大流之中，与宇宙大我相结合。同时，庄子还认识到，对于个体生命而言，宇宙运演的生命节奏主要通过“时”体现出来。因此，子舆将自身的形貌之畸理解成为“时”所造的结果，解脱之法在于“安时而处顺”，即“与时俱化”。

3. 与时俱化：庄子生命美学的生存论价值

徐复观认为，老庄建立道论的核心目的在于“要在精神上与道为一体，形成‘道’的人生观，抱着道的生活态度，以安顿现实的生活”①。诚然，庄子生活的年代是一个“死者以国量，乎泽若蕉，民其无如矣”的无道之世，人民生活其间犹如“游于羿之彀中”一样如履薄冰。因此，如何在这样一个充满动乱与罹难的时代安顿自身的心灵，就成为庄子关注的主要目标。可以说，老庄哲学本质上是“为人生”的哲学。庄子之所以创设出“逍遥游”这样一个无拘无束、直与天地精神相往来的大美境界，也是为了以美实现对生命的救赎，消解无德之世对人的戕残，以求在现实世界中找到“适意”的生存之道。

《庄子·山木》中记载庄子与弟子看见山中有一株大木，因“无所可用”而得免于被砍伐，次日两人又见到故人家一只大鹅，却因“不能鸣”而被杀，面对此情景，弟子向庄子发问：虽然同是“不材”者，却享有不同的命运，那么又应当如何处世呢？对此，庄子回答道：

> 周将处乎材与不材之间。材与不材之间，似之而非也，故未免乎累。若夫乘道德而浮游则不然，无誉无訾，一龙一蛇，与时俱化，而无肯专为。一上一下，以和为量，浮游乎万物之祖。物物而不物于物，则胡可得而累邪！……悲夫，弟子志之，其唯道德之乡乎！

即使处于“材与不材之间”，也难以免于生死是非的牵累。就此，庄子引出真正正确的做法，即“乘道德而浮游”。只有像龙蛇一样，随着时势而变化进退，于万物的根源处浮游，不受外物迁变的累患，不凝滞于时，而是做到“与时俱化”。这里的“时”不同于西方哲学视阈下的“时间”，而是一种“时势”。汉民族将“时”从生生不息的生命之流中进行把握，故而有“时节”“时势”，却没有“时间”的概念。“与时俱化”本于“顺

① 徐复观著：《中国艺术精神》，华东师范大学出版社2001年版，第29页。

乎自然”，表现为“乘道德而浮游”。同时，“与时俱化”与“安时而处顺”，可以看作庄子对如何在无道之世实现走向生命的自由所作出的回答。庄子的“自由”观中虽寄寓了许多对方外神人的憧憬，但本质上仍立足于有间之世，演绎为“游心”状态的畅达与敞发。即使在21世纪的今天，庄子哲学中“物物而不物于物”“任其性命之情”“安时而处顺”等观点仍然不减其真理辉光，仍在指引着现代人如何在一个物质膨胀但价值离乱的信仰危机时代安顿自身的心灵、体悟生命之美。

就此，我们可以对“畸于人而侔于天”的生命美学意蕴作出较清晰的阐发：“畸于人”的特性是庄子建构畸人形象的出发点，畸人的“不群于世”彰显了“侔于天”则包含着与自然为一的自然养生观和优游于道的自由生命境界。在庄子看来，体悟至乐只有“达生”者才能做到。生命之美首先源于自然，因任自然、全生尽年是实现生命美的基础条件，但在此基础上，生命至美更在于自由，在于自适其性的无限精神漫游。

参考文献：

[1] 陈鼓应著：《老子今译今注》，商务印书馆2006年版。
[2] 陈鼓应著：《庄子今译今注》，商务印书馆2006年版。
[3] 李存山著：《中国气论探源与发微》，中国社会科学出版社1990年版。
[4] 方东美著：《生生之美》，北京大学出版社2009年版。
[5] 韦政通著：《中国思想史》（上卷），上海书店出版社2003年版。
[6] 徐复观著：《中国艺术精神》，华东师范大学出版社2001年版。
[7] 李亚奇：《“形”“心”之间的内张力：庄子身体观探微》，载《江汉学术》2019年第1期。

论《庄子》“独”的美学意蕴及魏晋艺术影响

● 陈心琳*

（武汉大学 哲学学院）

【摘 要】

《庄子》中“见独”“独有之人”“独与道游”“独与天地精神往来”等与“独”相关的短语具有丰富的思想内涵。“独”在哲学上的含义是“道体之一”和“个体之一”的统一，个体是“道”在具体现象世界中的显现，并最终要复归于“道”。“独”能够成为美学问题，是因其立足于生命体验，通过遗忘和否定世俗的功利目的而获得精神之“游”，具体表现为“见独”的“随己游”和“独与天地精神往来”的“随道游”。魏晋以来的文学艺术受到庄子“独”之精神的影响，“独”的内涵被扩充为人格独立精神的发现和诗画中山水孤独境界的生成。

【关键词】

《庄子》；独；美；魏晋艺术

《庄子》洋洋洒洒的几万言发端于北冥之鱼的“独”游，由一而衍万物，在个体的“小一”中窥见宇宙“大一”。徐复观认为：“《庄子》一书，最重视‘独’的观念。”① “独”在《庄子》的正文中出现约五十处。近来，一些研究者致力于探究“独”的哲学内涵，从“道”的本体论和齐物论入手，提出“独”和“群”的内在关系。② 此外，“独”与美的论题也被李昌舒和薛飘飘所关注，他们从郭象的“独化论”中联系到魏晋美学的转向。③ 事实上，无论是“独钓寒江”的留白还是独立于山水中的自得，“独”向来是艺术表现的重要题材。“独”是否能从庄子的思想中得到溯源？庄子之“独”是否能成为美的问题，它对魏晋以来的艺术精神具有何种影响，都有待考察。

---

* 作者简介：陈心琳，武汉大学哲学学院美学专业 2021 级硕士研究生。

① 徐复观著：《中国人性论史》，上海三联书店 2001 年版，第 348 页。

② 李智福：《〈庄子〉中“独”之哲学内涵探赜》，载《贵州大学学报（社会科学版）》2016 年第 4 期，第 7~12 页。

③ 李昌舒、薛飘飘：《郭象“独化论”与魏晋美学转向》，载《北方论丛》2019 年第 2 期，第 63~68 页。

一、"独"的哲学内涵："道体之一"和"个体之一"

"独"的本义为："犬相得而斗也……羊为群，犬为独……犬好斗，好斗则独而不群。"① 犬类相聚则好争斗，引申为"单独""单一"之义，和二者以上的"群"对立。进而，"独"有"独特""独自""难道""独断"等含义。可见，"独"具有丰富的语义内涵。在《庄子》中，"独"的思想内涵主要蕴含在"见独"②（《大宗师》）、"独有之人"③（《在宥》）、"独与道游"④（《山木》）、"独与天地精神往来"⑤（《天地》）等表达中。

在《庄子》中，"独"首先与"道"有所关联，表明"道"区别于一般事物而独立存在。《大宗师》篇中，女偊回答南伯子葵自己青春常驻的原因，直言"吾闻道矣"⑥，又把这种境界形容为"见独"。陈鼓应释"见独"为"洞见独立无待的道。'道'为绝对无待，因以'独'来称它"⑦。庄子继承了老子之道"独立不改"⑧ 之义，认为"道"区别并超出万物，是为"独一"，即无所更改的永恒。类似地，刘咸炘亦提出："道体浑一无外，故谓之独。"⑨ 可见，"独"首先是道体之"独"。

进而，"道体之独"体现为"一"的哲学，即本根。在庄子中，不乏"道一"混用的表达。《天下》有言："古之所谓道术者，果恶乎在？曰：'无乎不在。'曰：'神何由降？明何由出？''圣有所生，王有所成，皆原于一。'"⑩ 这段话提出了几个观点："道"在万物中，"道"不仅区别于物，还要在物中显现，作用于圣人的功业。"皆原于一"的"一"则是对"道术"的代称。在多个注本中都解释为"道"。而在《老子》中，亦有"道一"的说法："昔者得一者：天得一以清；地得一以宁；神得一以灵；谷得一以盈；万物得一以生；侯王得一以为天下正。"⑪ "一"是决定天地神灵和万物之本。"道"不离"一"，"独"的本义也是"一"。张岱年认为："宇宙中之最究竟者，古代哲学中谓之'本根'……本与物对待。本根又称'独'或'一'。"⑫ "一"俨然是"道"区别于物的根木存在。从"道"本身来看，"道"超越了具体事物时空的界限。在时间维度上，它无

---

① （汉）许慎撰：《说文解字注》，段玉裁注，许惟贤整理，凤凰出版社 2007 年版，第 830 页。
② （清）郭庆藩撰：《庄子集释》，王孝鱼点校，中华书局 2016 年版，第 260 页。
③ （清）郭庆藩撰：《庄子集释》，王孝鱼点校，中华书局 2016 年版，第 405 页。
④ （清）郭庆藩撰：《庄子集释》，王孝鱼点校，中华书局 2016 年版，第 677 页。
⑤ （清）郭庆藩撰：《庄子集释》，王孝鱼点校，中华书局 2016 年版，第 1100 页。
⑥ （清）郭庆藩撰：《庄子集释》，王孝鱼点校，中华书局 2016 年版，第 259 页。
⑦ 陈鼓应著：《庄子今注今译》，商务印书馆 2007 年版，第 218 页。
⑧ 陈鼓应著：《老子今注今译》，商务印书馆 2003 年版，第 169 页。
⑨ 黄曙辉编校：《刘咸炘学术论集（子学编）》，广西师范大学出版社 2007 年版，第 247 页。
⑩ （清）郭庆藩撰：《庄子集释》，王孝鱼点校，中华书局 2016 年版，第 1069 页。
⑪ 陈鼓应著：《老子今注今译》，商务印书馆 2003 年版，第 221 页。
⑫ 张岱年著：《中国哲学大纲》，江苏教育出版社 2005 年版，第 37 页。

开端且无终结，"先天地而不为久，长于上古而不为老"①。这源于它流转不息，日日常新，化止境为新变，无法用人世的时间丈量。在空间上，道"在太极之上而不为高，在六极之下而不为深"②，超越形质。一言以蔽之，即为"无"。

其次，道之"独一"意味着开端，受生个体之"独一"。《则阳》有言："万物有乎生而莫见其根，有乎出而莫见其门。"③"根"和"门"都是"道"的象征，指"根本"和"由此出"。万物因"道"而生，却不知其所来，可见"道"隐藏于自然，是无为之为。物受于"道"之"德"，并非获得了同一的形质，而是得自己之"道"，发现自身"独特"的本性，可用"个体之一"来代称。

"个体之一"同时表现于外在形体和内在精神之独特。从外在来看，物有长短高下之别，人有美丑胖瘦之分。《庄子》中描述了许多天生跛脚、胼拇枝指的形体残疾者，这并非后天人为，而是天生。"天之生是使独也。"④他们的独特往往在于精神世界。据说哀骀它面目丑陋，然而人们都亲近他，鲁哀公将国事委托于他。庄子借孔子之口评价："是必才全而德不形者也。"⑤"才全"是面对人生的生死、富贵、毁誉仿若面对昼夜更替习以为常，不令其扰乱心灵。释德清解释为"才全者，谓不以外物伤戕其性，乃天性全然未坏，故曰全"⑥。"不形"则是不显于外，充满纯和的修养，万物自然亲附于己。如哀骀它这样精神独立的"独有之人"，是"个体之一"的集中体现，不形于外在而在于内。《在宥》专有一篇，将"独有之人"放置在世俗是非争论不休的情境下，形容他们能独自置身事外，"物而不物，故能物物"⑦。不被世俗之物支配，而无为待物。如此方可解脱束缚，"出入六合，游乎九州岛，独往独来，是谓独有。独有之人，是之谓至贵"⑧。独来独往不是难以融于世俗，而是清醒自持、自我独立。

"道体之一"和"个体之一"紧密联系。浑然的"道体之一"显现并统摄于"个体之一"。《天下》篇中，庄子引用老子思想，将道与万物之类概括为："建之以常无有，主之以太一。"⑨"太一"是道体之"独一"。道体统摄万物，类似于圆环的圆心，个体为环中之物。个体所处的每个点都独一无二，却能相连而合成圆环之"道"。"枢始得其环中，以应无穷"⑩，"枢"即"道"也。

但"独"向来不是个体的沉湎，"个体之一"对"道体之一"的内在复归是"独"的应有之义。从自然之道来看，《齐物论》中的"地籁"有各自独特的声音，风吹过山林孔窍之声如"激者、謞者、叱者、吸者、叫者、譹者、宎者，咬者，前者唱于而随者唱

① （清）郭庆藩撰：《庄子集释》，王孝鱼点校，中华书局2016年版，第254页。
② （清）郭庆藩撰：《庄子集释》，王孝鱼点校，中华书局2016年版，第254页。
③ （清）郭庆藩撰：《庄子集释》，王孝鱼点校，中华书局2016年版，第905页。
④ （清）郭庆藩撰：《庄子集释》，王孝鱼点校，中华书局2016年版，第132页。
⑤ （清）郭庆藩撰：《庄子集释》，王孝鱼点校，中华书局2016年版，第217页。
⑥ 陈鼓应著：《庄子今注今译》，商务印书馆2007年版，第187页。
⑦ （清）郭庆藩撰：《庄子集释》，王孝鱼点校，中华书局2016年版，第405页。
⑧ （清）郭庆藩撰：《庄子集释》，王孝鱼点校，中华书局2016年版，第405页。
⑨ （清）郭庆藩撰：《庄子集释》，王孝鱼点校，中华书局2016年版，第1096页。
⑩ （清）郭庆藩撰：《庄子集释》，王孝鱼点校，中华书局2016年版，第72页。

喁，泠风则小和，飘风则大和，厉风济则众窍为虚”①。这些声音都没有外在的凭借者，而是独立发生。它们因各自特殊的发声媒介和孔窍的大小形状，都合于“天籁”的自然之道而鸣。“夫天籁者，吹万不同，而使其自己也，咸其自取，怒者其谁邪！”②“天籁”是万物自己发动，而不需要外在的凭借。“人籁”“地籁”蕴含了“天籁”的道理，在自然中走向对“天籁”之“道”的回归。因此，“个体之一”到“道体之一”的回归是内在的，不因后天人为的关系而改变。“道通为一。其分也，成也；其成也，毁也。凡物无成与毁，复通为一。”③

总结而言，《庄子》之“独”的哲学内涵是“道体之一”和“个体之一”的统一。需要强调的是，“独”不是指道和万物本身，而是它们所体现的内在本质。“独”既强调了“道”和万物之间的差异性，又体现了一以贯之的连续性。

二、“见独”的美学意蕴：“随己游”和“随道游”

“独”作为哲学概念，兼有“道体之一”和“个体之一”的双重含义。范明华提出：“在《道德经》中，有很大的篇幅在论述‘道’是什么的问题，而在《庄子》一书中，则更多的是在讨论如何知‘道’、体‘道’、见‘道’以及因知‘道’、体‘道’、见‘道’而获得精神的解放与自由的问题。”④ 庄子在老子的基础上，将“道”人生化了。与“道”紧密相关的“独”因而也并非只是形而上的“独”，而是人所“见独”。正如徐复观所强调：“老子对道的形容是‘独立而不改’，‘独立’即在一般因果系列之上，不与他物对待，不受其他因素的影响的意思。不过老子所说的是客观的道，而庄子则指的是人见道以后的精神境界。”⑤

《大宗师》中南伯子葵问女偊道可学否？女偊答“不可”，却诉说自己闻道而“见独”：

> 参日而后能外天下；已外天下矣，吾又守之，七日而后能外物；已外物矣，吾又守之，九日而后能外生；已外生矣，而后能朝彻；朝彻，而后能见独；见独，而后能无古今；无古今，而后能入于不生不死。杀生者不死，生生者不生。其为物，无不将也，无不迎也；无不毁也，无不成也。其名为撄宁。撄宁也者，撄而后成者也。⑥

郭象将“见独”释义为“忘先后之所接，斯见独者也”⑦，“先后所接”是外在的条

① （清）郭庆藩撰：《庄子集释》，王孝鱼点校，中华书局2016年版，第52页。
② （清）郭庆藩撰：《庄子集释》，王孝鱼点校，中华书局2016年版，第56页。
③ （清）郭庆藩撰：《庄子集释》，王孝鱼点校，中华书局2016年版，第76页。
④ 范明华著：《生命之镜：中国美学与艺术散论》，武汉大学出版社2019年版，第153页。
⑤ 徐复观著：《中国人性论史》，上海三联书店2001年版，第348页。
⑥ （清）郭庆藩撰：《庄子集释》，王孝鱼点校，中华书局2016年版，第260页。
⑦ （清）郭庆藩撰：《庄子集释》，王孝鱼点校，中华书局2016年版，第261页。

件。而陈鼓应则将“见独”直接释义为“见道”①。无论如何释义，“独”都首先要从“自己”生出，是人作为能动主体的观“道”体验。“独”的含义是“一”，要做到“见独”，首先要直观且持守于己身。人不能“独”是因为外物的纷繁束缚遮蔽了自身，错将他物的性分当作自己的本性。若用五个手指作为标准，那么骈拇、枝指就是残疾，但依其本性，则是顺应自然的刚好。不能“独”者将终生“与物相刃相靡，其行尽如驰，而莫之能止，不亦悲乎！终身役役而不见其成功，苶然疲役而不知其所归”②，处在他物和自己的矛盾中，丧失生命的节奏。

女偊提出的“见独”方法是否定和遗忘，需要历经“外天下、外物、外生”③的过程。郭象注“外”为“犹遗也”④。“三、七、九”皆形容天数之多。遗忘的对象经历以下三个阶段：远离己身的天下——身边关联之物——自己的生命。利害关系越近则越难遗忘。首先要否定空间，区别自己和他物，又在他物中区别关系的远近；其次是否定时间，遗忘昼夜变化，无有古今和生死。否定他物获得己身之“一”后，最终将否定自己，回归于“道体之独”。否定到最后的结果是“撄宁”。成玄英解释道：“撄，扰动也。宁，寂静也。”⑤即内心受到扰动后的平息。平息并非静止，而是个体跟随万物的生成与损毁，万物无有得失来去，回归于道。因此，见独之忘是一种回归的运动。“见”是直观的体验，“见独”是闻“道”的境界。

“见独”通过否定外物持守“个体之独”，又通过否定自己而回归“道体之独”。然而，“见独”是否具有美学的内在意蕴呢？章启群曾反驳李泽厚将庄子哲学等同于美学的观点，认为“‘天地之美’之‘美’字含义，与‘善’和‘德’相同相近，而与现代汉语的‘美’字含义相去甚远”⑥。其次，他认为将“体道”视为审美的人生态度是不妥的。依照他的观点，被“道”所规定的“独”或“见独”不能被引入美学的范畴。但他忽略了一个问题：“见独”“体道”的过程是非逻辑推理和伦理考量的，其手段是对外在功利的减损和否定，恰恰契合了美学重视直觉体验性、无目的和非功利的特点。郑笠认为：“他的美学，正产生在对‘形质’、‘功利’、‘认知’以至对整体的‘有’的层层剥离与消解的系统中，剥离与消解后剩余的纯粹，恰恰成就庄子的审美境界。”⑦“见独”的外在否定恰恰是对审美心灵的肯定。范明华认为：“所谓对事物表面形态的扬弃，同时也是对事物内在本质的肯定。而所谓对日常经验和感官感觉的扬弃，同时也是对艺术心灵（创造性的、自由的审美想象或人类自我的真实存在）的肯定。”⑧因此，“见独”否定了“成心”“机心”，肯定了本然自由的美丽“真心”，具有美学的意蕴。

---

① 陈鼓应著：《庄子今注今译》，商务印书馆2007年版，第218页。

② （清）郭庆藩撰：《庄子集释》，王孝鱼点校，中华书局2016年版，第62页。

③ （清）郭庆藩撰：《庄子集释》，王孝鱼点校，中华书局2016年版，第260页。

④ （清）郭庆藩撰：《庄子集释》，王孝鱼点校，中华书局2016年版，第261页。

⑤ （清）郭庆藩撰：《庄子集释》，王孝鱼点校，中华书局2016年版，第262页。

⑥ 章启群：《作为悖论的“〈庄子〉美学”》，载《文艺争鸣》2018年第2期，第68~84页。

⑦ 郑笠：《剥离与消解系统中成就的审美境界——从庄子“美学”到“庄子”美学》，载《安徽大学学报（哲学社会科学版）》2008年第4期，第23~28页。

⑧ 范明华著：《生命之镜：中国美学与艺术散论》，武汉大学出版社2019年版，第108页。

"见独"即为获得美学上的"自由之游"。《山木》有言："吾愿去君之累，除君之忧，而独与道游于大莫之国。"① "大莫之国"为"大无，言天下无能杂之"②，是象征道的玄冥之处，即从先王之理和国家事业等外在的事物中独立出来，游于无有之"道"。"游"是一种摆脱世俗条件，不被系累的"独"之精神自由。郭象在《逍遥游》的开篇注解道："夫小大虽殊，而放于自得之场，则物任其性，事称其能，各当其分，逍遥一也。"③逍遥游便是个体在找到自己的本性后回归于"道"的历程。顾桐柏有云："逍者，销也；遥者，远也。销尽有为累，远见无为理。以斯而游，故曰逍遥。"④ 因此，"逍遥游"便是在精神上消去外物，独留自己；又消去自己与道浑然一体，从去远到回归。这是对老子"大曰逝，逝曰远，远曰反"⑤ 在人生意味上的深化。

"游"是去往某处，但却超出了具体的时空。"浮游，不知所求；猖狂，不知所往。游者鞅掌，以观无妄。"⑥"浮游"和"猖狂"都是自得的状态，而所去处却是"鞅掌"之众多和超越具体事物"无妄"之无限。"游"因此指向"无竟"。"忘年忘义，振于无竟。"⑦ 晋人注"竟"原作"境"，是界限之意。据《说文解字》："界，竟也。"⑧ 而"无竟"则是消除界限，与天地冥合，达到超时空的大美。正如"游"之要义，自由无拘，顺应物之变化，随春生秋杀与昼夜更替相运动。人与物是记忆和身体的存在，是短暂时空的集合体，而美却是瞬间和永恒的统一，美的体验具有超越时空的特性。陆机《文赋》有"遵四时以叹逝，瞻万物而思纷；悲落叶于劲秋，喜柔条于芳春"⑨ 的历时审美体验，同时也能有"观古今于须臾，抚四海于一瞬"⑩的瞬时体验。人的审美经验在时间中积累，而对美的体验却是直觉的瞬间，更能在与天地的冥合中获得超越此在的深远境界。美之恒在不是因为单一的个体之人恒在，而是天人合一的美不会磨灭。庄子将其形容为"至乐"⑪，小乐止于有限的人物；"至乐"却是超时空、物我两忘的生命体验。

"见独"之游首先表现为"随己游"，是对人格之美的探寻。庄子美学的核心是人生的哲学。庄子通过"见独"之忘，使人超越世俗的功利，保持个体的独立精神，成为美的创造者。以《田子方》中的"宋元君画图"为例，众画师按照世俗的礼仪拘谨地跪拜，濡湿笔墨作画。只有一个画师从容闲适地漫步而来，受揖不立而返回住所。宋元君派人去看，他正"解衣般礴羸"⑫，裸身握笔而欲作画。宋元君心生赞赏，认为他才是真正的大

① （清）郭庆藩撰：《庄子集释》，王孝鱼点校，中华书局 2016 年版，第 677 页。
② （清）郭庆藩撰：《庄子集释》，王孝鱼点校，中华书局 2016 年版，第 678 页。
③ （清）郭庆藩撰：《庄子集释》，王孝鱼点校，中华书局 2016 年版，第 1 页。
④ （清）郭庆藩撰：《庄子集释》，王孝鱼点校，中华书局 2016 年版，"庄子序"，第 8 页。
⑤ 陈鼓应著：《老子今注今译》，商务印书馆 2003 年版，第 169 页。
⑥ （清）郭庆藩撰：《庄子集释》，王孝鱼点校，中华书局 2016 年版，第 399 页。
⑦ （清）郭庆藩撰：《庄子集释》，王孝鱼点校，中华书局 2016 年版，第 115 页。
⑧ （汉）许慎撰：《说文解字注》，段玉裁注，许惟贤整理，凤凰出版社 2007 年版，第 1209 页。
⑨ 王友怀、魏全瑞主编：《昭明文选注析》，三秦出版社 2000 年版，第 142 页。
⑩ 王友怀、魏全瑞主编：《昭明文选注析》，三秦出版社 2000 年版，第 143 页
⑪ （清）郭庆藩撰：《庄子集释》，王孝鱼点校，中华书局 2016 年版，第 613 页。
⑫ （清）郭庆藩撰：《庄子集释》，王孝鱼点校，中华书局 2016 年版，第 721 页。

画师。其他的画师拘泥于传统的流程和作画方式，被外在的事物束缚，艺术人格单薄，笔下所画也将大同小异。唯一的画师解衣，解除了外界的功利目的，“独”而具有狂狷之态，赤裸身体令创造的快意倾泻，他所赋予的艺术之美才是具有个性的。

其次，“见独”之游又是个体与天地冥合的“与道游”，表现为主客浑融的美之境界，“与物为春”①，即“随物所在皆同游于春和之中”②，让万物的自然本性得以自由显现。庄子在总结全文要义的《天下》篇中写道：“独与天地精神往来而不敖倪于万物，不谴是非，以与世俗处。”③这一句话表明了个体与万物以友善的关系相处，不将他物作为自己利害的对象。保持自己的本性独立，同时也让万物显露本来面目，自由平等地交往。庄子与骷髅论道、与鱼为友。当物我之间的界限被打破，则称之为“物化”④。如庄周梦蝶，不知“我”与蝴蝶孰是。这种浑融并非吞噬物我独有本性的消极状态，而是蝴蝶和“我”的本性才以此显现。西方现代的主体间性美学强调破除物皆为主体经验或理性对象的观点，回归物我不分的本真态，也近似于此。正如海德格尔所言，“诗意的栖居”并不是个人的居住，而是“天、地、神、人”⑤ 四重整体的聚集。聚集的空间区别于充满目的和关系利害的现实空间，是召唤真与美之地。对庄子而言，则可将其“神”替换为“物”，达到“天、地、人、物”的和谐。

根本来说，“随己游”与“随道游”是一体两面的关系，“随己游”亦是“随道游”，既是个人独特精神的彰显，也是与天地万物冥合的超越。因此，“独”才真正地成为“美”的问题，“见独”是为由“忘”而“游”之美。

三、“独”对魏晋艺术的影响：独立精神和孤独之境

徐复观认为，老庄的“道”本是思辨的形而上范畴，“但当庄子把它当作人生的体验而加以陈述，我们应对于这种人生体验而得到了悟时，这便是彻头彻尾的艺术精神”⑥。“独”对中国艺术精神的影响贯穿古今，难以通过一篇简单的文章进行概述。因此，只能抓住其主要的脉络，选取具有代表性的时期，试图窥探其貌。节选魏晋时期的文学艺术作论有几点原因：首先，魏晋是承接秦汉大一统和唐代盛世的动荡转折期，个体与家国的浮沉为思想的瓦解与重构提供了契机，大量的文艺创造者投身于内在精神世界的探索，催生了文学艺术的自觉期。其次，《庄子》作为备受推崇的“三玄”之一，对此时好玄言山水的文学艺术产生了重要的影响，也为后世的艺术精神萌芽建基。受到庄子精神的影响，艺术家们进一步将“独”的内涵扩充为人格独立精神的发现和诗画中山水孤独境界的生成。

---

① （清）郭庆藩撰：《庄子集释》，王孝鱼点校，中华书局 2016 年版，第 220 页。

② 陈鼓应著：《庄子今注今译》，商务印书馆 2007 年版，第 188 页。

③ （清）郭庆藩撰：《庄子集释》，王孝鱼点校，中华书局 2016 年版，第 1100~1101 页。

④ （清）郭庆藩撰：《庄子集释》，王孝鱼点校，中华书局 2016 年版，第 119 页。

⑤ ［德］海德格尔著：《演讲与论文集》，孙周兴译，生活 · 读书 · 新知三联书店 2005 年版，第 161 页。

⑥ 李维武编：《徐复观文集（第四卷）：中国艺术精神》，湖北人民出版 2002 年版，第 44 页。

宗白华说："晋人向外发现了自然，向内发现了自己的深情。"① 庄子之"独"强调了个体自在的探索，并进而思考个体与天地宇宙的关系，这个过程是对"随己游"和"随道游"的贯通。

（一）独立精神

徐复观认为："心不只是一团血肉，而是'精'；由心之'精'所发出的活动，则是'神'……而此精神的境界，即是超知而不舍知的心灵独立活动的显现。"② 独立精神是遵循内心对个体意志的感发和自我价值的确认。魏晋时，《庄子》"道"之形而上的思想内化为对"神韵""风骨"等超越之美的追求，形而下的心性论则唤起了主体对个人生命的关注，这是对"独"之"随己游"的体现。

魏晋时期对独立精神的追求表现出摒弃外物和浮游于世俗之外的理想。其时，名士们往往兼具姿容和文艺才能，蔑视世俗功利，狂狷不羁，追求独立自由。《晋书·阮籍传》载阮籍"尤好庄老"，为人"志气宏放，傲然独得，任性不羁，而喜怒不形于色……当其得意，忽忘形骸。时人多谓之痴"③。而他鄙夷俗人只见绳墨道德，不见家国之灾，如同藏于裤裆中的虱子，"逃乎深缝，匿乎坏絮，自以为吉宅也"④。但面对黑暗的现实，他也时常感受到个体的无力和孤独的苦闷，这使他的精神之"独"具有了更复杂的心理层次，欲游而难往，显示出内心的挣扎与张力："夜中不能寐，起坐弹鸣琴。薄帷鉴明月，清风吹我襟。孤鸿号外野，翔鸟鸣北林。徘徊将何见，忧思独伤心。"⑤ 深夜弹琴自慰，忧思难遣，却更加明确了自己不与世俗同流的决心。进而，《答伏义书》表达了他超脱尘世，逍遥于天地间的人生理想，可见庄子的影响。"邈世高超，荡精举于玄区之表，摅妙节于九垓之外而翱翔之。乘景跃踸，踔陵忽慌，从容与道化同逌，逍遥与日月并流。"⑥ 阮籍作为"独有之人"，其精神品格的独立是多层次的，体现了个体既在社会中，又边缘于社会的矛盾性。而逍遥之于阮籍，既是生命的内在精神，又是超越的理想。足见庄子之"独"的超越性与回归性。

对个体之"独"的追求促使"人物品藻"的风行，影响了人格的审美。"品"指品味和鉴赏，"藻"是华美的装饰。"品藻"则是"品评人物、鉴别流品……把两个或两个以上的人物放在一起，进行对比，论其长短"⑦。"品藻"意味着对人物外在容貌、才能和精神气质的品评并区分高下，其审美趣味又往往倾向于清淡玄远。《世说新语·容止》篇对嵇康在不同情态下的描述是"岩岩若孤松之独立；其醉也，傀俄若玉山之将崩"⑧。孤松和玉山都是孤高之美的形象化。人物品藻的盛行从社会政治的领域向文学艺术的领域辐

---

① 宗白华著：《美学散步》，上海人民出版社 2005 年版，第 368 页。

② 徐复观著：《中国人性论史》，上海三联书店 2001 年版，第 345 页。

③ （唐）房玄龄等撰：《晋书》，中华书局 1974 年版，第 1359 页。

④ （唐）房玄龄等撰：《晋书》，中华书局 1974 年版，第 1362 页。

⑤ （三国魏）阮籍撰：《阮籍集校注》，陈伯君校注，中华书局 2014 年版，第 174 页。

⑥ （三国魏）阮籍撰：《阮籍集校注》，陈伯君校注，中华书局 2014 年版，第 59 页。

⑦ （南朝宋）刘义庆撰：《世说新语》，朱碧莲、沈海波译注，中华书局 2011 年版，第 487 页。

⑧ （南朝宋）刘义庆撰：《世说新语》，朱碧莲、沈海波译注，中华书局 2011 年版，第 599 页。

射。宗白华认为：“中国美学竟是出发于‘人物品藻’之美学。美的概念、范畴、形容词，发源于人格美的评赏。”① 艺术创作者应有自己独特的气质，而诗文如其人，气质禀赋影响了作品的风格。曹丕在《典论·论文》中提道：“文以气为主，气之清浊有体，不可力强而致。”②“气”在此指个人独特的气质。每个作家独特的个性都有对应的文章风格。其次，对人物精神描绘的程度成为对作品评价的标准之一，“形”与“神”从有形的个体中分化而成为固定的美学语言。顾恺之《论画》中对人物画评价的标准是重在“骨”与“神”，“《伏羲》《神农》虽不似今世人，有奇骨而兼美好，神属冥芒，居然有得一之想”③。亦可看出人格独立精神的影响。

庄子的“见独”是对主体独立精神的发现，它强调用“忘”和否定的工夫减损世俗利害，发现本真，进而发展为对个人修养和独立精神的追寻。这一点在某种程度上影响了魏晋士人的精神追求，并通过人物品藻发展为文学艺术的创造与批评语言。而它对中国艺术精神的深远影响还体现在对艺术创作主体内在修养和外在艺术风格表现的独特追求，诞生了区别于功利目的与创作程式化的“文人”“士人”群体，亦发展为追求赤子之心、“独抒性灵”的创作主体论。

（二）孤独之境

范明华认为：“中国哲学中所说的‘道’，除了实存、规律、法则（准则）等含义之外，其实还有另外一层含义，那就是‘境界’……‘境界’所表现的则是‘道’的主观的一面……是主体内心活动中的、一种精神意义上的自我提升和自我超越。”④ 境界是“道”表现为个体人生的内在体验，而审美境界则是心灵和艺术形象结合后形成的情景融合之境。庄子之“独”在完成了对个体精神的体认后，又要回到对天地宇宙的思考中。“独”既是天地之间的孤独往来，也是活泼的生命显现，并尤其显现为山水中“随道游”的“孤独之境”。

魏晋以来，山水逐渐成为诗画表达的主题之一。在东晋顾恺之的《洛神赋图》中，山仅仅是人物背景的点缀，还未取得独立的地位，其轮廓浑然不清，人大山小。虽然此时的山水画仍处于稚拙的萌芽期，但在此后的一些画作中，人却缩小成了画面中的一角，山大人小。宇宙的视角取代了人的视角。这和人之主体精神的发现难道不是相悖而行吗？相反，这是人重新思考自身在天地间位置的必然之路。人之孤独在于发现自己只是天地中的一部分，而不仅仅局限于自身的方寸之地。此前，人大于天地，或者说人之自大，是被社会功利伦理吞没的表现。以绘画为例，魏晋之前尚有“图”“画”不分之说，图是为人服务的堪舆地图，而绘画一直有重人伦教化的价值取向。人在功利目的中遗忘了自己，而不能自小。

---

① 宗白华著：《美学散步》，上海人民出版社 2005 年版，第 358 页。

② 王友怀、魏全瑞主编：《昭明文选注析》，三秦出版社 2000 年版，第 751 页。

③ 俞剑华著：《中国历代画论大观·第一编：先秦至五代画论》，江苏凤凰美术出版社 2015 年版，第 32 页。

④ 范明华著：《生命之镜：中国美学与艺术散论》，武汉大学出版社 2019 年版，第 107 页。

人对山水的发现是对孤独体认的结果，人在山水中才显现出自身的渺小。朱良志在论及“孤寒”时将中国画中的“孤”分成三个环节：“一是逃向孤寒，视孤寒为自己心灵的港湾……第二个环节，乃孤寒之压抑……第三个环节，又上升为享受孤独，吟味孤独……画家们流连于斯，不是要借孤寒表示性灵之痛苦，而是极力强调自己的适意，强调性灵的自由挥洒，穿过自我欲望的障碍，而浩然与天同流。”① 当诗人画家从世俗功利中暂时抽离，去除了不属于自身之物，才发觉自身的无力和微小。因此，才有了寄情于山水的冲动，进入了前两个环节，如伯夷叔齐等隐士。此时，山水天地大于人，人试图藏于山水来逃避现实，感受到孤独的痛苦。但此举只能是庄子所说的“藏舟于壑，藏山于泽……然而夜半有力者负之而走”② 的狼狈之态，将船藏在平地上，夜晚力气大的人便可将其背走。将山水作为他利之待，不知何时便会被抽走精神上的依靠。不如将自己藏身于天下，才能体会到人和山水天地真正的冥合，独与天地精神往来。

真正的孤独之境，是朱良志所说的“第三个环节”，即在自身之中的人生所感中包含了宇宙之大的思考，包含了人与天合的大美。朱良志提出：“与现实孤独不同的是，它不是自我身世之体验，而是思考人类在浩浩宇宙中的地位，从而油然而生一种‘宇宙般的孤独’。”③ 人对于宇宙而言，是渺小的存在。但当“小”冥合于“大”的宇宙中，“小”就成为了每一个独特而圆满的生命。“孤独”从一个人的自怨自艾变成与天地精神同流的快乐。从“一”变成“万物”，又发现“一”即是“万物”，感应到庄子从“个体之一”到“道体之一”的精神联系。有如而后继承山水精神的宗炳，在年老之时，他把所游过的名山写入画中，挂在墙上观赏，“唯当澄怀观道，卧以游之”④。天地都已内化为自身生命节奏的一部分，陋室之小和自身之独无碍其领略天地的广阔。真正的孤独之境不是痛苦，而是从独处中发现生命的快乐，感受自己的生命和自然之生命的契合。

“孤独”是个体生存空间和生存之独立的状态，在艺术中体现为萧散、旷远，乃至荒寒的境界。人物不是画面表达的主题，而仅是其中的一角。孤独的意象多表现为古峰、松柏，是人格精神独立的象征；而疏云、淡月、深林、流水等意象则表现人物内心的宁静和闲适。意象之间的布局存在大量的留白，是以透过一方卷轴，窥见天地无限。中国人的诗画笔墨计白当黑，虚灵之处正是庄子所说的“道”之所在，超出象外的深层内涵要通过画面的空白来展现。陶渊明有“云无心以出岫，鸟倦飞而知还。景翳翳以将入，抚孤松而盘桓”⑤ 的心绪流露。眼见的是景，未见的是空处的闲适之情和人生之感。云鸟日光——山峦远影——孤松与人构成了上下三层纵深空间。“出”“还”“将入”“盘桓”则延长了时间。在一日之内，一室之间，显现出宇宙的变化。此变化并非突然而至，而是自然地融入日常。无有痕迹，不可捉摸，却意味深长。孤独之境并非消极，而是与庄子“独与天地精神往来”的无限之游息息相关，在去除了世俗的功利之后，人在山水中重新发现了

---

① 朱良志：《论中国画的荒寒境界》，载《文艺研究》1997 年第 4 期，第 136~149 页。

② （清）郭庆藩撰：《庄子集释》，王孝鱼点校，中华书局 2016 年版，第 250 页。

③ 朱良志：《论中国画的荒寒境界》，载《文艺研究》1997 年第 4 期，第 136~149 页。

④ （梁）沈约撰：《宋书》，中华书局 1974 年版，第 2279 页。

⑤ （晋）陶潜著：《陶渊明集校笺》，龚斌校笺，上海古籍出版社 1996 年版，第 391 页。

自己的位置，进而思考自己与宇宙的关系，从而正式开启了中国审美语境中的山水篇章。

结　语

"见独""独有之人""独与道游"等与"独"相关的概念在哲学与美学上具有丰富的思想内涵。"独"的双重含义是"道体之一"和"个体之一"的统一，"个体之一"最终要回归"道体之一"。要澄清的是，"独"不是指"道"和个体本身，而是它们所体现的内在本质。"独"既强调了差异性，又体现了一以贯之的连续性。

"独"能够成为美学问题，是因其立足于生命体验，通过遗忘和否定世俗的功利目的而获得精神之"游"，并具体表现为"见独"的随己之游和"独与天地精神往来"的随道游。"游"是物我合一之"至乐"，也是超越时空和外在条件的束缚，从物象入境界的过程。庄子"独"的思想影响了魏晋以来文学与艺术的发展，具体表现为个体精神的发现，人物品藻的语言促成了文艺理论的内在转向。同时，"独"又重思个体和天地的关系，促成了文艺理论的向外转，诗画中山水孤独境界得以生成，在自身之小的人生所感中包含了宇宙之大的思考。

参考文献：

[1] 徐复观著：《中国人性论史》，上海三联书店 2001 年版。

[2]（汉）许慎撰：《说文解字注》，段玉裁注，许惟贤整理，凤凰出版社 2007 年版。

[3]（清）郭庆藩撰：《庄子集释》，王孝鱼点校，中华书局 2016 年版。

[4] 陈鼓应著：《庄子今注今译》，商务印书馆 2007 年版。

[5] 陈鼓应著：《老子今注今译》，商务印书馆 2003 年版。

[6] 黄曙辉编校：《刘咸炘学术论集（子学编）》，广西师范大学出版社 2007 年版。

[7] 张岱年著：《中国哲学大纲》，江苏教育出版社 2005 年版。

[8] 范明华著：《生命之镜：中国美学与艺术散论》，武汉大学出版社 2019 年版。

[9] 王友怀、魏全瑞主编：《昭明文选注析》，三秦出版社 2000 年版。

[10]［德］海德格尔著：《演讲与论文集》，孙周兴译，生活·读书·新知三联书店 2005 年版。

[11] 李维武编：《徐复观文集（第四卷）中国艺术精神》，湖北人民出版 2002 年版。

[12] 宗白华著：《美学散步》，上海人民出版社 2005 年版。

[13]（唐）房玄龄等撰：《晋书》，中华书局 1974 年版。

[14]（三国魏）阮籍撰：《阮籍集校注》，陈伯君校注，中华书局 2014 年版。

[15]（南朝宋）刘义庆撰：《世说新语》，朱碧莲、沈海波译注，中华书局 2011 年版。

[16] 俞剑华著：《中国历代画论大观·第一编：先秦至五代画论》，江苏凤凰美术出版社 2015 年版。

[17]（梁）沈约撰：《宋书》，中华书局 1974 年版。

[18]（晋）陶潜著：《陶渊明集校笺》，龚斌校笺，上海古籍出版社 1996 年版。

[19] 李智福：《〈庄子〉中“独”之哲学内涵探赜》，载《贵州大学学报（社会科学版）》2016年第4期。
[20] 李昌舒、薛飘飘：《郭象“独化论”与魏晋美学转向》，载《北方论丛》2019年第2期。
[21] 章启群：《作为悖论的“〈庄子〉美学”》，载《文艺争鸣》2018年第2期。
[22] 郑笠：《剥离与消解系统中成就的审美境界——从庄子“美学”到“庄子”美学》，载《安徽大学学报（哲学社会科学版）》2008年第4期。
[23] 朱良志：《论中国画的荒寒境界》，载《文艺研究》1997年第4期。

从自然之“象”到艺术之“景”

——以创作本体视域辨析荆浩“图真论”

● 王　燕*

（武汉大学 哲学学院）

【摘　要】

荆浩在《笔法记》中提出了多个水墨山水画美学的核心范畴，并首次细致探讨了“图真”这一绘画美学概念，把“图真”作为绘画的终极目标。对“真”的追求，一直以来都是一个哲学美学的终极问题，在每个时代都有着重要的现实意义。后世对“图真论”的探讨也层云叠出，然关于荆浩“图真论”的解释，多集中在“形神”观念上的对比讨论，从绘画创作视域讨论如何把现实中的自然之真通过“思”“理”变成艺术之“真”鲜有，且“图真”本身的含义乃是绘真、创真。因此，本文在中国美学史发展的视野下，从创作本体视域重新对《笔法记》中“图真”这一美学概念做深入的哲学美学阐释，以期拓宽对“图真论”理解的深度与广度，正确认识绘画中的“形”“神”关系，促进现实主义绘画创作理论与实践研究。

【关键词】

荆浩《笔法记》；图真论；象；神思；绘画美学

荆浩是我国唐末至五代时期著名的山水画家和理论家，北方山水画派的代表画家之一，擅长描写宏伟壮美的全景式山水，开创了独特的构图形式。其留给后人的重要作品是《匡庐图》，主要理论著作为《笔法记》。《笔法记》全文大致可分为四个部分。第一部分详细描写了巍峨雄壮的自然景观。荆浩以对大自然保有的一种好奇、敏感和敬畏心理精心描绘了山间的苍藓、怪石、奇树以及其在山间生长的风姿。他仔细观察现实中的山水，研究提炼出其中典型的景物，把它升华为艺术语言。“明日携笔复就写之，凡数万本，方如其真”（《笔法记》），对于同样的景物，荆浩一画再画，画了数万张，才觉得比较逼真。此时追求的真虽是形象之真，但能表明他依然把追求“真”作为重要的审美理想。第二部分是《笔法记》的重点部分，假老叟之口，提出了他的主要绘画理论。包括“六要”“度物象而取其真”“四品”“四势”“二病”“须明物象之源”。这些理论的提出直切绘画

* 作者简介：王燕，武汉大学哲学学院美学专业 2020 级博士研究生。

的核心问题，其中有形而上的画理阐述，也有具体的绘画技法的剖析。并且，使用绘画中的实例对这些问题作了精微的分析。同时，这些理论在绘画美学史上有着承前启后的作用。比如“六要”上承谢赫的“六法论”和张彦远的“论画六法”，下启郭熙的《林泉高致》。这一部分体现了荆浩绘画美学的“真思”。第三个部分，主要对张僧繇、张璪、李思训、王维、吴道子等人的画进行评述，如张璪的“气韵俱盛”“笔墨积微”，麹庭与白云尊师的“俱得其元”，项容山人“用墨独得玄门”等，从气韵、用笔、用墨，包括对画理的把握上进行了独到评论。从这些评论中可知荆浩对绘画真“理”的标准。第四部分通过把前面论述的绘画理论运用到绘画实践中，说明“真景”与“似景”的区别。“尔之手，我之心”，“可忘笔墨，而有真景”。绘画不光要大量的实践，同时要提高理论认识，对事物认识得深刻，把握事物的内理，才能创出“真景”。

学界关于《笔法记》的研究成果颇为丰富，大部分研究从《笔法记》中所涉及的“真”与“似”“六要”“度物象而取其真”等观点解读其绘画美学价值，如薛永年《荆浩〈笔法记〉的理论成就》指出荆浩绘画美学思想与中国画论现实主义传统的关系，认为“图真”是其思想最基本最重要的观点，并探讨了“形似”“真景”“气韵”“思”等问题。当代刘继潮在《再读荆浩——〈笔法记〉中“似”与“真”的比较研究》中认为“似”与“真”是绘画写实与写意的分水岭，“似”是写实绘画的内在机理，“真”是写意绘画的内在要求。另外，陈池瑜《荆浩〈笔法记〉中的绘画美学思想》考证了荆浩及其《笔法记》的成书版本及真伪问题，同时论述了“图真”“六要”等绘画美学思想。关于“图真”的“图”，《说文解字》中认为：“画计难也。从囗，从啚。啚，难意也。”段裁玉注：“谋之而苦其难也。”对于囗，徐锴《系传》：“囗，其规画也。”对于啚，《段裁玉注》：“啚者，啬也。慎难之意。”从上述分析可知，“图”有两层意义，一是图谋划计，二是规画之艰难。“图”是一个动词，“图真”就是规画出“真”来。荆浩《笔法记》以“图真”贯穿其思想始终，解构其思想的核心应从“图真”出发，本文试从绘画创作视域，以艺术家构思谋划一幅画的过程，揭示荆浩“图真论”中“真”的四层含义：自然之真“象”、凝形之真“思”“四品”之真“理”、忘笔之真“景”。

一、自然之真“象”

荆浩是唐末至五代时期的山水画家，这一时期的山水画整体虽然在中国山水画史上并不突出，但荆浩与关仝在中国山水画史上却是承上启下者，荆关对六朝时期的山水画“卧对其间可至数百里”的立意构图的发展作出了贡献，到了宋代遂成为“全景山水”，亦称为“大山大水”。荆浩的山水画从真实山水写生而来，强调师法造化，“搜妙创真”，其在山水画和理论上的成就，主要得益于其对真山真水切身的感怀体会。荆浩在《笔法记》的开篇，便介绍其在太行山的洪谷里，有田地数亩，耕作而食。在山谷里凝神观望奇光异景，“回迹入大岩扉，苔径露水，怪石祥烟，疾进其处，皆古松也。中独围大者，皮老苍藓，翔鳞乘空，蟠虬之势，欲附云汉"①。荆浩面对自然之中的真山水，"因惊其异，遍而赏之"（《笔法记》）。以至于"复就写之，凡数万本"。但荆浩对山水真景的写生，并非是对现实景物的描摹，其认为山水景物之真，乃"山水之象，其势相生"（《笔法记》）。山、水的形象，是由不同结构形状的气与势相互生发而形成的，并不仅仅是景物本身的形象。"其上峰峦虽异，其下冈岭相连，掩映林泉，依希远近。夫画山水无此象，亦非也。"② 山势尖的称峰，平的是顶，圆的称峦，相连的是岭，还有岫、崖、岩、谷、峪、溪、涧，不同的山峰虽然相异，但山下的冈岭却相连，树林与山泉相互掩映，隐约分辨出远近。荆浩认为山水之象的真实并不在于山水的形状，而是山水之间各种景物相互错落有致形成的"气"与"势"。薛永年在《荆浩〈笔法记〉的理论成就》中认为荆浩"要把山水作为广大空间中有机联系的统一整体去描绘"③。如果把这统一整体展开讲就是荆浩提出的"六要"中的"气"与"韵"。

荆浩所提"六要"的首位曰"气"："气者心随笔运，取象不惑。"④"心随笔运"虽然说的是绘画创作时心到笔到，但此气却来自天地中的万象，不被复杂物象所迷惑而有意识的择选山水气象。"气"的范畴在先秦和汉代哲学中有着十分重要的地位，老子、《管子》四篇、孟子、庄子、《淮南子》多有关于"气"的论述。《老子》书中"气"和"象"这两个概念与"道"紧密联系在一起。"道之为物，惟恍惟惚。惚兮恍兮，其中有象；恍兮惚兮，其中有物。窈兮冥兮，其中有精，其精甚真，其中有信。"（《老子·二十一章》）道包含有"象""物""精"，所谓"精"就是"气"。老子认为万物的本体是"道"，那么"象"就不能脱离"道"和"气"，没有"道"和"气"，"象"就失去了本体而无生机。魏晋南北朝时，很多思想家受到元气自然论的影响，如阮籍认为："自然一体，则万物经其常，入谓之幽，出谓之章，一气盛衰，变化而不伤。"⑤ 嵇康在《明胆论》中说："夫元气陶烁，众生禀焉。"哲学中"气"的范畴在魏晋南北朝转化为审美标准。钟荣《诗品序》曰："气之动物，物之感人，故摇荡性情，形诸舞咏。"⑥ 天地之气构成万物的生命，推动造化运行，人有感于物，神池荡漾，便产生了艺术。刘勰在《文

① 荆浩《笔法记》成书著录问题，参照《四库全书总目提要·画山水赋（一卷）·附笔法记（一卷）》《直斋书录解题·山水受笔法（一卷）》《崇文总目·荆浩笔法记（一卷）》《通志·艺文略·艺术类：荆浩笔法（一卷）》《通考·经籍考·杂艺：山水受笔法记（一卷）》《宋史·艺文志·小学类：荆浩笔法记》《郑堂读书记·笔法记（一卷）》《书画书录解题·豫章先生论画山水赋（一卷）》（《詹氏画苑补益》本）。在诸多版本中，争论比较多的是关于《笔法记》的叫法问题，一般称《笔法记》，也有学者称其为《山水诀》《山水论》《山水赋》。学界普遍认为刘道醇、郭若虚等所记《山水诀》，实际上就是《笔法记》。

② 俞剑华编著：《中国历代画论大观·第一编：先秦至五代画论》，江苏凤凰美术出版社 2015 年版，第 176 页。本文所引皆出自此书。

③ 薛永年：《荆浩〈笔法记〉的理论成就》，载《美术研究》1979 年第 2 期。

④ 俞剑华编著：《中国历代画论大观·第一编：先秦至五代画论》，江苏凤凰美术出版社 2015 年版，第 176 页。

⑤ （魏）阮籍：《达庄论》，载韩格平主编：《魏晋全书》（卷二），吉林文史出版社 2006 年版，第 504 页。

⑥ （南北朝）钟荣著：《诗品》，远方出版社 2005 年版，第 2 页。

心雕龙》亦说：“写气图貌。”天地万物之气感于人，人又以气运笔，留此“气”于纸端。《笔法记》之前，谢赫首先在其“六法”中提出“气韵生动”，谢赫时期的绘画主要是人物画，其主张通过“应物象形”“随类赋采”等表现人物的骨法神识、风范气度。荆浩在“图真论”基础上赋予了山水画“气”的具体含义。

天地山水之中的气象不仅有山势与水势所构成的整体气象，还有单个景物各自的气韵。荆浩《笔法记》曰：“松之生也，枉而不曲遇，如密如疏，匪青匪翠，从微自直，萌心不低，势既独高，枝低复偃，倒挂未坠于地下，分层似叠于林间，如君子之德风也。有画如飞龙蟠虬，狂生枝叶者，非松之气韵也。”荆浩这段对松树从幼苗时期的生长形态到长成参天大树后的“君子之德风”的描绘，湿示了对松树这一单个景物气韵的认识。接着荆浩又描写了柏树的生长风姿。“柏之生也，动而多屈，繁而不华，捧节有章，文转随日，叶如结线，枝似衣麻。有画如蛇如素，心虚逆转，亦非也。”① 荆浩比较了这两种树木不同的“物象之源”和木生之性，松树的生长弯曲但不邪曲，枝叶向下低伏，虽然倒挂但不落地，层层叠叠间有如君子的风范；而柏树的生长富有动态，茂密但不华丽，树节树纹有序扭转，树叶如线结，树枝如披麻。荆浩对松柏的形象的分析，不仅是对松柏形的描绘，更重要的是对其生长之态势的体悟，对松柏树干、树枝、树叶的分析也着重在其长势的把握。《老子·五十一章》曰：“道生之，德畜之，物形之，势成之。”王弼注：“何使而成？势也。唯因也，故能无物而不形；唯势也，故能无物而不成。”② 天地万物是因“道”而生成，后“德”来畜养之，“万物各得到自己的本性，依靠自己的本性以维持自己的存在（德畜之）”③。万物有了本性以后，随后才被赋形，但万物的形成还要受到生长环境的影响。事实上，一个物的形态会引起人的注意，但人往往不会注意到更具决定性因素的“道”“德”“势”，这三者也即是缺席的、隐藏的。它们决定了“此物”是什么，“彼物”不是什么，但却隐而不现。因此，荆浩假老叟之口说：“子既好写云林山水，须明物象之源。夫木之生，为受其性。”需观察到事物“象”背后隐藏着的“气”和“势”，这是比形象更真实的事物本性之源。

二、凝形之真“思”

自然之中的“真”象乃山水之“气”象和景物之形“势”，创作的下一个阶段就是真“思”。荆浩《笔法记》曰：“思者删拨大要，凝想形物。景者制度时因，搜妙创真。”所谓构思，是删其烦冗，取其关键，所要画的景物形象，宛若目前。通过观察体会自然万象，采撷不同的妙处，而创真景。荆浩所说的思，就是艺术家创作时的思维活动，通常称为“神思”，关于“神思”的提法最早见于东汉末·韦昭《鼓吹曲》：“聪睿协神思。”“神思”首次在山水画论中出现是宗炳《画山水序》：“万趣融其神思。”在绘画构思中，

① 俞剑华编著：《中国历代画论大观·第一编：先秦至五代画论》，江苏凤凰美术出版社 2015 年版，第 176 页。

② （魏）王弼著：《老子道德经注》，楼宇烈注释，中华书局 2019 年版，第 141 页。

③ 冯友兰著：《中国哲学史新编》，人民出版社 2014 年版，第 41 页。

神思有非常重要的作用，其包括想象但又不止想象，周积寅在《中国历代画论》中说：“神思乃综合了想象、思维、感情等复杂活动。它打破了时空、直接经验的限制，‘思接千载’，‘视通万里’（刘勰《文心雕龙·神思》）。”① 此外，顾恺之“迁想妙得”说，也是对绘画创作中艺术家的体验与艺术想象问题的总结，艺术的想象通过在场的事物把不在场的过去的或者不在一个时空的事物，但是却又与这一在场事物确实相关联的整体带入场中，“千载”“万里”之外的事物或事情，过去的或未来的都可以宛若在眼前。邵雍主张作画时“形容出造化，想象出天地”。也就是说，整个造化与天地都是艺术家“思接”与“视通”之所在。宋迪提出“心存目想”说，即从颓败墙面上的泥痕中想象出山水之态来，这是通过对现实之中山水的观察、择取后融入内心，然后想象泥痕的形象与之融合。宗白华在《中国美学史中重要问题的初步探索》一文中也指出，“迁想妙得”就是艺术想象或者形象思维，表现了艺术创造的特殊性。“后来荆浩《笔法记》提出的图画‘六要’中的‘思’（‘思者，删拨大要，凝想形物’）也就是这个‘迁想妙得’。”② 以“图真论”为基础，荆浩之“思”的特殊性表现在两个方面，一是荆浩规定了画非“华”，而是“画”；二是荆浩区分了“似”与“真”。

首先，荆浩区分了山水画中“画”与“华”。《笔法记》：“曰：‘画者，华也，但贵似得真，岂此挠矣。’叟曰：‘不然。画者，画也，度物象而取其真。物之华，取其华；物之实，取其实。不可执华为实。若不知术，苟似可也，图真不可及也。’”问者以为绘画就是追求好看，外形逼真而已，而答者认为“画者，画也”。中国绘画史自古对“画”的解释不一。《尔雅》曰：“画，形也。”许慎《说文解字》曰：“画，界也，象田四界，聿，所以画之。”这里“界”指地域的限隔，引申为极限。“聿”，《说文·聿部》：“聿，所以书也。”指笔，以笔所画界限。陆机《叙画之源流》记载：“宣物莫大于言，存形莫善于画。”他认为绘画最适合用以留存形象，不过此时画的主要作用还是写形。近代画家潘天寿在《听天阁画谈随笔》中说：“画者，画也。即以线为界，而成其画也。笔为骨，墨与彩色为血肉，气息神情为灵魂，风韵格趣为意态，能具此，活矣。”③ 潘天寿的解释最全面和准确，笔、墨、彩色、气、神、韵、趣都谈到了。荆浩对“画也”的规定主要集中在刻画物象精神的逼真，他认为如果物象光彩华丽，那就应该取其华丽而着力表现，如果物象朴实无华，就应该取其质朴，不应用华丽代替本身的朴实，如果不懂这个道理，可以把外形画像，但想要画得逼真就不可能了。荆浩首次提出了华与实的概念，华就是通常来说的美、漂亮，可以专指外形上的赏心悦目，但荆浩并不否定华，如果物象本身是“华”，那应该表现华。荆浩认为关键在于能否表现出事物的“实”，即物的神、气。徐复观认为：“荆浩在此处要求由物之华而进入于物之实，以得到华与实的统一，此即所谓‘气传于华’，这才能得物的‘真’。这实际是‘传神’思想的深刻化。”④ 荆浩在肯定形与神的基础上对“画”的规定，使神形兼备的观点更加明确。

---

① 周积寅编著：《中国历代画论掇英类编注释研究》，江苏凤凰美术出版社 2020 年版，第 284 页。

② 宗白华：《中国美学史中重要问题的初步探索》，载《文艺论丛》1979 年第 6 期。

③ 潘天寿：《杂论》，载《听天阁画谈随笔》，浙江人民美术出版社 2021 年版，第 3 页。

④ 徐复观著：《中国艺术精神》，广西师范大学出版社 2007 年版，第 218 页。

其次，荆浩区分了“似”与“真”。《笔法记》曰：“似者，得其形遗其气；真者，气质俱盛。凡气传于华，遗于象，象之死也。”叶朗在《中国美学史大纲》中认为：“‘似’，就是孤立地描绘客观物象的外形，而‘真’则要求进一步表现自然山水的本体和生命——‘气’。”① 荆浩认为只画出事物的形而没有捕捉到其“气”，乃是似者；真者是“气”与形俱在。“气”的表现，不是画得华丽，而是捕捉到事物的气质。（一物与另一物的气质的区别）可以看到荆浩所说的“真”表现为形神俱备。《荀子》中记载：“形具而神生。”范缜《神灭论》中写道：“神即形也，形即神也；是以形存则神存，形谢则神灭也。”② 顾恺之《摹拓妙法》中也说到：“以形写神。”可以看出，在荆浩之前，形神同一的思想已经出现，荆浩的贡献在于，将其运用到山水画领域。接下来荆浩又进一步讨论到关于“形”的两种错误“夫病有二：一曰无形；二曰有形。有形病者，花木不时、屋小人大、或树高于山，桥不登于岸，可度形之类是也。如此之病，不可改图。无形之病，气韵俱泯，物象全乖，笔墨虽行，类同死物。以斯格拙，不可删修。”③ 荆浩以“有形之病”阐释画面中“形”的问题。有形之病，如花草树木的生长与季节不符；画面中物体比例的失衡，屋小而人大、树高而山低、桥的两头与岸不相接，等等。这类问题容易辨识，虽然画上不好改，但下次容易纠正。无形之病，如气韵皆不见画中，同时所画之物违背物象的基本结构与规律，虽然费了笔墨，却犹如死物一般。无形之病的根源在于艺术家缺乏对所画事物的切身体会与感触（即艺术家的艺术修养和审美），因此一时无法去除和纠正。荆浩在这里指出了“无形”之病与“有形”之病的区别，以及“无形”之病更难以去除。

综上，荆浩对凝形之真“思”的论述主要有三个方面：一、在绘画构思的时候，要以“神思”想象构造物象之“气”“势”，而摒弃繁慵的东西；二、规定绘画以图真为目的，不可只追求华而不实的外形之美；三、荆浩区分了“似”与“真”，并且以绘画创作中“有形之病”与“无形之病”阐述“形似”与“神真”，而表现“真”的关键在于对“气”的描绘。

三、“四品”之真“理”

荆浩在《笔法记》中提出“神、妙、奇、巧”四个方面的绘画品评，并从创作角度阐述如何在作品中达到这些要求，包含了深刻的画理思想。“画理”是中国画创作过程中画家创作规律的总结。理，指道理、法则。《易·系辞上》：“易简而天下之理得矣。”《礼记·仲尼燕居》：“礼也者，理也。”《疏》：“理，谓道理，言理者使万物合于道理也。”按照古代典籍记载，“理”为道理、规律，那么画理则为体现绘画的特殊规律。“理”在

---

① 叶朗著：《中国美学史大纲》，上海人民出版社 2018 年版，第 247 页。

② （南朝梁）范缜撰：《神灭论》，载《〈天论〉〈神灭论〉注释》，甘肃人民出版社 1976 年版，第 52 页。

③ 俞剑华编著：《中国历代画论大观·第一编：先秦至五代画论》，江苏凤凰美术出版社 2015 年版，第 176 页。

画论中最早出现在宗炳《画山水叙》“应目会心为理”“神超理得”“理入影迹”。其后，谢赫《画品》中记载“穷理尽性”。吴融在《画山水歌》中说道“良工善画得丹青理”。苏轼《净因院画记》讨论绘画常形与常理的问题“无常形而有常理”。黄公望《写山水决》强调“作画只是个理字最要紧”。荆浩提出的“四品”之内涵在于从绘画应达到的要求到如何在绘画中实现，“四品”皆言画理。

其一，“神者亡有所为，任运成象。”神品呈现出天然去雕琢的意境，任意运笔而象自出。“神”最早用于人物画中，如顾恺之提出的“传神写照，正在阿堵中”。后来运用到天地万物，邓椿《画续》（卷九）记载：“世徒知人之有神，而不知物之有神。”按照中国道家的天人合一的哲学思想，“通天下一气耳。”① 整个天地万物一气贯通，山川河流、花草树木、鱼虫鸟兽都是整体中的一部分。“神”在万物之中极其重要，但精微不易把握，“亡有所为”，虽然绘画是一种人为，但要把握这精微的神却要“无为”，顺应天道本身的运转，才能无为，以无为而为。这就要“任运成象”，“任运”不是人的意志强加在绘画上，而是任自然自身运行，顺着自然自身运转方式，遂能自然成象。这时的“象”，虽为人工，宛若天成。其二，“妙者思经天地，万类性情是文理合仪，品物流笔”（《笔法记》）。“思经天地”，形容作画时要作深邃广阔的神思，心思通达天地万物，即顾恺之所说“迁想”与“巧密精思”。“万类性情”，掌握天地万物各种对象的特点。“文理合仪”，在中国美学艺术与画论中，通常把“文”与“质”一起讨论，最早在画论中论述文质的是刘昼：“画以摹形，故先质后文……无质而文，则画非形也。”强调内容比形式重要。但荆浩所说的“理”更着重在事物内在的“神质”，这是因为荆浩以神真为其讨论的重点。其三，“奇者，荡迹不测，与真景或乖异。致其理偏，得此者，亦为有笔无思”（《笔法记》）。“奇品”，一般指笔墨塑造的形象与真景中物象不同，使人觉得绘画有独特的风格，但如果没有对事物的深入理解，就会形成“有笔无思”徒有笔墨（形象），缺乏情思的结果。在荆浩之前，朱景玄在《唐朝名画录·序》中以张怀瓘《画品断》中提出的神、妙、能三品之上，又加逸品，张彦远在《历代名画记》中提出“自然、神、妙、精、谨细”五品。荆浩的四品“神、妙、奇、巧”其中神品与妙品，朱景玄与张彦远已经提出过，而“奇品”却是荆浩首次提出。在后世画论品评中提出与奇品相当的并不多见，可见黄钺《二十四画品》中的“奇辟”②。其四，“巧者，雕缀小媚，假合大经，强写文章，增邈气象。此谓实不足而华有余”（《笔法记》）。巧品，是荆浩提出四品的最后一品，相当于张怀瓘、朱景玄的“能品”，张彦远的“精”与“谨细”。黄休复《益州名画录》：“有形似而无气韵，则华而不实。”勉强堆砌做作的绘画，虽有形但无气象。荆浩从绘画创作角度提出山水绘画品评的四个方面，同时也阐释了在创作过程中如何达到这些品次。荆浩的“四品”说明山水画中优劣的品次，也强调了神、形统一的“真”

① 陈鼓应注译：《庄子今注今译》，中华书局 1983 年版，第 559 页。

② 黄钺，清朝著名教育家、画家和艺术评论家。仿唐司空图的《二十四诗品》体例撰写画学专著《二十四画品》，运用四言韵语，把绘画艺术风格概括为二十四类。其中奇辟：“造境无难，驱毫维艰。犹之理径，繁芜用删。苦思内敛，幽况外颁。极其神妙，天为破悭。洞天清閟，蓬壶幽闲。以手扣扉，砉然启关。”

在绘画创作中的重要作用以及“神”应随顺自然的特征。

四、忘笔之真“景”

绘画创作的最后阶段是落笔成画。荆浩《笔法记》中提出笔有“四势”，囊括了山水画中用笔的四个准则。笔墨是中国画技法的基本功，也是核心问题。从古至今，笔墨技法是绘画创作讨论的重点。王微《叙画》：“以一管之笔，拟太虚之体。”谢赫《画品》：“六法者何……二骨法用笔是也。”卫夫人《笔阵图》：“善于笔力者多骨，不善笔力者多肉；多骨微肉者谓之筋书，多肉微骨谓之墨猪；多力丰筋者圣，无力无筋者病 。”① 卫夫人提出书法中笔墨应符合“筋、骨、肉”，荆浩在此基础上进一步加入“气”的概念。《笔法记》曰：“凡笔有四势，谓筋、肉、骨、气。笔绝而断谓之筋，起伏成实谓之肉，生死刚正谓之骨，迹画不败谓之气。”荆浩认为绘画中的用笔有四种趋势，笔的每种趋势对应画面的不同意境，是以笔势造画境。而笔势失则“故知墨大质者失其体，色微者败正气，筋死者无肉，迹断者无筋，苟媚者无骨”。荆浩指出如果画中墨块臃肿就会破坏物体的形象，墨色寡淡微浅就无法表达出物象原有的气韵，而用笔意断不坚挺，笔势不连贯，则无筋，无筋而肉亦无所依附，笔势中疲软无骨，画面中的形象则漂亮有余但纤弱谄媚。笔势虽然属于绘画艺术中的技术问题，但绘画的品格是直接通过用笔运势表达出来的。

荆浩在《笔法记》中对前代画家的品评，也多从这四个方面评鉴。如说“吴道子笔胜于象，骨气自高，树不言图，亦恨无墨”。“王右丞笔墨宛丽，气韵高清，巧写象成，亦动真思。”由此可见，笔墨对山水画的重要性。荆浩“六要”的后“二要”也谈笔墨，“笔者，虽依法则，运转变通，不质不形，如飞如动”。用笔，虽然要遵循法则，但也要根据所绘对象进行变通，用笔不应受现实生活中物象的束缚，而应依照物象“神”和“气”的不同，笔随物转，移气传神。荆浩认为笔墨与形神的关系应是既要传达物象的真实形状，更要表达物象的气韵与神质，既要用笔使笔墨本身的气势灵动，也要以笔墨显示出物象的神。总而言之，既要追求笔墨本身的形式美感，也要能传达出物象真实的精神气质。除了笔势，荆浩特别提出了绘画中用墨的重要性。“墨者，高低晕淡，品物深浅，文采自然，似非因笔。”墨与笔是两个既有联系又不同的概念，笔势的重点在于构架画的整体结构，而墨在于表现物象的质地与肌理。王伯敏在《中国绘画通史》中指出：“荆浩在‘笔法’之外，又补充了‘墨法’，虽然只是绘画中的一‘要’，但对后世文人画的发展，影响极大。”② 虽然笔墨极为重要，但在《笔法记》的末尾老叟却说：“愿子勤之，可忘笔墨，而有真景。”笔墨虽重要，但为创“真景”也可忘掉。

老叟在赞叹荆浩新画的松树之后，说道：“可忘笔墨，而有真景”，这是对用笔用墨境界的提升，得笔墨而忘笔墨是用笔墨的更高要求。在绘画过程中笔墨虽重要但必要时可

---

① （东晋）卫夫人撰：《笔阵图》，选自潘告运编注：《中国历代书论选》，湖南美术出版社 2007 年版，第 507 页。

② 王伯敏著：《中国绘画通史》（上册），生活 · 读书 · 新知三联书店 2018 年版，第 320 页。

以忘掉笔墨，一心去追求“真”的境界。为了追求真景，笔墨技法等绘画形式皆可以忘掉，这里忘掉不是真忘，是不被笔墨束缚，更是“得意忘形”。这个观点最早可以追溯到庄子，《庄子·外物》曰：“言者所以在意，得意而忘言。”语言为了表达某种意义，如果已经得到了这个“意”，那么“言”就可以舍弃了。王弼进一步发挥了这个概念，其在《周易略例·明象》曰：“得意在忘象，得象在忘言。故立象以尽意，而象可忘也；重画以尽情，而画可忘也。”王弼以《庄子》注《易传》，这段话的意思是“意”要靠“象”来显现，“象”靠“言”来说明，但“象”和“言”不是目的，重要的是“意”，如果已形成的固有的“言”和“象”无法更好的表达“意”，那么就要以“意”为核心，而实现对不合时宜的“象”和“言”的否定。重新创造合于“意”的“象”和“言”。荆浩认为“真”是“象”“意”和“言”的最终目的，一切都以“真”为意义，绘画只是作为一种呈现山水真景的手段，而目的则是以“图真景”，而表真情。“图真景”是荆浩最开始也是最终要追求的审美境界。

结　语

荆浩《笔法记》提出的绘画理论主要涉及“图真”“六要”“四势”“二病”“笔、墨”和“神、妙、奇、巧”四个品第等。《笔法记》中多次提到“真”并进行剖析，解读不同语境下“真”所阐释的语义。荆浩十分重视在山水画创作中对“真”的思考和运用。“图真论”具有四个相互依存的层次：第一是自然山水中形似意义上的真“象”；第二是对万物气质意义上进行神思的真“思”；第三是深入绘画创造规律的真“理”；第四是基于笔墨技法，但终将超脱技法而得真“景”。“图真论”是对山水画师法造化又高于物象的主张。荆浩通过对太行山气势雄浑特点的领悟，创作出《匡庐图》，从而开辟出全景式构图和写真式技法。实现了与《笔法记》所推崇的“真”在理论及创作实践上的统一。在山水画领域继承发展了中国画论的现实主义传统。“六要”有气、韵、思、景、笔、墨，在提出“六要”的同时，又进一步对每一“要”进行阐释。《笔法记》提出了很多富有创作性的绘画理论，这些理论更多是荆浩绘画实践的体会和经验总结。既是荆浩对绘画美学问题的理论思考，又是一位画家就有关艺术与审美活动而进行的真实的心灵剖白。但是，作为当代人来看这样一个经典的古代画论，也并非没有它的边界。比如，在《笔法记》中虽然提到了许多绘画的核心问题，但就绘画的构图和色彩问题，并没有进行论述。当然，这与中国山水画重墨、不重色亦有关系。

参考文献：

[1]（魏）王弼著：《老子道德经注》，楼宇烈注释，中华书局2019年版。

[2] 汤可敬撰：《说文解字今释》，上海古籍出版社2019年版。

[3] 陈鼓应注译：《庄子今注今译》，中华书局2020年版。

[4]（南朝梁）范缜撰：《神灭论》，江苏人民出版社1975年版。

[5]（魏）阮籍：《达庄论》，载韩格平主编：《魏晋全书》（卷二），吉林文史出版社

2006 年版。
[6] 俞剑华编著:《中国历代画论大观》, 江苏凤凰美术出版社 2015 年版。
[7] 王运熙、周峰撰:《文心雕龙译注》, 上海古籍出版社 2010 年版。
[8] 冯友兰著:《中国哲学史新编》, 人民出版社 2014 年版。
[9] 潘天寿著:《听天阁画谈随笔》, 浙江人民美术出版社 2021 年版。
[10] 叶朗著:《中国美学史大纲》, 上海人民出版社 2018 年版。
[11] 陈传席著:《中国绘画美学史》, 人民美术出版社 2012 年版。
[12] 徐复观著:《中国艺术精神》, 广西师范大学出版社 2007 年版。
[13] 周积寅编著:《中国历代画论掇英类编注释研究》, 江苏凤凰美术出版社 2020 年版。
[14] 潘告运编注:《中国历代书论选》, 湖南美术出版社 2007 年版。
[15] 王伯敏著:《中国绘画通史》(上册), 生活·读书·新知三联书店 2018 年版。
[16] 薛永年:《荆浩〈笔法记〉的理论成就》, 载《美术研究》1979 年第 2 期。
[17] 宗白华:《中国美学史中重要问题的初步探索》, 载《文艺论丛》1979 年第 6 期。

哲观时代

身体、空间与资本逻辑：“元宇宙”时代的后人类危机

● 徐　纬*
（武汉大学 马克思主义学院）

【摘　要】
“元宇宙”概念已经是社会和学界的热门议题，对“元宇宙”进行批判性分析，是透视“元宇宙”本质的有效方法。“元宇宙”本质可以从“元宇宙”中人类的主体性、人类活动场域以及其资本逻辑三重向度展开。从“元宇宙”人类的生成机制来看，人类在活生生的物质身体和作为身份的文化身体之外找到了赛博格的“离身性身体”，并用虚拟—现实的二分组成了虚体，从真人身体到虚拟身体是人类对主体性的进一步让渡，并在虚拟与现实之间造成了人的存在危机。从“元宇宙”空间的存在机制来看，“元宇宙”在人与环境关系的颠倒中形成了一种新的空间生产方式，人类在这里实现虚拟情感的移情与共情，在虚拟空间中丧失自我、走向沉沦。从“元宇宙”经济的运转机制来看，这种崭新的经济业态已然形成了完整的产业链条，数字劳动的异化、资本角逐和垄断主义都可能导致“元宇宙”成为一个阶级对立的剥削世界。
【关键词】
元宇宙；离身性身体；虚拟空间；资本逻辑

2021年被称为“元宇宙”（Metaverse）元年，在2023年对此种虚拟空间的讨论仍然方兴未艾。然而，这个词其实并不新鲜，早在1992年尼尔·斯蒂芬森的小说《雪崩》就已经出现，其中，人类通过数字替身（avatar）在虚拟三维空间中生活，这个人造的空间就被称为元宇宙。21世纪到来后，虚拟现实技术的应用为“元宇宙”爆发提供了技术基础。而真正使这个概念一炮而红的是脸书创始人扎克伯格，他将脸书母公司改名为“Meta”，宣布将在数年内为元宇宙业务分配大量资源。随后资本产业纷纷涌入，“元宇宙”概念开始备受瞩目。

至此，我们应当如何看待“元宇宙”之中人的存在？“元宇宙”空间究竟是为人类创造了一种新的存在方式，还是在虚拟空间中消弭自我？人类会在虚拟世界中实现自我解放，还是沦为数字经济下的被剥削者？纵使身处“元宇宙”，空间仍然外在于虚拟身体，而资本跳脱于空间之外，可视为“元宇宙”运转的根本性因素。因此，对人类的身体理

---

* 作者简介：徐纬，武汉大学马克思主义学院马克思主义理论专业本科生。

论、空间理论、资本逻辑三个视角展开考察，我们能够在喧嚣的市场声音之中打开“元宇宙”哲思的大门。

一、“元宇宙”的评介回顾

不同于国际资本市场对“元宇宙”的狂热，国外理论界以理性的态度介入其中。目前已有的研究由于研究视角、研究方法、研究立场的分野，在观点上存在分歧，并未达成一致，可以分为三种类型。

第一种强调“元宇宙”对于人的发展和人际交往的促进作用。在教育教学层面，应用“元宇宙”教学能够加强教学效果、提升学生表现，为教育领域带来新的应用可能；对于电影游戏娱乐，“元宇宙”能够提高玩家体验感，增强游戏的互动性①，创造更多娱乐方式的可能，电影《失控玩家》就是这种预想的具象化表达；在社会交互层面，“元宇宙”作为一种浸入式的三维虚拟空间，能够促进文化交流，甚至作为一种新的商业模式，克服当下电商消费者体验有限的缺点，为商务拓展提供新范式。②

第二种强调“元宇宙”的虚拟性会带来潜在的社会伦理挑战。“元宇宙”受大资本公司控制，不可避免地存在隐私泄露及监管不当的问题③；而当“元宇宙”与网络赌博等法律问题相关联时，赛博时代的道德和法律问题会引发新一轮的伦理危机。④

第三种强调“元宇宙”的经济归属必然产生的资本垄断。西方左翼激进学者斯拉沃热·齐泽克指出，不同公司的“元宇宙”在本质上就是单个大资本的自留地，企业主就像是封建领主，里面的消费者就是佃户。一旦“元宇宙”失去它的集体属性而是受个体控制，其中的用户就会失去资本应允的赛博自由，而掌握虚拟世界的人就会成为新形势下的虚拟地主。

相较于国外，国内对“元宇宙”的研究尚处于起步阶段。自 2021 年 7 月扎克伯格将脸书母公司改名为“Meta”后，国内才开始对“元宇宙”形成广泛关注。但在全球范围内，企业对“元宇宙”的关注与重视都要更早于、且高于学界。张夏恒等对国外近年来的“元宇宙”研究进行文献综述，并为我国进一步研究提供启示⑤；黄欣荣等着重探讨

---

① Cacciaguerra, S, “On Guaranteeing Equity to Mobile Players in a Metaverse”, *Journal of Braunschweig: 7th International Conference on Intelligent Games and Simulation*, *TU Braunschweig*, 2006.

② Jeong, H. J., Yi, Y. Y., Kim, D. S, “An Innovative E-commerce Platform Incorporating Metaverse to Live Commerce”, *International Journal of Innovative Computing, Information and Control*, Vol. 18, No. 1, 2022, pp. 221-229.

③ Leenes, R, “Privacy in the Metaverse: Regulating a Complex Social Construct in a Virtual World”, in *IFIP International Federation for Information Processing*, Springer, 2007, pp. 95-112.

④ Spence, E. H, “Meta Ethics for the Metaverse: The Ethics of Virtual Worlds”, in *Current Issues in Computing and Philosophy*, IOS Press, 2008, pp. 3-12.

⑤ 张夏恒、李想：《国外元宇宙领域研究现状、热点及启示》，载《产业经济评论》2022 年第 5 期，第 199~214 页。

"元宇宙"的技术本质与哲学意义。① 本文将通过对"元宇宙"的身体主体、空间场域以及资本逻辑角度，探赜"元宇宙"的哲学内涵、技术本质和资本逻辑，为"元宇宙"的理性探索与实践应用改进提供又一层理论依据。

二、"元宇宙"的活动主体：虚拟空间的离身性身体

早从柏拉图开始就有了对身体的哲学思辨，他在《斐多篇》中借苏格拉底之口，认为人最终的生存的本质是精神的实存，精神从肉体的监狱中挣脱出来。而笛卡儿、尼采和梅洛-庞蒂可以说构成了现代身体本体论的三个场极②：笛卡儿的身体是机器，只有理性的"我"才能思考、认识、掌握身体、经验和世界；而尼采则大声转向身体，只有主观化的、主动的身体才能决定自己；到了梅洛-庞蒂的知觉现象学，身心终于得到了和谐的统一，身体由主客互动决定。

而"元宇宙"显然是一种"后人类"时代的产物，它的出场离不开人类技术赋能——人类在文化—技术环境的加持下超越了自然生物演化的阶段，转向对人类物理身体的技术化改造。可以说，"元宇宙"中的身体已经超越了现代身体本体论的讨论阈限了。后人类时代的我们需要思考："元宇宙"中的身体究竟是何种存在？

（一）我不仅是我：从"有血有肉的人"到"三号身体"

马克思早在 19 世纪就向我们阐述了所谓"历史"，那就是由"有血有肉的人""从事实际活动的人"发生的一切"现实生活过程"。煤油灯时代的马克思自然不会预想到今天的人类可以通过电缆开启"第二人生"，化作代码之下的"数字人"。技术加持呼唤着理论变革，哲学家唐·伊德提出了"人的三个身体"理论：作为"一号身体"的物质身体强调物理层面肉身的感觉，"二号身体"文化身体针对社会文化意义下人的地位，"三号身体"技术身体则指科技媒介引发的"离身性"（disembodiment）身体。③ 在数字技术大行其道的今天，当代人的身体得以从肉体（flesh）中脱离现实时序的矩阵，坐落在与现实平行的另一个空间维度，并且实现"三个身体"在不同空间中的同时并存。

据此，我们可以将"元宇宙"中的"活生生的人"与"虚拟人"的关系类比为傀儡戏演员与傀儡，或是虚拟偶像的"中之人"与"皮套"的关系。借助 VR 眼镜、社交媒体等手段，人类得以在肉体之外找到自己的"第二身体"。在"元宇宙"主体的生成机制之中，两个"身体"共同构成了人类的组成要件。首先，屏幕中的"虚拟人"构成了人的具象身体，人类无法直接接触这个身体，但它却是"元宇宙"一切交互的图像；其次

① 黄欣荣、曹贤平：《元宇宙的技术本质与哲学意义》，载《新疆师范大学学报（哲学社会科学版）》2022 年第 3 期，第 119~126 页。

② 卿青等：《身体现象学、人体文化、行动绘画：舞蹈哲学笔谈》，载《文化艺术研究》2022 年第 8 期，第 91 页。

③ 杨庆峰：《物质身体、文化身体与技术身体——唐·伊德的"三个身体"理论之简析》，载《上海大学学报（社会科学版）》2007 年第 1 期，第 14 页。

是呈现在屏幕上的虚拟人物（“皮套”），它是受众直接接触的主播形象，而从前那个“有血有肉的人”只能退场，只能为它提供动作和表情，并为虚拟形象提供音源配音。

而从真人到“虚拟人”，不仅是从自我的“物质身体”与他人眼中的“文化身体”延伸至技术加持的“技术身体”，更是对身体本身的无偿让渡。活生生的人拥有真实的生活经历和情感情绪；而“虚拟人”缺乏身体自主的存在，它是随时可被宿主抛弃的图像商品。尽管真人在异化劳动中同样让渡了一定的自我，沦为资本的附庸，但从真人到“虚拟人”，就是身体从部分失去主体性到完全丧失主体性的过程，“虚拟人”可为宿主（同时包括真人和“元宇宙”资本）肆意操纵。人类从未对自己的身体如此失去掌控力，企业也从未对他人的身体有如此高的掌控力，一旦企业收回“元宇宙”身体或者面临破产，“虚拟人”多年的努力将付之一炬。

（二）我不再是我：“元宇宙”人类在虚拟与现实中的精神错乱

“元宇宙”并非局限于互联网虚拟空间，吊诡的地方更在于它旨在“入侵”现实世界。“元宇宙”的愿景可不仅仅局限于单纯的虚拟世界，它的愿景更加远大，被赋予“彻底消除现实世界与虚拟世界的二分，实现虚拟世界与现实世界的无缝对接或互补融合”①的目标，这种观点实际上是将“元宇宙”视为人类技术发展从“变革外部自然”拓展到“变革人类自身的内部自然”的一个重要标志。如此，人的肉体仅仅是通往虚拟世界的媒介，却失去了它作为物质基础的意义。回到梅洛-庞蒂的知觉现象学那里，身体的重要作用就在于它作为媒介能够连接可见之物与不可见之物，能使不可见之物隐晦地显现为在场。“元宇宙”赋予了人类技术具身的赛博格身体，试图打通现实社会与虚拟社区，将其融合为一体，旨在建构一种虚拟与超现实共生的后人类社会。②

对于人本身来说，“元宇宙”由此造成了空前的人本主义存在危机。过去的存在主义将人的“存在”指派为仅有的两种意义：人作为实体存在，或者作为意识存在。然而，人的肉体却被纯粹物化为通向虚拟世界的媒介。它既不是活生生的肉体，也算不上虚拟世界中的身体，而只是以声音和动作表情捕捉的形式转化为数字信号，以“元宇宙”确证自身。如此一来，人的存在却靠人之外的东西得以确证。数据本身是主体的本质力量的对象化的成果，这种人的对象化力量却变成了人的异化。人类在进入“元宇宙”之后犹如演员一般，会对自己的存在感到错乱——自己的“人设”可能和现实中的自我完全不一致，而现实世界中人的性格—“虚拟人”的性格—“元宇宙”社交中他人接受的“人设”三者的异质性除了体现人的存在危机之外，更体现后现代社会中人的精神分裂。

三、“元宇宙”的活动场域：虚拟空间与现实空间的对立

在马克思那里，“空间”这个概念还仅仅是我们如何在空间里面进行物质生产，空间

① 成素梅：《“元宇宙”构建的“喜”与“忧”》，载《光明日报》2021年11月26日。

② 王毅、黄文虎：《论“二次元虚拟偶像”的后人类呈现》，载《未来传播》2021年第4期，第69页。

是物质生产的器皿和媒介，但从列斐伏尔开始，空间生产就已经变成了一种社会性的活动，从"空间内部的物质生产"（production in space）之外挖掘出"空间本身的生产"（production of space）。① 但这里的"空间生产"还处于现实空间之中，"元宇宙"创设了一种人与环境关系颠倒的虚假意识形态，试图将人类包裹进"元宇宙"空间的生产之中。

（一）"元宇宙"对人与环境关系的颠倒

从"元宇宙"的主体回到"元宇宙"本身，"元宇宙"创造了虚拟空间，意图但未能实现对现实与虚拟对立二分的消弭。但在现实空间与虚拟空间的二分之下，只能是作为技术和数据的虚拟空间适应人，人不可能真正脱离客观世界而进入虚拟世界。质言之，技术所创造的虚拟世界并不意味着人与现实空间关系的变革。不仅如此，这种"技术决定论"错误地赋予技术主体意志。以"元宇宙"为代表的高新技术归根结底是"可以通过经验来确认的、与物质前提相联系的物质生活过程的必然升华物"②。但这种观点却误认为技术能自我生产并产生非匮乏性欲求，从而不仅可能动摇人与自然的关系，还有潜力成为宇宙的根本意志和决定一切的力量，仿佛技术是推动自然和社会发展的自发动力。但他们忽略了的是，人们在现实空间中创造的"元宇宙"技术，却是绝不能脱离客观世界、社会所提供的各种基础条件而存在的。

我们必须回到马克思主义的视域对人与环境的关系重新加以考察。马克思指出："社会是人同自然界的完成了的本质的统一，是自然界的真正复活，是人的实现了的自然主义和自然界的实现了的人道主义。"③ 在马克思主义视域下，人与自然的辩证关系是自然的人化和人的自然化的辩证运动的过程，社会进步的过程是人的自然主义和自然的人道主义实现和完成的过程。"元宇宙"虚拟世界所被赋予的"转变"意义取消了人与自然的差别，造成人与自然根本对立，即要么环境奴役人，要么人奴役环境的观点，取消了唯物辩证法精神，忽视了人与自然的本质关系。

因此，"元宇宙"空间试图"变革人的内部自然"实则是对人与自然辩证关系的否定性指认。在后人类时代，"虚拟人"的出现进一步挑战了人的主体性。人与环境的关系发生了颠倒，"虚拟人"的"离身性身体"将自然人的身体从实体变成了单纯的媒介物，进一步让渡和侵犯了人身体的主体性，并企图用颠倒了的虚拟世界代替现实世界。

（二）新的空间生成与空间生产方式

"元宇宙"的所有者们就在荒芜的代码荒地上开拓疆域，并通过无所不在的电子媒介邀请现实中原子化的个人进驻。但在这里，他们不再是卢梭所谓"原始森林"中懵懂的自然人——被抛进陌生的世界，不存在任何社会关系的状态。对社交网络早已驾轻就熟的现代人得心应手地在虚拟世界中互动、娱乐，试图拓展身体在现实生活中遇到的阈限和边界，在大数据的推送和引导下走向联合。更令现代人欣喜的是，"元宇宙"的维护者能确

---

① 汪民安著：《身体、空间与后现代性》，江苏人民出版社 2015 年版，第 101 页。

② 《马克思恩格斯文集》（第 1 卷），人民出版社 2009 年版，第 525 页。

③ 《马克思恩格斯文集》（第 1 卷），人民出版社 2009 年版，第 187 页。

保这个虚拟世界不至于成为赛博朋克式阴暗、混乱、肮脏的后人类大都会；而是用虚拟代币和控制技术保证每个人在维持光面光鲜亮丽的同时，也能体现城市的区隔和贫富差距，以及内生性的阶级秩序，城市就这样维持着它表面的理性、明亮、有序、洁净。

可以看到，“元宇宙”的空间生产充满了列斐伏尔笔下社会性的特征，它不再是地球这个自然而然、纯粹形式、中性客观、物质性、自然性的器皿和媒介，而是一个人造的社会空间，充斥着光鲜亮丽的虚假意识形态。不仅是虚拟人，就连“元宇宙”自身也成了生产力和生产资料——物质性自然空间荡然无存，一种新的空间生产得以产生。同样的故事在第一次工业革命就已经发生过。1980 年，英国纪念利物浦至曼彻斯特铁路开通 150 周年时，英国铁路局主席说“整个世界就是利物浦—曼彻斯特铁路的分支线”。① 火车的轰鸣标志着生产方式的跃迁，也必然带来一种全新的空间生产。

“元宇宙”之于现实空间的空间异质性就在于它企图扭转作为铁律的物理法则，亦即熵增定律。在现实世界中，时间不可倒回，因为系统的无序程度始终在增加，正如原本高度有序的完整杯子由桌面落到地板迸裂为无序的碎片后，不可能再自动形成完整的杯子与跳回桌面一样，人类同样无法回到过去。② 纵使人的肉体化作齑粉，数字孪生、脑机接口也能让人的思想化为永恒。以至于哲学家大胆预言，在行星加剧熵增、人类进入剩余时间之后，元宇宙资本主义是资本对时间最为总体化也可能是最后一次的侵吞。③ 电子技术的发展似乎废除了空间和时间，以至于它的结局要么是“为了维护空间的存在而不得不经常地变换空间”，要么只能“一劳永逸地消失在历史的地平线后”。④

这就是技术资本向我们描绘的“元宇宙”空间的生成和生产图景：它不再是一座看得见摸得着的城市，而是虚拟化、数字化的万事万物都可以连接的空间。这种新的空间生成是数字地主和数字公民的价值共创，这里和现实世界一样，同样存在阶级剥削和利益冲突，也难以避免数字“炒房”“炒币”的空间非正义性，在资本逻辑之下生产自我，壮大为前所未有的虚拟空间产业链。

（三）虚拟的移情与共情：“元宇宙”用户何以产生黏性

20 世纪 70 年代，美学家拉德弗德发表了论文《我们怎么能被安娜·卡列尼娜感动?》，第一次以悖论形式提出：我们怎么会因为自己明知不存在的东西而产生真情实感?他构造出三个直观上正确、然而合起来不相容的前提：其一，虚构作品的观众往往会体验到被明知是虚构的对象所感动的情感，例如恐惧、怜悯、爱慕；其二，在日常生活中，被感动的一个必要条件是被感动的人相信引起自己情感的对象存在；其三，虚构作品的读者

---

① ［英］克里斯蒂安·沃尔玛尔著：《钢铁之路：技术、资本、战略的 200 年铁路史》，陈帅译，中信出版社 2017 年版，第 29 页。

② 蒲清平、向往：《元宇宙及其对人类社会的影响与变革》，载《重庆大学学报（社会科学版）》2022 年第 1 期，第 1~12 页。

③ 吴冠军：《从人类世到元宇宙——当代资本主义演化逻辑及其行星效应》，载《当代世界与社会主义》2022 年第 5 期，第 25 页。

④ 汪民安著：《身体、空间与后现代性》，江苏人民出版社 2015 年版，第 112 页。

或观众知道这些对象是虚构的，他们不相信这些对象存在。①

时至今日，对虚幻乃至不存在的东西产生情感已经不稀奇，真人偶像追星族中"爱豆—粉丝"的情感体系本质上也只是对以偶像为载体的文本符号的单向度迷恋。"虚拟人"的出场使得这种情感从对活生生（但看不见摸不着）的人"退化"到了对代码和图像组成的"纸片人"依恋。沉迷"元宇宙"的用户之所以对它如此着迷大抵如此，这种情感依恋并不是荒诞而不可理喻的，而是基于同样的机制对虚拟空间着魔，进而甘愿为它进行劳动和消费。

情感（mood）和情绪（emotion）是有差别的：情感是明确的，如喜怒哀乐，它大多时候明确指向某个对象；而情绪则是暧昧的，它本身不明确，它的对象也不明确。作为主体的人对他者情感的倾注包含三个要素的情感运动路径，即"情感主体（主体）→情感对象（他者）→情感体验（情动）"。回到"元宇宙"空间上来，它其实是对现实世界交互的一种数字"模仿"。就像柏拉图所说的现实世界是对理念世界的模仿一般，这里是从"人间升到天国"，将具体的、更加复杂的、立体的现实活动压缩为虚拟活动。加之"元宇宙"管理者能够对虚拟世界进行适当管控、引导，为现实世界中失意的人们营造美好的氛围，它是"人民的鸦片"。"元宇宙"用户通过虚拟世界的美好引发了真实的情感，将虚拟世界的情感拟态为真实情感，从而创造切实的审美主体和情感体验。

因此，"元宇宙"用户沉迷的情感本质是现实世界之于虚拟世界的移情与共情。相比于现实世界，人们只能通过"文化工业"② 单向度地获取情感，他们可以通过在虚拟世界中高强度地、即时地博取更多的互动情感体验。这种情感体验表面上看是从"现实的人→现实世界"单向度的情感向"虚拟人⇔虚拟世界"互动中的情感跃迁，达成人与世界情感的"双向奔赴"，但这种情感终归是虚拟的安慰剂罢了。

四、"元宇宙"的资本逻辑：前所未有的虚拟空间产业链

和现实世界的物质生产一样，"元宇宙"世界同样已经形成由"生产—分配—交换—消费"四个环节构成的完整生产过程链。具体来说，生产分为对"元宇宙"本身的生产以及作为生产者进行数字劳动，前者包括用户对"元宇宙"进行空间扩充、完善与升级，后者则经常与线上办公、粉圈经济等新业态紧密结合，成为 UGC（User Generated Content，用户生产模式）生产的重要来源；分配分为作为生产条件的生产资料和劳动力

① 黎萌等：《"可能不可能"与"应该不应该"——围绕 AI 和电影的跨学科对话》，载《文艺研究》2021 年第 1 期，第 92 页。

② 西方马克思主义哲学家霍克海默、阿多诺在《启蒙辩证法》提出"文化工业"这一概念。启蒙号称把人从愚昧和身份的不平等解脱出来，但却把人交给了工具理性和财产的不平等，特别是文化工业。资本主义工业逻辑专门生产着"大众消费文化"，这种统一的文化工业掌控着思想，形成一种新的极权，并且不是暴力镇压的极权。启蒙运动伴随工业化，进一步奴役人类。被文化工业异化的个体找不到任何超越个体的方式来使这个孤独的主题既能获得精神的超越，同时又不使之受到压抑。（参见［德］霍克海默著：《启蒙辩证法：哲学断片》，渠敬东、曹卫东译，上海人民出版社 2003 年版，第 134~186 页。）

的分配，以及作为生产结果的产品的分配两部分；交换则涉及内容创作平台与内容生产方之间的交换和作为商品本身的“元宇宙商品”与虚拟价值的流通；到了消费端，一方面，它涵盖了生产资料与劳动力的耗费，另一方面则是用户们用以满足自身精神和情绪需要的文化符号消费。

由此，“元宇宙”图景实则是一幅完整的经济链条：用户在这里与虚拟人物进行交流、娱乐、消费，为“元宇宙”发展壮大添砖加瓦，甚至可以就业、工作，以维持现实世界中的劳动力价值；而资本方不仅需要维护服务器正常运转，还需要对“元宇宙”进行建设、经营与监管。资本方攫取的剩余价值不再是物质上的剩余价值，而是一种无形的非物质性的一般智力。① 但在这个过程当中，“元宇宙”经济已然超出了数字经济的范畴，它同时强调用户与资本方、主体与客体的价值共创、情感共续与生活共存。但这种新经济业态在带来更多就业的同时，本身也暗含着政治经济学层面的经济危机。

（一）数字劳动的异化

至少就目前来看，“元宇宙”还是通过人们利用脑机接口、虚拟现实技术等穿戴式装置进入沉浸式体验的数据世界，通过一个代表自己的3D化身在元宇宙中工作、娱乐，在全息平台时代体验第二人生。② 那么“元宇宙”中的工作显然属于数字劳动范畴。在这里，抽象的价值形式被数据整合到数据网络中，融入人类虚拟的人类活动，这就是“元宇宙”中的数字劳动。那么，对“元宇宙”中劳动的批判，就可以转为对数字劳动的批判。

和经典意义上直接生产经济价值的物质劳动一样，数字劳动同样掩藏着资本生产的物质性力量。数字时代的生产活动仍然以物质劳动为根基，因此要理解数字资本主义下劳动的真相，就要回到马克思的历史唯物主义当中。马克思指出：“分工发展的各个不同阶段，同时也就是所有制的各种不同形式。”③ 那么在消灭分工的共产主义社会尚未到来之前，异己性的支配人们的物质性力量仍然存在，人们就仍然是分工固化的劳动的产物。劳动的划分并不是天然就由人类活动来决定的，而是由一定历史阶段上的社会生产方式和交往关系决定的。由此，劳动异化就不仅表现为劳动产品成为一种异己力量，劳动和劳动的结果反过来变成了压迫人的东西；并且从人类整体来看，劳动异化让人类从属于一个分工系统，从而形成了不平等的阶级关系。

而资本主义社会在这种不平等分工中最为特殊，它的特殊性在于，货币的发明使得不同类型的劳动统统能用统一的尺度衡量成“无差别的人类劳动”，也就是马克思所说的“纯粹的金钱关系”。而在“元宇宙”虚拟世界中，生产劳动同真实世界没有区别，仍然是通过一种抽象的度量关系让生产劳动凌驾于人类的其他社会活动之上，并成为统治人类自己的物质力量。按照历史唯物主义的方法，理解数字劳动的不再是简单的流水线操作和

① 蓝江：《历史唯物主义视野下的数字劳动批判》，载《马克思主义理论学科研究》2021年第11期，第75页。

② 王明姬：《冷静面对“元宇宙”热潮》，载《光明日报》2021年12月15日。

③ 《马克思恩格斯文集》（第1卷），人民出版社2009年版，第521页。

大机器生产，而是被数据和算法结构整合起来的各种活动的整体，藏匿于数据组成的"1"和"0"之下的生产和流通的物质性方面之中。如此，"元宇宙"变革劳动的虚伪面纱便被数字劳动揭了下来。

（二）不成熟的资本追逐

尽管目前很多"元宇宙"的相关技术并不成熟，距离其构想还有一段距离，但已经在过去的两年间引发了广泛的市场关注及资本追逐，引发资本狂热的背后蕴含着三层逻辑，这三层逻辑同时也警醒着我们，"元宇宙"还只是一只"概念股"。

一是资本自身的逐利性。数据既然成了数字时代的商品原材料，那么只有占据绝对的数据材料高度才能拥有相应的话语权。资本持有方深知，只在"元宇宙"形成难以跨越的数字鸿沟之前抢占先机，才能赢过长期优胜劣汰的市场竞争法则。同时，"元宇宙"这个新概念也为资本被视为数字时代的基础设施，为资本主义发展的转型提供再驱动力。"元宇宙"的资本扩张实际上就成了一种"数字殖民"。列宁认为，帝国主义通过殖民地掠夺资源和劳动力，并推广意识形态。① 罗莎·卢森堡认为，殖民地的构建可以解决帝国主义资本积累过程中的三个关键性问题：不变资本积累、可变资本积累和剩余价值实现，也就是扩大再生产过程中所需要的资源、劳动力和市场。② 而在"元宇宙"这样一种数字殖民体系中，科技公司也正是通过这三种要素推动了资本积累的扩张和强化。

二是竞争碰撞着的多方资本。资本可以为了利润组成联盟，进行并购重组，但是同样为了利润，它们之间并不是铁板一块，而是处于充分的竞争状态。同时，"元宇宙"还是一个新兴概念，资本出场时间较短，也使得大型联合的"元宇宙共同体"尚未形成。"元宇宙"资本呈现出数量多、竞争激烈的自由竞争资本主义特征。

三是"元宇宙"压抑人的倾向。"元宇宙"有被资本当成"文化工业"的危险，这样的"元宇宙"就失去了作为信息技术服务人、造福人的能力，而是沦为对人的全面控制的工具。在"元宇宙"之前的"粉圈经济"便是如此，以商品化、标准化和娱乐化为运作逻辑，制造千篇一律的偶像审美，为粉丝提供单向度的偶像符号与商品。相比起来，"元宇宙"甚至不需要实体商品，制造批量生产的"文化垃圾"就更为简单了。

（三）垄断主义的渗入

和真实世界一样，"元宇宙"并非一块净土，极有可能遭到资本垄断的渗入。当"元宇宙"扩大规模之后，单独一家科技公司的"元宇宙"仅依靠自有平台显然不能满足其欲望，而要想实现更巨量的资本积累，必然会出现大平台对小平台的垄断，进而扩展为"元宇宙"托拉斯，形成庞大的虚拟帝国以加速资本积累。

托拉斯的触角伸入虚拟世界后，它们便会按照自己的意愿进行空间改造，空间被非领土化，早先"元宇宙"从失意人的避难所沦为失乐园。资本在不断地演进过程中实现"时空压缩"，创造自己的时间和空间处理方式。资本的增殖不再仅仅需要港口铁路。一

① 《列宁选集》（第 2 卷），人民出版社 1972 年版，第 768 页。

② ［德］罗莎·卢森堡著：《资本积累论》，董文琪译，商务印书馆 2021 年版，第 276 页。

如20世纪美国提出的“信息高速公路”，把世界连接在互联网中；“元宇宙”试图将世界，包括人类自己全都连接在虚拟世界之中。从19世纪的修铁路开埠，到20世纪末的信息高速公路，再到后人类时代的“元宇宙”生产，资本在垄断中呈现出一条完整的现实入侵虚拟、虚拟反噬现实的演进脉络。

质言之，垄断主义渗透只能归咎于“元宇宙”的所有者，并不是无产阶级或者某个网络联合体，而是一个个的资本本身。“元宇宙”技术的发展就是资本博弈的产物，它就先天被规定了维护资本利益的属性。自由竞争引起生产集中，而生产集中到一定阶段，就会引起垄断。资本的博弈必然有胜有负，当“赢者通吃”的马太效应起作用时，“元宇宙”密密麻麻的平地就会被一座“元宇宙”大厦所取代。

五、结语

“元宇宙”的未来极限到底在哪里有待科技公司进一步探索。但目前科技界的共识是，“元宇宙”将会和虚拟现实、增强现实、云计算这些尖端科技密不可分。他们描绘了这样一幅人类未来的蓝图：无数用户同程序设计师共同打造，最终跨越物理世界和虚拟世界，形成一种新的社会文明系统，从而对我们所处的工业文明时代形成的制度安排、概念框架、生活理念产生巨变。但这种巨变究竟路在何方，仍需人们进行理性思考。

“元宇宙”的爆红并不是空穴来风，它与数字资本主义之下的“技术拜物教”和“数字拜物教”密切相关。要想探寻“元宇宙”概念迷雾下的出场逻辑与运转危机，就必须进行理性祛魅，使用哲学的理论武器进行批判，并回答“元宇宙中的人类何为”“作为空间的元宇宙何为”“元宇宙的资本逻辑何为”等问题。

虚拟现实蓬勃发展，拟像与真实的界限似乎越来越模糊，以至于“不是游戏越来越像世界，而是世界越来越像游戏”①。当“元宇宙”虚拟世界离生活越来越近的时候，虚拟与现实的关系成为热门议题。但正如刘慈欣所言，“虚拟现实技术让人类文明变得越来越内向，而不是向外去开拓探索文明”②，人类文明的未来必然是浩瀚的星辰大海，而不是代码组成的赛博世界。

参考文献：

[1]《列宁选集》(第2卷)，人民出版社1972年版。
[2]《马克思恩格斯文集》(第1卷)，人民出版社2009年版。
[3][德] 罗莎·卢森堡著：《资本积累论》，董文琪译，商务印书馆2021年版。
[4][德] 霍克海默著：《启蒙辩证法：哲学断片》，渠敬东、曹卫东译，上海人民出版

① 蓝江：《数码身体、拟-生命与游戏生态学——游戏中的玩家-角色辩证法》，载《探索与争鸣》2019年第4期，第75~83页。

② 《刘慈欣访谈录：虚拟现实技术让人类文明变得越来越内向》，载澎湃网，https://www.thepaper.cn/newsDetail_forward_1422325。

社 2003 年版。
[5] [英] 克里斯蒂安·沃尔玛尔著：《钢铁之路：技术、资本、战略的 200 年铁路史》，陈帅译，中信出版社 2017 年版。
[6] 汪民安著：《身体、空间与后现代性》，江苏人民出版社 2015 年版。
[7] 张夏恒、李想：《国外元宇宙领域研究现状、热点及启示》，载《产业经济评论》2022 年第 5 期。
[8] 蒲清平、向往：《元宇宙及其对人类社会的影响与变革》，载《重庆大学学报（社会科学版）》2022 年第 1 期。
[9] 黄欣荣、曹贤平：《元宇宙的技术本质与哲学意义》，载《新疆师范大学学报（哲学社会科学版）》2022 年第 3 期。
[10] 蓝江：《数码身体、拟-生命与游戏生态学——游戏中的玩家-角色辩证法》，载《探索与争鸣》2019 年第 4 期。
[11] 张夏恒、李想：《国外元宇宙领域研究现状、热点及启示》，载《产业经济评论》2022 年第 5 期。
[12] 卿青等：《身体现象学、人体文化、行动绘画：舞蹈哲学笔谈》，载《文化艺术研究》2022 年第 8 期。
[13] 杨庆峰：《物质身体、文化身体与技术身体——唐·伊德的“三个身体”理论之简析》，载《上海大学学报（社会科学版）》2007 年第 1 期。
[14] 蓝江：《历史唯物主义视野下的数字劳动批判》，载《马克思主义理论学科研究》2021 年第 11 期。
[15] 王毅、黄文虎：《论“二次元虚拟偶像”的后人类呈现》，载《未来传播》2021 年第 4 期。
[16] 吴冠军：《从人类世到元宇宙——当代资本主义演化逻辑及其行星效应》，载《当代世界与社会主义》2022 年第 5 期。
[17] 黎萌等：《“可能不可能”与“应该不应该”——围绕 AI 和电影的跨学科对话》，载《文艺研究》2021 年第 1 期。
[18] 成素梅：《“元宇宙”构建的“喜”与“忧”》，载《光明日报》2021 年 11 月 26 日。
[19] 王明娅：《冷静面对“元宇宙”热潮》，载《光明日报》2021 年 12 月 15 日。
[20] Leenes, R, “Privacy in the Metaverse: Regulating a Complex Social Construct in a Virtual World”, in *IFIP International Federation for Information Processing*, Springer, 2007, pp. 95-112.
[21] Spence, E. H, “Meta Ethics for the Metaverse: The Ethics of Virtual Worlds”, in *Current Issues in Computing and Philosophy*, IOS Press, 2008, pp. 3-12.
[22] Jeong, H. J., Yi, Y. Y., Kim, D. S, “An Innovative E-commerce Platform Incorporating Metaverse to Live Commerce”, *International Journal of Innovative Computing, Information and Control*, Vol. 18, No. 1, 2022, pp. 221-229.
[23] Cacciaguerra, S, “On Guaranteeing Equity to Mobile Players in a Metaverse”, *Journal of Braunschweig: 7th International Conference on Intelligent Games and Simulation, TU Braunschweig*, 2006.

锦鲤文化与消费社会下人的超验性需要

● 张　杨*
（大连理工大学 哲学系）

【摘　要】
科学时代因其理性化而被称作祛魅的时代，并由此引发了宗教信仰的退潮与日益加剧的社会世俗化。然而，宗教时代的落幕亦引发了人们对信仰落空的担忧和对重建信仰的普遍需要。而近年来在人们、特别是年轻人中，出现了疯狂转发锦鲤图片或参与锦鲤营销来祈求超自然力量眷顾的现象。这类行为虽不免掺杂着娱乐的心理，但也具有浓厚的图腾迷信色彩，因而可以被认为是一种类宗教热潮。正是消费社会对此类文化的赋魅创造出了科学时代的超验存在，使人类继上帝之后再次追求到“无限者”，也因而满足了人的超验性需要，填补了信仰缺失。这种文化热潮的出现提醒着我们，即使在祛魅的科学时代，也要为信仰留出地盘。

【关键词】
锦鲤文化；消费社会；超验性

正如孔德（Auguste Comte）所指出的，在整个世界发展中，群体、社会甚至个人思想都经历了“神学、形而上学、实证”三个阶段。① 现代世界已经是祛魅的世界，弗里德里希·尼采（Friedrich Nietzsche）在《查拉图斯特拉如是说》（1883-5）中发出了惊世骇俗的“上帝已死”宣言。科学的大旗覆盖之下，严肃的宗教信仰已然沦为笑柄，普遍的“启智”教育推动了人类意识的范式转移。从诗歌、小说等文学板块到物理、化学等学术板块，到处表达着祛魅的文化叙述。然而上帝离开之后，信仰的落空亦引发了大众心理的普遍担忧，这起源于人类自身对超验性的需要。并且，人类这种对超验性的需要很大程度上是根植于自身信仰天赋和基因传承的内在特质。

为了满足这种对超验性的需要，严肃的宗教信仰嬗变为任何可满足自身信仰需要的文化潮流。在现代消费社会，我们注意到一种锦鲤文化在人们尤其是年轻人中的病毒式传播，他们希图通过在社交媒体上转发锦鲤意涵的图片来获得好运。这种行为虽然也不免隐含着某种娱乐意味，但因为带有明显的图腾元素，因而可以视作一种类宗教活动，也正是其中的类宗教要素满足了大众心理对超验性的需要。不过，哲学界目前缺乏对此种类宗教现象的公开讨论，其学术性剖析主要集中在新闻学、传播学、社会学、心理学等领域，比

---

* 作者简介：张杨，大连理工大学哲学系哲学专业 2020 级本科生。

① ［法］奥古斯特·孔德著：《论实证精神》，黄建华译，商务印书馆 1996 年版，第 1 页。

如有学者从传播学角度切入，认为锦鲤文化的盛行主要是由于网络时代个人间的信息交互传播更加迅速，且个人更易受到“意见领袖”的影响，造成“沉默的螺旋”现象。①

这些研究大多是瞄准“锦鲤文化何以盛行”这一研究目的，缺乏对锦鲤文化何以出现的最本质因素的哲学反思。故本文将从锦鲤文化的编年史梳理出发，结合消费主义下的信仰嬗变讨论锦鲤文化是如何满足了人的超验性需要，同时联系宗教学研究尝试解答这种超验性需要的来源，探讨锦鲤文化得以盛行的本质原因。

一、锦鲤文化要素的再梳理

锦鲤，本为历史悠久的观赏鱼种，却在现代消费社会被赋予了新的意义，指代具有幸运属性的人或非人对象。而这场意义赋魅运动，是由长期互联网事件的群体聚集和发酵孕育而来，具有时间轴长、事件混沌、参与主体多等特点，最具代表性的事件为“杨超越出道”与“支付宝锦鲤门”。2018 年，被普遍认为缺乏实力的选秀明星杨超越却在一档选秀节目中高位出道，网民们将之归因于杨超越本人的“锦鲤体质”，即天生能带来好运。该事件拉开了网络社会的“锦鲤热”序幕，其引发的一系列锦鲤人设和锦鲤元素也由此作为一类超自然、超常规的文化迷因，以惊人的速度在虚拟世界和现实世界同时引起爆发式的舆论热潮。至此，包含着浓厚网络迷信色彩的锦鲤文化在互联网时代形成了重要的传播话题，转发锦鲤也顺其自然地成为网络文化的一大重要分支，诸多网民通过转发各类锦鲤图片希图获得来自超自然路径的幸运。同年，支付宝又举办了“百万锦鲤”活动，在所有参与抽奖活动的网民中抽出一位“幸运”锦鲤送出百万大奖，此举直接将“锦鲤热”推向高潮。

“锦鲤转发”等行为文化愈演愈烈的背后，是大众媒体通过炒作娱乐明星的“好运”人设、跟随热点话题进行商业营销等一系列的推波助澜活动。而通过否认随机事件的偶然性，混淆客观事物的因果联系，它又吸引着更多普通民众在行为的重复中加深迷信因素的固化。作为超脱其历史符号本身而存在的一种互联网迷因，锦鲤的意义再赋予过程始终是与其理论核心，即“幸运”二字相纠缠的。无论是身无长技却高位出道的杨超越，还是凭借一键转发就收获百万级财富的支付宝“信小呆”，处于消费社会的普罗大众以简朴但真实的虔信创造了一个崭新的拜物教，并且以运气的好坏、飞来横财的多少判定新神的正统性。于是，越是不劳而获的个体越是受到普遍的追捧。在这里，随机的、不可操控的少数事件被剥离了偶然性，并以人格化的崇拜为这类少数事件蒙上必然性的旗帜。人们崇拜的对象不具备传统意义上的伟大性、奋斗性，亦不具备加以传播、表彰的正统理由。实践创造财富的精神文化传统遭到了冲击。

而这类锦鲤文化得以病毒式扩散传播的物质核心力量，则来源于其富含迷信因素的行动教唆。其推动主体主要包含品牌商家与文化博主两部分。前者通过制造锦鲤活动，如购买商品赠送“锦鲤券”，“锦鲤券”可开出不同价值的奖品等，将传统的打折、抽奖等商

① 董倩、曾润喜：《网络迷因扩散传播影响因素研究——以“锦鲤”为例》，载《华夏传播研究》2020 年第 1 期，第 125 页。

业促销模式再包装，从而呼应锦鲤热潮，并在客观上推动了这一文化现象的再发酵。而后者则专注于打造锦鲤文化本身的吸引度，通过制造锦鲤图片等手段呼吁普通民众尤其是广大网民进行锦鲤元素的转发，来提高自身的流量。同时，他们往往宣称，这种转发行为能为自己带来好运，并通过一些“现身说法”式的宣传进行舆论引导。而后，一些转发过锦鲤元素的民众误将随后生活中发生的小概率幸运事件归因到这种“转发”行为本身，从而混淆了随机事件的偶然性，达成了错误理解。前者所进行的商业营销能吸引更多人了解到这种新的文化迷因，而后者则有意无意、有形无形地强化着人们对这种文化逻辑与内在精神的认同。如果没有商业营销，仅凭文化传播，很难使锦鲤元素在短时间内呈现出现象级传播；而如果没有文化博主持之以恒、颇具心思的运营，锦鲤元素也难免流于消费主义社会中一种商业模式的简单复制，无法获得文化领域的巨大影响。此二者相互作用、相互影响、螺旋交织，在整个锦鲤文化的发酵与升腾中各自扮演了重要的角色。

至于为什么偏偏是锦鲤元素被选为赋魅的对象，马克思主义哲学的观点能够为我们提供一种可信的理解。马克思主义哲学指出，即使在一个崭新的时代，社会意识的发展状况与以往的社会意识发展状况也存在着相当密切和重要的联系，这种联系也就体现出明显的继承规律。锦鲤含义的正向展演在中国乃至整个东亚文化中由来已久。在古代，锦鲤通常由皇亲国戚们在池内饲养，而随着朝代的更迭，才逐渐传至位高权重、家境富裕之族。因此，这种鲤鱼在普通百姓心中逐渐产生了富贵吉祥的象征意义。到了宋代，锦鲤逐渐开始成为吉祥长寿的象征。因此，锦鲤的幸运属性并非凭空而来，乃是基于漫长历史时期的演变和催生基础。也正是对锦鲤源远流长的崇拜，使其从多样化的崇拜对象中突围，成为崭新的信仰存在。

二、超验性需要的满足：消费时代下的信仰嬗变

我们所处时代的基本特征就是理性化，但同时毋庸讳言的是，现代性要面对的第一个问题就是人们该如何对付祛魅。迷信崩塌、宗教退潮之后，人们却发现内心世界并没有因为迷信的破除而更自在轻松，反而时常陷入信仰缺失的忧虑和无法完全掌握生活的无助之中。上帝离开所留下的真空逐渐演化为可怖的深渊。仅仅少数人能够接受自身在经验世界中的局限性，而不理会现象事物对他们的遮蔽。锦鲤热潮正是为了填补这种信仰缺失而被创造出来的文化现象与精神良药。同时，锦鲤文化也代表着一个符号消费时代的降临，这是消费社会的新发展。正是消费时代对此类文化的赋魅创造出了科学时代的超验存在，使人类继上帝之后再次追求到“无限者”，超验性需要也正由此得到了满足。在消费时代，物的价值不再由其固有功能框定，故其价值在时空上也不再随着实际功能的毁坏而消退。物之为物的价值，乃是通过其与主体的体验交互来彰显。换言之，人们消费的不再是物本身，而是它作为一个符号所隐喻的意义，并且通过消费这种隐晦的意义张扬自身的个性。

（一）赋魅的消费革命

自工业革命以降，产能的高速膨胀为世界补充了无可计数的新物品。人们通过辛勤工

作换取薪水，再通过薪水换取心心念念的消费品。消费，成为生活、社会和世界的运转核心。但是随着消费的发展与革命，人们对物的需求也不仅仅停留在日常使用等基础功效上，而是希望它能提供更加全面的享受体验，如配套服务、分享交流等补充功能。甚至，人们希望物再迁跃一层，拥抱一些形而上的属性，让物能够彰显阶级、地位、文化或个性等。这就是消费对物的赋魅过程。至此，这种崭新的独立价值已经呼之欲出，鲍德里亚（Jean Baudrillard）称之为“符号价值”。“符号价值”的价值之所在，就是物的标识、象征或体验等维度能给人带来心理上的满足，能彰显消费者的不同地位、声望或内涵。符号价值实际上就是将人的主观感受强行加载于物上，它不是物本身可以决定的。

而随着消费革命的继续升级，这种外挂的符号价值甚至开始挤压物自带的使用价值和交换价值，喧宾夺主地成为消费者的首要考量。人们的这种夸耀性消费模式具有内在潜功能，比如经济学中有“商品价格定得越高越能畅销”的现象，指消费者对一种商品需求的程度因其标价较高而不是较低而增加，它反映了人们进行挥霍性消费的心理愿望（即凡勃伦效应）；习惯、风俗以及迷信的非理性都将决定人类的消费。改革开放以后，西方时尚文化的涌入大大打击了传统时尚业的地位，人们宁愿透支消费去购买一双高跟鞋或一套高级西装，也不愿意继续穿着解放鞋和军大衣。究其根本，正是物背后的时尚肯认与个性表达已经倾轧了保暖避寒的基础功用。甚至，人们为了满足自身对时尚的价值追求，甘愿放弃基础功用。类似地，汽车销量很大程度上受到其品牌的社会认同影响，人们对该品牌的消费不一定是看好其运输功能，反而可能是看中其所折射出的社会地位或阶级审美。

物的存在方式，不再是由其本身的功能决定，而是要依赖于其与主体的交互，通过复杂的认同过程来实现。

（二）主体的信仰第一

这样，主体地位就几乎占领了消费活动的全部成分，因为主体居然可以把物的纯粹功用剔除出去，而仅仅享用其被赋予的符号价值。一把椅子，不再是因为被选为坐具消费，而是被消费者看中其品牌价值，认为家里摆上这把椅子能彰显自身的超然财富。很难说这是否算现代意义上的买椟还珠。但无论如何，人们的确在对物的赋魅过程中真正占据了主体的第一性地位，拒斥任何固有干扰，从而获得了另类的自由。

这样的自由自然就为缺失的信仰提供了良好的还魂空间。人们可以为消费品赋予诸多形而上的附属价值，如地位、品位、个性等，然后通过消费将这些形而上价值再抽离回来，安放在自己身上。这个过程是对传统宗教的大大简化，无须统一的经典或复杂的传教，只要你认可某一种消费文化，就可以加入其中成为信徒。在这个意义上，人们真正实现了“因信称义”的伟大自由。

只要认同锦鲤文化的消费方式，主体就可以通过转发图片来完成祈祷，这种祈祷也就能顺其自然地满足其对超验性的需要。放大到社会群体上，大众“合唱圣歌”式的群体转发也就为这样一类社会群体填补了信仰缺失的空位。锦鲤，不再是一个迷信与否的本体论问题，而是一个价值导向的社会问题，反映出大众心理的确凿需要。锦鲤如此，“饭圈”如是，“盲盒”亦然。

（三）恢宏的处理路径

当然，这种对物的异化处理与符号新诠在某种程度上也显得颇为无奈。自工业革命以来，随着物质生活的飞速发展，物增多、膨胀、爆炸，直到同时弥散在人的经验空间和心灵空间之中。人在追求物的过程中逐渐为其所反过来逼迫，最终发现自己难以处理“人—物”的平衡关系，这种心灵上的矛盾与纠结在物理世界里则体现为无法良好规划物在生活空间中的结构地位，最终堕入无序的混沌地步。

正如波兰尼（Karl Polanyi）从市场的全面嵌入理解“市场经济—市场社会”的演变，鲍德里亚（Jean Baudrillard）也从消费的动力结构开始，构建出“消费经济—消费社会”的演变路径，这种路径隐喻着工业化盛期的某种隐晦嬗变和精神转身。如果我们将其展开来看，则其所代表的精神转变正是从拥抱物到抛弃物。或者说，是依照人自身的需要，对基础功用相似的工业品进行人为赋魅与区分，从而理解物对人自身的真正吸引力。这种崭新处理是个体化的、私密的，抑或是小范围的群体化、潮流化。

在这一层理解上，这种处理路径无疑是恢宏的，因为它解放了人对物的选择权，使其不再仅仅为物的基础功用所决定。消费者选择一把椅子不再只能去参考不同椅子的材质、质感，而是可以去参考任何人为其赋予的形而上价值，如它的品牌价值、代表的审美意趣或阶级潮流。当然，反过来说，这也是物的再进化，物的价值从基础功能中出走，通过拥抱人的主体互动性来获得崭新的符号赋予。对物来说，这也是一场伟大的革命。因此，总的来说，这种处理是人与物的双向“造反”。

三、超验性需要的来源：多重作用下的内在特质

符号学理论认为，语言符号不是对实在的简单命名系统，恰恰相反，是语言系统中诞生出概念和范畴。显然，锦鲤文化热潮已经将“锦鲤”二字从原始语音或鲤鱼形象中剥离出来，安置到“幸运”的崭新意涵上去，实现了从“能指”到“所指”的转身和飞跃。锦鲤能指背后的所指，是幸运，是不劳而获，是超自然力量的眷顾。而人们之所以不惜心力地促成这种飞跃，正是基于自身的超验性需要。但要解释为什么人们汲汲于寻求某种非逻辑的迷信存在来满足自身的超验性需要，就必须首先厘清这种超验性需要本身的来源何在。这是一个更基础性和本原性的问题。

我们首先需要判断：这种超验性需要是否是先天的。因为如果答案是否定的，那我们将会很自然地怀疑并追问：后天教育是否灌输着这种信仰倾向？但以当前时代的普遍教育内容来看，这很难说通。故这种超验性需要似乎只有解释为先天特质才能说通。宗教学创始人麦克斯·缪勒（Friedrich Max Muller）就指出，“信仰天赋”是人内心本具的一种内在本质，人天生就善于寻找信仰和皈依信仰。他在代表作《宗教学导论》中写道：“正如说话的天赋与历史上形成的任何语言无关一样，人还有一种与历史上形成的任何宗教无关的信仰天赋。如果我们说把人与其他动物区分开来的是宗教，我们指的并不是基督徒的宗教或犹太人的宗教，而是指一种心理能力或倾向，它与感觉和理性无关，但它使人感到有‘无限者’的存在……没有这种信仰的能力，就不可能有宗教，连最低级的偶像崇拜或动

物崇拜也不可能有。只要我们耐心倾听，在任何宗教中都能听到灵魂的呻吟，也就是力图认识那不可能认识的，力图说出那说不出的，那是一种对无限者的渴望……”① 正是由于这种信仰天赋的存在，人类不自觉流露的对“无限者”的崇拜与渴望逐渐内化为寻求超自然依仗的群体基因密码。这种解释显然比上一种假设更能自圆其说，也更符合我们的经验观察，因而具有相当的可信度。

除了这种颇具神秘色彩的理解，我们也可以通过溯源人类历史的进化观点来寻找答案。宗教人类学派提出的“巫术起源论”就指出，在远古时代，原始人由于自身力量的微弱不足以对抗恶劣的自然灾害，因此只能通过祈祷、献祭等温和谄媚的手段以求安抚暴躁、善变的自然神灵。而符咒和魔法则是其中的激进派演变。这种崇拜并讨好大自然以及自然背后的不可言说者的倾向，被认为随着基因的遗传带给了后人，宗教亦是由此产生的。那么，人类步入现代以后，基因中这种崇拜与讨好的倾向是否真的完全隐蔽或退化起来，抑或是改换为另一种名目继续存在着，就成了值得考量的问题。如果据此认为这种基因密码依旧影响着现代人，且是稳固大众心理对超验性需要的绳索之一，倒显得比较合理。

故结合来看，大众心理的超验性需要在科学层面可能与远古先民为对抗自然力量而进行的巫术祭祀活动有关，是对基因中“人—自然”这一崇拜关系的继承与改造；而在哲学层面则与人先天的“信仰天赋”有关，是人自明的信仰需要与崇拜能力的彰显。

此外值得一提的是，如果离开以宗教意义解读信仰问题的窠臼，那么我们就会发现，可以满足超验性需要的信仰未必是立足于宗教意义上的，也可以是美学意义上的。换言之，向艺术、偶像甚至科学祈祷也可以解决现代性对祛魅的回应问题。改革主义教徒就提出，“上帝”这个词并非是用来描述科学或准确知识的词汇，而是表达诗歌、雄辩和口才的词汇——一言以蔽之，其是个文学词汇。辩证来看，自浪漫主义兴起以来，艺术家们的确在各自领域的文艺表达中复兴着神圣性的魅力。改革派神学家也呼应着这种主张，呼吁抛弃启蒙理性主义和正统基督教思想，肯定从美学意义上重新定义的信仰，而仅将上帝理解为一种对宇宙的纯粹思考。不过，这种对超验性需要的新解也有其自身的问题需要解决，比如这种主张依旧没有放弃信仰的内核，而仅仅是将其外部的宗教框架进行了拆除，因此作为一个对现代性基本问题的回答而存在不免有些不够真诚。失去上帝的信仰似乎仅仅是更换了一个名姓，而并非彻底的毁灭性革命。如果我们跪在科学脚下，不顾一切地将“科学解释一切”作为回应任何问题的主张，那么此时科学在我们心中又与宗教何异？

结　语

当然，从个体与群体的相互影响视角来看，锦鲤文化之所以能够成为现象级的社会潮流，背后显然还隐含着某种个体与群体交互作用的逻辑或精神。我们看到，个体的选择与主张在群体中得到了扩大和彰显，而群体的这种扩大和彰显又鼓动着另一些静态个体的加

① ［英］麦克斯·缪勒著：《宗教学导论》，陈观胜、李培茱译，上海人民出版社 2010 年版，第 11~12 页。

入。正如米德（George Herbert Mead）等社会学学者指出的，个人的行动只有看作他所属群体的行动时才能被理解。离开群体不可能有自我，也不可能有自我的意识和交流，故群体必须被看作一种结构，它在彼此适应的人们所进行的各种交往中显现出来。的确，锦鲤文化的盛行不是单单某一个或某几个个体对超验性的追求就能够促成或鼓动起来的，它体现着的正是整个人类群体对超验性的追逐。只有将个体在经验世界中的无奈放大到整个人类群体面对现代性所自然而然产生的迷惘，我们才能更好地理解，为什么这类宗教思潮能够在此时此刻掀起，又为什么得到了一呼百应的理解与支持。牛顿之后，科学将宗教绞杀殆尽，却误伤了一些本属于信仰的地盘，而这类信仰原本所起的功能与迷信鼓动是完全不同的。这就使得人类群体自觉或不自觉地主动弥补这部分空缺，从而努力达成多元价值上的完满，解救真空地带的信仰缺失。这种对完满的追逐，即是拒斥完全机械、固定甚至意识形态化的社会共识，而允许弹性世俗的存在。

反过来说，我们除了应对群体现象作合乎规律的因果分析外，还必须深入地探寻导致特定群体现象出现的个体行动动机，理解现象背后隐藏着的属人的“意义”。社会发展是生物进化的一种形式，其中闪现的具有时代性的风尚或潮流并非完全产生于群体高度，而是部分放大至个人习惯，是人们在追求满足自己需要的过程中形成的行为方式。这种习惯的驱动，一方面来自自身对于超验性的需要，另一方面则不可避免地来自社会遵从的压力，是同类意识使然。当社会群体中掀起这样一股锦鲤热潮时，受到周围人感染的个体难免被卷入这种有组织的群体活动，抑或是无法超脱联想、模仿等内在作用机制，产生从众行为。个体天然地会通过与同伴的价值比较来判断自己的价值，锦鲤文化被赋魅的价值之重亦不可忽视。而一旦价值失衡，个体就会陷入对自我尊重丧失的恐惧。这种机制理论是对简单“从众”理解的深化和升华。

为了满足人类对超验性的需要，锦鲤文化在个体与群体的混合作用之中、在消费社会价值嬗变与符号赋魅的交替催生之间脱颖而出，背后折射的正是“信仰”作为一个古老的形而上范畴，却始终保持着旺盛的生命力，抵御了历史和时代迁跃的层层冲刷。在“信仰天赋”的基础上，无论上帝已死或再度归来，都不会影响我们选择一类超验存在来满足自身超验性需要的执着。而在消费社会，这种超验存在又往往是由人为赋魅，彰显着“信仰第一”的另类自由。锦鲤，正是其中之一。它游动在逻辑与非逻辑、理性与非理性之间，随着个体与群体的社会学反应波动交织，努力填补着信仰缺失的真空地带。当然，我们也必须警惕符号价值的过度膨胀与倾轧影响“人—物”关系的新平衡，抑或这种符号价值的显灵反而带来“能指”与“所指”肆意割裂的表达失灵。一言以蔽之，人类需要信仰，需要满足自身对超验性的需要。这种需要驱动着我们重新认识人与世界的合理关系。在未来对相关文化的哲学反思中，我们既要深刻剖析这种类宗教迷信活动的不合理之处，也要尊重其契合人类超验性需要的客观功能，在避免“非黑即白”式一味扑杀的基础上，为信仰留出地盘。

参考文献：

[1]［英］麦克斯·缪勒著：《宗教学导论》，陈观胜、李培茱译，上海人民出版社 2010

年版。
[2] [法] 奥古斯特·孔德著:《论实证精神》,黄建华译,商务印书馆1996年版。
[3] [法] 让·鲍德里亚著:《消费社会》,刘成富、全志钢译,南京大学出版社2014年版。
[4] [美] 凡勃伦著:《有闲阶级论》,李华夏译,中央编译出版社2012年版。
[5] [美] 乔治·赫伯特·米德著:《心灵、自我与社会》,赵月瑟译,上海译文出版社2005年版。
[6] 张玲著:《哈代文集》,人民文学出版社2019年版。
[7] 傅灵犀:《红与灰:从"锦鲤祈福"习俗透视当代青年日常生活的双重性》,载《文化遗产》2021年第5期。
[8] 蒋建国、杨盼盼:《网络祈愿:幸运游戏、精神走私与认同困境》,载《探索与争鸣》2019年第1期。
[9] 董倩、曾润喜:《网络迷因扩散传播影响因素研究——以"锦鲤"为例》,载《华夏传播研究》2020年第1期。
[10] 林晓珊:《新型消费与数字化生活:消费革命的视角》,载《社会科学辑刊》2022年第1期。
[11] 贺来:《人文社会科学的功能及其限度——韦伯人文社会科学方法论的哲学意蕴》,载《社会科学战线》2022年第1期。
[12] 聂媛媛、朱高林:《鲍德里亚消费社会理论的批判性及其反思》,载《中国社会科学报》2022年3月23日。

《珞珈哲学》征稿启事

交流珞珈哲思，汇聚青年学识。《珞珈哲学》是由武汉大学哲学学院主办、武汉大学哲学学院研究生会承办的研究生学术出版物，旨在为青年学子的学术交流提供良好平台，为新时代的哲学研究贡献青春力量。《珞珈哲学》在每辑征稿期间欢迎哲学专业青年学子的优质来稿，来稿敬请遵循如下要求。

一、征稿内容

（一）固定栏目：哲思纵横

本栏目关注哲学基础理论，主要征集哲学类各二级学科研究学术论文，具体包括：**马克思主义哲学、中国哲学、外国哲学、美学、伦理学与政治哲学、宗教学、逻辑学、科技哲学**等。本栏目的稿件字数以 8000~12000 字为宜。

（二）特约栏目：哲观天下

本栏目聚焦时事热点与学术前沿，主要征集**关于时事热点话题或学术前沿问题的哲学思考、研究或讨论**。本栏目的稿件字数以 5000~10000 字为宜。

二、来稿要求

来稿应严格遵守学术道德和学术规范，查重率控制在 20%以内，所有引文均须注明出处，并务必核对准确。具体格式要求详见武汉大学哲学学院网站。

来稿须为电子稿（word 文件），请以电子邮件附件形式发送。

《珞珈哲学》专用征稿邮箱：luojiazhexue@ 163. com（字母小写）。

《珞珈哲学》审稿实行匿名评审制，正文请勿标注作者姓名等信息，务必另附文档注明作者简介及联系方式等信息。

三、选稿标准

《珞珈哲学》注重文章的学术性、创新性、规范性，要求文章具备一定的专业知识和学术水平，体现有益的哲学思考和学术创新，符合良好的学术规范。

四、特别说明

来稿应为作者原创并且未公开发表的作品，严禁抄袭。

来稿实行文责自负，编委会有权对稿件做技术性、文字性的修改，在征得作者同意后可进行实质内容的修改。

请勿一稿多投！《珞珈哲学》编委会对来稿的处理结果，将在两个月内以电子邮件形式通知作者，作者逾期未收到通知即可自行处理。

来稿如最终被收录，《珞珈哲学》出版后即寄作者样书。本书不向作者收取任何形式的费用，亦不设置稿酬。

千里之行，始于足下。《珞珈哲学》诚挚欢迎热爱哲学的同学们积极投稿，也衷心感谢大家对本书的关注与支持！

《珞珈哲学》编委会

2023 年 12 月